SCHRIFTEN ZUR GELDTHEORIE UND GELDPOLITIK

Herausgegeben von
Prof. Dr. Hans-Hermann Francke, Freiburg
Prof. Dr. Alois Oberhauser, Freiburg

Band 19

Chancen und Risiken der Finanzierung von Investitionen durch die Emission von Konsols

Dunja Schwander

Centaurus Verlag & Media UG
1997

Die Autorin, Dunja Schwander, studierte Nationalökonomie in Basel (CH) und Wirtschaftswissenschaften in Freiburg (Brsg.). 1995 Promotion an der Universität Freiburg. Seit 1994 ist sie Mitarbeiterin der Abteilung Portfoliostrategie Gruppe einer Versicherungsgesellschaft in Basel.

Die Deutsche Bibliothek – CIP-Einheitsaufnahme

Schwander, Dunja:
Chancen und Risiken der Finanzierung von Investitionen
durch die Emission von Konsols / Dunja Schwander.-
Pfaffenweiler : Centaurus Verl.-Ges., 1997
(Schriften zur Geldtheorie und Geldpolitik ; Bd. 19)
Zugl.: Freiburg (Breisgau), Univ., Diss., 1994

ISBN 978-3-8255-0151-8 ISBN 978-3-86226-315-8 (eBook)
DOI 10.1007/978-3-86226-315-8

NE: GT

ISSN 0941-1194

Satz: Vorlage der Autorin

Volker

CHANCEN UND RISIKEN DER FINANZIERUNG VON INVESTITIONEN DURCH DIE EMISSION VON KONSOLS

CHANCEN UND RISIKEN DER FINANZIERUNG VON INVESTITIONEN DURCH DIE EMISSION VON KONSOLS

I. EINLEITENDE BEMERKUNGEN UND HISTORISCHER HINTERGRUND

1.1 Einleitende Bemerkungen

"September. This is one of the peculiarly dangerous month to speculate in consols. The others are July, January, October, April, November, May, March, June, December, August and February."
(Frei nach Mark Twain)

Der Konsol, als ein Finanzierungsinstrument mit unendlich langer Laufzeit, erfreute sich bei Investoren und Emittenten besonders im 19. Jahrhundert - in England bis zur ersten Hälfte des 20. Jahrhunderts - großer Beliebtheit. Die Konsumentenpreise waren bis zu diesem Zeitpunkt überwiegend stabil und veränderten sich wie die Zinssätze und Wechselkurse nur allmählich. Die Teilnehmer an den Finanzmärkten hatten Vertrauen in diese stabilen Rahmenbedingungen und konnten daher auch Engagements in Instrumente wie den Konsol eingehen, die bei plötzlichen Veränderungen der Rahmenbedingungen starke Kursveränderungen nach sich gezogen hätten.

In den letzten Jahrzehnten hat sich, vor allem seit dem Zusammenbruch des Bretton-Woods Systems Anfang der siebziger Jahre und dem raschen Anstieg des Ölpreises, ein Wandel an den Finanzmärkten vollzogen, der durch größere Volatilität der Wechselkurse, der Inflationsraten, der Zinssätze etc. gekennzeichnet ist. Als Reaktion auf die volatileren Rahmenbedingungen kamen die Aktivitäten bei langfristigen Schuldpapieren (Laufzeiten von mehr als 10 bis 30 Jahren) sowohl auf der Emissions- als auch auf der Investorenseite praktisch zum Erliegen. Obwohl die Volatilität auf den Zinsmärkten seit den siebziger Jahren insgesamt weiter zugenommen hat, nehmen die langfristigen endfälligen Schuldpapiere heute an den Finanzmärkten wieder eine gewichtige Rolle ein. Beispielgebend war hier das amerikanische Schatzamt, das 30-jährige Treasury Bonds erfolgreich am Markt plazieren konnte. Mit diesen langlaufenden Schuldtiteln wurde nicht nur den Interessen des Emittenten nach einer langfristigen Finanzierung der Staatsschuld Rechnung getragen wurde. Vielmehr wurden die Bedürfnisse der Investoren durch niedrige Transaktionskosten, das Schaffen von Absicherungsinstrumenten sowie einer verläßlichen Emissionstätigkeit ausreichend berücksichtigt.

Obwohl langfristige endfällige Schuldpapiere, insbesondere 30-jährige Anleihen, an den Finanzmärkten eine "Renaissance" erlebten, wurde der Konsol, sieht man von kleinen Unternehmensemissionen ab, nicht wiederbelebt. Als Grund wird vielfach die fehlende Tilgung genannt.

Gegenstand dieser Arbeit ist die Untersuchung, inwieweit der Konsol in seiner ursprünglichen bzw. einer modifizierten Form auch heute noch - auf den volatilen Finanzmärkten - Anwendung finden könnte und welche Bedeutung der fehlenden Tilgung beim Konsol unter analytischen Gesichtspunkten zukommt.

Im ersten Kapitel wird auf die historischen Hintergründe der Entwicklung von Konsols als Finanzierungsinstrument eingegangen. Ausgehend von frühen langlaufenden Titeln wird die Entwicklung bis hin zu den englischen und den aus dem 19. Jahrhundert stammenden preußischen Konsols aufgezeigt.

Daran schließt sich die Charakterisierung des Konsols unter finanztechnischen Aspekten an. Der Konsol unterscheidet sich von langlaufenden endfälligen Anleihen, bezogen auf die Charakteristika, primär durch die fehlende Endfälligkeit, die vielfach als Argument gegen den Konsol ins Feld geführt wird. Im Bewertungsteil werden zunächst verschiedene Zinsstrukturtheorien behandelt. Im Vordergrund stehen dabei deren Erklärungsansätze für den Verlauf der Zinsstrukturkurve im langen

Laufzeitenbereich. Aus der Kombination eines Konsols mit einem Zerobond wird ein theoretisches Bewertungsmodell abgeleitet, mit dessen Hilfe der Einfluß der fehlenden Tilgung auf die Marktbewertung des Konsols anhand britischer und amerikanischer Kapitalmarktdaten empirisch überprüft wird. Für die sich ergebende Falschbewertung des Konsols werden mögliche Erklärungsursachen im Rahmen unterschiedlicher Zinsstrukturtheorien diskutiert.

Im darauf folgenden Abschnitt werden Chancen und Risiken des Konsols aus Emittenten- und Investorensicht dargelegt. Großes Gewicht wird dabei den verschiedenen Hedginginstrumenten und ihrem Nutzen bei der Absicherung des Zinsänderungsrisikos von Konsolpositionen eingeräumt.

Danach werden innovative Ausgestaltungsformen des Konsols dargestellt, die den spezifischen Interessen von Investoren und Emittenten besser entsprechen. Diese Innovationen stellen Kombination aus "einfachen" Konsols und Finanzinnovationen dar.

1.2 Die Nationalstaatenentwicklung als Voraussetzung des Charakterwandels der Staatsschuld

Die Mehrzahl der frühen Kreditformen beschränkte sich auf zum Teil dinglich gesicherte Privatkredite (zur Deckung des persönlichen Bedarfs). Die Kreditwürdigkeit der Staaten war zunächst aufgrund fehlender Zugriffsmöglichkeiten auf das Vermögen der Staatsbürger (z. B. in Form von Steuererhebungen) gering. Damit war die Erfüllung der Staatsschuld, die Verzinsung und die Rückzahlung des ursprünglich aufgenommenen Kapitals, unsicher.[1]

Erst im Zeitablauf erfuhr der Charakter der Staatsschuld im Zuge der Staatenentwicklung eine Wandlung, die Besonderheiten bezüglich des Schuldcharakters und damit verbunden Besonderheiten der Tilgung zuließ.[2]

Die Entstehung der Staatenordnung läßt sich durch eine Entwicklung von den Feudalstaaten zum Nationalstaat kennzeichnen. Bei dieser Entwicklung, deren

[1] vgl. Homer 1977, S. 58
[2] vgl. Birth 1958 (a), S. 1

Grundlage die Ausbildung des Nationalgedankens war, kann eine westliche subjektive Auffassung und eine zentraleuropäische objektive Auffassung unterschieden werden.

Die subjektive Auffassung ist vor allem politisch determiniert und hat ihre Wurzeln in England und in der französischen Revolution.[3] In England und Frankreich entstand der moderne Nationalstaat durch eine innerstaatliche Revolution. Die Gemeinschaft der Bürger gründete die Nation als Willensgemeinschaft, basierend auf der politischen Selbstbestimmung und der Freiheit als Ausdruck des Volkswillens. Merkmal der politischen Nationalität war nur das subjektive Bekenntnis zum Staat. Die Nation war Staatsbürgerschaft, nicht primär Sprach- und Kulturgemeinschaft.[4]

Die objektive Auffassung verbindet demgegenüber mit dem Nationalgedanken die gemeinsame Sprache, Kultur und Geschichte. Vor diesem Hintergrund entwickelten sich in Deutschland und Italien nationale Einheitsbewegungen, die sich die Überwindung der als Zwangsordnung empfundenen staatlichen Trennung kulturell und sprachlich homogener Völker zum Ziel setzten. Die nationalen Gemeinschaften ließen sich durch ein steigendes Bewußtsein der kulturellen und politischen Eigenständigkeit charakterisieren. Die "[...] staatliche Vereinigung im nationalen Staat [wird] als Aufrichtung einer natürlichen Ordnung"[5] verstanden.

Die Ausgestaltung des Nationalgedankens im 19. Jahrhundert wurde vor allem von den bürgerlichen Schichten getragen.[6] Das geistig und wirtschaftlich führende Bürgertum, das in Deutschland seine Stärke insbesondere der Industriellen Revolution verdankte, forderte von der herrschenden Feudalschicht die Ablösung der ständischen durch eine staatsbürgerliche Gesellschaft zuzulassen. "Das Bürgertum sah sich als den allgemeinen Stand an und identifizierte sich als solcher mit dem Staat."[7] Die Staaten haben sich zu Nationen entwickelt, die nicht mehr die Interessen einer kleinen Feudalschicht, sondern die kulturellen und politischen Ideale sowie die wirtschaftlichen Interessen des breiten Bürgertums vertraten. Die Bürger als Staatengemeinschaft konnten sich mit dem Staat identifizieren. Ein

---

[3]vgl. Scheuner 1974. S. 12
[4]vgl. Schieder 1978. S. 122
[5]Schieder 1978. S. 122
[6]vgl. Schieder 1964. S. 25 ff.
[7]Winkler 1978. S. 6

Nationalgefühl kam auf, das sich nicht durch ein ständisch fixiertes, sondern vielmehr durch ein auf Teilhabe aller Bürger gerichtetes Staatswesen charakterisieren läßt.[8] Die bürgerliche Freiheitsidee verband sich mit dem Patriotismus.[9] Dies galt im besonderen in England und Frankreich. In Deutschland bedurfte es dazu der allmählichen Überwindung der Zwangstrennung der deutschen Nation, da die Verwirklichung bürgerlicher Freiheiten mehr Zeit beanspruchte. Der Staat erhielt durch die Identifikation seiner Bürger als Staatsbürger die Akzeptanz, die es ihm ermöglichte, jene zur Erfüllung der staatlichen Aufgaben notwendigen Mittel durch den Zugriff auf das Einkommen und das Vermögen der Bürger in Form einer umfassenden Besteuerung zu beschaffen. Damit stieg die Kreditwürdigkeit der Staaten ganz erheblich.

Die staatliche Vereinigung Deutschlands zu einer einheitlichen Kulturnation wurde als Wiederherstellung der natürlichen Ordnung begriffen. Der Staat war somit nicht mehr Spiegelbild einer willkürlichen, von Feudalherren geschaffenen und jederzeit wieder aufhebbaren Ordnung, sondern er war das Ergebnis eines natürlichen, zwangsläufigen und unumkehrbaren Entwicklungsprozesses. Die Existenz des Staates wurde somit als ewig betrachtet.

Diese Entwicklung des Staates zum Nationalstaat war in England und Frankreich früher erreicht als in Deutschland.[10] Deshalb konnten in England und Frankreich auch früher Konsols zur Staatsfinanzierung emittiert werden als in Deutschland. England und Frankreich galten lange Zeit als Vorbild einer freiheitlichen Gesellschaft.[11]

1.3 Die Entwicklungsstationen früher Kreditformen im Hinblick auf lange Laufzeiten

Ein Vorläufer der Nationalstaaten waren die italienischen Stadtstaaten, die den Interessen der Bürger verpflichtet waren und somit die Möglichkeit der Besteuerung

[8] vgl. Prignitz 1981, S. 2
[9] vgl. Prignitz 1981, S. 185
[10] vgl. Prignitz 1981, S. 10
[11] vgl. Prignitz1981, S. 50

hatten. Frühe Formen unendlich langlaufender Schuldtitel waren die im Mittelalter von italienischen Städten den vermögenden Bürgern quasi als Steuern auferlegten niedrigverzinslichen Zwangsanleihen[12]. Die Rückzahlung des Nominalbetrages war nicht vorgesehen. Mit dieser ersten Form unbefristeter Finanzierungstitel glaubte man eine dem Stadtcharakter, der sich durch seine Unendlichkeit auszeichnete, entsprechende Schuldform gefunden zu haben.[13]

Wichtigste Voraussetzung für die Entstehung städtischer Kreditformen in Form freiwillig gezeichneter Anleihen, war die Gewährleistung der rechtlichen Bestandssicherung neben der Sicherung der Erfüllung. Eine Bestandsgarantie konnte die Stadt entsprechend ihrem Charakter als allgemein anerkannte "unsterbliche Kooperation"[14] auch ohne dingliche Sicherheit leisten. Die Möglichkeit der Besteuerung durch die Städte bzw. später durch die Staaten ließ die Erfüllung der städtischen (später auch der staatlichen) Verpflichtung jederzeit als gesichert ansehen.[15] Das Recht zur Kündigung[16] wurde je nach Vertragsausgestaltung einem, beiden oder keinem Vertragspartner eingeräumt.[17] Neben einer möglichen Kündigung bot die Entwicklung des Börsenhandels die Möglichkeit, die Titel an der Börse zu veräußern, um sich so vorzeitig von einem theoretisch unendlich lang laufenden Papier zu trennen.[18]

---

[12]Der Erwerb der Anleihen war keine freie Entscheidung der Gläubiger, vielmehr wurden die vermögenden Bürger zum Erwerb gezwungen.

[13]vgl. Landmann 1958, S. 7

[14]Landmann 1958, S. 7

[15]Die Schuldtitel gegenüber Fürsten und Monarchen, die nicht dinglich gesichert waren, waren dagegen bei deren Ableben der Gefahr des Ausfallens des Schuldners ausgesetzt. Die Sicherung der Erfüllung war zweifelhaft. Die an die Fürsten gegebenen Darlehen wurden diesen zwar in ihrer Funktion als Repräsentanten des Staates gegeben, aufgrund der privatrechtlichen Vertragsstruktur war die Haftung aber persönlich (die Ablösung der Darlehen hatten allein die Fürsten und Monarchen zu verantworten). Das Darlehen mußte als weitere Folge des privatrechtlichen Charakters nicht vom Nachfolger übernommen werden (dies hätte tendenziell den Charakter des Staatskredites hervorgehoben).

[16]Das Recht - je nach Vertragsausgestaltung - des Schuldners, des Gläubigers oder beider Vertragsparteien, den Schuldtitel zur Rückzahlung zu bringen.

[17]Wird keine der vertraglich festgelegten Rückzahlungsoptionen ausgeübt, ist der Schuldner zur Zahlung der festgelegten Zinsen auf unendlich lange Zeit verpflichtet. Die Zinszahlung kann aus der Anlegersicht als eine Art Rente bezeichnet werden. Die Bezeichnung Ewigrente verdeutlicht diesen Zusammenhang. Unabhängig von den Ausstattungsmerkmalen konnte durch die Verbindung des Verkaufes auf Wiederkauf die Ewigrente zu einer auch seitens des Schuldners kündbaren Zeitrente werden.

[18]vgl. Homer 1977, S. 74 ff.

In Holland finanzierten sich die Städte, Staaten und Provinzen über die Emission unendlich lang laufender Annuitäten in Verbindung mit Sinking-Funds[19]. Im 17. Jahrhundert übernahm England die in Holland entwickelten Prinzipien der Staatsverschuldung und verbesserte sie.[20] Das britische System der Staatsverschuldung setzte sich zum Ziel, (a) eine große Anzahl Staatsbürger mit relativ hoher Sparneigung für die Anlage in Staatsschuldtitel mit sicherer und regelmäßiger Zinszahlung zu gewinnen, (b) die fundierte Staatsschuld in einheitlichen und handelbaren unendlich lang laufenden Anleihen zu emittieren und (c) die Existenz eines funktionstüchtigen Geldmarktes unter der Aufsicht der Zentralbank zu garantieren.[21]

1692 emittierte der englische Staat zum ersten Mal langfristige Staatsanleihen (Lebensannuitäten zu 10%), um den Krieg gegen Frankreich finanzieren zu können. Diesen langlaufenden Staatsanleihen sollten später Konsols folgen. Im folgenden wird deshalb auf die historische Entwicklung Englands in Zusammenhang mit den Konsols eingegangen.

1.4 England und der Ursprung des Konsols als Form der Staatsverschuldung im 18. Jahrhundert

Anfang des 18. Jahrhunderts übernahm nach Italien und Holland, England die führende Rolle im Finanzbereich. Bis zu diesem Zeitpunkt hatte England keine strukturierte Staatsschuld, es wurden nur persönliche Kredite an Monarchen nach mittelalterlichem Muster vergeben.

---

[19]Sinking-Funds sind Sammelstellen liquider Mittel, die die Verzinsung der unendlich lang laufenden Anleihen unter Umständen auch den Rückkauf eines Teils dieser Anleihen sicherstellen sollen. Vom Schuldner, der eine bestimmte Summe liquider Mittel regelmäßig in festgelegter Höhe im Sinking-Fund ansammelt, wird eine Verbesserung der Risikoeinschätzung durch die Gläubiger bezweckt. Vertragsbedingungen können beispielsweise bei einer 25-jährigen Anleihe festlegen, daß der Emittent jährlich nach dem 6. Jahr 5% der emittierten Bonds zurückkaufen soll. Solch ein Sinking-Fund, der 95% der emittierten Anleihen vor ihrer Endfälligkeit tilgt, würde als "stark" bezeichnet. Wird durch die Vertragsausgestaltung nur ca. 15-20% der emittierten Anleihen getilgt, bezeichnet man den Sinking-Fund als "schwach".

[20]vgl. Homer 1977, S. 128

[21]vgl. Homer 1977, S. 235

Schon im 17. Jahrhundert konnten in England große Vermögen akkumuliert werden, die das Entstehen neuer Kreditformen begünstigten. Daneben war die Demokratisierung der Nation in England sehr viel weiter fortgeschritten als in Deutschland.[22] Ein politisch ruhiges Umfeld war Grundlage für die Entstehung einer englischen Staatsschuld und einer staatlich finanzierten Nationalbank[23] (1694).[24] In England entstand ein durch den Krieg gegen Frankreich ausgelöster hoher Kapitalbedarf. Der Bedarf an langfristig zur Verfügung stehenden Mitteln zur Finanzierung der Kriegsausgaben traf sich mit dem Bedürfnis vieler Bürger eine angemessene vor allem aber sichere Verzinsung ihres angesparten Kapitals zu finden.[25] Der Bedarf an langfristig zur Verfügung stehenden Finanzierungsmitteln stieg infolge weiterer Kriege an. Die englische Nationalbank hatte daher zunächst große Schwierigkeiten die Kreditbedürfnisse der Regierung zu befriedigen.

In der zweiten Hälfte des 18. Jahrhunderts entwickelte sich auch in England ein stark wachsendes Privatbankensystem.[26] Das Asset-Management dieser Privatbanken beschränkte sich zunächst ausschließlich auf britische Staatsschuldtitel (Konsols). Die Konsols waren ein bevorzugtes Anlageinstrument der Banken im Rahmen konservativer Anlagestrategien. Die Privatbanken zählten die Anlagen zu ihren liquiden Reserven. Da der britische Staat als Schuldner keinem Ausfallrisiko ausgesetzt war und daneben ein sehr liquider Sekundärmarkt gewährleistet wurde[27], boten die britischen Konsols alle Vorzüge eines idealen auf die Bedürfnisse der Banken abgestimmten Anlageinstrumentes. Konkurrenz durch andere Emittenten bestand kaum, da die Finanzierung der Privatwirtschaft über den organisierten Kapitalmarkt noch wenig entwickelt war.[28]

Est als im späten 19. Jahrhundert die Kursverluste durch die Anlage in Konsols stark zunahmen und die Konsols damit als risikoreiches, weil kursvolatiles

---

[22]vgl. Winkler 1978, S. 16

[23]Die Aufgabe der Notenbank bestand in der Bereitstellung von Mitteln zur Finanzierung der Staatstätigkeit, der Verwaltung der Staatsschulden sowie in der Notenausgabe. (vgl. Collins 1988, S. 10 und auch Birth 1958, S. 149 f)

[24]vgl. Homer 1977, S. 147 ff.

[25]1692 erhob der König von England eine Alkoholsteuer, um diese als Sicherheit für langfristige Kredite (life annuities mit einer Verzinsung in Höhe von 10%) zu hinterlegen.

[26]vgl. Homer 1977, S. 147 ff.

[27]siehe auch Capie/Webber 1985, S. 316

[28]Große Industrieunternehmen waren noch in Familienbesitz und Investitionen wurden über die Finanzierung aus Gesellschaftsmitteln bestritten.

Finanzinstrument eingestuft wurden, diversifizierten die Privatbanken ihre Portfolios, indem sie u.a. auch Eisenbahnanleihen, Anleihen der Kolonialregierungen und regionale Schuldtitel erwarben.[29]

Während des gesamten 18. Jahrhunderts war der englische Staat aufgrund vieler Kriege der wichtigste und volumenmäßig größte Schuldner. Die emittierten Kriegsanleihen hatten ausnahmslos keinen Rückzahlungstermin, d.h. sie waren unendlich lang laufend. 1751 wurden die ersten britischen 3% Konsols begeben.[30] Diese Titel entstanden aus einer Konversion[31] der Staatsschuld und wurden in Form von 3% konsolidierten Annuitäten emittiert (Renditeentwicklung siehe Abb. 1, S. 248 Anhang). Es wurde kein fester Rückzahlungstermin vereinbart. Festgehalten war lediglich eine bestimmte Frist, nach deren Ablauf der Konsol vom Schuldner zurückbezahlt werden konnte (Rückzahlungsrecht[32]).[33]

Das Konzept von Anleihen ohne festgelegte Tilgungsmodalitäten bzw. ohne Rückzahlungsvereinbarungen beruhte auf der Vorstellung der ewigen Existenz des Staates. Erleichtert wurde die Umsetzung dieses Konzepts dadurch, daß Inflation und Nichtanerkennung der Staatsschuld in England als Phänomene praktisch unbekannt waren.[34]

Durch das konsequente Ausnutzen der Kreditwürdigkeit des Staates, das die Deckung des hohen Kapitalbedarfs ermöglichte, wuchs England im 18. Jahrhundert zur Weltmacht.[35] England war im 19. Jahrhundert gekennzeichnet durch ein schnelles Wirtschaftswachstum verbunden mit einem niedrigen Zinsniveau. Die Industrielle Revolution erreichte ihren Höhepunkt. Mehrere Krisen folgten, bis es schließlich 1857 zur ersten weltweiten Krise kam, die in einer wirtschaftlichen Stagnation verharrte. Preise und Zinssätze sanken, was zu der von Finanzminister Goschen 1888 durchgeführten Konversion von 3% Konsols in 2% Konsols

---

[29] vgl. Collins 1988, S. 113

[30] Diese Titel sind immer noch im Umlauf.

[31] Umwandlung

[32] Dieses Rückzahlungsrecht wirkte sich bei hohen Konsolpreisen in höheren Zinsen gegenüber endfälligen langfristigen Papieren aus. Bei allgemein tiefen Konsolpreisen dagegen sanken die Zinsen von Konsols mit Rückzahlungsrecht unter die Zinsen endfälliger langfristiger Anleihen, zum Teil auch wegen erwarteter Preissteigerungen.

[33] vgl. Homer 1977, S. 147 ff.

[34] vgl. Birth 1958, S. 47

[35] vgl. Homer 1977, S. 147 ff.

("Goschens") führte. Der englische Staat übte sein Rückzahlungsrecht aus und konvertierte den größten Teil der englischen Staatsschuld.[36]

Allgemein muß festgehalten werden, daß der Konversion in Staatsschuldtitel, die niedriger verzinslich waren bzw. in Staatsschuldtitel, die der Vereinheitlichung dienten, im 19. Jahrhundert in England eine entscheidende Bedeutung im Hinblick auf die Entwicklung der Staatsverschuldung zukam. So war bereits 1854 die gesamte englische Staatsschuld vereinheitlicht.[37]

Die Staatsverschuldung blieb auch im 19. und 20. Jahrhundert vor allem eine Kriegsschuld[38] (der Burenkrieg 1899 wurde zu einem großen Teil über die Emission von Konsols finanziert[39]). Auch die Entwicklung der Staatsverschuldung im 20. Jahrhundert wurde in erster Linie durch die zwei Weltkriege, die eine in ihrer Höhe bisher unbekannte Ressourcenmobilisierung verlangten, beeinflußt.[40] Die finanzielle Last, die von den hohen Tilgungsbeträgen der im Kriege aufgenommenen Staatsschuldtitel ausging, veranlaßte England abermals zu einer Konversion. So wurden höher verzinsliche Anleihen in niedriger verzinsliche Anleihen konvertiert. Weiterhin befreite sich England von den Tilgungsverpflichtungen, indem alte Anleihen in nicht rückzahlbare Anleihen umgewandelt wurden.[41]

Beide Weltkriege wurden über die Emission vieler verschiedener Anleihen mit unterschiedlichen Laufzeiten und unterschiedlichen Zinssätzen finanziert. Das bisher angewandte Konzept der ausschließlich unendlich lang fundierten Schuld wurde durch ein ständiges Fundieren und Refundieren ersetzt.

Niedrig verzinsliche Konsols waren aber noch immer bei den Anlegern beliebt. Der Marktzins der Konsols schien über eine längere Zeit unverändert zu bleiben, so daß der potentielle Wertzuwachs bei Zinssenkungen größer schien als bei höher bewerteten Titeln. Die Hoffnung auf hohe Kapitalgewinne und damit steuerfreie Einnahmen des Anlegers war für die Attraktivität der Konsols verantwortlich, vor allem in Ländern mit einer hohen Einkommensteuer und ohne Kapitalgewinnsteuer, wie z. B England. Erst seit Mitte der siebziger Jahre, als die Konsolpreise sehr tief

---

[36]vgl. Homer 1977. S. 181 ff.
[37]vgl. Birth 1958. S. 165
[38]vgl. Homer 1977. S. 181 ff. und auch Birth 1958. S. 17
[39]vgl. Birth 1958. S. 176
[40]vgl. Homer 1977. S. 409 ff.
[41]vgl. Birth 1958. S. 182

sanken und damit die Hoffnung auf größere Kapitalgewinne schwanden, verlor der Konsol als Anlageinstrument in England seine Attraktivität.[42]

1.5 Andere europäische Staaten und deren Staatsschuld seit dem 18. Jahrhundert

1.5.1 Frankreich und seine langlaufenden Staatsschuldtitel

Schon im 16. Jahrhundert wurden in Frankreich unendlich lang laufende Finanzierungstitel ("rentes") ausgegeben, die zum Teil durch bestimmte Steuern gesichert waren, und die für die Schuldner Rückzahlungsrechte verbrieften. Sie kamen den "rentiers" entgegen, deren primäres Anlageziel die sichere Erfüllung der Zinszahlungsverpflichtung durch den Schuldner war.

Während des 18. Jahrhunderts war auch Frankreich in mehrere Kriege[43] (u.a. auch gegen England) verwickelt, die das Volumen der ausstehenden "rentes" erheblich ansteigen ließen. Gegen Ende des 18. Jahrhunderts hatte sich die Staatsschuld aufgrund von Inflation und verschiedener Erfüllungsverweigerungen verringert. Napoleon setzte Reformen durch, die Steuererhöhungen zur Folge hatten. Daneben führte er einen Haushaltsplan ein und refundierte die Staatsschuld über die Emission von einkommenssteuerfreien konsolidierten 5 % "rentes".[44]

Bis gegen Ende des 19. Jahrhunderts waren auch in Frankreich zahlreiche Konversionen durchgeführt worden (von 5% auf 4,5%, von 4,5% auf 3,5% bis 1902 schließlich ein Zinssatz von 3% erreicht waren), die zu einer Vereinheitlichung der Staatsschuld führten.[45] Selbst noch 1948/49 wurden in Frankreich 5% "rentes" (zu 100 %) neuemittiert. Der Staat verpflichtete sich gleichzeitig, den Kupon der 5% "rentes" zu erhöhen, falls er künftig Papiere mit einer Rendite ausgab, die größer als

---

[42] vgl. Homer 1977, S. 409 ff.

[43] Z. B. der Krieg um die spanische Thronfolge 1701-1714, der Krieg gegen Spanien 1718-1720, der Krieg um die polnische Thronfolge 1733-1738, der Krieg um die österreichische Thronfolge 1740-1748, der 7-Jahre-Krieg 1756-1763, der amerikanische Unabhängigkeitskrieg 1778-1783 und der Revolutionskrieg ab 1792, der im napoleonischen Krieg endete.

[44] Einige dieser Titel stehen bis heute noch aus.

[45] vgl. Homer 1977, S. 216 ff.

5,5% war. Mit dem Erwerb einer solchen Anleihe war daneben eine Zeichnungsoption für alle zukünftigen Titel verbunden.[46] (siehe Abb. 2 und Abb. 3, S. 249 f. Anhang).[47]

Trotz der Kriege und Revolutionen suchten Investoren nicht nur in Frankreich und England, sondern in ganz Europa langfristige Anlagemöglichkeiten. "Rentes" und britische Konsols waren somit europaweit wichtige Anlagetitel, um die Ersparnisse der Bürger für Staatszwecke zu mobilisieren. Der industrielle Kapitalismus des 19. Jahrhunderts, aber auch die zahlreichen Kriege erforderten die Finanzierung eines ungemein hohen Kapitalbedarfs, die nur durch Mobilisierung großer finanzieller Ressourcen in Form von langfristigen handelbaren Kreditfaszilitäten möglich war. Wurden im 18. Jahrhundert vor allem Staatsschuldtitel ausgegeben, so fanden im 19. Jahrhundert die Ressourcen auch in anderen, v.a. in industriellen, Bereichen Verwendung.[48]

1.5.2 Holland und Belgien und seine langlaufenden Staatsschuldtitel

Auch in Holland wurden während des gesamten 18. Jahrhunderts unendlich lang laufende Titel (verzinslich zu 2 - 4%) emittiert, die im Unterschied zu den britischen Konsols nicht einheitlich waren. Besonders im Rahmen der Altersvorsorge[49], aber auch bei Erbüberlegungen, fanden diese Papiere bei den Anlegern Berücksichtigung.

Unter französischer Führung wurde die in Holland ausstehende Staatsschuld erst im 19. Jahrhundert zu einer einheitlichen Schuld konsolidiert.[50] Während des 20. Jahrhunderts waren die niederländischen Renditen auf 2,5% unendlich laufende Titel stabiler als in England und Frankreich.

---

[46]Anlegern, die älter als sechzig Jahre waren und über einen langen Zeitraum Inhaber von 3% "rentes" waren, wurde zusätzlich Konversionsrechte in 5% "rentes" eingeräumt.

[47]vgl. Homer 1977, S. 440

[48]vgl. Homer 1977, S. 166 ff.

[49]Ganze Gruppen von Anlegern bestritten ihren Lebensunterhalt aus Zinseinkünften. (vgl. Homer 1977, S. 173 ff.)

[50]vgl. Homer 1977, S. 235 f.

Auch das 1831 als unabhängiger Staat gegründete Belgien orientierte sich im Rahmen seiner Staatsfinanzierung an den neuen europäischen Methoden und emittierte unendlich lang laufende Staatsschuldtitel.[51]

1.5.3. Die Staatsentwicklung in Europa und die Funktion des Konsols

Die Staatsentwicklung in Europa wurde bis zum 19. Jahrhundert in erheblichem Umfange durch die Emission von Konsols getragen. Auf beiden Marktseiten wurde der Konsol als Finanzierungs- bzw. Anlageinstrument berücksichtigt. Die Anleger fanden im Konsol ein - bezogen auf die Verzinsung ihres Kapitals - sicheres Anlageinstrument, während für die Emittenten der Vorteil großer Ressourcenmobilisierung im Vordergrund stand.

Refundierungen waren fast immer mit Konversionen in niedriger verzinsliche Papiere verbunden. Im Gegensatz zur heutigen Praxis der Staatsverschuldung wurden kurzfristige Staatsschuldtitel nur zur vorübergehenden Bedarfsdeckung emittiert, mit der Absicht, sie so rasch wie möglich in unendlich lang laufende Titel umzuwandeln.

Den Konsols kommt bezogen auf ihre Finanzierungs- bzw. Anlagefunktion im Zuge der europäischen Staatsentwicklung eine wichtige Funktion zu.

---

[51] vgl. Abb. 4 (S. 251. Anhang) Renditeentwicklung der belgischen 2,5% und 3% rentes; Abb.5 (S. 252. Anhang) Renditeentwicklung der belgischen 3% rentes und auch Abb.6 (S. 253. Anhang) Renditeentwicklung der belgischen 3% rentes. 1831 Emission von 2,5% rentes. 1833 Emission von 5% rentes. 1838 Emission von 3% rentes. 1844 Emission von 4,5% rentes. 1919 Emission von 3% rentes und 1935 Emission von 4% rentes. Die Renditeentwicklung der 2,5% und 3% "rentes" ist bis einschließlich 1914 bekannt. Während der Kriegsjahre herrschte eine Aufzeichnungslücke. Ein Aufzeigen der Renditeentwicklung belgischer "rentes" ist folglich nicht durchgängig möglich.

1.6 Die Verbreitung des Konsols in Deutschland am Beispiel Preußens

1.6.1 Die Besonderheit der Staatsschuld gegenüber der Privatschuld

"Kein Theil des Staatsschuldenwesens zeigt so deutlich den eigentümlichen Charakter der Staatsschulden als eben die Tilgung derselben und die Grundsätze, welche darüber gelten müssen".[52] Dieses Zitat von Lorenz von Stein verdeutlicht die Besonderheit des Wesens der Staatsschulden im 19. Jahrhundert in Europa. Als Folge mußten sich die Grundsätze, die für die Staatsschuldtitel zu gelten hatten, von den Grundsätzen über Schuldtitel aus Privatverbindlichkeiten unterscheiden.

Im Mittelalter wurde nicht explizit zwischen Privat- und Staatskrediten unterschieden. Der Staatskredit war identisch mit den persönlichen Schulden des Fürsten oder des Monarchen. Mit dem Privatkredit war damals und ist auch heute noch unzweifelhaft die Tilgung der Nominalschuld zu einem bestimmten vertraglich festgelegten Zeitpunkt verbunden. Da der Kredit des Fürsten, obwohl er quasi die Funktion eines Staatskredites übernahm, privatrechtlichen Charakter hatte, war die Tilgung der Nominalschuld Vertragsbestandteil.

Später als sich der eigentliche Staatskredit unabhängig von den Feudalherrschern entwickelte, wurden ebenfalls starre Rückzahlungstermine des Nominalbetrages für die emittierten Titel vertraglich vereinbart. Es bestand damit zunächst sowohl für den Privatkredit als auch für den Staatskredit eine Tilgungspflicht. Es wurden gleiche Grundsätze bezüglich der Tilgungsmodalitäten angewandt. In der zeitgenössischen Literatur herrschte weitgehend Einigkeit über die Notwendigkeit der Tilgungspflicht unabhängig vom Charakter der Schuldtitel. So schrieb Bernouilli: "Wir glauben daher, jeder Regierung komme mit dem Recht Schulden zu machen, nicht nur das Recht zu, diese wieder zu bezahlen, sondern vielmehr die Pflicht, das letztere zu tun, sobald sie dazu die Mittel hat."[53] "Für die Tilgung der Schulden [...] gibt es nur eine Regel. Man muß die eingegangene Verbindlichkeit pünktlich und gewissenhaft erfüllen"[54], so Nebenius.

---

[52]von Stein 1885/86, S. 486
[53]Bernouilli 1833, S. 90
[54]Nebenius 1829, S. 424

Damit fand das System der Zwangstilgung in Deutschland zunächst allgemeine Akzeptanz. Die starre Verpflichtung zur Tilgung des Nominalbetrages führte jedoch dazu, daß der Staat aufgrund zu geringer Staatsüberschüsse gezwungen war neue Kredite aufzunehmen, die nur zur Tilgung der alten Kredite verwendet werden konnten, was nur als formelle Tilgung, im Gegensatz zur tatsächlichen Tilgung bezeichnet werden kann. Eine freie Tilgung, im Sinne einer Tilgungszahlung dessen Höhe und Zeitpunkt vom Schuldner bestimmt wird, gibt diesem die Möglichkeit unter für ihn günstigen Bedingungen zu tilgen (bei Überschüssen im Staatshaushalt z. B.), verpflichtet ihn jedoch nicht zwangsweise zu einer Tilgung. Aus einer freien Tilgung kann im Extremfall dann eine ewige Rente werden, wenn effektiv keine Tilgung erfolgt.[55]

Erst später setzte sich die Ansicht durch, daß das Wesen der Staatsschulden nicht dem der eigentlichen Privatschulden entspricht. So betont Dietzel: "Staatsanleihen, welche nach den wahren Prinzipien des Staatskredits aufgenommen wurden, sind keine Schulden der Nation, sondern ein Kapital derselben."[56] Wenn Staatsanleihen ein Kapital der Nation darstellen, sind Anleiheninhaber Anteilseigner am Staatskapital. Er folgerte, daß eine Rückzahlung der Staatsanleihen nicht vorzunehmen wäre. "Die Staatsanleihen müssen unter Ausschluß aller Ansprüche des Darleihers auf Rückerstattung des Kapitals zu bestimmter Frist, also gegen das Versprechen immerwährender Zinsen aufgenommen werden."[57] "Es ist daher indem bei weitem größten Teil der Staatsschulden das Kapital als solches für den Gläubiger verschwunden und an seine Stelle ein Recht auf den Zins getreten."[58] Der Kauf eines Staatsschuldtitels wurde mit dem Kauf einer dauernden Rente gleichgesetzt. Daneben wurde die Beteiligung jedes Anlegers in Staatsanleihen am Gesamtkapital der Nation durch die Aufhebung der Tilgungsverpflichtung betont. Damit nahm das über Staatsanleihen finanzierte Kapital für den Staat die Funktion von unendlich lang zur Verfügung stehendem Eigenkapital an.

Trotz der auch schon damals vergleichsweise hohen Verschuldung waren die Anleger uneingeschränkt gewillt, Staatsschuldtitel zu erwerben. Dies war für Lorenz von Stein Ausgangspunkt seiner These des sich von den Privatschulden

---

[55] vgl. Birth 1958, S. 13 ff.
[56] Dietzel 1855, S. 201
[57] Dietzel 1855, S. 209
[58] von Stein 1885/86, S. 478

unterscheidenden Charakters von Staatsschulden. Besteht in einem privatwirtschaftlichen Unternehmen die Gefahr einer Überschuldung, so wurde argumentiert, werden sich kaum weitere Kapitalgeber finden, die in Schuldtitel des betroffenen Unternehmens investieren. Anleger wollen ein hohes Ausfallrisiko[59] vermeiden und weichen bei einer Überschuldung auf andere Wertpapiertitel aus. Die Anlageziele, wie die Erzielung einer hohen Rendite sowie die sichere Rückzahlung des Anlagebetrages, scheinen gefährdet zu sein. Wird demgegenüber Kapital ohne Anspruch auf Rückzahlung in eine Unternehmung eingebracht, handelt es sich im privatwirtschaftlichen Bereich um eine Beteiligung am Unternehmen mit entsprechender Gewinnbeteiligung. Finanzwirtschaftlich wird dieses Kapital als Eigenkapital eingestuft.[60]

Die Motivation für ein Investment in Staatsschuldtitel mußte sich also von der Motivation eines Investments in Privatschuldtitel unterscheiden. Bei einer Wertpapieranlage in staatliche Anleihen dominierte als möglicher Motivationsgrund das Wohl des Staates als Institution gegenüber individualistischen Anlagezielen. Ein vorbildlicher Staatsbürger hatte sich am Staatskapital durch den Anleihenerwerb zu beteiligen, um die Fortentwicklung des Gemeinwohles zu fördern. Voraussetzung hierfür war die Identifikation des Bürgers mit dem Staat.[61]

Die nicht notwendige Tilgung der Staatsschulden wurde von den Verfechtern ewiger Rentenanleihen damit begründet, daß die langfristige Kapitalhingabe an den Staat keine Schuld im eigentlichen Sinne sei, sondern vielmehr als Anlagekapital anzusehen ist, dessen Nutzung dem Staat als Ganzes für ewig zusteht und für seine Fortentwicklung von entscheidender Bedeutung ist, wie z. B. der Bau von Eisenbahnen, Wasserstraßen und Straßen.[62]

Auch Gossen betonte die Unterschiedlichkeit der Schuldner Staat und Individuum.[63] Als hervorzuhebendes Charakteristikum des Staates, das die Unterschiedlichkeit gegenüber den Privaten ausmacht, gilt es nach Gossen, besonders die Immortalität des Staates festzuhalten, die dem Staat gegenüber

---

[59]Das Risiko, daß der Schuldner seinen Verpflichtungen aus der Verbindlichkeit nur zum Teil oder gar nicht nachkommt.

[60]vgl. Kap. 2.6

[61]vgl. Kap. 1.2

[62]vgl. Birth 1958, S. 15 ff.

[63]vgl. Gossen 1889, S. 250

Privatschuldnern eine ungleich höhere Kreditwürdigkeit verleiht. Individuen können diese besondere Kreditwürdigkeit niemals in gleichem Ausmaß erreichen. Auch muß beim Staat von einer wesentlich geringeren Zeitpräferenz ausgegangen werden.[64] Diese Immortalität ist aber nur dann gegeben, wenn sich die Mehrzahl der Bürger mit dem Staatswesen identifizieren kann. Nur dann ist eine höhere Kreditwürdigkeit des Staates durch die Steuerhoheit gewährleistet.

Bei der Propagierung der Rentenanleihen als ideales Finanzierungsinstrument für den staatlichen Kreditbedarf wurde die ewige Nutzung des Anlagekapitals betont. Daneben wurde die Ansicht vertreten, daß der Staat im Sinne einer unsterblichen Kooperation aufgrund seiner ihm eigenen Immortalität ewig lebe und damit ein immer zahlungsfähiger Schuldner sei.[65] Gerade diese Eigenschaften befähigten besonders den Staat, als Emittenten unendlich lang laufender Schuldtitel am Markt aufzutreten und die Vorteile einer langfristigen Finanzierung seines Kapitalbedarfes konsequent zu nutzen.[66]

[64] vgl. Niehans 1990, S. 196
[65] vgl. Birth 1958, S. 48
[66] vgl. Kap. 4.1.2

1.6.2 Die preußischen Konsols im Zusammenhang mit der Eisenbahnverstaatlichung

Der enorm große Kapitalbedarf, der mit dem beginnenden Industriezeitalter auch in Deutschland aufkam und nicht länger durch die laufenden Einnahmen des Staates gedeckt werden konnte, wurde besonders durch die "Rennaissance der öffentlichen Unternehmenstätigkeit, die in der Periode der großen Eisenbahnbauten, der Eisenbahnverstaatlichung und der Periode der kommunalen Unternehmungen"[67] einsetzte, ausgelöst. Zu den alten Verschuldungsanlässen (militärische Ausgaben) traten neue hinzu (mit Schwerpunkt im Verkehrssektor), die eine Verbreitung der Konsols als Finanzierungsinstrument in Preußen begünstigten. Diese Staatsausgaben, die bei höherer Kultur eines Volkes als permanentes Bedürfnis anzusehen sind,[68] sollen - so Dietzel - mittels Staatsanleihen gedeckt werden. Ewige Rentenanleihen verkörpern für ihn die einzige Form der Anwendung und Benutzung des Staatskredites.[69]

Der Bau und die Erweiterung bzw. die Verstaatlichung der Eisenbahnen riefen einen großen Kapitalbedarf hervor, der nur durch eine konsequente Inanspruchnahme des Kapitalmarktes über die Emission von Anleihen gedeckt werden konnte (in den Jahren zwischen 1848-1869 wurden 9 Eisenbahnanleihen aufgenommen).[70] Zunächst aber entschied sich der Gesetzgeber im preußischen Eisenbahngesetz von 1838 für ein Privatbahnsystem, da die Neuemission von Staatsanleihen, die zur staatlichen Finanzierung notwendig gewesen wäre, ein staatspolitisches Problem darstellte[71]. Trotz der gesetzlichen Festlegung der Errichtung eines Privatbahnsystems, wurde der öffentliche Charakter der Schienenwege schon damals betont. Die Eisenbahnen konnten ihrem Zweck nach keine reine Privatangelegenheit sein, sondern sollten primär Staatsaufgabe sein. Die Eisenbahninfrastruktur, als staatsnotwendiges Element, stellte ein Sachvermögen mit besonderem kulturellem Gehalt dar, das dem Wohlstand der politischen und sozialen

---

[67]Landmann 1958. S. 33

[68]vgl. Dietzel 1855. S. 154

[69]vgl. Ebenda. S. 141

[70]vgl. Ebenda. S. 211

[71]Es bestand die königliche Verpflichtung. Staatsanleihen nur mit Zustimmung einer Volksvertretung zu begeben.

Gemeinschaft förderlich schien[72] und einen Beitrag zum ökonomischen Wachstum leisten konnte.[73]

Gesetzliche Grundlage für das Entstehen der Eisenbahnen war in Preußen das Eisenbahngesetz vom 3. November 1838. Das Gesetz schuf die Möglichkeit zur Konstituierung von Aktiengesellschaften für die Errichtung von Eisenbahnlinien. Durch das Gesetz wurde den Gesellschaften das Enteignungsrecht verliehen und eine Zusicherung gegeben, für die Dauer von dreißig Jahren keine konkurrierende Bahn auf der gleichen Wegstrecke zuzulassen.

Im Eisenbahngesetz wurde ferner festgelegt, wie die Eisenbahnen in Staatsbesitz übergehen könnten.[74] Für eine Verstaatlichung der Eisenbahn sprachen administrative, militärische und nicht zuletzt auch machtpolitische Interessen, die gegen eine solche Übermacht so großer Kapitaleinkünfte als Staaten im Staate sprachen.[75] Am 29. Oktober 1874 wurde von der Regierung ein Gesetzentwurf zur Verstaatlichung der Eisenbahnen vorgelegt, der verabschiedet wurde.[76]

Der große Kapitalbedarf, der durch den Bau der Eisenbahnwege entstand, konnte anfangs nur durch Heranziehung von Privatkapital in Form von Kapitalassoziationen gedeckt werden. Damit war das Eisenbahnwesen das erste Gebiet größerer und dauernder Verbreitung des Aktienwesens.[77] Wegen der übertragenen Hoheitsaufgaben waren die Eisenbahnassoziationen konzessionierte Aktiengemeinschaften, die ihren Kapitalbedarf über Aktien und Eisenbahnprioritäten mit staatlichen Mindestzinsgarantien befriedigten. Mit dem Gesetz vom 27. März 1882 wurde der Staat dazu berechtigt, jedoch nicht verpflichtet, die Kündigung der begebenen Prioritätsanleihen vorzunehmen und diese entweder zurückzuhalten oder in Staatsanleihen umzuwandeln. Zunächst wurde also im Rahmen der angestrebten Verstaatlichung nur die Betriebsübernahme beschlossen, um durch Zahlung des Kaufpreises optional den Eigentumserwerb folgen zu lassen.[78] Den Aktionären wurde für die Zwischenzeit eine feste jährliche Rente zugesichert.

---

[72] vgl. Ottmann 1965. S. 2f.
[73] vgl. Fricke 1912. S. 9 und auch Bongaerts S. 343
[74] vgl. Fricke 1912. S. 9
[75] vgl. Sattler 1892. S. 61
[76] vgl. Fricke 1912. S. 20
[77] vgl. Schultz 1922. S. 132
[78] vgl. Sattler 1892. S. 122

Das Gesetz vom 8. Mai 1885 ermächtigte den Finanzminister zum Angebot der Belassung des Schuldverhältnisses, unter Herabsetzung des Zinses auf 4%, während die kündbaren Eisenbahnanleihen zu 5% oder 4,5% verzinst werden mußten. Falls eine Rückzahlung des Kapitals nicht innerhalb einer bestimmten Frist beantragt wurde, galt das Angebot als akzeptiert. Eine weitere Zinssenkung hatte die Bekanntmachung vom 1. Mai 1886 zur Folge, nach der den Inhabern von 4% Prioritätsobligationen der Umtausch gegen 3,5% Konsols angeboten wurde. Diesen ersten Umtauschangeboten folgten weitere, bis 1891 endlich die Umwandlung der Prioritätsobligationen in Konsols vollzogen war (bis auf einen geringen Rest von noch nicht kündbaren 5%, 4,5% und 4% Prioritätsobligationen).

Die vorgenommene Verstaatlichung der 36 Bahnen bis zum 1. April 1891 hatte eine Erhöhung der Staatsschuld von etwa 4 Mrd. Mark herbeigeführt. Vorkehrungen, die den Staatshaushalt vor störenden Wirkungen sich verändernder Überschüsse der Staatseisenbahn schützen bzw. die Tilgung der Eisenbahnschulden erlangen sollten, waren die Bildung eines Reservefonds bzw. gesetzlich festgelegte Bestimmungen[79] über die Tilgung.[80]

Sowohl gegen den Reservefonds, als auch gegen die obligatorische Schuldentilgung wurde jedoch vom Abgeordnetenhaus Widerspruch erhoben. Man argumentierte, daß im Reservefonds Kapital akkumuliert würde, während dasselbe Kapital im Wege der Defizitdeckung andererseits über Schuldverschreibungen aufgenommen werden müsse. Daneben sollte die obligatorische Schuldentilgung wegfallen, um dem Staat die Möglichkeit zu verleihen, entsprechend seinen jeweiligen finanziellen Verhältnissen zu tilgen (freie Tilgung).

Infolge der erhobenen Kritik sah man im Gesetz von 1882 sowohl von der Bildung eines Reservefonds als auch von einer obligatorischen Tilgung ab. Damit trat der Gedanke einer raschen Tilgung, wie sie noch 1879 in der Resolution vorgesehen war, in den Hintergrund.[81]

---

[79] falls keine andere Verwendung bestimmt wurde, sollten 0,5% der Überschüsse einbezahlt werden, bis 1% des Aktienkapitals erreicht ist.

[80] vgl. Sattler 1892, S. 129

[81] vgl. Sattler 1892, S. 131 ff.

1.6.3 Die preußischen Konsols im Zusammenhang mit der Konsolidation von 1869

Nicht erst die Verstaatlichung der Eisenbahnen führte in Deutschland zur Emission von Konsols. Schon die Konsolidation der preußischen Staatsschuld, beginnend im Jahre 1869, brachte dieses Finanzierungsinstrument in Umlauf. Damit wurde 1869 zum ersten Mal in Deutschland die Tilgungspflicht für bestimmte Anleihen aufgehoben.[82]

Allgemein hat die Konsolidation als eine der bedeutendsten Form der Konversion im weitesten Sinne eine Schuldumwandlung zur Folge. Ziel einer Konsolidation kann sowohl die Unifikation sein, d.h. die Zusammenlegung verschiedener selbständiger Anleihen mit dem Ziel der Beseitigung der Ungleichheit, als auch die Fundierung, die Umwandlung also von kurz- in langfristige Anleihen.[83]

Die Staatsschuld setzte sich vor der Konsolidation aus einer Vielzahl von Schuldtiteln (115 verschiedene Kategorien) zusammen. Infolge der mangelnden Übersichtlichkeit über den Gesamtschuldenbestand wurde einerseits die Verwaltung, andererseits aber auch der Verkehr mit den Schuldtiteln unnötig erschwert. Dieser Zustand war ursächlich für den Beliebtheitsverlust der preußischen Staatsschuldtitel beim Publikum. Mit der Unübersichtlichkeit der Staatsschuldtitel waren nachteilige Folgen für die Fähigkeit des Staates, Kreditmittel zu aktivieren, verbunden.[84]

In den einzelnen Anleihebedingungen waren Tilgungsverpflichtungen entsprechend den gesetzlichen Bestimmungen vorgesehen, so daß die zur Tilgung angesetzten Summen insgesamt 2% der gesamten Staatsschuld betrugen. Die sich aus der Rückzahlungsverpflichtung für den Staat ergebenden finanziellen Nachteile werden deutlich, wenn man berücksichtigt, daß der Staat wegen des Tilgungsbedarfs neue Anleihen emittieren mußte, die wegen der angespannten Kapitalmarktsituation jedoch nur unter pari ausgegeben werden konnten. Die Tilgung hatte dagegen in Form einer Auslosung zum Nennwert und nicht durch Ankauf zum Marktkurs zu erfolgen. Später wurde eine Verminderung der Tilgungsverpflichtung bzw. die Deckung der verbleibenden Tilgungsschuld durch Veräußerungen der

---

[82] vgl. Birth 1958, S. 47
[83] vgl. Dieben/Ebert 1958, S. 63
[84] vgl. Sattler 1892, S. 66 f.

Königshütte und der Domänen angestrebt. Bis zu diesem Zeitpunkt entbehrte die Absicht, die Rückzahlungsverpflichtung zu mindern, jeder gesetzlichen Grundlage. Folglich wurde ein Gesetzentwurf über die Konsolidation vorgelegt. Dieser Gesetzentwurf, der als fundamentale Neuerung betrachtet wurde[85], sah vor, die in Tabelle I (vgl. Anhang S. 235) aufgezählten 17 verschiedenen Anleihen gegen zu 4,5% verzinsliche Verschreibungen einer konsolidierten Staatsanleihe einzulösen. Um den Umtausch zu fördern, wurde eine Prämie ausgesetzt. Die Mittelbeschaffung, die zum Ankauf, zur Einlösung und zur Prämienzahlung erforderlich war, erfolgte über die Emission konsolidierter Anleihen.[86] Damit war der Zweck einer Aufhebung des Tilgungszwanges erreicht[87], da keinerlei Tilgungsverpflichtungen übernommen wurden.[88] Die alten gekündigten Anleihen, die von den Staatsgläubigern nicht zur Konsolidation eingereicht wurden, wurden mit Mitteln aufgekauft, die durch den Verkauf der konsolidierten Anleihe beschafft wurden.[89]

In den Vertragsbedingungen der ausgegebenen Konsols waren, neben dem Verzicht auf Tilgungszwang, weitere Bestimmungen bezüglich der Kündigung seitens des Staates festgehalten.[90] Eine mögliche Herabsetzung des Zinses[91] (Konversion im engeren Sinne)[92] sollte dem Staat nach Ablauf eines bestimmten Zeitraumes möglich bleiben.[93]

Das Ergebnis der Konsolidation ist in Tabelle I (vgl. Anhang, S. 235) festgehalten. Vom Gesamtkapitalbetrag Ende 1869[94] waren bis zum 30. Juni 1872 67%[95] zum Umtausch gegen Konsols eingeliefert worden[96].

Als Folge des für Preußen erfolgreichen Abschlusses des französischen Krieges erhöhte sich der Kurs der älteren 4,5% Staatstitel über den Nennwert. Damit wurde

---

[85]vgl. Birth 1958, S. 49
[86]vgl. Sattler 1892, S. 68 f.
[87]vgl. Birth 1958, S. 49
[88]vgl. Sattler 1892, S. 69
[89]vgl. Birth 1958, S. 50 und auch Sattler 1892, S. 69
[90]So sah man eine Unkündbarkeit der konsolidierten Anleihe bis zum 1.Januar 1885 als ausreichend an.
[91]vgl. Sattler 1892, S. 69
[92]vgl. Dieben/Ebert 1958, S. 63 f.
[93]vgl. Sattler 1892, S. 69
[94]Spalte 4 in Tab.I im Anhang: 670'221'375 Mark
[95]450'897'495 Mark (= Spalte 5)
[96]Der Umtausch der 17 älteren Anleihen war an keine bestimmte Frist geknüpft, so daß sich dieser im Zeitablauf fortsetzte (vgl. Sattler 1892, S. 71).

für die Inhaber nicht konsolidierter Anleihen deren Kündigung oder Konvertierung wahrscheinlich, so daß es für sie vorteilhafter war, diese gegen Konsols, die 13 Jahre unkündbar waren, einzutauschen. Dieser Umtausch war jedoch für den Staat unvorteilhaft, so daß dieser ein Gesetz erließ, das die Ermächtigung zum Umtausch zurückzog. Gleichzeitig wurde festlegt, daß die älteren Anleihen und einige Prioritätsobligationen unter par oder zu par eingelöst werden sollten. Die hierfür notwendigen Mittel sollten durch die Emission von Konsols über par gedeckt werden. Ferner verweigerte das Abgeordnetenhaus die Unkündbarkeit.[97]

Zusammenfassend muß als Charakteristikum für die Periode nach 1869 das starke Anwachsen der fundierten Schuld durch die Emission von Konsols im Zuge der Eisenbahnverstaatlichung und der Ablösung der Tilgungsschulden[98] festgehalten werden.[99]

Die Emission von Konsols zu Zwecken der Konsolidation bzw. der Eisenbahnverstaatlichung durften, so auch die Meinung von Bernouilli, nicht dazu führen, daß sich der Staat eine unablösbare Last (in Form der Verzinsung) auferlegt hatte. Vielmehr sollte er sich die Möglichkeit offen halten, an einem allgemein sinkenden Zinsniveau partizipieren zu können. So mußte eine freiwillige Rückzahlung der Verbindlichkeit durch den Schuldner (eventuell nach Ablauf einer bestimmten Frist) möglich sein, falls sich die Inhaber von Konsols nicht zu einer Herabsetzung, die nicht willkürlich oder gewaltsam sein durfte, bereitfanden.[100] Ihre gesetzliche Legitimation fand die Konversion der 4,5% Konsols am 4. März 1885, nachdem beide Häuser des Landtages einem Gesetzesentwurf, die Berechtigung zur Kündigung betreffend, die Gesetzeskraft verliehen.[101] Den Konsolinhabern wurde nach der Kündigung die Umwandlung ihrer zu 4,5% verzinslichen Konsols in 4% Konsols angeboten, um Störungen des Geldmarktes, die bei einer obligatorischen Rückzahlung eingetreten wären, zu vermeiden und die Gläubiger durch eine Rückzahlung nicht zu veranlassen, sich von der Anlage in Staatsschuldverschreibungen abzuwenden und auf höher verzinsliche Werte

---

[97] vgl. Sattler 1892. S. 72 ff.

[98] Ein außerordentliche Schuldentilgung konnte nur infolge der Zahlung einer Kriegskostenentschädigung durch das besiegte Frankreich und der Steigerung der wirtschaftlichen Tätigkeit in den Jahren zwischen 1872-1875 vorgenommen werden.

[99] vgl. Birth 1958. S. 53

[100] vgl. Bernouilli 1833. S. 106 f.

[101] vgl. Sattler 1892. S. 136 und auch Schanz 1885. S. 499

(eventuell im Ausland) auszuweichen. Das Angebot galt als angenommen, falls nicht innerhalb einer bestimmten Frist die Rückzahlung verlangt wurde, die wiederum durch die Ausgabe von 4% Konsols gedeckt werden sollte.[102] Die weitere Zinsentwicklung infolge der gehemmten Kapitalverwendung seit dem Ausbau der Eisenbahnen und der ruhigen Industrieentwicklung in Europa, machte eine Zinskonversion auf 3,5% möglich.[103] Um die Jahrhundertwende war die Vereinheitlichung der preußischen Staatsschulden in großen Teilen abgeschlossen.[104] Über die Herabsetzung der Konsolzinsen konnte eine Verringerung der Staatsschulden erreicht werden.[105]

Nach 1874 mußten neue Konsols in Preußen emittiert werden, die mit einem Kupon von 4,5% bedient wurden. Ab 1881 konnten aufgrund der positiven Beurteilung der Konsols durch das Publikum 4% Konsols ausgegeben werden. 1885 konnten die 4,5% Konsols durch das Gesetz vom 04.03.1885 in Konsols mit 4% Kupon umgewandelt werden.[106] Ab 1886 konnten sogar Konsols mit einem Kupon von 3,5% emittiert werden, denen nach 1890 3% Konsols folgten. 1896 wurde aufgrund des Gesetzes vom 23.12.1896 eine weitere Konversion durchgeführt, die es ermöglichte die 4% Konsols, die von 1881 bis 1885 emittiert wurden, zu kündigen und die Umwandlung in 3,5% konsolidierte Anleihen zu bewirken.[107] Bis zum Jahre 1906 wurden 3% Konsols ausgegeben, danach stieg der Zinssatz für Konsols über 3,5% auf 4% im Jahre 1908. Die 4% Konsols blieben bis ins Jahre 1914, das Jahr in dem die Ausgabe der Konsols ihr Ende fand, erhalten.[108] 1922 gingen die gesamten Schulden des preußischen Staates im Zuge der Übernahme der Bahnen durch das Reich auf dieses über (davon Konsols in Höhe von 9,23 Mrd. Mark, was ca. 88% der gesamten übernommenen Staatsschuld entspricht).

Am 15.11.1923 fand die Währungsreform statt, wodurch eine Streichung der gesamten Staatsschulden Preußens vorgenommen wurde. Damit bestanden die

---

[102]vgl. Sattler 1892, S. 136 f.
[103]vgl. Schanz 1885, S. 515
[104]vgl. Birth 1958, S. 58
[105]vgl. Sattler 1892, S. 71
[106]Diese Konversion war außerordentlich erfolgreich, da nur 0,003% des Schuldkapitals infolge der Kündigung zur Auszahlung gelangten, der gesamte Rest konnte in 4% Konsols konvertiert werden.
[107]Nur 0,001% des Schuldkapitals gelangte zur Rückzahlung. Damit war auch diese Konversion erfolgreich.
[108]vgl. Birth 1958, S. 59 ff.

preußischen Konsols, die ab 1869 in Umlauf waren, in ihrer Gesamtheit in Deutschland 54 Jahre lang.[109]

[109] vgl. Birth 1958, S. 71 ff.

II. ZUR CHARAKTERISIERUNG VON KONSOLS

2.1 Zum Begriff Konsol

Der Konsol gehört als historisches Finanzierungs- und Anlageinstrument zur Klasse der festverzinslichen Wertpapiere.[110] Er unterscheidet sich von anderen Wertpapieren durch die beim Konsol grundsätzlich fehlende vertragliche Vereinbarung eines Rückzahlungstermines des Nominalkapitals.[111] Der Schuldner verpflichtet sich nur zu einer regelmäßigen Zinszahlungen auf unabsehbare Zeit (ewige Rente).[112] Das Konsolkapital steht dem Schuldner bei unkündbaren Papieren für einen unbegrenzten Zeitraum zur Verfügung.[113]

Die für diese Anleihenkonstruktion gewählte Bezeichnung Konsol lehnt sich an das historische Vorbild des britischen Konsols an, der in England in der Mitte des 18. Jahrhunderts als Folge einer Konversion der Staatsschuld in niedriger verzinsliche Titel entstand.[114] Der Konsol wird auch Rentenanleihe[115], ewige Rente[116], ewige Anleihe[117], consolidated stock[118], consolidated annuity[119], undated bond, Konsolidierungs- oder Umschuldungsanleihe[120], perpetual bond oder annuity bond[121] genannt.

---

[110]im Gegensatz zu variabel verzinslichen Wertpapieren
[111]vgl. Enzyklopädie 1977, S. 317
[112]vgl. Handbuch Schweiz 1977, S. 514 und auch Mithoff 1890, S. 283
[113]vgl. Harter/Franke 1988, S. 143
[114]vgl. Kap. 1.3
[115]vgl. Süchting 1984, S. 116 und auch Handbuch Schweiz 1977, S. 179
[116]vgl. Irniger 1976, S. 9
[117]vgl. Süchting 1984, S. 116
[118]vgl. Enzyklopädie 1967, S. 317 und auch McGraw-Dictionary 1973, S. 119
[119]vgl. McGraw-Dictionary 1973, S. 119
[120]vgl. Schwilling 1974, S. 89
[121]vgl. Downes/Goodman 1987, S. 290

Als wichtigste Voraussetzung zur Plazierung der Konsols am Wertpapiermarkt muß das Vertrauen in den Schuldner beim Anlagepublikum weit verbreitet sein. Die Gläubiger müssen auf pünktliche, regelmäßige und ungekürzte Zinszahlung vertrauen können, nur dann werden sie sich für eine Anlage in Konsols entscheiden können.[122]

Der Konsol entstand aus dem Streben des Staates, sich von seinen Revolvierungspflichten zu befreien. Die geschichtliche Entwicklung des Staatskredits, der sich direkt an die Privatschuldverhältnisse anschloß[123], zeigt, daß der Staatskredit in einer frühen Entwicklungsstufe zunächst das beiderseitige Kündigungsrecht vorsah. Für den Staat als Konsolemittenten war vor allem das Gläubigerkündigungsrecht von großem Nachteil. So wurde bei Zinssteigerungstendenzen die Kündigung durch die Gläubiger stets wahrscheinlich. Die Refinanzierung der Verbindlichkeiten durch eine Neuemission war dann jedoch nur zu einer höheren Verzinsung möglich. Von diesem finanziellen Risiko wollte sich der Staat befreien. Er ersetzte das Gläubigerkündigungsrecht zunächst durch festgesetzte Tilgungsverpflichtungen.[124] Doch auch diese erwiesen sich als nachteilig, da hiermit das Problem der ständigen Revolvierung der Staatsschuld verbunden war. Die Rückzahlung war auch dann vorzunehmen, wenn diese nicht aus dem Überschuß ordentlicher Einnahmen, sondern nur durch die Emission neuer Anleihen unter eventuell ungünstigeren Bedingungen bestritten werden konnte. Die Rückzahlungsverpflichtung sollte durch möglichst lange Tilgungszeiten erleichtert werden. Die vollständige Beseitigung der Rückzahlungspflicht, die es als konstituierendes Merkmal des Konsols festzuhalten gilt, wird als letzter konsequenter Schritt in der Entwicklung der Staatsschuldtitel angesehen.

Die Akzeptanz der Anleger fanden die unendlich lang laufenden Konsols aufgrund eines allgemein gestiegenen Wohlstandes, der es den Inhabern von Rentenanleihen erlaubte, auf eine Rückzahlung zu verzichten und sich vielmehr einen sicheren und dauernden Rentenbezug[125] (auch als Altersvorsorge[126]) zu sichern.

---

[122]vgl. Mithoff 1890, S. 283 und auch Dietzel 1855, S. 126
[123]vgl. Kap. 1.2
[124]es wurden endfällige Anleihen emittiert
[125]vgl. Mithoff 1890, S. 280 f.
[126]vgl. Harter/Franke 1988, S. 143

Das Wegfallen der Verbindlichkeitsfälligkeit wird beim Konsol durch Fälligkeitssurrogate ersetzt. Für denjenigen Kontraktpartner, der an einer Kündigung interessiert ist, erhalten die Fälligkeitssurrogate die Vorteile einer Kündigung, wobei die Gegenpartei von den Nachteilen einer Kündigung befreit bleibt.

Als Surrogat für eine passive, d.h. vom Kapitalgeber bewirkte Kündigung, tritt die vom Kapitalnehmer realisierte künstliche Liquidität ein. Liquidität ist in diesem Zusammenhang als Möglichkeit zu verstehen, die in eine bestimmte Anlageart investierte Geldsumme in einem angemessenen Zeitraum zu realisieren (zum Beispiel durch Verkauf an der Börse). Die Kotierung des Konsols an einer Börse (Börsennotierung) erleichtert die Realisierung der im Konsol gebundenen liquiden Mittel. Entscheidend ist aber vor allem, ob im betreffenden Wertpapier regelmäßig Umsätze stattfinden und damit eine leichte Verkäuflichkeit an der Börse gewährleistet wird. Die Qualität dieses Kündigungsersatzes für den Gläubiger ist abhängig von der Marktliquidität. Infolge des Fälligkeitssurrogates Liquidität kann ein Gläubigerwechsel jederzeit stattfinden, der es dem einzelnen Kreditgeber ermöglicht, eine langfristige Anleihe in Form eines Konsols in ein sehr kurzfristiges Engagement zu verwandeln.[127]

Der Rückkauf der verbrieften Verbindlichkeit auf dem Sekundärmarkt durch den Schuldner entspricht dem Fälligkeitssurrogat für den Kapitalnehmer und ersetzt damit die aktive, d.h. vom Schuldner bewirkte Kündigung.[128]

Somit wird deutlich, daß - selbst wenn die Anleihen in Form von Konsols begeben werden - der Staat sich keine unablösbare Last auferlegt, sondern lediglich

---

[127] vgl. Uhlir/Steiner 1991, S. 5 und auch Boemle 1987, S. 211

[128] vgl. Hahn 1983, S. 188 ff.

Schon Dietzel erkannte 1855 die Verkäuflichkeit auf dem Sekundärmarkt und den Rückkauf durch den Schuldner als Voraussetzung für die Akzeptanz des Rückzahlungsverzichtes:

"Wenn wir oben sagten, daß der Staat die auf seinen aufgenommenen Capitale nicht zu bestimmter Frist, also überhaupt nicht zurückzahlen brauche und verpflichtet sein könne, so darf man sich hierdurch nicht zu der Auffassung verleiten lassen, als ob deßhalb die einzelnen Darleiher ebenfalls für immer oder auch für einige Zeit außer Stand gesetzt seien, wieder in den Besitz ihres Capitales zu kommen, wenn ihnen dies vorteilhaft erscheinen sollte. Mit dieser Rückzahlbarkeit hängt vielmehr auf das Innigste und mit Nothwendigkeit eine andere Erscheinung zusammen, welche nur beim Staatscredit möglich ist und die andere Hauptgrundlage seiner großen Wirkung bildet. Dies ist die beständige Verkäuflichkeit der Ansprüche der Einzelnen an den Staat, und die Nothwendigkeit für den letzteren, einen Theil seiner Schuldverschreibung fortwährend im freien Verkehr zurückzukaufen, um seinen Credit aufrecht zu erhalten." (Dietzel 1855, S. 118)

dem Inhaber ein Recht (welches jederzeit vom Gläubiger am Sekundärmarkt verkauft werden kann) zum Rentenbezug bis zur Kapitalrückzahlung gewährt.[129]

2.2 Wesen und Arten festverzinslicher Wertpapiere

Der historische Konsol gehört zur Klasse der festverzinslichen Wertpapiere. Die Emission festverzinslicher Wertpapiere (auch Rentenpapiere oder Anleihen) ist die klassische Form der Fremdfinanzierung, die nicht rechtsformbeschränkt ist.[130] Die Emission von Anleihen ist mit relativ hohen (fixen und variablen) Emissionskosten verbunden. In der Regel werden 10 Millionen DM Emissionssvolumen als Mindestnominalbetrag nicht unterschritten.

In der Bundesrepublik ist die Genehmigung des Bundeswirtschaftsministerium im Einvernehmen mit der zuständigen Landesbehörde Emissionsvoraussetzung. Als Entscheidungskriterium wird die Aufnahmefähigkeit des Kapitalmarktes (überprüft durch den Zentralen Kapitalmarktausschuß) und die Bonität des Emittenten herangezogen.[131]

Die Emittenten von Rentenpapieren müssen relativ hohen Bonitätsanforderungen genügen. Eine relativ konstante Ertragslage ist für privatwirtschaftliche Unternehmungen Emissionsvoraussetzung. Der Staat dagegen muß als Emittent diesen wirtschaftlichen Erfolg nicht nachweisen, da er aufgrund seiner Steuerhoheit jederzeit auf die Einkommen und Vermögen der Privaten zurückgreifen kann. Die staatlichen Verbindlichkeiten werden als gesichert angesehen. Das Insolvenzrisiko entfällt bei Anleihen der öffentlichen Hand.[132]

Folgende Bonitätsabstufungen können unterschieden werden:

---

[129] vgl. Bernouilli 1833, S. 2

[130] vgl. Wöhe/Bilstein 1991, S. 152

[131] vgl. Swoboda 1991, S. 25 und auch Süchting 1984, S. 113

[132] Das Bonitätsrisiko einer staatlichen Anleihenemission entfällt nur unter der Voraussetzung, daß es sich um einen politisch und wirtschaftlich störungsfreien Raum handelt, d.h. von Revolutionen, schwerwiegenden Wirtschaftskrisen und Währungsumstellungen kann weitgehend abgesehen werden.

(1) Emissionen der öffentlichen Hand: vergleichsweise hohe Bonität wegen der Steuerkraft des Staates,[133]

(2) Anleihen von Daueremittenten (Hypothekenbanken): wegen des Deckungsprinzips[134]

(3) sonstige Anleihen (vor allem Industrieobligationen): hier sind Bonitätsverbesserungen über öffentliche Bürgschaften möglich

(4) DM-Auslandsanleihen (je nach Ländern unterschiedlich hohe Bonität)

(5) Eurobonds.[135]

Der potentielle Emittentenkreis reduziert sich aufgrund der von staatlicher Seite, von den Börsen und von den institutionellen Anlegern verlangten Bonitätsanforderungen.[136] Industrieobligationen spielen daher in Deutschland eher eine untergeordnete Rolle. Der deutsche Kapitalmarkt wird bevorzugt und zunehmend durch die Emissionen von Anleihen der öffentlichen Hand und Kommunalobligationen beansprucht.

Die Anleihe ist für emissionsfähige Unternehmungen eine wichtige Form der langfristigen Fremdkapitalbeschaffung. Der Vorteil der Anleihenfinanzierung besteht für die Unternehmungen vor allem darin, daß der gesamte Kapitalbedarf in mehrere Teilschuldverschreibungen gestückelt werden kann, die dann dem anonymen Kapitalmarkt angeboten werden. Im Gegensatz zur Aktienemission ist mit der Anleihenemission im Unternehmen keine Einflußnahme auf die Geschäftsführung verbunden. Der Investor erwirbt gegen die Hingabe seines Kapitals ein verbrieftes und fungibles Gläubigerrecht gegenüber dem Emittenten des zugrunde liegenden Papiers, er geht also eine Gläubigerstellung ein.[137] Weiterhin kann durch die Möglichkeit der verschiedenartigen Ausgestaltung der einzelnen Papiere eine gute Anpassung an spezielle Kapitalmarktsituationen stattfinden. Auch kann der für die Fremdfinanzierung allgemein gültige Steuervorteil, die Abzugsfähigkeit der Zinszahlungen als Betriebsausgaben vom steuerpflichtigen Gewinn, ausgenutzt werden.[138]

---

[133]vgl. Harter/Franke 1988, S. 165
[134]Anleihe wird faktisch Pfandrecht an einer entsprechenden Ausleihung der Bank beigefügt
[135]vgl. Hahn 1983, S. 255
[136]vgl. Wöhe/Bilstein 1991, S. 152
[137]vgl. Harter/Franke 1988, S. 160
[138]vgl. Löffler 1987, S. 38 f.

Die Höhe des Zinssatzes kann fest sein (festverzinsliche Anleihen) oder sich an einem bestimmten vorher festgelegten Referenzzinssatz orientieren (variabel verzinsliche Anleihen). Der nominelle Zinsfuß - bezogen auf den Nennwert der Anleihe - legt die prozentuale Höhe der periodischen Zinsen fest. Die Effektivverzinsung[139] weicht in vielen Fällen von der Nominalverzinsung[140] ab. Die Laufzeit festverzinslicher Wertpapiere ist in aller Regel befristet. Unterschieden wird nach Geldmarktpapieren (Laufzeit 1 - 2 Jahre)[141] und Kapitalmarktpapieren[142] (Laufzeit über 1 - 30 Jahre).[143]

Die Rückzahlung der Anleihe kann je nach Vertragsausgestaltung am Ende der Laufzeit erfolgen (endfällige Anleihe), nach der Kündigung durch den Schuldner bzw. den Gläubiger oder in Teilen zu bestimmten vereinbarten Terminen.[144] Die Rückzahlung erfolgt in der Regel zum Nennwert (100%). Bei endfälligen Anleihen wird der gesamte Anleihenbetrag am Ende der Laufzeit zur Rückzahlung fällig. Daneben gibt es Anleihen, die laut Kontraktbedingungen vor Endfälligkeit laufend oder nach einem bestimmten tilgungsfreien Zeitraum getilgt werden.[145] Bei Tilgungsanleihen muß zwischen eindeutig festgelegter, planmäßiger Tilgungsstruktur und nicht eindeutig festgelegter, außerplanmäßiger Tilgungsstruktur unterschieden werden (siehe Abb. 7, S. 254 Anhang).[146] Irniger unterscheidet vier Grundtypen festverzinslicher Wertpapiere:

- Anleihen, mit festem Rückzahlungstermin
- Anleihen, die durch Auslosung getilgt werden
- Anleihen, die durch Auslosung oder Rückkäufe getilgt werden
- Anleihen, deren jährliche Summe aus Zinszahlungen und Tilgung konstant ist (Annuitäten).

---

[139] vgl. Kap. 2.7.2.4 und 2.7.2.5

[140] vgl. Kap. 2.7.2.1

[141] Schatzwechsel. Schatzanweisungen. Finanzierungsschätze, Bundesschatzbriefe. Sparbriefe. Depositenzertifikate. DM-Einlagenzertifikate. Geldmarktfonds

[142] Bundesanleihen. Bundesobligationen. Bankschuldverschreibungen. DM-Auslandsanleihen. Wandelschuldverschreibungen. Optionsanleihen. Genußscheine. Anleihen. Zerobonds und falls am Markt vorhanden auch Konsols

[143] vgl. Berger 1990. S. 35 f.

[144] vgl. Berger 1990. S. 35 f.

[145] vgl. Löffler 1987. S. 132

[146] vgl. Löffler 1987. S. 125 ff.

Die Variationsbreite sämtlicher am Markt existierender Anleihen ist wesentlich größer; es gibt eine Vielzahl von Sonderformen, die sich oft nur durch kleine Abweichungen unterscheiden. Eine dieser Sonderformen stellt der Konsol dar.[147]

Die Emission[148] bzw. die Plazierung der Anleihen am Primärmarkt und die Betreuung am Sekundärmarkt wird heute überwiegend vom Bankenapparat übernommen (Fremdemission).[149] Es erfolgt vielfach eine Festübernahme der zu plazierenden Anleihe durch eine oder mehrere Geschäftsbanken (Bankenkonsortium). Der Vorteil für den Schuldner liegt darin, daß er unabhängig vom Erfolg der Emission bzw. der Plazierung über den gesamten Erlös verfügen kann.[150]

Durch die Börseneinführung der Anleihe wird die Plazierung erleichtert, da sich die Fungibilität erhöht.[151] Durch die Verleihung der Lombardfähigkeit[152], der Mündelsicherheit[153] und der Deckungsstockfähigkeit[154] werden Anleihen einem breiteren Anlegerpublikum zugänglich gemacht.

2.3 Die Ertragskomponenten festverzinslicher Wertpapiere

Bei festverzinslichen Wertpapieren gilt es allgemein vier mögliche Ertragsquellen festzuhalten:

(a) laufende Zinserträge aus den Kuponzahlungen

---

147 vgl. Irniger 1976, S. 6 ff.

148 Die Emission von Wertpapieren bezeichnet den Vorgang der Unterbringung von Wertpapieren am Kapitalmarkt. Grundsätzlich kann man zwischen einer öffentlichen Emission und einer privaten Emission unterscheiden. Bei einer öffentlichen Emission richtet sich das Zeichnungsangebot (Subscription) an alle schon am Kapitalmarkt operierenden Marktteilnehmer bzw. auch an neu auf den Markt tretende Anleger. Bei einer privaten Plazierung dagegen werden die neu zu emittierenden Wertapiere lediglich einem beschränkten Anlegerkreis zur Zeichnung angeboten, d.h. ohne breite Publizität emittiert. (vgl. Boemle 1987, S. 89)

149 vgl. Uhlir/Steiner 1991, S. 5

150 vgl. Boemle 1987, S. 90

151 Fungibilität wird in diesem Zusammenhang verstanden als relative Sicherheit einer hohen Liquidierbarkeit.

152 Beleihbarkeit bei der Deutschen Bundesbank (bei Bundesanleihen und Länderanleihen inklusive Anleihen der Sondervermögen kraft Bundesgesetz vorhanden)

153 Pflicht des Vormundes das Mündelgeld (= dem Mündel zur Verfügung stehende Mittel) verzinslich anzulegen (vgl. Harter/Franke 1988, S. 224)

154 Zur Anlage des Vermögens von Lebensversicherungsgesellschaften geeignet.

(b) Zinseszinserträge aus der Wiederanlage erhaltener Zinserträge
(c) potentielle Kursgewinne (oder -verluste) bei vorzeitiger Veräußerung als Differenz zwischen Anschaffungspreis und Kurswert bei Verkauf[155]
(d) bei Fremdwährungsanleihen: Gewinne (oder Verluste) aus Wechselkursschwankungen.

Die Gesamtrendite eines festverzinslichen Wertpapiers setzt sich je nach spezieller Vertragsausgestaltung aus den beschriebenen Komponenten zusammen, wobei je nach Anleihentyp einzelne Ertragskomponenten ex definitione nicht auftreten können[156].

Bezüglich des relativen Gewichts der einzelnen Ertragskomponenten ist festzuhalten, daß die Zinseszinskomponente einen sehr hohen Anteil am Gesamterfolg einer Anleihe ausmachen kann.[157] Die relative Wichtigkeit des Zinseszins wird durch die Ausstattungsmerkmale Laufzeit und Kuponhöhe beeinflußt. Je länger die Laufzeit einer Anleihe ist, desto größer ist das Gewicht der Zinseszinskomponente am Gesamtertrag.[158] Demgegenüber wirkt sich ein höherer Kuponsatz in einer größer werdenden Abhängigkeit des Gesamtertrages vom Erfolg der Reinvestition der erhaltenen Kuponzahlungen aus. Der Anteil der Zinseszinskomponente am Gesamtertrag ist also stark abhängig von der Reinvestitionsrate.[159]

Werden Anleihen als langfristiges Investment betrachtet, so setzt sich deren Gesamtertrag besonders aus dem Zinseszinsertrag und den relativ sicher abschätzbaren Kuponzahlungen[160] zusammen. Bei kurz- und mittelfristigen Investments in Anleihen kann dagegen die Ertragskomponente des potentiellen Kursgewinnes (und auch -verlustes) entscheidenden Einfluß auf die Höhe des Gesamtertrages ausüben.[161]

---

[155] vgl. Fabozzi 1987 (a), S. 50, S. 634 und auch Fabozzi 1988, S. 106 f.

[156] Eine Nullkuponanleihe läßt zum Beispiel ex definitione laufende Zinserträge aus den Kuponzahlungen als Ertragskomponente vermissen.

[157] Bei langfristigen Anleihen kann der Zinseszinsertrag bis zu 70% und mehr vom Gesamtertrag beitragen. Gerade diese Ertragskomponente muß deshalb bei Renditeberechnungen berücksichtigt werden.

[158] für eine gegebene yield-to-maturity und einen gegebenen Kuponsatz

[159] vgl. Leibowitz 1987 (a), S. 593 f. und auch Fabozzi 1988, S. 114 ff.

[160] bei Schuldnern mit hoher Bonität

[161] vgl. Leibowitz 1987 (b), S. 635 ff.

Die Ertragskomponenten festverzinslicher Wertpapiere müssen je nach Steuersystem um die direkten Effekte der Besteuerung bereinigt werden.[162] Die Kuponzahlungen können theoretisch einfach um den Steuereffekt modifiziert werden. In der Praxis wirft jedoch die Festlegung des marginalen Steuersatzes einige Probleme auf. So muß die Tatsache berücksichtigt werden, daß die Kuponzahlungen in Zukunft anfallen und damit auch erst in Zukunft besteuert werden. Die Festlegung eines zukünftig gültigen marginalen Steuersatzes, der sich bei Privatpersonen nach dem künftigen Einkommen richtet, ist mit Unsicherheit verbunden. Für die gesamte Laufzeit der Anleihe müßte eine Reihe gültiger Einkommensteuersätze festgelegt werden. In der Praxis wird zur Vereinfachung die Annahme eines über die Gesamtlaufzeit der Anleihe konstanten Einkommensteuersatzes getroffen. Um die Auswirkungen unterschiedlicher Zinsszenarien verdeutlichen zu können, wird dieser über die Laufzeit fixe Satz variiert.[163] Die Besteuerung von Zinszahlungen wirkt sich in sehr unterschiedlichem Maße auf die einzelnen Ertragskomponenten eines festverzinslichen Wertpapiers aus. Die Kuponzahlungen werden bei einer Besteuerung genau um den auf die Kuponzahlungen angewandten Steuersatz reduziert, während der gesamte Zinseszinsertrag um einen wesentlich höheren prozentualen Betrag sinkt. Dieses Ergebnis resultiert aus der besonderen Eigenschaft des Zinseszins[164]. Je höher die Reinvestitionsrate, desto größer sind die Steuereffekte auf den Zinseszinsertrag. Damit kann von einem leveraged Zinseszinseffekt der Kuponbesteuerung gesprochen werden.

Durch die Besteuerung wird die Ertragsstruktur einer Anleihe, d.h. die relativen Anteile der einzelnen Ertragskomponenten am Gesamtertrag nach Steuern gegenüber den relativen Anteilen der Ertragskomponenten vor Steuern, stark beeinflußt. Unterliegen Kapitalgewinne der Besteuerung, so werden diese Steuern erst bei der Realisierung der Kapitalgewinne durch Verkauf oder durch Ablauf der Laufzeit (bei Nullkuponanleihen) fällig. Durch die Besteuerung wird der Kapitalgewinn genau um den angewandten Steuersatz reduziert. Bei gleichem Steuersatz ist für Kuponzahlungen und Kapitalgewinne die Verzinsung nach Steuern

---

[162] Der Vor-Steuerfall muß getrennt vom Nach-Steuerfall behandelt werden.

[163] vgl. Leibowitz 1987 (a), S. 602 f.

[164] Wird der Zinseszins einer Anleihe verdoppelt, so erhöht sich der absolute Betrag aus den Zinseszinsen um mehr als das Doppelte. Wird umgekehrt der Zinseszins halbiert, so reduziert sich der absolute Betrag aus den Zinseszinsen um mehr als die Hälfte.

bei einer Discountanleihe höher als die Verzinsung einer zu pari erworbenen Anleihe.[165]

2.4 Die Risikokomponenten festverzinslicher Wertpapiere

2.4.1 Die Einzelrisiken festverzinslicher Wertpapiere

Die Anlage in festverzinsliche Wertpapiere galt bis in die siebziger Jahre als eine vergleichsweise risikoarme Investition. Für diese Risikobeurteilung waren unter anderem gesamtwirtschaftliche Faktoren verantwortlich. Das langfristig sehr stabile Zinsgefüge gab kaum Anlaß für starke Preisschwankungen der Anleihen. Die Wechselkurse waren fixiert, Paritätsänderungen selten. Daneben waren geringe Inflationsraten kennzeichnend für die historische gesamtwirtschaftliche Situation. Für eine hohe und einheitliche Bonität der Emittenten waren strenge Zulassungsbestimmungen verantwortlich, so daß ein Übergewicht der öffentlichen Hand und ein geringes Angebot privatwirtschaftlicher Anleihen die Folge war. Die Situation als ganzes gab kaum Anlaß zu einer intensiven Risikoanalyse festverzinslicher Wertpapiere. Seit Beginn der siebziger Jahre hat sich die Risikobeurteilung von Anleihen gewandelt.[166] Die in den letzten beiden Jahrzehnten zu beobachtenden höheren Zinsvolatilitäten ließen die Anleihen zu riskanteren Papieren werden, so daß sich eine zunehmende Sensibilisierung der Investoren bezüglich möglicher Risiken entwickelte. Auch hat die gewaltige Erhöhung der Staatsschulden in vielen Ländern die Entwicklung der Emissions- und Sekundärmärkte im Bereich der festverzinslichen Anleihen begünstigt. Durch ein großes Angebot an Staatsanleihen konnten viele neue Marktteilnehmer zur Anlage in festverzinsliche Wertpapiere gewonnen werden.[167] Ein steigendes Risikobewußtsein zeichnet die Investoren seitdem aus.

Ein Anleger, der in festverzinsliche Wertpapiere investiert, geht im Austausch für die erwarteten Erträge bestimmte anleihenspezifische Risiken ein. Das Gesamtrisiko

---

[165]vgl. Leibowitz 1987 (a). S. 604
[166]vgl. Uhlir/Steiner 1991. S. 5
[167]vgl. Stigum/Fabozzi 1987. S. 207

einer Anlage in festverzinsliche Wertpapiere kann sich zusammensetzen aus folgenden Einzelrisiken:[168]

(1) Zinsänderungsrisiko
  a. Preisrisiko
  b. Reinvestitionsrisiko
(2) Inflationsrisiko
(3) Liquidierbarkeitsrisiko
(4) Insolvenzrisiko
(5) Kündigungsrisiko
(6) Auslosungsrisiko
(7) Währungsrisiko.

Zu den Risiken, denen alle festverzinslichen Wertpapiere, unabhängig ihrer spezifischen Ausgestaltung, ausgesetzt sind, zählen das Zinsänderungs- und das Inflationsrisiko. Diesen Risikokategorien gemeinsam ist eine enge Verknüpfung mit der Kapitalmarktzinsentwicklung. Die Risiken dieser Klasse, die vom Anleger nicht beeinflußt werden können, werden als generelle oder marktbezogene Risiken bezeichnet. Davon zu unterscheiden sind die speziellen oder auch titelbezogenen Risiken, wie das Insolvenz-, das Liquidierbarkeits-, das Kündigungs-, das Auslosungs- und das Währungsrisiko. Diese Teilrisiken ergeben sich aus dem Erwerb eines ganz speziellen Titels mit der titelspezifischen Ausgestaltung dieser Risikokomponenten. Die Anleger werden für das höhere Risiko oft in Form höherer Renditen entschädigt.[169]

Im folgenden sollen die Einzelrisiken und ihre spezifischen Charakteristika ausführlich erläutert und titelspezifisch dargelegt werden.

2.4.2 Das Zinsänderungsrisiko

Alle festverzinslichen Wertpapiere, unabhängig von ihrer Schuldnerqualität[170], unterliegen einem marktbezogenen Zinsänderungsrisiko. Das Zinsänderungsrisiko ist

---

[168] vgl. zu nachfolgenden Ausführungen u.a. Joehnk 1987, S. 10 ff; Altrogge 1982, S. 458 ff.; Bühler 1983, S. 85 ff.; Uhlir/Steiner 1991, S. 49 ff. und auch Wondrak 1986, S. 1 f.

[169] vgl. Berger 1990, S. 75

[170] vgl. Bossard 1986, S. 4

ein Risiko, das aus unvollständiger Information über die Ausprägung der Zufallsvariablen Zins resultiert.[171] Die Zufallsvariable Zins beeinflußt positiv oder negativ die Profitabilität eines Anleiheninvestments bei einer nicht antizipierten Zinsänderung. Das Zinsänderungsrisiko setzt sich aus den beiden Risikoteilkomponenten Preisrisiko und Reinvestitionsrisiko zusammen:[172]

a. Preisrisiko

Das Preisrisiko tritt immer dann auf, wenn die Laufzeit eines Wertpapiers länger ist als der Planungshorizont des Investors und eine Veräußerung des Wertpapiers vor Endfälligkeit notwendig wird.

Steigt der Kapitalmarktzins nach dem Erwerb einer Anleihe, so kann bei deren Verkauf nur ein (um die Differenz - ΔB) geringerer Marktwert erzielt werden, da der aus der Anleihe resultierende Zahlungsstrom stärker abgezinst werden muß. Die Auswirkung einer[173] Marktzinsänderung auf den Marktwert einer Anleihe bezeichnet man als den Kurseffekt einer Zinsänderung. Gegenüber dem Anschaffungspreis (oder Emissionskurs) der Anleihe erleidet der Investor bei einer Zinserhöhung einen Kapitalverlust. Sinkt dagegen der Zinssatz nach dem Erwerb des Wertpapiers und wird das Rentenpapier nach Ablauf des Planungshorizonts (vor Endfälligkeit) verkauft, so wird c.p. der tatsächlich realisierbare Marktwert über dem ursprünglich erwarteten liegen. Der Anleger wird beim Verkauf der Anleihe einen Veräußerungsgewinn realisieren. Änderungen des Zinsniveaus bewirken gegenläufige Marktwertänderungen. Der Marktwert einer Anleihe ist damit negativ mit der Zinsentwicklung am Wertpapiermarkt korreliert.

Das Ausmaß der zinsinduzierten Preisänderung ist abhängig vom Ausmaß der Zinsänderung, von der Restlaufzeit des Titels und von dessen Zahlungsstromstruktur.[174] Das Preisrisiko hat einen umso größeren Einfluß auf die Profitabilität einer Anleihe, je langer die Laufzeit des zugrundeliegenden Papiers und je häufiger bzw. stärker die Schwankungen des Marktzinssatzes sind. Mit steigender Laufzeit nimmt das Risiko einer Abweichung der tatsächlichen Zinsentwicklung von der

---

[171]vgl. Süchting 1984, S. 322
[172]vgl. Reilly/Sidhu 1980, S. 64
[173]vgl. Kempfle 1989, S. 676
[174]vgl. Uhlir/Steiner 1991, S. 16

erwarteten Zinsentwicklung zu.[175] Die Kursreaktion der Anleihen auf eine Marktzinsänderung ist jedoch bei gleicher Laufzeit je nach Höhe des festgelegten Nominalzinssatzes unterschiedlich. So ist bei einer Anleihe mit hohem Nominalzinssatz - gemessen an Erfahrungssätzen - die Wahrscheinlichkeit einer Zinssenkung größer als die Wahrscheinlichkeit einer Zinserhöhung. Der Anleger erwartet eher einen Kursanstieg seiner Papiere. Umgekehrt, wurde ein relativ niedriger Nominalzinssatz zwischen Schuldner und Gläubiger vereinbart, ist die Wahrscheinlichkeit einer Renditeerhöhung größer. Damit ist für den Gläubiger das Risiko eines Kapitalverlustes wahrscheinlicher.[176] Grundsätzlich ist die Kursreagibilität auf Marktzinsänderungen niedrigverzinslicher Anleihen gegenüber höher verzinslichen Anleihen bei gleicher Laufzeit größer, da der Anteil des Rückzahlungspreises am gesamten Kurswert ein höherer ist als bei hochverzinslichen Papieren.[177]

Als Risikomaß für Zinsänderungen wird oft der Elastizitätskoeffizient verwendet. Der Elastizitätskoeffizient (ε) mißt die relative Kursfluktuation in Abhängigkeit von relativen Zinsschwankungen:

(1) $$\varepsilon = \left| \frac{(\Delta PV / PV)}{(\Delta i / i)} \right|$$

mit ε = Elastizitätskoeffizient
PV = Present Value oder Marktwert
Δ PV = Marktwertänderung
i = Marktzinssatz
Δ i = Marktzinsänderung

Eine Marktzinsänderung hat kaum Auswirkungen auf den Kurswert einer Anleihe, wenn Epsilon nahe Null ist. Liegt Epsilon dagegen nahe Eins, so werden durch Zinsänderungen große Marktwertänderungen impliziert.[178]

Auch beim Konsol wird durch eine Marktzinsänderung eine gegenläufige Marktwertänderung ausgelöst. Durch die unendlich lange Laufzeit des Konsols bzw.

---

[175] vgl. Süchting 1984, S. 322 und auch Löffler 1987, S. 142
[176] vgl. Süchting 1984, S. 323 und auch Altrogge 1982, S. 449
[177] vgl. Wielens 1977, S. 1008 und auch Uhlir/Steiner 1991, S. 16 ff.
[178] vgl. Uhlir/Steiner 1991, S. 16 ff.

das Fehlen eines Kapitalrückzahlungstermines ist das Ausmaß der zinsinduzierten Kursänderung und damit des Preisrisikos vergleichsweise groß.

Das Risiko einer Abweichung der tatsächlichen Zinsentwicklung von der erwarteten Zinsentwicklung ist bei einer unendlich langen Laufzeit "unendlich groß". Zinserwartungen, die für eine Abweichbetrachtung der tatsächlichen von der erwarteten Zinsentwicklung notwendig sind, reichen nicht in eine unendlich lange Zukunft. Vielmehr beschränken sich Zinserwartungen je nach subjektiver Einschätzung auf einen mehr oder weniger langen Zeitraum in der Zukunft.

b. Reinvestitionsrisiko:

Das Reinvestitionsrisiko eines festverzinslichen Wertpapiers, dessen Laufzeit geringer ist als der Planungshorizont des Investors bzw. höchstens dem Planungshorizont entspricht, besteht bei allgemein sinkender Kapitalmarktrendite in einer ungünstigeren Wiederanlage künftiger Zins- und Tilgungszahlungen.[179] Dieser Effekt, der sich auf die Reinvestition der Zinszahlung und der Tilgungszahlung auswirkt,[180] wird auch Zinseffekt[181] genannt. Das Reinvestitionsrisiko betont den Wiederanlageaspekt. Das realisierbare Endvermögen eines Anleiheninvestments, das bis zur Endfälligkeit gehalten wird, wird infolge der nur noch zu einem geringeren Zinssatz reinvestierbaren Kuponzahlung in seiner absoluten Höhe geringer ausfallen als das erwartete Endvermögen[182]. Der Anleger erleidet einen Einkommensverlust ($-\Delta F$). Das Reinvestitionsrisiko ist mit seiner Wirkung auf die Rendite eines Wertpapiers positiv mit der Marktzinsänderung korreliert. Der unterschiedlich hohe Anteil des Zinseszinsertrages, der zwischen 25% und 90% des Gesamtertrages schwankt (je nach Marktzinsentwicklung und Restlaufzeit), verdeutlicht das Gewicht des Reinvestitionsrisikos.

---

[179]vgl. Reilly/Sidhu 1980, S. 64

[180]vgl. Berger 1990, S. 68, Hawawini 1986/87, S. 10 f. und auch Löffler 1987, S. 142 ff.

[181]vgl. Kempfle 1989, S. 676

[182]Bei Renditeerhöhungen wird demgegenüber das realisierbare Endvermögen eines Anleiheninvestments höher ausfallen als das erwartete Endvermögen.

Das Reinvestitionsrisiko und auch das Preisrisiko beeinflussen die ex post zu erzielende Effektivverzinsungsrate (vgl. Kap. 2.6.2.4 und auch Kap. 2.6.2.5).[183] Bei gleicher Zinsänderung verläuft das Reinvestitionsrisiko dem Preisrisiko entgegen.[184] Das Preisrisiko ist negativ, während das Reinvestitionsrisiko positiv mit der Marktzinsänderung korreliert ist. Werden beide Risikoarten in ihrer Wirkung auf die Effektivverzinsung einer Anleihe betrachtet, so wird deutlich, daß ein festverzinsliches Wertpapier einen zeitpunktbezogenen "built-in-hedge" enthält. Durch das Zusammenwirken von negativ mit der Marktzinsentwicklung korreliertem Kurseffekt und positiv korreliertem Zinseffekt, kommt es zu einer teilweisen oder auch vollständigen Kompensation beider Effekte.

Der Zinseffekt wirkt sich beim Konsol auf alle zu erhaltenden Zinszahlungen aus. Beim Konsol können die erhaltenen Kuponzahlungen nach einer Marktzinsänderung nur noch mit einer geringeren Rendite reinvestiert werden. Bei einem gestiegenen Marktzinsniveau können die Zinserträge mit einer höheren Rendite wiederangelegt werden. Die Bedeutung des Reinvestitionsrisikos ist beim Konsol vergleichsweise hoch, da die Kuponzahlungen einzige Zahlungsströme sind. Der Zinseszinsertrag hat einen hohen Anteil am Gesamtertrag der Konsols.

2.4.3 *Das Inflationsrisiko*

Das Inflationsrisiko, ein vom Anleger ebenfalls nicht beeinflußbares marktbezogenes Risiko, bringt die Möglichkeit des realen Kaufkraftverlustes zum Ausdruck. Je nach Laufzeit des erworbenen Papiers können unter Umständen bis zu 20 Jahre und mehr bis zur Endfälligkeit des Papiers vergehen. Tritt während der Laufzeit bzw. der Halteperiode eine nicht antizipierte Erhöhung der Inflationsrate auf, so können daraus für den Anleger in festverzinsliche Wertpapiere erhebliche reale Kaufkraftverluste entstehen.[185] Mit der Inflation, als einem Prozeß ständiger Preisniveausteigerung, kann nicht nur die mehr oder minder starke Aufzehrung des

[183]Der Zinseszinsertrag einer 6% Anleihe mit 10-jähriger Laufzeit und halbjährlichen Kuponzahlungen beträgt 25.6% am Gesamtertrag, bei einer 12% Anleihe mit 30-jähriger Laufzeit und ebenfalls halbjährlichen Kuponzahlungen beträgt dieser Anteil demgegenüber 88.8%.

[184]vgl. Hawawini 1986/87, S. 10 f., Reilly/Sidhu 1980, S. 64 und auch Berger 1987, S. 69

[185]vgl. Berger 1990, S. 70

Zinsertrages verbunden sein, vielmehr kann auch die Substanz angegriffen werden. Die Mindestanforderung, die Anleger an den Zinssatz stellen, ist ein Ausgleich für die erwartete Inflationsrate. Da der Anleger nicht nur die Erhaltung seines Kapital anstrebt, sondern zusätzlich eine reale Verzinsung seines eingesetzten Kapitals erzielen will, wird er eine über der Inflationsrate liegende Verzinsung fordern.[186] Als Fisher-Gleichung wird die positive Beziehung zwischen erwarteter Inflation und nominalem Zinssatz bezeichnet:

(2) Nominaler Zinssatz = realer Zinssatz + erwartete Inflationsrate[187]

Damit ergibt sich die Realverzinsung als Differenz zwischen dem Nominalzinssatz und der erwarteten Inflationsrate. Eine falsch antizipierte Inflationsrate kann für den Anleger zu einer Realverzinsung unter Null führen, der Anleger muß einen Kaufkraftverlust hinnehmen.

Beim Konsol kann eine nicht antizipierte Erhöhung der Inflationsrate zu einem realen Kaufkraftverlust sämtlicher in Zukunft noch zu erhaltenden Zinszahlungen führen. Die mehr oder minder starke Aufzehrung der Zinszahlungen durch die Inflation kann auch beim Konsol für den Investor zu einer Realverzinsung unter Null führen.

2.4.4 Das Liquidierbarkeitsrisiko

Als Liquidierbarkeitsrisiko wird die Möglichkeit einer erschwerten Wiederveräußerung eines Wertpapiers im Bedarfsfall bezeichnet. So kann in diesem Zusammenhang sowohl der Zeitraum, der zur Umwandlung der verbrieften Nominalforderung in liquide Mittel benötigt wird, als auch die Höhe der Preiszugeständnisse beim Verkauf sowie die Transaktionskosten (Geld-Brief-Spanne) von Bedeutung sein. Die Liquidität eines Wertpapiers beeinflußt seine Attraktivität nicht nur bei Privatanlegern, sondern auch bei Kreditinstituten und Brokern (wegen der möglichen Beleihbarkeit).

---

[186] vgl. Löffler 1987, S. 152
[187] vgl. Fisher 1930, S. 434 ff.

Das Liquidierbarkeitsrisiko eines Wertpapiers ist abhängig von dem an der Börse umgehenden Volumen des Papiers. Ist das Umlaufvolumen groß, so ist das Liquidierbarkeitsrisiko gering. Ist das Emissionsvolumen dagegen gering (Marktenge), dann ist das Liquidierbarkeitsrisiko hoch.[188] Wird eine Veräußerung des Wertpapiers am Sekundärmarkt notwendig, müssen alternativ hohe Preiszugeständnisse und hohe Transaktionskosten akzeptiert werden oder ein für die Veräußerung des Papiers günstigerer Zeitpunkt abgewartet werden.

Um die Akzeptanz der Konsols in Anlegerkreisen zu verbessern und deren Plazierung zu erleichtern, ist es von erheblichem Vorteil, wenn die emissionsführenden Banken in Zusammenarbeit mit dem Schuldner einen liquiden und effizienten Sekundärmarkt garantieren. Die Wichtigkeit dieser Marktliquidität ergibt sich aus deren Funktion als Fälligkeitssurrogat für Konsolanleger und Konsolemittenten. Dem Anleger ist es nur unter der Voraussetzung eines sehr liquiden Sekundärmarktes möglich, sich jederzeit ohne hohe Kosten von seinen Konsols zu trennen. Umgekehrt kann der Konsolemittent eine Tilgung durch Kauf an der Börse nur dann ohne hohe Kosten vornehmen, wenn er durch den Aufkauf keinen allzu großen Kursanstieg auslöst. Nur ein liquider Sekundärmarkt bietet diese Voraussetzung.

Unter der Bedingung eines liquiden Sekundärmarktes weist der Konsol gegenüber anderen festverzinslichen endfälligen Schuldtiteln mit weniger liquidem Sekundärmarkt ein relativ kleineres Liquidierbarkeitsrisiko auf. Besonders bei staatlichen Konsols ist von einem geringen Liquidierbarkeitsrisiko auszugehen, da allein durch die Höhe des Kapitalbedarfes ein liquider Sekundärmarkt gewährleistet werden kann.

2.4.5 Das Insolvenzrisiko

Das Insolvenzrisiko, auch Schuldner- oder Bonitätsrisiko, resultiert aus der Gefahr einer möglichen Insolvenz des Schuldners. Für den Gläubiger ist damit das Risiko impliziert, daß der Schuldner seinen vertraglich festgelegten Zins- und

---

[188] vgl. Berger 1990, S. 71

Tilgungsverpflichtungen nicht rechtzeitig, nur zum Teil oder überhaupt nicht nachkommt.[189]

Beim Insolvenzrisiko handelt es sich um ein einzelwirtschaftliches Risiko, da die einzelnen Emittenten diesem Risiko individuell verschieden stark ausgesetzt sind.[190] Die unterschiedliche Ausprägung des Insolvenzrisikos ist titelspezifisch verschieden stark. Das Insolvenzrisiko kann insofern vom Gläubiger beeinflußt werden, als er durch die sorgfältige Auswahl des Schuldners, das mit dem Anleihenerwerb einzugehende Risiko entsprechend seiner Risikopräferenz ausrichten kann.

Das Insolvenzrisiko kann durch den Erwerb von Anleihen der öffentlichen Hand minimiert werden. Staatliche Anleihenemissionen sind quasi risikolos bezüglich der Bonität, da das staatliche Steuerprivileg für die vertragliche Bedienung der Schuldtitel (betrags- und termingenaue Zins- und Tilgungszahlungen) garantiert.[191] Ausdruck für die hohe Bonität von Anleihen der öffentlichen Hand ist die Börsenfähigkeit und die Deckungsstockfähigkeit öffentlicher Anleihen, die ohne besonderes Prüfungsverfahren erteilt werden.[192]

Ein höheres wirtschaftliches Risiko muß demgegenüber ein Anleger beim Erwerb von Industrieobligationen eingehen.[193] Innerhalb der Industrieanleihen kann eine Bonitätsabstufung je nach Schuldnerqualität vorgenommen werden. Ratings, als bewertende Klassifizierung der Schuldnerbonität und damit der Finanzierungswürdigkeit, werden von Investment Beratungsfirmen wie Moody's oder Standard and Poor's laufend publiziert[194] und aktualisiert (upgrading, downgrading).[195] Das relative Rating einzelner Schuldner hat Auswirkungen auf die

---

[189]vgl. Berger 1990, S. 71 und auch Bossard 1986, S. 4

[190]vgl. Süchting 1984, S. 332

[191]vgl. Berger 1990, S. 72 und auch Löffler 1987, s. 135 ff.

[192]vgl. Perridon/Steiner 1993, S. 184

[193]Bei Industrieobligationen gibt es keine automatische Börsenzulassung. Vielmehr ist eine sorgfältige Bonitätsprüfung durch die Börsenzulassungstelle erforderlich, die insbesondere auf die "substanzielle Belastbarkeit des Betriebsvermögen der Emittenten durch langfristiges Fremdkapital" abstellt. (Perridon/Steiner 1991, S. 184)

[194]Wurde kein Rating vorgenommen, so muß ein potentieller Investor zurückgreifen auf Auskünfte von Banken und Auskunfteien, sowie Bilanzanalysen erstellen und angebotene Kreditsicherheiten prüfen.

[195]Standard and Poors unterscheidet bei der Klassifizierung der sowohl fest- als auch variabelverzinslichen Wertpapiere 10 Abstufungen (von AAA als beste Schuldnerkategorie bis zu D als schlechteste Schuldnerkategorie), während Moody's von der besten Klassifizierung Aaa über 9 Abstufungen zur schlechtesten Schuldnerkategorie C gelangt.

für die entsprechende Anleihenemission zu erzielende Konditionenausstattung, insbesondere auf die Zinshöhe.[196] Für den Anleger wirkt sich ein geringeres Insolvenzrisiko in einer geringeren Effektivverzinsung aus.[197]

Neben der Laufzeit (je länger die Laufzeit, desto größer ist das Insolvenzrisiko) hat die Sicherstellung der Anleihen einen Einfluß auf die Kreditwürdigkeit der Unternehmung.[198] Das Insolvenzrisiko ist umso kleiner, je höher der Prioritätsanspruch innerhalb der verschiedenen Fremdkapitalgeber ist.[199] Die Unternehmung kann die positive Sicherstellung, im Sinne greifbarer Sicherheiten (Grundstücke, andere Wertpapiere u.a.) und Garantien oder garantieähnliche Erklärungen (Staatsgarantien z. B.) sowie die negative Sicherstellung, im Sinne nicht greifbarer Sicherheiten wie immaterielle Sicherheiten (Negativ-Klausel, Pari-Passu-Klausel[200]), leisten.[201]

Das Insolvenzrisiko von Anleihen in Deutschland kann auch bei privaten Emittenten als vergleichsweise gering angesehen werden, wegen der einerseits strengen Börsenzulassungsbedingungen sowie den von staatlichen Stellen verlangten Bonitätsanforderungen.[202] Nur ein emittentenspezifisches Insolvenzrisiko (unsystematisches Risiko) kann durch Diversifikation (Streuung) teilweise oder ganz eliminiert werden. In Rezessionsphasen treten Konkurse, Vergleiche und Zahlungsschwierigkeiten jedoch konzentriert auf, d.h. ganze Branchen und Wirtschaftszweige sind gemeinsam von einer gesamtwirtschaftlich ungünstigen Entwicklung betroffen. Die Folgen sind Insolvenzen mit systematischen Ursachen (z. B. hohe Zinssätze und hoher Verschuldungsgrad bei zurückgehenden Umsätzen).

---

[196]vgl. Mattern 1984, S. 374 ff.
[197]vgl. Berger 1990, S. 72 und auch Löffler 1987, S. 135 ff.
[198]vgl. Löffler 1987,S. 138
[199]vgl. Drukarczyk 1991, S. 126
[200]Negativ-Klausel: vertraglich fixierte Vereinbarungen, durch die der Kreditnehmer die Einhaltung bestimmter Sachverhalte zusichert, wie z. B. das Nichtüberschreiten von festgelegten Höchstausschüttungen, das Einhalten bestimmter Bilanzrelationen und die Zusicherung, daß anderen Gläubigern keine gleichen oder besseren Rechte eingeräumt werden, bzw. diese Besserstellung auch dem ursprünglichen Gläubiger eingeräumt wird. Damit wird der Gläubiger in der Gruppe der Fremdkapitalgeber bessergestellt. (vgl. Drukarczyk 1991, S. 126) Pari-Passu-Klausel: Gleichbehandlungs- oder Gleichstellungsklausel, d.h. Gleichrangigkeit aller oder bestimmter (künftiger) Anleihen desselben Emittenten.
[201]vgl. Löffler 1987, S. 138
[202]vgl. Berger 1990, S. 72

Eine Strategie zur Streuung des Bonitätsrisikos kann in solch einer gesamtwirtschaftlichen Situation nur beschränkt erfolgreich sein.

Beim Konsol besteht das Insolvenzrisiko in einer vom Schuldner nicht rechtzeitig, nur zum Teil oder überhaupt nicht geleisteten vertraglich fixierten Zinszahlung.

Konsolemissionen der öffentlichen Hand haben in einem politisch und wirtschaftlich störungsfreien Raum (keine Revolutionen, keine Währungsumstellungen) als risikoloses Investment, bezogen auf eine mögliche Insolvenz, zu gelten. Als Beispiel können in diesem Zusammenhang England und die Vereinigten Staaten genannt werden. Das staatliche Steuerprivileg wird jederzeit für eine betrags- und termingenaue Zinszahlung durch die öffentliche Hand eintreten. Konsols privatwirtschaftlicher Emittenten sollten nur dann als Anlagealternative in Betracht gezogen werden, wenn der Schuldner eine erstklassige Bonität aufweist. Neben der Auswahl ausschließlich erstklassiger Konsolemittenten im privatwirtschaftlichen Bereich, sollte der Anleger zudem auf zusätzliche Sicherheiten bzw. auf eine dingliche Absicherung achten.

Insgesamt bleibt festzuhalten, daß das Insolvenzrisiko von Konsols bei entsprechend hohen Bonitätsvoraussetzungen nur unwesentlich größer ist als bei endfälligen Anleihen. Ferner besteht für den Anleger die Möglichkeit, das Insolvenzrisiko über bestimmte Auswahlkriterien (auch Sicherheiten) zu beeinflussen.

2.4.6 Das Kündigungsrisiko

Enthält die vom Anleger erworbene Anleihe ein Kündigungsrecht des Schuldners, eine Call Option, dann geht der Gläubiger mit dem Erwerb der Anleihe ein Kündigungsrisiko ein. Das Kündigungsrisiko resultiert aus der Unsicherheit über den Tilgungstermin einer Anleihe und wird deshalb auch Tilgungsterminrisiko[203] genannt. Die Kündigung der Anleihe bzw. die Ausübung der Call Option wird wahrscheinlich, wenn das Marktzinsniveau so stark fällt, daß sich der Anleihenpreis dem Konversionskurs[204] nähert. Der Konversionskurs ist der Kurs einer Anleihe, bei

---

[203] vgl. Uhlir/Steiner 1991, S. 53 ff.
[204] vgl. Homer/Leibowitz 1972, S. 60 ff.

dem die Kosten einer vorzeitigen Tilgung und die Kosten einer dann notwendig werdenden Neuverschuldung (Emissionskosten einer neuen Anleihe) durch die Vorteile künftig niedrigerer Zinszahlungen für den Emittenten der Anleihen gerade kompensiert werden. Der Anleger muß mit einer Kündigung seiner alten Anleihe und der Rückzahlung des Nominalkapitals rechnen. Den Rückzahlungsbetrag kann der Anleger künftig nur noch zu geringeren Zinssätzen am Kapitalmarkt anlegen.

Hierin wird die enge Beziehung des Kündigungsrisikos und des Reinvestitionsrisikos deutlich. Das Kündigungsrisiko ist jedoch im Gegensatz zum Reinvestitionsrisiko immer mit einer für den Anleger ungünstigeren Wiederanlagesituation verbunden. Vorzeitige Rückzahlungen verkürzen immer die Laufzeit einer Anleihe. Die Rückzahlung der alten Anleihe wird immer dann wahrscheinlich, wenn am Markt eine rückläufige Zinsentwicklung beobachtbar ist.[205]

Neben Zinsschwankungen können auch andere Motive ursächlich für eine Kündigung sein, wie zum Beispiel ein Wegfall der Finanzierungserfordernisse oder ein neugeschaffenes billigeres Finanzierungsinstrument, aber auch betriebsinterne Finanzierungsumstrukturierungen.[206] Für den Schuldner gewährleistet das Kündigungsrecht finanzielle Flexibilität und die Möglichkeit der Anpassung an veränderte Rahmenbedingungen des Kapitalmarktes.[207]

Ein zweiseitiges Kündigungsrecht, d.h. eine Kündigungsklausel sowohl für den Schuldner (Call-Option) als auch für den Gläubiger (Put-Option), ist unüblich.[208] Aus einem Gläubigerkündigungsrecht resultiert für den Schuldner eine Instabilität in der Gestaltung seiner langfristigen Kapitalstruktur.[209] Ein einseitiges Kündigungsrecht impliziert eine asymmetrische Risikoverteilung zwischen Schuldner und

---

[205] vgl. Berger 1990, S. 73

[206] vgl. Uhlir/Steiner 1991, S. 53

[207] Das Kündigungsrecht des Schuldners kann jedoch nicht nur von Marktzinsänderungen abhängig gemacht werden; denkbar ist auch eine Koppelung des Kündigungsrechtes an das Auftreten bestimmter Ereignisse. Im März 1990 wurde zum Beispiel vom schwedischen Konzern Elektrolux eine exotische Anleihe emittiert, deren Kündigungsrecht an das Auftreten eines Erdbebens in Japan gekoppelt wurde. (vgl. Jackel 1990, S. 615)

[208] vgl. Löffler 1987, S. 140
Eine Ausnahme bildete die von der Deutschen Gold- und Silberscheideanstalt (Degussa) 1953 unter schwierigen Kapitalmarktbedingungen ausgegebene Anleihe. Nach Ablauf einer bestimmten kündigungsfreien Zeit verbriefte diese Anleihe ein Kündigungsrecht sowohl für den Schuldner als auch für den Gläubiger (Degussaklausel). Auf dem Euromarkt spricht man in diesem Fall von einer Stereo-Anleihe.

[209] vgl. Boemle 1987, S. 96

Gläubiger. Steigt die Kapitalmarktrendite, so hat der Gläubiger das volle Kursrisiko zu tragen (er kann nicht kündigen). Sinkt dagegen der Zins, sind die Kursgewinnchancen bei einer Schuldnerkündigungsklausel gering. Die Ausübung der Rückzahlungsoption durch den Schuldner wird wahrscheinlich. Sind Anleihen mit einseitigen Schuldnerkündigungsklauseln ausgestattet, so erhält der Anleger in einem effizienten Markt als Ausgleich eine höhere Rendite- bzw. einen niedrigeren Ausgabekurse gegenüber Anleihen ohne Schuldnerkündigungsklauseln mit ansonsten gleichen Ausstattungsmerkmalen.[210]

Ein Anleger in Konsols ist vom Kündigungsrisiko betroffen, wenn ein Schuldnerkündigungsrecht in den Kontraktbedingungen festgehalten wurde und sich der Konsolpreise dem Konversionskurs nähert. Ein Kündigungsrisiko besteht für den Anleger nur dann, wenn das Marktzinsniveau sinkt. Damit wird die Rentabilität einer Konsolinvestition negativ beeinflußt, da die Rückzahlung in einer für den Anleger ungünstigeren Wiederanlagesituation erfolgt.

2.4.7 Das Auslosungsrisiko

Hat ein Anleger in Tilgungsanleihen investiert, in Anleihen also, die nicht endfällig sind, sondern deren Tilgung durch Auslosung in bestimmten Teilbeträgen oder Serien (planmäßige Tilgung) erfolgt, so muß das Auslosungsrisiko berücksichtigt werden. Das Auslosungsrisiko kann in einer negativen Abweichung der ex post erzielten Rendite von der ex ante erwarteten Rendite bestehen. Die vorzeitige Rückzahlung des ausgelosten Anleihenbetrages führt dazu, daß der Anleger diesen Betrag neu anlegen muß. Damit wird die Parallele zum Reinvestitionsrisiko deutlich.[211]

Der Konsol unterliegt grundsätzlich keiner planmäßigen Tilgung, so daß der Konsol keinem Auslosungsrisiko unterliegt. Die Tilgung durch Auslosung ist keine dem Konsol eigene Vertragsbestimmung.

---

[210] vgl. Löffler 1987, S. 141 ff.

[211] vgl. Berger 1991, S. 73 und auch Löffler 1987, S. 147

2.4.8 Das Währungsrisiko

Erwirbt der Anleger in einem internationalen Wirtschaftsraum mit flexiblen Wechselkursen Fremdwährungsanleihen, so geht er ein Währungsrisiko ein, das aus den schwankenden Wechselkursen resultiert. Je nach Wechselkursentwicklung kann sich das Währungsrisiko für den Anleger vor- oder nachteilig entwickeln. So führt eine Veränderung der Währungsrelation zulasten der Fremdwährung (Abwertung) zu geringeren Renditen beim Anleger. Das Währungsrisiko kann sich jedoch bei Aufwertungstendenzen der Fremdwährung als Chance für den Anleger erweisen, indem er Renditevorteile aus der Wechselkursveränderung ziehen kann.

Zur Absicherung von Währungsrisiken bei Fremdwährungsanleihen stehen dem Anleger der Abschluß von Devisenterminkontrakten zur Verfügung.[212]

Beim Erwerb eines Konsols geht ein Anleger ein Währungsrisiko ein, wenn er einen in Fremdwährung denomminierten Konsol als Anlageobjekt in seinem Portfolio hält. Je nach Wechselkursentwicklung (Auf- oder Abwertung) kann sich das Währungsrisiko als renditeerhöhend oder als renditereduzierend erweisen. Eliminiert werden kann ein derartiges Risiko nur durch die ausschließliche Nachfrage nach Titeln inländischer Emittenten.

2.4.9 Die Risikokomponenten beim Anleihenerwerb

Zusammenfassend gilt es festzuhalten, daß der Anleger beim Erwerb festverzinslicher Wertpapiere einer Vielzahl von Einzelrisiken ausgesetzt ist, die in den verschiedensten Kombinationen auftreten können. Hierbei sind gewisse vom Anleger beeinflußbare Risiken (Liquidierbarkeit, Insolvenz, Kündigung, Auslosung und Währung) von allgemeinen marktbezogenen Risiken (Zinsänderung, Inflation, Währungsschwankungen[213]) zu trennen.

---

[212]vgl. Berger 1990, S. 74

[213]sofern Fremdwährungsanleihen gehalten werden

Zur Absicherung der marktbezogenen Risiken stehen dem Anleger unterschiedliche Absicherungsinstrumente zur vollständigen oder teilweisen Eliminierung der Risiken zur Verfügung. Der Anleger kann je nach subjektiver Risikopräferenz aus der Vielzahl der am Markt erhältlichen festverzinslichen Wertpapiere ein seinen Präferenzen entsprechendes Wertpapier als Anlageobjekt aussuchen und zur Absicherung entsprechende Hedgingkontrakte nachfragen. Damit erhält der Anleger eine seiner persönlichen Präferenzstruktur entsprechende Risiko- und Ertragsstruktur seines festverzinslichen Wertpapierportfolios.

2.5 Der Konsol aus finanzwirtschaftlicher Sicht

2.5.1 Der privatwirtschaftliche Konsol als Finanzierungszwitter

Finanzierung[214], definiert als alle möglichen Maßnahmen zur Deckung eines vorhandenen Kapitalbedarfes, impliziert einen Finanzierungsbegriff, der alle möglichen Maßnahmen der Kapitalbeschaffung umfaßt. Wenn die Herkunft des Kapitals (aus der Sicht der Unternehmung) Systematisierungskriterium ist, lassen sich Maßnahmen der Kapitalbeschaffung in Außen- und Innenfinanzierung untergliedern.

Wird dem Betrieb Eigen- oder Fremdkapital von außen zugeführt, d.h. von Dritten zur Verfügung gestellt, so liegt Außenfinanzierung vor. Außenfinanzierung umfaßt somit alle finanzwirtschaftlichen Transaktionen eines Unternehmens mit den außerhalb des Unternehmens liegenden Finanzierungsmärkten. Die Eigen- oder Fremdkapitalbeschaffung kann demgegenüber aus dem betrieblichen Umsatzprozeß erfolgen, es kann also innenfinanziert werden. Innenfinanzierung kann zum einen in einem Vermögenszuwachs (z. B. durch Zurückbehalten von Gewinnen oder die Bildung langfristiger Rückstellungen) zum anderen auch durch Vorgänge der Vermögensumschichtungen (der Betrieb entscheidet sich für eine andere als die bisher gewählte Finanzierungsalternative) erfolgen.

Die Anleihe als klassisches Instrument der Kreditfinanzierung im allgemeinen und der Konsol im speziellen sind eindeutig der Außenfinanzierung zuzuordnen. Im

---

[214] folgende Ausführungen orientieren sich an Perridon/Steiner 1993, S. 277 ff. und Wöhe/Bilstein 1991, S. 11 ff.

Rahmen der Außenfinanzierung (und auch der Innenfinanzierung) kann je nach Rechtsstellung der Kapitalgeber und der Kapitalhaftung zwischen der Eigenfinanzierung, als Zuführung von Haftungskapital (für Verbindlichkeiten haftendes Eigenkapital), und der Fremdfinanzierung, als Zuführung von Gläubigerkapital (kein haftendes Kapital, begründet nur die Rückzahlungsverpflichtung gegenüber den Gläubigern), unterschieden werden. Alle Formen der Kreditfinanzierung sowie die Finanzierung aus langfristigen Rückstellungen können zur Fremdfinanzierung gerechnet werden.

KRITERIEN	EIGENKAPITAL	FREMDKAPITAL
Haftung	(Mit-) Eigentümerstellung = mindestens in Höhe der Einlage	Gläubigerstellung = keine Haftung
Ertragsanteil	volle Teilhabe an Gewinn und Verlust	i.d.R. fester Zinsanspruch, kein GuV-Anteil
Vermögensanspruch	Quotenanspruch, wenn Liquidationserlös > Verbindlichkeiten	Rückanspruch in Höhe der Forderung
Unternehmensleitung	i.d.R. berechtigt	grundsätzlich ausgeschlossen
Verfügbarkeit	i.d.R. unbegrenzt	i.d.R. terminiert
steuerliche Belastung	Gewinn voll belastet von ESt, KöSt, GewSt je nach Rechtsform	Zinsen bei Unternehmung als Aufwand steuerlich absetzbar (außer GewSt)
Finanzierungskapazität	durch private Vermögenslage der Unternehmer begrenzt	unbeschränkt, vom Vorliegen von Sicherheiten abhängig

Tab. 1: Finanzwirtschaftliche Merkmale des Eigen- und Fremdkapitals (Quelle: Perridon/Steiner 1993, S. 279)

Die Unterscheidung Eigen- oder Fremdkapital als Resulat der Eigen- bzw. Fremdfinanzierung kann anhand der in Tab. 1 dargestellten grundsätzlichen finanzwirtschaftlichen Merkmale vorgenommen werden.

Wird der Versuch unternommen, den Konsol unter oben aufgeführten finanzwirtschaftlichen Kriterien in Eigen- oder Fremdkapital einzuordnen, so kann folgendes festgehalten werden. Ein Anleger in Konsols geht eine eindeutige Gläubigerstellung ein und übernimmt keine Haftung. Zwischen dem Gläubiger und dem Schuldner wird ein fester nominaler Zinsanspruch (bei festverzinslichen Konsols) vereinbart. Der Konsolinhaber nimmt nicht am Gewinn und Verlust der Unternehmung teil. Für den Gläubiger besteht bei Kündigung des Konsols oder bei Liquidation des Unternehmens ein Vermögensrückanspruch nur in Höhe der nominellen Forderung. Der Gläubiger partizipiert also nicht an den stillen Reserven und am Vermögenszuwachs der Unternehmung. Die Emission von Konsols hat keine Auswirkungen auf die Unternehmensleitung. Die Konsolinhaber haben keinerlei Mitsprache-, Kontroll- und Entscheidungsbefugnisse bei der Geschäftsführung. Die Finanzierungskapazität ist grundsätzlich unbeschränkt, im Falle von Konsols jedoch vom Vorhandensein von Sicherheiten abhängig.

Zusammengefaßt spricht alles für die Zuordnung des Konsols zum Fremdkapital. Mit der Zuordnung zum Fremdkapital genießt der Konsol aus unternehmensspezifischer Sicht eine steuerliche Bevorzugung gegenüber dem Eigenkapital. Zur Berechnung der Einkommensteuer bzw. der Körperschaftsteuer sind die Fremdkapitalzinsen als Betriebsausgaben abzugsfähig und damit den steuerlichen Gewinn mindernd. Beim Gläubiger unterliegen die Fremdkapitalzinsen der individuellen Gewinnbesteuerung. Bei der Gewerbeertragsteuer sind die Zinsen für langfristige Kredite zur Hälfte als Hinzurechnung zu berücksichtigen.[215]

Der einzige Punkt, der Zweifel an der betriebswirtschaftlichen Zuordnung des Konsols zum Fremdkapital aufkommen läßt, ist der Zeitraum der Verfügbarkeit des Kapitals. So geht man beim Fremdkapital von einer in der Regel terminierten Kapitalüberlassungsdauer aus. Beim Konsol dagegen ist die Kapitalüberlassungsdauer nicht terminiert, sofern kein Kündigungsrecht vorgesehen ist. Die unendlich lange Laufzeit der Rentenanleihe läßt das mit ihr beschaffte Kapital zu einem

---

[215] vgl. Wöhe/Bilstein 1991, S. 127

unbegrenzt zur Verfügung stehenden Kapital werden und ergänzt damit die Fremdkapitalcharakteristika des Konsols durch eine Eigenkapitaleigenschaft[216].

Zusammenfassend kann festgehalten werden, daß mit dem Konsol eine Finanzierungszwischenform entwickelt wurde, die sowohl Charakteristika von Fremd- als auch von Eigenkapital miteinander kombiniert. Juristisch betrachtet muß eine eindeutige Zuordnung des Konsols zum Fremdkapital vorgenommen werden, während aus ökonomischer Sicht aufgrund der unbefristeten Kapitalüberlassungsdauer von Eigenkapital gesprochen werden kann. Der Konsol nimmt damit eine Zwitterstellung ein und kann als börsengehandelte Zwischenform der Finanzierung betrachtet werden.

2.5.2 Der privatwirtschaftliche Konsol versus die stimmrechtslose Vorzugsaktie

Wegen seiner besonderen Eigenschaften drängt sich ein Vergleich des Konsols mit dem Partizipationsschein und der stimmrechtslosen Vorzugsaktie auf. Die stimmrechtslose Vorzugsaktie ist zwar juristisch eindeutig dem Eigenkapital zuzuordnen, läßt jedoch das für das Eigenkapital konstituierende Merkmal der Mitwirkung, das Stimmrecht, vermissen und ähnelt damit der Anleihe. Der Vorzug der stimmrechtslosen Vorzugsaktie besteht vielfach im Hinblick auf die Dividendenhöhe. Die Vorzugsaktionäre erhalten i.d.R. eine um einen festen Betrag höhere Dividendenzusage als die Stammaktionäre.[217] Damit verbrieft die

---

[216] Das Charakteristikum der Kombination von Eigen- und Fremdkapitaleigenschaft des Konsols wird im anglo-amerikanischen Sprachgebrauch durch den Begriff "consolidated stock" gekennzeichnet. (vgl. Mc Graw-Dictionary 1973, S. 119)
Daneben finden sich auch in der Geschichte der preußischen Staatsschuldverschreibungen Anzeichen für kombinierte Eigen- und Fremdkapitaleigenschaften. In der Bilanz der preußischen Staatsbahn von 1911 werden die Mittel, die der Staat auf dem Wege der Staatsschuldverschreibung beschafft und in die preußische Staatsbahn investiert hat, als Eigenkapital bezeichnet. Die Staatsschuldverschreibungen rangieren in der Bilanz der preußischen Staatsbahn wie Aktien in einer Aktiengesellschaft. (vgl. Melchior 1913, S. 883)
Doch auch in jüngster Vergangenheit führt die Eigenkapitaleigenschaft des Konsols zu einer besonderen Behandlung bei der Berrechnung der Eigenkapitalquote. Die seit 1984 von Banken emittierten "perpetual floating rate notes" (P.F.R.N.= variabel verzinsliche Konsols) werden bei der Berechnung der Eigenkapitalquote dem Eigenkapital der Emittenten additiv zugerechnet.(vgl. Finsterwalder/Musulin 1988, S. 115)

[217] vgl. Perridon/Steiner 1993, S. 293 f.

stimmrechtslose Vorzugsaktie für den Anleger eine bessere Risikoposition bezüglich der Gewinnbeteiligung als die Stammaktie.

In der Schweiz ist die Emission stimmrechtsloser Vorzugsaktien von Rechts wegen verboten. Um aber bei einer Verbreiterung der Eigenkapitalbasis keine Veränderung in den Stimmverhältnissen hinnehmen zu müssen, wurde der Partizipationsschein geschaffen.[218] Der Partizipationsschein kann als stimmrechtslose Vorzugsaktie ohne Vorzug bezeichnet werden und zählt juristisch zweifelsfrei zum Eigenkapital.[219]

Sowohl die stimmrechtslose Vorzugsaktie als auch der Partizipationsschein lassen ein für das Eigenkapital im engeren Sinne konstituierendes Merkmal, das Mitwirkungsrecht, vermissen. Der Konsol sowie der Partizipationsschein bzw. die stimmrechtslose Vorzugsaktie stellen unbefristet Kapital zur Verfügung ohne die Einräumung eines Stimmrechts[220]. Der wichtigste Unterschied zwischen diesen Finanzierungsformen ist neben der juristischen Zuordnung des Kapitals in Eigen- oder Fremdkapital die Art der Verzinsung (Fremdkapitalzinsen versus Dividende). Wie die stimmrechtslose Vorzugsaktie bzw. der Partizipationsschein stellt der Konsol eine Finanzierungszwischenform dar.

---

[218]vgl. Süchting 1984, S. 93 ff.

[219]vgl. Schierenbeck 1980, S. 327

[220]Bei der stimmrechtslosen Vorzugsaktie lebt nach § 140 Abs.2 AktG bei Dividendenausfall das volle Stimmrecht der Vorzugsaktionäre auf, wenn die Dividenden für ein odere mehrere Geschäftsjahre ausgefallen ist. (vgl. Perridon/Steiner 1993 S. 294) Sobald die Rückstände beglichen sind, erlischt das Stimmrecht wieder.

2.6 Der Konsol aus kapitalmarkttheoretischer Sicht

2.6.1 Der elementare Bewertungsansatz des Konsols

2.6.1.1 Das Barwertkonzept

Das Barwertkonzept wird für die Bewertung festverzinslicher Wertpapiere herangezogen. Damit kann das Barwertkonzept auch für die Bewertung von Konsols Anwendung finden.[221]

Das Barwertkonzept basiert auf folgenden Überlegungen. Für die Zurverfügungstellung von Kapital muß ein Entgelt in Form von Zinsen bezahlt werden. Zahlungsversprechen, die näher an der Gegenwart liegen, d.h. früher realisiert werden können, werden vom Anleger höher geschätzt als solche, die weit in der Zukunft liegen. Früher realisierte Zahlungsversprechen können für die Zeit zwischen Erhalt der Zinszahlung und Rückzahlung des Nominalbetrages (bei Anleihen) zinsbringend reinvestiert werden. Bei früher realisierten Zinszahlungen wirkt sich der Zinseszinseffekt positiv auf die Gesamtrendite aus.[222] Damit orientiert sich das Barwertkonzept am Opportunitätsprinzip.[223]

Grundlage des gesamten Barwertkonzeptes ist die positive Zeitpräferenz und damit die unterschiedlich bevorzugte Verfügbarkeit von Gütern zu verschiedenen Zeitpunkten (Gegenwart und Zukunft), die die Existenz eines positiven Zinssatzes begründet.[224]

---

[221] vgl. Uhlir/Steiner 1986, S. 6

[222] vgl. Uhlir/Steiner 1986, S. 5 und auch Fabozzi 1987 (a), S. 58

[223] vgl. Hielscher 1988, S. 7

[224] Eine einfache Entscheidungssituation verdeutlicht die Zusammenhänge einer positiven Zeitpräferenz. Der Verkäufer eines Gebrauchtwagens erhalte zwei Kaufangebote über jeweils DM 1000.-. Ein potentieller Käufer ist bereit DM 1000.- sofort zu bezahlen, während ein anderer Interessent die DM 1000.- erst nach sechs Jahren begleichen will. Ein rational handelnder Verkäufer wird sich für das erste Angebot entscheiden. Er wird ein früher realisierbares Zahlungsversprechen höher schätzen. Gegenüber dem zweiten Angebot kann der Verkäufer die DM 1000.- über sechs Jahre hinweg zinsbringend anlegen. Beträgt der Zinssatz für eine sechsjährige Anlage 7 % p.a., dann wird der Verkäufer bei nachschüssiger Verzinsung in sechs Jahren DM 1500.- inclusive Zinseszins realisieren können. Anders formuliert: DM 1000.- über sechs Jahre mit 7% aufgezinst ergeben DM 1500.-.

Allgemein läßt sich die Aufzinsungsformel unter der Annahme einer flachen Zinsstrukturkurve (d.h. gleiche Aufzinsungsfaktoren $(1+i)$ für unterschiedliche Laufzeiten) aus der Zinseszinsrechnung wie folgt ableiten:

Nach 1. Jahr:

$$K_1 = K_0 + K_0 \frac{P}{100} = K_0 + K_0 i$$

$$= K_0(1+i)$$

Nach 2. Jahr: $K_2 = K_1 + K_1 i = K_0(1+i)^2$

Nach 3. Jahr: $K_3 = K_2 + K_2 i = K_0(1+i)^3$

Nach n Jahren: $K_n = K_{n-1} + K_{n-1} i = K_0(1+i)^n$

mit

	P	= Zinsfuß p.a.
	i	= Zinssatz = $P/100$ = Marktzinssatz p.a.
	K_0	= Wert einer Anleihe im Zeitpunkt $t = 0$; Barwert einer Anleihe
	K_1	= Wert einer Anleihe im Zeitpunkt t =1
	K_n	= Wert einer Anleihe im Zeitpunkz $t = n$ bei Reinvestition sämtlicher bis t = n anfallender Zahlungen

Damit lautet die finanzmathematische Aufzinsungsformel bei jährlich nachschüssiger Zinsgutschrift:

(3) $$K_n = K_0(1+i)^n$$

Nach dem Barwert K_0 aufgelöst, erhält man die Abzinsungsformel oder auch Barwertformel:

(4) $$K_0 = \frac{K_n}{(1+i)^n}$$ [225]

mit $\frac{1}{(1+i)^n} = (1+i)^{-n}$ als Abzinsungs-, Diskontierungs- oder Barwertfaktor.

Mit der Barwertformel kann die Bewertung eines künftigen sicheren Zahlungsversprechen (im Beispiel (Fußnote 224): DM 1000,- in sechs Jahren), bezogen auf den heutigen Zeitpunkt, vorgenommen werden.[226] Alle künftigen Zahlungen werden zu diesem Zweck auf den Betrachtungszeitpunkt ($t = 0$) abdiskontiert. Ist die Abzinsungsrate bekannt und das zu bewertende Wertpapier eine Kuponanleihe, die nicht kündbar ist und kein Bonitätsrisiko enthält und damit einen sicheren Zahlungsstrom aufweist, dann entspricht der über die Barwertformel errechnete Barwert dem Marktwert. Dieser Marktwert, als theoretischer Preis einer Anleihe, kann mit dem aktuellen Börsenpreis verglichen werden, um mögliche Über- oder Unterbewertungen festzustellen. Damit kann der Barwert als Entscheidungskriterium für die Portfolioauswahl von Investoren herangezogen werden. Daneben kann der Barwert aber auch als Grundlage für die Preisbestimmung neu zu emittierender Anleihen verwendet werden.

Beim Pricing von Neuemissionen wird die Marktrendite umlaufender börsennotierter Anleihen ermittelt, die bezüglich Restlaufzeit und Schuldnerbonität vergleichbar sind. Die Kuponhöhe der neu zu emittierenden Anleihe orientiert sich an dieser Marktrendite. Da man sich bei der Festlegung der jährlichen Zinszahlung an gängigen Kupons (6½%, 7¼%, 7½% etc.) orientiert, adjustiert man den Emissionspreis entsprechend (über oder unter pari Preise).

Bei einer endfälligen Kuponanleihe mit n Jahren Laufzeit kann der Barwert wie folgt definiert werden:

$$K_0 = r(1+i)^{-1} + r(1+i)^{-2} + r(1+i)^{-3} + \ldots + (r+T)(1+i)^{-n}$$

$$K_0 = r\sum_{t=1}^{n}(1+i)^{-t} + T(1+i)^{-n}$$

[225] vgl. Hielscher 1990, S. 7 ff.

[226] vgl. Hielscher 1988, S. 7f. und auch Hielscher 1990, S. 9 ff.

$$K_0 = r\frac{(1+i)^n - 1}{i(1+i)^n} + T(1+i)^{-n}$$

(5) $$K_0 = \frac{r}{i} + (1+i)^{-n}\left(T - \frac{r}{i}\right)$$

mit r = Kupon der Anleihe
T= Tilgungszahlung am Ende der Laufzeit
t =Periodenzähler

2.6.1.2 Der Barwert des Konsols

Konzeptionell bedingt ist mit dem Erwerb eines Konsols aus der Sicht des Investors eine ewige Rente, d.h. ein zeitlich unbegrenzter Strom jährlicher Zinszahlungen ohne Anspruch auf Tilgung verbunden. Der Konsol kann damit auch aus einer unendlichen Anzahl von Zero-Bonds synthetisiert werden. Die einzelnen einjährigen Zero-Bonds werden am Ende eines Jahres mit der Rate r getilgt (bei jährlichen Zinszahlungen des Konsols).[227]

Wenn weit in der Zukunft liegende Zahlungen auf den heutigen Zeitpunkt abgezinst werden, dann konvergieren sie gegen Null ($\lim_{n\to\infty}(1+i)^{-n} = 0$ für $(1+i)>1$[228]). Sie haben damit einen vernachlässigbaren Einfluß auf den Barwert. Beim Konsol wird definitionsgemäß auf eine Tilgungszahlung verzichtet, die Laufzeit des Konsols ist unendlich lang (n strebt gegen unendlich). Damit verkürzt sich die Barwertformel für den Konsol wie folgt:

(6) $$K_0 = \frac{r}{i} + (1+i)^{-n}\left(T - \frac{r}{i}\right)$$

Beim Konsol strebt der zweite Summand gegen Null für n gegen unendlich und der Barwert des Konsol kann wie folgt definiert werden:

[227] vgl. Hielscher 1990. S. 13
[228] vgl. Hielscher 1988. S. 9

(7) $$B_K = \frac{r}{i}$$

mit B_K = Barwert des Konsols

Der Barwert des Konsols ist damit nur abhängig vom allgemeinen Marktzinssatz und vom Kupon des Konsols.[229]

Je höher der Kupon eines Konsols c.p. ist, desto höher ist sein theoretischer Preis et vice versa. Steigt der Marktzinssatz, so sinkt der Barwert des Konsols, da der Zahlungsstrom jetzt stärker abdiskontiert werden muß. Sinkt der Marktzins dagegen, so müssen die aus dem Zahlungsstrom fließenden Einnahmen mit einer geringeren Rate abgezinst werden, der Barwert steigt. Damit bewirken Änderungen des Marktzinssatzes gegenläufige Änderungen der Barwerte.[230] Der Barwert ist negativ korreliert mit der Veränderung des Marktzinssatzes.

Der Barwert eines Konsols (B_K'), dessen Rentenzahlungen nicht sofort nach dem Erwerb, sondern erst in n Jahren beginnen, muß zusätzlich mit dem Barwertfaktor abgezinst werden. Man erhält folgenden Barwert:

(8) $$B_K' = \frac{r}{i} \cdot \frac{1}{(1+i)^n}$$ [231]

Der Barwert einer einfachen zeitlich begrenzten Rente läßt sich aus der richtigen Kombination der Barwertformeln des Konsols errechnen. Endet der Zahlungsstrom aus der Rente nach n Jahren, so läßt sich der Barwert dieser einfachen zeitlich begrenzten Rente durch Subtraktion der Barwerte der ewigen Rente und einer ewigen Rente mit gleichem Kupon, deren Zinszahlung jedoch erst in n Jahren beginnen, errechnen. "Zieht man nämlich von einer ewigen Rente die gleiche Rente ab, deren Beginn jedoch um n Jahre in die Zukunft verschoben ist, so heben sich alle künftigen Zahlungen r auf, mit Ausnahme der ersten n Raten, deren Barwert zu ermitteln ist."[232]

---

[229]vgl. Hielscher 1988, S. 9 ff.
[230]vgl. Uhlir/Steiner 1991, S. 17
[231]vgl. Hielscher 1988, S. 9 f. und auch Beenhakker 1976, S. 8
[232] Hielscher 1988, S. 11

(7) - (8) $$B = \frac{r}{i} - \frac{r}{i} \cdot \frac{1}{(1+i)^n} = r\left(\frac{(1+i)^n - 1}{i(1+i)^n}\right)$$

(9) $$B = r\frac{(1+i)^n - 1}{(1+i)^n((1+i)-1)}$$

Demgegenüber setzt sich der Barwert einer gesamtfälligen Anleihe (B_G) aus dem Barwert der über n Perioden gezahlten Zinszahlungen (siehe (9)) und dem Barwert der Tilgungszahlung (T) am Ende der Laufzeit additiv zusammen:

(10) $$B_G = r\frac{(1+i)^n - 1}{(1+i)^n((1+i)-1)} + \frac{T}{(1+i)^n}$$ [233]

2.6.2 *Die Verzinsung des Konsols*

2.6.2.1 Die Nominalverzinsung

Der in den Anleihenbedingungen festgelegte Zinssatz, mit dem der Emittent den Gläubiger bedient, wird als Nominalzinssatz bezeichnet, da er sich auf den Nominalwert oder Nennwert der Schuldverschreibung bezieht. Der Nominalzins dient als Grundlage zur Berechnung des absoluten Zinsertrages, den ein Investor für einen bestimmten Nominalbetrag vom Emittenten jährlich erhält. Die einzelnen Zinscoupons der effektiven Stücke lauten auf den Nominalzins. Die Nominalverzinsung, deren Höhe sich an der zum Emissionszeitpunkt herrschenden Kapitalmarktrendite, an der Bonität des Emittenten sowie an eventuell mit dem Konsols verbundenen Optionen (z. B. Kündigungsrecht) orientiert, ist eine über die Laufzeit des festverzinslichen Konsols konstante Größe (Ausnahme: Zinskonversionen). Um aus optischen Gründen bei der Emission glatte Nominalzinssätze (6%, 6½%, 7% oder 8½% etc.) zu erzielen, wird der Emissionspreis entsprechend angepaßt. Hierdurch können Abweichungen des Nominalzinses von der Kapitalmarktrendite zum Emissionszeitpunkt auftreten. Durch diese Anpassung an

[233] vgl. Hielscher 1988, S. 11 f.

runde Zinssätze wird der Ausgabekurs entsprechend unter pari (kleiner 100% des Nominalbetrages) oder über pari (größer 100% des Nominalbetrages) festgelegt.[234]

Die Höhe des Nominalzinses ist für steuerpflichtige Privatanleger von entscheidender Bedeutung. Je höher der Nominalzinssatz eines Konsols ist, desto größer ist der Unterschied zwischen Brutto- und Nettorendite. Die Nominalzinshöhe hat daneben ganz entscheidenden Einfluß auf die Kursvolatilität des Konsols. So ist bei einem Konsol mit hohem Nominalzins eine geringere Kursvolatilität festzustellen als bei einem niedrigverzinslichen Konsol.

2.6.2.2 Die Current yield

Wird der Betrag der jährlichen Kuponzahlung (ausgedrückt in Währungseinheiten) in Relation zum Anschaffungskurs oder zum aktuellen Börsenkurs des Konsols gesetzt, so errechnet sich die laufende oder einfache bzw. direkte Rendite eines Wertpapiers, auch current yield.[235]

Die current yield kann größer oder kleiner als die Nominalverzinsung sein, abhängig davon, ob der Bezugskurs des Konsols unter dem Nennwert (unter pari) oder über dem Nennwert (über pari) liegt. Damit steht auch die current yield in einem reziproken Verhältnis zum Kurs des Konsols. Wird der Konsol zu pari ausgegeben oder angekauft, entspricht die current yield der Nominalverzinsung bei jährlichen Kuponzahlungen.

Die current yield ist eine Größe, die Auskunft über die jährliche Verzinsung des eingesetzten Kapitals gibt.[236] Die current yield berücksichtigt jedoch nur die Kuponzahlungen als mögliche Ertragsquelle des Wertpapiers, nicht jedoch Kursgewinne, die durch Verkauf des Konsols an der Börse realisiert werden können.[237] Faktoren, die den laufenden Zinssatz beeinflussen, sind nur der Nominalzinssatz und der Bezugskurs bzw. der aktuelle Börsenkurs des Konsols:

[234] vgl. Löffler 1987, S. 131 f.
[235] vgl. Fabozzi 1987 (a), S. 63; Harter/Franke 1988, S. 215 und auch Hielscher 1990, S. 23
[236] vgl. Harter/Franke 1988, S. 215; Hielscher 1990, S. 23 und auch Löffler 1987, S. 372 f.
[237] vgl. Fabozzi 1988, S. 88

$$(11) \qquad \text{current yield} = \frac{\text{Nominalzinssatz} \cdot 100}{\text{Bezugskurs}}$$ [238]

Die Nominalzinshöhe bestimmt damit ganz entscheidend die Höhe der current yield.[239] Ein Mangel des laufenden Zinssatzes besteht primär darin, daß mögliche Kapitalgewinne und die Wiederanlage der bisher erhaltenen Kupons, als weitere Ertragskomponenten von Anleihen im allgemeinen bzw. Konsols im speziellen, vollständig vernachlässigt werden.[240]

2.6.2.3 Die Totalrendite

Die Totalrendite[241] ist ein Ausdruck für den prozentualen Gesamtertrag über einen bestimmten Zeitraum. Als Voraussetzung für den Vergleich der Gesamtrendite unterschiedlicher Wertpapiere müssen identische Anlagezeiträume betrachtet werden. Die Totalrendite berechnet auf wieviele Geldeinheiten eine ursprünglich angelegte Geldeinheit in n Jahren gewachsen ist:

$$(12) \qquad e_{ges} = \frac{(E_n + \sum_{t=1}^{n} e_t)}{A_0}$$

mit
- e_{ges} = Totalrendite oder Gesamtrendite
- t = Periodenzähler
- n = Anzahl der Teilperioden
- E_n = Wert des Investments am Ende des gesamten Anlagezeitraumes (nach n Jahren)
- e_t = Erträge der Anlage innerhalb der Teilperiode t (beim Konsol nur Zinsen)
- A_0 = Wert des Investments zu Beginn des Anlagezeitraumes

---

[238] vgl. Harter/Franke 1988, S. 215, Hielscher 1990, S. 23 und auch Löffler 1987, S. 372 f.

[239] Die laufende Rendite hat daneben auch eine große Bedeutung für die Anlagepolitik von Versicherungen, da potentielle Versicherungsnehmer die laufende Rendite als wichtige Größe für den Vergleich unterschiedlicher Policen heranziehen.

[240] vgl. Fabozzi 1987 (a), S. 64

[241] auch Gesamtrendite, total return oder holding period return

Werden die Totalrenditen über längere Zeiträume (mehrere Jahre) verglichen, so muß das Reinvestitionsverfahren angewandt werden. Beim Konsol sind alle periodischen Zinserträge (e_t) nach ihrem Zufluß sofort in das gleiche Wertpapier zu reinvestieren. Die reinvestierten Zinserträge haben an der folgenden Wertentwicklung der Anlage bis zum Ende der Anlageperiode kalkulatorisch teil, sind also in E_n bereits verzinst enthalten. Sind alle $e_t = 0$, dann gilt:

$$e_{ges} = \frac{E_n}{A_0}$$

Bei Renditeangaben ist es üblich, diese auf eine jährliche Basis zu normieren. Eine annualisierte Rendite r_g, die die durchschnittliche Jahreswachstumsrate eines Investments als geometrisches Mittel darstellt, errechnet sich aus der Totalrendite e_{ges} wie folgt:

(13) $$r_g = \sqrt[n]{e_{ges}} - 1$$ [242]

mit r_g = annualisierte Rendite des Investments

2.6.2.4 Die Effektivverzinsung vor Steuern

Für einen Investor, der vor einer Anlageentscheidung steht, ist die Rendite eines Konsols bei gegebenen Marktkonditionen (Kuponsatz, Börsenpreis des Konsols) für die Anlageentscheidung von Bedeutung.

Die Frage nach dem Effektivzinssatz (auch Rendite auf Verfall oder yield-to-maturity) eines Wertpapiers entspricht der Umkehrung der Fragestellung des Barwertkonzeptes. Die Effektivzinsrate eines Wertpapiers ist diejenige Abzinsungsrate, die den Barwert der Zahlungsströme einer endfälligen Anleihe (der sich aus den abdiskontierten Kuponzahlungen über die Laufzeit und der abdiskontierten Tilgungszahlung am Ende der Laufzeit zusammensetzt) auf den Marktpreis abzinst. Zur Berechnung der Effektivverzinsung ersetzt man in der Barwertformel (9) den

[242] vgl. Hielscher 1990, S. 24 ff.

Barwert (B) durch den Börsenpreis (BP_0), um die nun unbekannte effektive Abzinsungsrate i_e (Effektivverzinsung) zu ermitteln.

(14) $$BP_0 = r\frac{(1+i)^n - 1}{(1+i)^n((1+i)-1)} + \frac{T}{(1+i)^n}$$

Ersetzt man in Gleichung (14) $(1+i)$ durch $(1+i_e)$ und formt die Gleichung um, so erhält man folgende Beziehung:

$$BP_0 = r\frac{(1+i_e)^n - 1}{(1+i_e)^n i_e} + \frac{T}{(1+i_e)^n}$$

(15) $$i_e = \frac{r}{BP_0} + \left(\frac{i_e}{(1+i_e)^n - 1}\right)\left(\frac{T}{BP_0} - 1\right)$$

Die Berechnung der Effektivzinsrate erfordert die Anwendung eines trial-and-error Prozesses. Wenn Preis und Tilgungskurs einer Anleihe identisch sind, vereinfacht sich Gleichung (14). Der zweite Summand fällt weg und die Effektivzinsrate errechnet sich nur noch aus dem Kupon im Verhältnis zum Börsenpreis.

Für den Konsol vereinfacht sich Gleichung (14) wegen der definitionsgemäß fehlenden Tilgung:

(16) $$BP_{0Konsol} = r\frac{(1+i_e)^n - 1}{(1+i_e)^n i_e}$$

Für die Effektivverzinsung ergibt sich nach Umformungen folgende Relation:

(17) $$i_e = \frac{r}{BP_{0Konsol}} - \frac{r}{BP_{0Konsol}(1+i_e)^n}$$

Da beim Konsol die Laufzeit unendlich ist, geht der zweite Summand für $n \rightarrow \infty$ gegen Null. Für die Effektivverzinsung des Konsols gilt deshalb folgende Formel:

(18) $$i_{eKonsol} = \frac{r}{BP_{0Konsol}}$$

Die Effektivverzinsung des Konsols entspricht damit dessen laufender Verzinsung (vgl. Kap. 2.6.2.2).[243]

Die Effektivzinsrate ist das meistbenutzte Kriterium zur Beurteilung der Vorteilhaftigkeit festverzinslicher Wertpapiere. Sie kann auch zur Beurteilung von Konsols herangezogen werden. Errechnet sich für einen Konsol eine vergleichsweise hohe Effektivzinsrate, so ist dieser Konsol gegenüber anderen Wertpapieren als Anlageobjekt zu bevorzugen. Eine hohe Effektivzinsrate ist ein Indikator für einen günstigen Börsenpreis. Je höher die Abzinsungsrate i_e ist, desto niedriger wird c.p. der Börsenpreis liegen. Vom Emittenten kann die Effektivverzinsung eines Konsols durch Variationen des Emissionpreises bzw. Beeinflussung des Börsenkurses (durch An- und Verkauf am freien Markt[244]) oder aber durch entsprechende Veränderung des Kupons beeinflußt werden. Da bei einer Neuemission von Konsols ein relativ langer Zeitraum vergeht zwischen Bekanntgabe der Konditionen und dem tatsächlichen Emissionstag, bleibt zur Anpassung an die dann herrschende durchschnittliche Effektivverzinsung am Kapitalmarkt nur der Emissionskurs. Um unterschiedliche Konsols (und auch andere Wertpapiere) über den Effektivzinssatz vergleichbar zu machen, ist die effektive Rendite als annualisierte Größe anzugeben. Liegen also unterjährige Zinszahlungen (halb- oder vierteljährliche) vor, so muß die pro Periode erhaltene Zinszahlung auf ein Jahr bezogen umgerechnet werden. Liegen m Subperioden per annum vor, so errechnet sich die annualisierte Effektivzinsrate wie folgt:

(19) $$i_e p.a. = (1 + i_{e,m})^m - 1$$ [245]

mit $i_e p.a.$ = Effektivverzinsung per annum

$i_{e,m}$ = Effektivverzinsung pro Teilperiode

m = Teilperiodenzähler

[243]vgl. Altmann 1986. S. 22 Kap. 12

[244]Kurspflege

[245]vgl. Uhlir/Steiner 1991. S. 20 ff.

2.6.2.5 Die Effektivverzinsung nach Steuern

Die Ausgestaltung des Steuersystems ist von entscheidender Bedeutung, ob eine Berücksichtigung der Steuern bei der Berechnung der Effektivverzinsung notwendig ist oder ob auf deren Berücksichtigung verzichtet werden kann.

Werden Zinserträge und Kapitalerfolge (als zwei mögliche Ertragskomponenten eines Konsols) in einem Steuersystem gleich behandelt, d.h. mit einem für beide Ertragskomponenten identischen Steuersatz (s) belegt, so kann die Entscheidung über eine Vorteilhaftigkeit der zur Wahl stehenden Wertpapiere anhand der Effektivverzinsung vorgenommen werden. Die die Effektivrenditen reduzierenden Steuersätze haben keinen Einfluß auf die relative Vorteilhaftigkeit unterschiedlicher Wertpapiere:

$$i_{\text{e nach Steuern}} = i_{\text{e vor Steuern}} \cdot (1-s) \tag{20}$$

Werden Zinseinnahmen und Kapitalgewinne mit unterschiedlich hohen Zinssätzen belegt und wird zudem eine Unterscheidung vorgenommen zwischen Privat- und Betriebsvermögen, wie es auch in Deutschland der Fall ist, so kann nicht länger auf eine Berücksichtigung des Steuereffektes bei der Renditeberechnung verzichtet werden.

Kapitalgewinne aus Wertpapieren, die im Privatvermögen eines Anlegers gehalten werden, bleiben nach einer bestimmten Haltedauer steuerfrei, während deren Zinseinkünfte mit einem je nach Einkommensklasse festgelegten Steuersatz zu versteuern sind. Zinserträge und Kapitalgewinne aus Wertpapieren, die im Betriebsvermögen gehalten werden, werden demgegenüber mit identischen Steuersätzen belegt. Kurssenkungen, die zu Kapitalverlusten führen, können im Unternehmen auf die Laufzeit abgeschrieben werden. Kapitalgewinne, die sich aus Kurssteigerungen ergeben, müssen jedoch erst bei deren Realisierung versteuert werden. Daraus ergibt sich eine asymmetrische Behandlung von Kapitalgewinnen und Kapitalverlusten.

Die am Kapitalmarkt herrschenden Preise werden über Angebot und Nachfrage von den verschiedensten Marktteilnehmern, die alle unterschiedliche Steuersätze haben, bestimmt. Die Effektivverzinsung vor Steuern wird also immer dann ein ungeeignetes Entscheidungskriterium für die Auswahl unterschiedlicher Wertpapiere sein, wenn der individuelle Grenzsteuersatz eines Anlegers sich vom durchschnittlichen Grenzsteuersatz aller Marktteilnehmer unterscheidet. Die Berechnung der Effektivverzinsung vor Steuern kann damit zu ganz anderen Ergebnisse bezüglich der Vorteilhaftigkeit verschiedener Wertpapiere führen als die Effektivverzinsung nach Steuern. So können Wertpapiere mit hohen Kupons auf den ersten Blick als attraktivere Anlageobjekte (im Sinne einer höheren direkten Verzinsung vor Steuern) erscheinen, wird deren Verzinsung aber um den Steuersatz bereinigt, ergibt sich renditemäßig ein anderes Bild. Ein relativ hoher Zinsanteil, der der Steuer unterliegt, reduziert die Effektivverzinsung nach Steuern und verkehrt damit die Vorteilhaftigkeit des entsprechenden Wertpapiers in ihr Gegenteil. Dies erklärt die am Markt normalerweise zu beobachtende höhere Effektivverzinsung (vor Steuern) von Anleihen mit hohem Kupon gegenüber Anleihen mit tiefem Kupon. Die Effektivverzinsung vor Steuern ist somit kein geeignetes Auswahlkriterium.

Private Anleger sollten unter pari notierende Papiere wegen der Steuerfreiheit der Kapitalgewinne bevorzugen. Bei den Unternehmen besteht der Vorteil des Erwerbs einer unter pari notierenden Anleihe in einem zinslosen Steuerkredit, der sich daraus ergibt, daß Kapitalgewinne erst bei deren Realisierung der Steuer unterliegen.[246]

2.6.2.6 Die Mängel der Effektivverzinsung als Auswahlkriterium

Bei der Berechnung der Effektivverzinsung werden alle zukünftigen Zahlungsströme, unabhängig vom Zeitpunkt des tatsächlichen Anfallens, mit dem gleichen Zinssatz i_e auf den Betrachtungszeitpunkt abdiskontiert (siehe Gleichung (15)). Damit wird implizit eine flache Zinsertragskurve unterstellt, d.h. für unterschiedliche Fristigkeiten werden am Markt dieselben Zinssätze beobachtet.[247] Beim Effektivzinskalkül wird damit implizit die Annahme getroffen, daß die Kuponzahlungen genau zum errechneten Satz, der Effektivzinsrate, angelegt werden können. Damit wird die Effektivzinsrate nur zu einer möglicherweise eintretenden Rendite, die nur dann tatsächlich realisiert werden kann, wenn 1.) das Wertpapier

[246] vgl. Uhlir/Steiner 1991, S. 27 ff.

[247] Die flache Zinsertragskurve, als eine mögliche Ausgestaltung der Zinsertragskurve (vgl. Kap. 3.1.2), wird in der Realität aber nur in ganz seltenen Fällen zu beobachten sein.

bis zur Endfälligkeit gehalten wird und 2.) die Kuponzahlungen zum entsprechenden Zinssatz angelegt werden können.[248]

Weitaus häufiger werden die für unterschiedliche Laufzeiten am Markt zu beobachtenden Zinsertragskurven eine positive oder negative Neigung (vgl. Kap. 3.1.2) aufweisen (ansteigender oder inverser Verlauf). Diese geneigten Zinsertragskurven haben aber zur Folge, daß in naher Zukunft erfolgende Zahlungen gegenüber in weiter Zukunft liegenden Zahlungen mit unterschiedlichen Zinssätzen (bei einem normalen Verlauf mit niedrigeren, bei inversem Verlauf mit höheren Zinssätzen) abzudiskontieren sind. Diesem Einwand trägt das Effektivverzinsungskonzept nicht Rechnung. "Die Effektivverzinsung [stellt] nur einen von der Zahlungsstromcharakteristik abhängigen Durchschnittswert der für die einzelnen Fristigkeiten geltenden Zinssätze dar."[249]

Die Effektivverzinsung kann folglich nicht länger als Auswahlkriterium zwischen Anleihen mit unterschiedlich langer Laufzeit herangezogen werden. So werden bei einer inversen Zinsstrukturkurve kürzerfristige Anleihen stets eine höhere Effektivzinsrate aufweisen als längerfristige Papiere. Dieses Problem tritt auch beim Vergleich der Vorteilhaftigkeit zwischen Konsols und Wertpapieren mit beschränkter Laufzeit auf. Je nach Neigung der Zinsstrukturkurve wird der Konsol entweder das am besten rentierende oder das am schlechtesten rentierende Anlageobjekt sein. Innerhalb der Klasse der Konsols als Anlageinstrument kann dagegen ohne Einschränkung anhand der Effektivverzinsung nach Steuern der am besten rentierende Konsol ausgewählt werden.

2.6.2.7 Die yield-to-call

Der Konsol kann, neben anderen Ausgestaltungsformen, für den Emittenten eine Call-Option vorsehen. Zwischen den Vertragsparteien kann festgelegt werden, daß sich der Emittent nach Ablauf einer bestimmten Frist (z. B. 3, 5 oder 7 Jahre) das Recht vorbehält, die Call-Option auszuüben. Der Emittent kann nach dieser Frist den Konsol zu einem bei Vertragsabschluß festgelegten Preis (strike price) zurückkaufen. Ist ein Konsol mit einer derartigen Call-Option ausgestattet, so kann

---

[248]vgl. Fabozzi 1987 (a). S. 64 und auch Fabzzi 1988. S. 88 ff. 268); Uhlir/Steiner 1991, S. 32
[249]Uhlir/Steiner 1991. S. 3

sich die ursprünglich unendlich lange Laufzeit auf den frühest möglichen Ausübungstermin der Call-Option verkürzen.

Ein rationaler Anleger kann bei der Bewertung des Konsols die Call-Option nicht vernachlässigen und wird eine entsprechend höhere Rendite des Konsols mit Call-Option vom Schuldner verlangen. Der Schuldner entrichtet über eine höhere Verzinsung den Preis für die Call-Option (Optionsprämie). Als mögliche Renditen können jetzt zwei Größen berechnet werden, die Rendite des Konsols, dessen Call-Option nicht ausgeübt wird und die Rendite des Konsols, dessen Call-Option ausgeübt wird. Letztere wird als yield-to-call bezeichnet. Ein rationaler Investor wird beide Renditen berechnen und die jeweils geringere Rendite bei seiner Entscheidung berücksichtigen.

Die yield-to-call wird definiert als die Abzinsungsrate, die den erwarteten Zahlungsstrom bis zum Zeitpunkt der Optionsausübung (Zinszahlungen und strike price) auf den heutigen Börsenpreis abzinst.

2.6.3 Die Preisvolatilität des Konsols

2.6.3.1 Die Preisvolatilität festverzinslicher Wertpapiere

In den vorangegangenen Kapiteln wurde deutlich, daß sich der Kurs eines festverzinslichen Wertpapiers entsprechend dem Barwertkonzept genau entgegen dem allgemeinen Marktzinsniveau entwickelt. Steigt das allgemeine Marktzinsniveau, so fällt der Kurs der Anleihe, sinkt das Marktzinsniveau, so steigt der Kurs der Anleihe.[250] Das Ausmaß der Preisvolatilität, als positive oder negative prozentuale Preisveränderung, die durch eine gegebene Zinsveränderung ausgelöst wird, ist eine

[250]vgl. Fabozzi 1988, S. 149

Funktion von Laufzeit[251], Kuponsatz und Marktzinsniveau in der Ausgangssituation.[252]

Die Preisvolatilität festverzinslicher Wertpapiere ist für unterschiedliche Anleihen bei gegebener Zinsänderung verschieden hoch. Grundsätzlich gibt es zwei Charakteristika einer Anleihe, die deren Preisvolatilität bestimmen:

- der Kuponsatz und
- die Laufzeit.

Die Preisvolatilität ist umso höher, je niedriger der Kuponsatz einer Anleihe ist. Damit sind Zerobonds diejenigen Anleihen, die die höchste Preisvolatilität aufweisen. Anleihen, die mit einem hohen Discount gehandelt werden, zeichnen sich ebenfalls durch eine höhere Preisvolatilität gegenüber Anleihen aus, die nahe pari gehandelt werden.

Die Preisvolatilität einer Anleihe nimmt demgegenüber mit längerer Laufzeit zu, d.h., daß bei einem gegebenen Kuponsatz die Preisvolatilität eines Bonds steigt, je länger die Laufzeit ist. Erwartet ein Anleger c.p. Zinssenkungen, so will er die Volatilität seines Portfolios erhöhen, um so in möglichst großem Umfang an den Kurssteigerungen teilhaben zu können. Der Investor sollte bevorzugt langlaufende Bonds kaufen. Soll dagegen die Volatilität eines Bondportfolios gesenkt werden, weil der Anleger Zinssteigerungen bzw. Kurssenkungen erwartet, sollte er kurzlaufende Anleihen in sein Portfolio aufnehmen.[253]

Anleihencharakteristikum	Merkmal geringer Volatilität	Merkmal hoher Volatilität
Kuponsatz	hoher Kupon	niedriger Kupon
Laufzeit	kurze Laufzeit	lange Laufzeit

Tab. 2: Preisvolatilität einer Anleihe

[251]Doch selbst bei konstantem Marktzinsniveau verändert sich der Preis von Anleihen im Zeitablauf. Notiert eine Anleihe beim Kauf zum Beispiel unter pari, so wird sich der Kurs der Anleihe im Zeitablauf so entwickeln, daß die Anleihe am Ende der Laufzeit zu pari notiert (der Nominalbetrag zu 100 zurückbezahlt wird). Wird die Anleihe beim Erwerb mit einer Prämie gehandelt, sinkt der Kurs zum Ende der Laufzeit gegen pari. Diese Kursentwicklung (vgl. Abb. 8. Anhang S. 255), auch als Zeitpfad einer Anleihe bezeichnet, ist eine Folge der Amortisation der Prämie bzw. des Discounts. (vgl. Fabozzi 1987 (a), S. 78 ff.)

[252]vgl. Rosen 1986, S. 26

[253]vgl. Fabozzi 1988, S. 149 ff. und auch Rosen 1986, S. 26 ff.

Um bestimmte Investmentstrategien realisieren zu können (zum Beispiel die Anlageentscheidung zwischen einer Anleihe mit geringerer Laufzeit gegenüber einer Anleihe mit höherem Kuponsatz), müssen Anleger eine Maßgröße für die Volatilität der Anleihen haben, damit in Laufzeit und Kuponsatz unterschiedlich ausgestattete Anleihen über diese Maßgröße bezüglich ihrer Preisvolatilität verglichen werden können.

2.6.3.2 Der Preiswert eines Basispunktes als Maßgröße für die Preisvolatilität einer Anleihe

Mit dem Preiswert eines Basispunktes (PWBP) wird die Preisveränderung einer Anleihe in absoluten Geldeinheiten bei einer Zinsveränderung um einen Basispunkt[254] bezeichnet. Die absolut ausgelöste Preisveränderung dient als Maßgröße.

Da die Preis-Zinsbeziehung eines festverzinslichen Wertpapiers keine lineare, sondern eine konvexe Beziehung ist (vgl. Abb. 9), ist der PWBP bei verschieden hohen Zinssätzen unterschiedlich (vgl. Abb. 10). Die Nichtlinearität der Preis-Zinsbeziehung wird wegen ihrer konvexen Beziehung als Konvexität einer Anleihe bezeichnet (vgl. Kap. 2.6.3.7).[255]

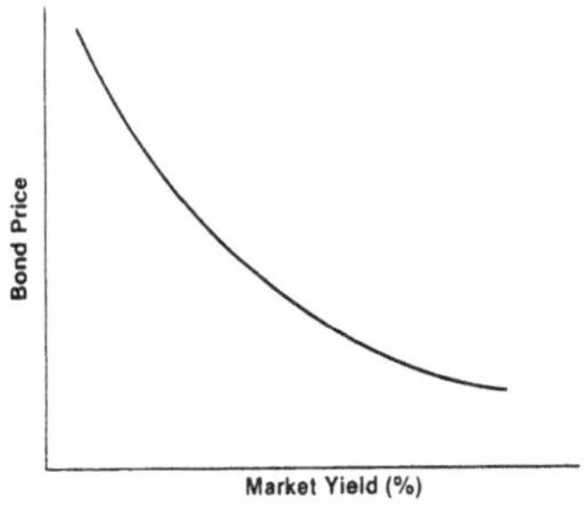

Abbildung 9: Konvexe Preis-Zinsbeziehung einer Anleihe (Quelle: Douglas 1990, S.66)

[254] ein Basispunkt ist 1/100 (0.01) Prozent (oder auch eine Renditestelle), die kleinste Maßeinheit zur Angabe von Zinssatzänderungen

[255] vgl. Fabozzi 1988, S. 149 ff.

Aufgrund der Konvexität der Preis-Zinsbeziehung ist der PWBP umso kleiner, je höher der ursprüngliche Zinssatz war (vgl. Abb.10). Der absolute PWBP kann in eine prozentuale Preisveränderung umgerechnet werden, indem er auf den ursprünglichen Preis der Anleihe bezogen wird.[256]

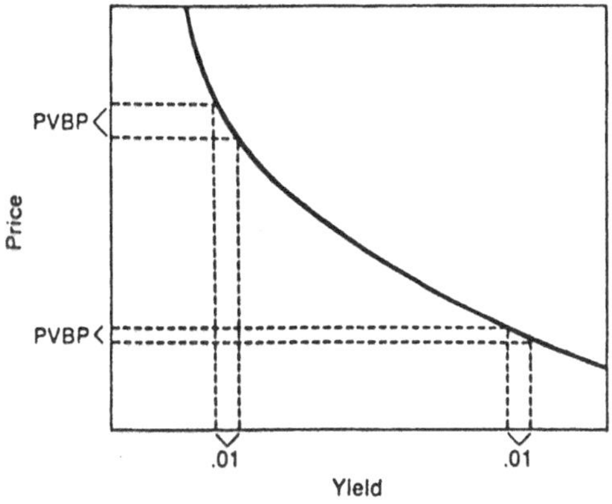

Abbildung 10: Preiswert eines Basispunkts (PWBP)
(Quelle: Fabozzi Pollack (Hrsg.) 1987, S. 103)

---

[256] vgl. Fabozzi 1988, S. 163 ff.

2.6.3.3 Der Zinswert einer Preisveränderung als Maßgröße für die Preisvolatilität einer Anleihe

Die Zinsänderung, die für eine bestimmte Preisveränderung (x) benötigt wird, wird als Zinswert einer Preisveränderung (ZWPV) bezeichnet. Hierzu wird die Anleihenrendite berechnet, wenn der Anleihenpreis zum Beispiel um z Geldeinheiten steigt. Der ZWPV errechnet sich dann aus der Differenz zwischen der ursprünglichen Rendite und der neu errechneten Rendite (siehe Abb. 11). Je kleiner der ZWPV, desto größer ist die Preisvolatilität in Geldeinheiten.

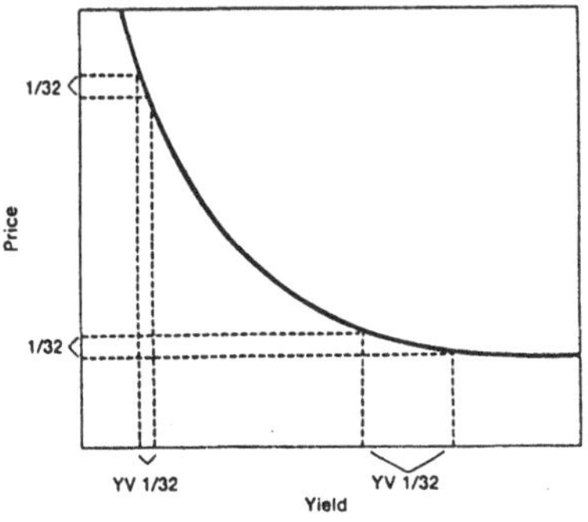

Abbildung 11: Zinswert einer Preisveränderung (ZWPV)
(Quelle: Fabozzi/Pollack (Hrsg.) 1987, S. 103)

2.6.3.4 Verschiedene Konzepte zur Bestimmung der Preisvolatilität einer Anleihe

Frederick R. Macaulay[257], dessen Interesse primär darauf zielte, eine für die effektive Anleihenlaufzeit geeignetere Maßgröße als die Endfälligkeit zu finden, entwickelte schon 1938 das Durationkonzept. Dieses Konzept unterscheidet sich vor allem dadurch, daß die während der Laufzeit einer Anleihe erfolgenden Zahlungsströme bei der Bestimmung der effektiven Kapitalbindungsdauer berücksichtigt werden.

Macaulay ging davon aus, daß die Anzahl der Jahre bis zur Endfälligkeit das am wenigsten geeignete Maß für die Dauer der Kapitalbindung einer Anleihe ist. Die

[257]Macaulay 1938, S. 44 ff."....it would seem highly desirable to have some adequate measure of 'longness'. Let us use the word 'duration' to signify the essence of the time element in a loan."

Endfälligkeit bestimmt nur den Zeitpunkt für die letzte und einzige Zahlung einer Anleihe, sie sagt jedoch nichts über die Höhe und den Zeitpunkt der anderen Zahlungsströme aus, die während der Laufzeit der Anleihe erfolgen.

Bei Anleihen mit kurzer Laufzeit und tiefem Coupon ist die Laufzeit der wichtigste Faktor für die Bestimmung der Kapitalbindungsdauer. Bei langlaufenden Annuitäten dagegen ist die Laufzeit der Faktor, der bei der Bestimmung der Kapitalbindungsdauer am ehesten zu vernachlässigen ist.

Ob eine Obligation eine kürzere oder längere Kapitalbindung aufweist, hängt nicht nur von der Endfälligkeit der Anleihe ab. Die Kapitalbindungsdauer ist positiv korreliert mit der Couponhöhe und dem Renditeniveau. Nur bei gleicher Endfälligkeit, Couponhöhe sowie Rendite ist die Kapitalbindungsdauer zweier Anleihen identisch.

Macaulay erkannte, daß die während der Laufzeit einer Anleihe erfolgenden Zinszahlungen Einfluß auf die Dauer der sich daraus ergebenden Kapitalbindung haben. Je höher die Zahlungsströme über die Laufzeit einer Obligation sind, desto tiefer ist auch die effektive Dauer der Kapitalbindung.

Die effektive Kapitalbindung oder Duration einer Anleihe ist daher der Durchschnitt der Kapitalbindungsdauer der einzelnen Zahlungsströme, in die sich die Anleihe zerlegen läßt. Zur Bestimmung der Duration wird der Quotient aus den Gegenwartswerten der einzelnen zukünftigen Zinszahlungen und der Summe aller Gegenwartswerte, also dem Börsenpreis der Anleihe, gebildet.[258]

Über 30 Jahre lang wurde das von Macaulay konzipierte Durationkonzept in der Praxis aber auch in der Literatur vollkommen ignoriert. Erst als sehr viel später von verschiedenen Autoren[259] erkannt wurde, wozu die Kennzahl Duration[260] außer der von Macaulay vorgeschlagenen Verwendung noch zu gebrauchen war, erlangte die Duration seit den siebziger Jahren mehr Aufmerksamkeit.[261]

Unabhängig von Macaulay entwickelte 1939 J.R. Hicks[262] eine Maßgröße, die er "Average Period" nannte.

---

[258] vgl. Macaulay 1938, S. 44 ff

[259] vgl. Hopewell und Kaufman (1973), Fisher und Weil (1971) u.a.

[260] Der Ausdruck Duration stammt vom lateinischen Wortstamm -durare- ab, was wörtlich übersetzt (an)dauern, (an)halten, bleiben, ausdauern, reichen etc. bedeutet. Im allgemeinen Sprachgebrauch bezeichnet Duration einen Zeitraum oder eine Zeitperiode.

[261] vgl. Reilly/Sidhu 1980, S. 58

[262] vgl. John R. Hicks, " Value and Capital", Oxford: Clarendon Press 1939

"The capital value of a stream of payments $(x_0, x_1, x_2, \ldots, x_v)$ is $x_0 + \beta x_1 + \beta^2 x_2 + \ldots + \beta^v x_v$. The elasticity of this capital value with respect to the discount ratio β is

$$\frac{\beta x_1 + 2\beta^2 x_2 + 3\beta^3 x_3 + \ldots + v\beta^v x_v}{x_0 + \beta x_1 + \beta^2 x_2 + \beta^3 x_3 + \ldots \beta^v x_v}$$

(for the elasticity of a sum is the average of the elasticities of its parts). Now when we look at the form of this elasticity we see that it may be very properly described as the Average Period of the stream; for it is the average length of time for which the various payments are deferred from the present, when the times of deferment are weighted by the discounted values of the payments."[263]

Hicks ging von Risikoüberlegungen aus und entwickelte eine Kennzahl für die Elastizität des Barwerts ("Elasticity of capital value") in Abhängigkeit von der Kapitalmarktzinsentwicklung. Die Hicks'sche Kennzahl sollte Ausdruck dafür sein, inwieweit Zinsveränderungen die relativen Anleihenpreise beeinflussen. Gegenüber anderen Elastizitätsgrößen hat diese Elastizität eine Zeitdimension, deshalb nannte Hicks sie "Average Period". Hicks war der erste, der auf die Eigenschaft der "Average Period" als approximatives Risikomaß aufmerksam machte. Er konnte zeigen, daß für gegebene infinitesimal kleine Zinsänderungen, die prozentuale Wertveränderung eines Aktivums in proportionaler Relation zur Average Period des entsprechenden Aktivums steht.[264] Beide Kennzahlen, also sowohl die Duration als auch die Average Period, stellen somit eine Maßgröße für die Sensitivität des Barwerts eines Zahlungsstromes in bezug auf Zinsänderungen dar.[265]

1945 untersuchte Paul Samuelson die Effekte von Zinssatzänderungen auf die Kapitalwerte von Finanzinstitutionen und gelangte zu einer der Duration und der Average Period ähnlichen Kennzahl. Er nannte diese Kennzahl "weighted average time period". Samuelson konnte feststellen, daß " [the] increased interest rates will

---

[263]Hicks 1946, S. 186
[264]vgl. Hicks 1939, S. 186
[265]vgl. Kruschwitz/Schöbel 1986, S. 551

help any organization whose [weighted] average time period of disbursements is greater than the average time period of its receipts."[266]

Die vorliegende Arbeit konzentriert sich im folgenden besonders auf die Darstellung und Erläuterung der Macaulay-Duration, da die Duration in der Praxis Verbreitung und Anwendung als Maßgröße nicht nur zur Messung der Preisvolatilität, sondern auch als zusammenfassende Größe der Laufzeit (mittlere Kapitalbindungsdauer) und als Input bei der Portfolioimmunisierung findet.[267]

2.6.3.5 Die Macaulay-Duration

2.6.3.5.1 Formale und graphische Darstellung der Macaulay-Duration

Ausgehend vom Zeitaspekt entwickelte Macaulay eine Kennzahl für die durchschnittliche Bindungsdauer einer Finanzanlage mit spezifizierten Zahlungsströmen. Die Zahlungsströme bestehen bei endfälligen Anleihen aus den Kuponzahlungen und einer Tilgungszahlung am Ende der Laufzeit.[268] Eine sinnvolle Kennzahl für die durchschnittliche Bindungsdauer einer Finanzanlage mußte nach Macaulay alle Cash Flows (Kupons und Tilgungszahlung) unter Berücksichtigung des jeweiligen Zeitwerts enthalten.[269] Macaulay definierte die Duration deshalb als die gewichtete durchschnittliche Bindungsdauer der Zahlungsströme einer Anleihe. Die Gewichtung erfolgt anhand der Gegenwartswerte jeder einzelnen Zahlung relativ zum Total der Gegenwartswerte aller künftigen Zahlungsströme der Anleihe (bzw. relativ zum Anleihenpreis inklusive der aufgelaufenen Stückzinsen).[270] Die Gegenwartswerte sind bei der Macaulay-Duration Ergebnis einer Abdiskontierung der einzelnen Zahlungsströme mit den unterschiedlichen periodenspezifischen Abzinsungssätzen entsprechend der jeweiligen Zinsstruktur. Die Gewichte zur

---

[266] Samuelson 1945, S. 19
[267] vgl. Brennan/Schwartz 1983, S. 3
[268] vgl. Hielscher 1988, S. 14, Boquist/Racette/Schlarbaum 1975, S. 1360 und auch Kruschwitz/Schöbel 1986, S. 555
[269] vgl. Douglas 1990, S. 4
[270] vgl. Hawawini 1982, S. 1

Berechnung der durchschnittlichen Kapitalbindungsdauer sind positiv. Die Summe der einzelnen Gewichte ergibt als Ganzes Eins.[271]

$$D_{MACAULAY} = \frac{\frac{r}{(1+i)^1} + \frac{2r}{(1+i)^2} + \frac{3r}{(1+i)^3} + \ldots + \frac{nr}{(1+i)^n} + \frac{nT}{(1+i)^n}}{BP_0}$$

(21) $$D_{MACAULAY} = \frac{\sum_{t=1}^{n} \frac{t \cdot r}{(1+i)^t} + \frac{n \cdot T}{(1+i)^n}}{BP_0}$$

mit $D_{MACAULAY}$ = Macaulay-Duration in Jahren

T = Tilgungzahlung

BP_0 = Börsenpreis der Anleihe

n = Periodenzähler

t = Zeitpunkt der Zahlung jedes einzelnen Zahlungsstromes (in Jahren)

Die Duration wird in Jahren angegeben. Sie betrachtet eine Kuponanleihe als eine aus vielen Serien bestehende Nullkuponanleihe mit aufeinanderfolgenden Zahlungen jeweils zum Ende der Laufzeit der entsprechenden Nullkuponanleihe, die in ihrer Höhe den Kuponzahlungen einer Kuponanleihe und einer höheren Zahlung am Ende der Gesamtlaufzeit (Tilgung) entsprechen. Die Duration ist eine Sammelgröße für die Gesamtheit aller mit dem Erwerb der Anleihe verbundenen Zahlungsströme[272] und hebt somit den Mangel der Maßgröße Laufzeit auf, die nur die Zahlung am Ende der Laufzeit berücksichtigt.[273] Die Laufzeit hat jedoch den Vorteil der einfachen Festlegung.[274]

---

[271] vgl. Bierwag/Kaufman/Khang 1978, S. 671 f.

[272] vgl. Prisament 1990. S. 1 ff.

[273] vgl. Boquist/Racette/Schlarbaum 1975, S. 1360, Hopewell/Kaufman 1973, Fabozzi 1987, S. 81 und auch Kopprasch 1985, S. 87

[274] Bis zum Ende der siebziger Jahre war die durchschnittliche Laufzeit die verbreitetste Größe, um Aussagen über die Laufzeit einer Anleihe zu machen. Ein Grund hierfür war die Tatsache, daß in Niedrigzinsphasen die Kuponzahlungen relativ zur Rückzahlung eine vernachlässigbare Größe darstellten. Wichtiger war in diesem Zusammenhang die größere laufzeitbezogene Homogenität von Anleihen institutioneller Portfolios. Selten wurde innerhalb eines Portfolios das gesamte am Markt

(Fortsetzung der Fußnote siehe nächste Seite)

Neben einer formalen Darstellung, die im Anschluß folgen soll, vereinfacht die graphische Darstellung der Duration deren Verständnis. Abb. 12 zeigt die Gegenwartswerte der einzelnen Zahlungsströme einer 7-jährigen 12% Kuponanleihe.

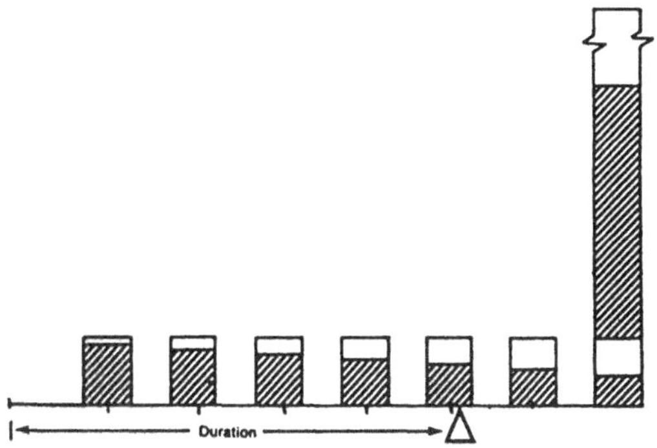

Abbildung 12: Graphische Darstellung der Duration
(Quelle: Fabozzi/Pollack (Hrsg.) 1987, S. 88 ff.)

Zur Veranschaulichung stellt Abb. 12 eine Serie von Containern auf einer Wippschaukel dar. Die Größe der Container wird durch den Nominalwert des Zahlungsstromes definiert, wobei der Inhalt der Container (markierter Bereich) durch den Gegenwartswert jedes einzelnen Zahlungsstromes bestimmt wird. Die Distanz zwischen den einzelnen Containern entspricht dem Zeitraum zwischen den einzelnen Zahlungsströmen. Die horizontale Distanz zwischen den Containern ist damit ein Zeitmaßstab. Die Duration, in Jahren gemessen (im Beispiel circa 5,1 Jahre), stellt nun in der graphischen Darstellung die Distanz zwischen dem Erwerb der Anleihe und einem Gewichtspunkt dar, der das ganze System als Wippe in Balance hält. Die Duration einer Nullkuponanleihe, die definitionsgemäß nur einen Zahlungsstrom auslöst, entspricht demgegenüber der Laufzeit der Nullkupon-

---

vorhandene Laufzeitenspektrum abgedeckt. Damit war die durchschnittliche Laufzeit der Anleihen eine vergleichsweise gute Annäherung an die Durchschnittslaufzeit des Portfolios. Auch war die Spanne der am Markt gehandelten Kupons weniger weit als heutzutage. (vgl. Leibowitz 1983, S. 276) anleihe, da der Balancepunkt direkt beim einzigen Zahlungsstrom angebracht werden muß (siehe Abb. 13).[275]

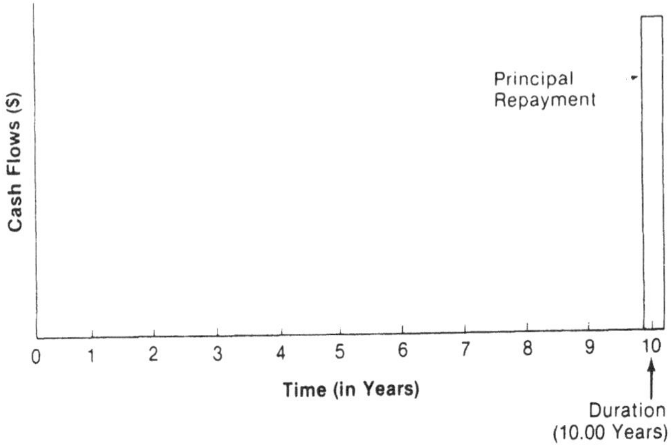

Abbildung 13: Duration einer 10-jährigen Nullkuponanleihe (Quelle: Douglas 1990, S. 6)

Die Duration ist neben den Tilgungsvereinbarungen abhängig von folgenden drei Parametern: Laufzeit, Kupon und Marktrendite. Das Verhalten der Macaulay-Duration wird im folgenden bezogen auf die drei Parameter dargestellt.

2.6.3.5.2 Das Laufzeitverhalten der Macaulay-Anleihenduration

Da das Preisverhalten einer Anleihe durch den einfachen Zusammenhang Laufzeit und Bondpreisvolatilität nicht erklärt werden konnte, wurde die Laufzeit als unvollständige Beschreibung des Zeitverhaltens aller Zahlungen einer Anleihe durch

---

[275] vgl. Kopprasch 1987, S. 88 ff.

die Duration ergänzt.[276] Das Bondpreisverhalten mußte in funktional proportionalen Zusammenhang mit der Duration der Anleihen gebracht werden.

Eine Verlängerung der Restlaufzeit von Anleihen erhöht im allgemeinen auch deren Duration. Wird die Laufzeit einer Anleihe verlängert, so muß (bei jährlicher Kuponzahlung) pro zusätzlichem Jahr eine weitere Kuponzahlung berücksichtigt werden. Die Tilgungszahlung wandert eine Periode nach hinten. Der Gegenwartswert der Tilgungszahlung sinkt wegen der länger werdenden Laufzeit. Je länger die Laufzeit einer Anleihe ist, desto mehr Cash Flows fließen in zukünftigen Zeitpunkten zu. In der graphischen Darstellung wandert der Balancepunkt nach rechts. Die Duration einer Anleihe steigt mit länger werdender Restlaufzeit monoton an. Pro zusätzlicher Periode wird der Durationzuwachs aber immer kleiner, wegen des geringeren Gewichts der Rückzahlung am Ende der Laufzeit (siehe Abb. 14).[277]

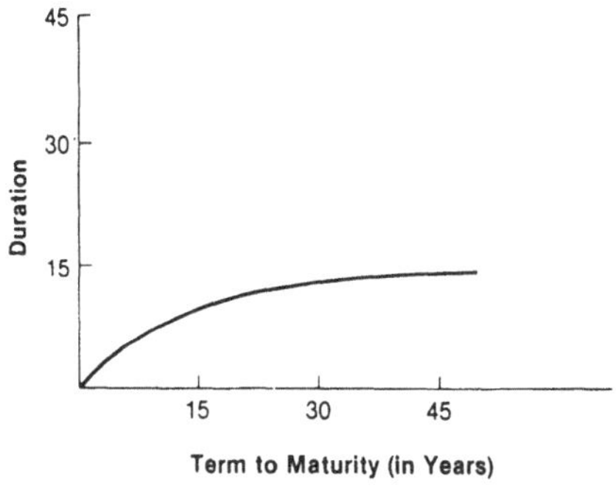

Abbildung 14. Laufzeit-Duration-Beziehung
(Quelle: Douglas 1990, S. 22)

Die Duration strebt bei unendlicher Laufzeit gegen einen Grenzwert (monoton ansteigender Verlauf einer sich dem Grenzwert nähernden Laufzeit-Duration-

[276] vgl. Hopewell/Kaufman 1973, S. 749

[277] vgl. Macaulay 1938, S. 136, Kopprasch 1987, S. 89 f. Hopewell/Kaufman 1973, S. 751, Hawawini 1982, S. 3 und auch Douglas 1990, S. 13

Kurve)[278]. Anleihen, mit deren Erwerb Zahlungen vor Ende der Laufzeit verbunden sind (Kuponanleihen), haben eine Duration, die immer kleiner ist als die Restlaufzeit.[279] Nur bei der Nullkuponanleihe entspricht die Duration genau der Laufzeit der Nullkuponanleihe (siehe Abb. 15).

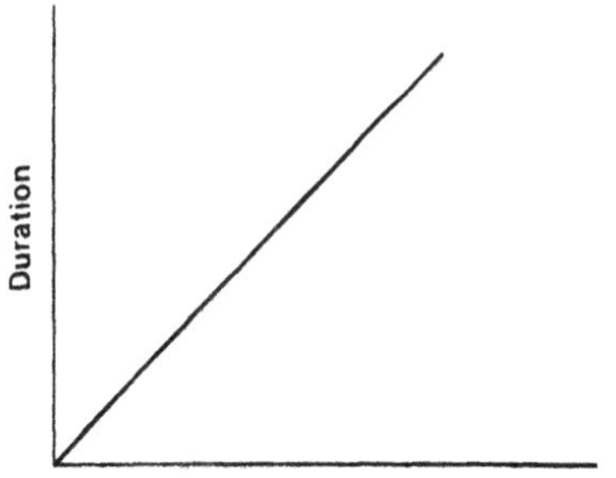

Abbildung 15: Duration einer Nullkuponanleihe
(Quelle: Douglas 1990, S. 66)

Wird eine Anleihe demgegenüber mit einem Abschlag verkauft (Discountanleihe), so steigt bei größer werdender Laufzeit die Duration vergleichsweise stark an, erreicht einen Höhepunkt, flacht ab und nähert sich dem Durationgrenzwert eines unendlich lang laufenden Papiers von oben (siehe Abb.16, S. 256 Anhang). Die Duration eines Kuponbonds, der unter pari verkauft wird, erreicht ihr Maximum bei einer Laufzeit[280], die direkt vom Anleihenkupon und invers von der Marktzinsrate

---

[278]Diesen Zusammenhang bezogen auf die prozentuale Preisveränderung und die Laufzeit einer Anleihe spezifizierte schon Burton Malkiel als drittes Theorem: "The percentage price changes described in Theorem 2 increases at a diminishing rate as M (maturity) increases." (Malkiel 1966, S. 55)

[279]vgl. Reilly/Sidhu 1980, S. 59 f.

[280] $$n^* = \frac{1}{\log(1+i)} + \frac{1-i}{i-i_0} + \frac{i-i_0}{i_0(1+i)^n \log(1+i)}$$

mit n = Laufzeit mit Durationmaximum
i = yield to maturity der Anleihe
i_0 = Kupon der Anleihe

(vgl. Hawawini 1984, S. 336)

abhängig ist. Je länger die Laufzeit einer Anleihe ist, desto größer ist der Unterschied zwischen der Laufzeitenlänge und der Duration der Anleihe.[281]

2.6.3.5.3 Das Kupon-Verhalten der Macaulay-Anleihenduration

Die Duration einer Anleihe verändert sich invers zur Höhe des Kuponsatzes (Ausnahmen: einjährige Anleihen und unendlich lang laufende Anleihen). Je höher der Kupon einer Anleihe ist, desto schneller erhalten Investoren Teile ihrer Anfangsinvestition in Form der Kuponzahlungen zurück bzw. desto geringer ist die mittlere Bindungsdauer des eingesetzten Kapitals. Die Duration ist eine Maßgröße für die wertgewichtete Durchschnittslaufzeit einer Anleihe und damit eine Laufzeitengröße, die das Timing und die Höhe der zukünftigen Zahlungsströme der Anleihe mit in Betracht zieht.[282] Aus einem niedrigen Kupon resultiert demgegenüber eine vergleichsweise langsame Rückzahlung[283] des beim Erwerb eingesetzten Kapitals, die Folge ist eine relativ höhere Duration (siehe Abb. 17).[284]

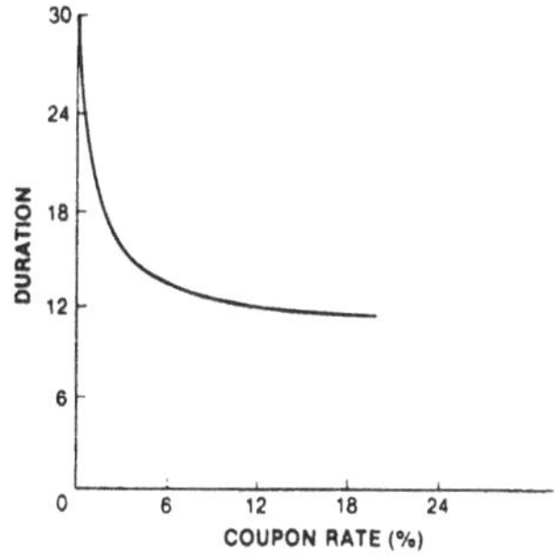

Abbildung 17: Duration-Kuponsatz-Beziehung
(Quelle: Douglas 1990, S. 25)

Aus der Abbildung wird deutlich, daß die Duration bei steigendem Kupon mit einem immer kleiner werdenden Betrag sinkt. Der Abdiskontierungsprozeß hat auf nahe an

[281] vgl. Hawawini 1984, S. 333 ff., Bierwag/Kaufman/Toevs 1983, S. 16 und auch Hopewell/Kaufman 1973, S. 750 f.
[282] vgl. Hawawini 1986/87, S. 13
[283] Als Extremfall gilt die Nullkuponanleihe, die vor Ende der Laufzeit keine Zahlungen verbrieft. (vgl. Rosen 1986, S. 33) Da der Kuponsatz 0% ist, entspricht die Duration der Restlaufzeit der Nullkuponanleihe.
[284] vgl. Macaulay 1938, S. 49 und auch Hopewell/Kaufman 1973, S. 752

der Gegenwart liegende Cash Flows einen nur geringen Effekt. Damit erhalten diese hohen Kuponzahlungen größere Gewichte bezogen auf ihren Gegenwartswert. Der Balancepunkt der Duration wandert nach links, die Duration sinkt (siehe Abb. 18).[285] Gegenüber einer Veränderung der Restlaufzeit bewirkt die Veränderung der Kuponhöhe eine relativ geringere Beeinflussung der Duration.

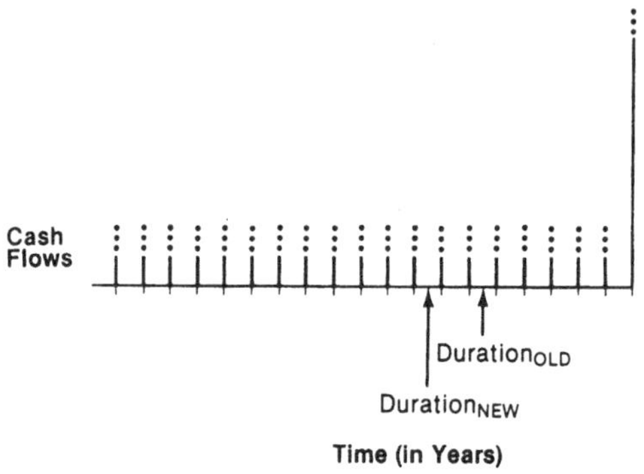

Abbildung 18: Entwicklung der Duration bei steigendem Kupon (Quelle: Douglas 1990, S. 28)

2.6.3.5.4 Das Marktrendite-Verhalten der Macaulay-Anleihenduration

Eine höhere Marktrendite hat die gleichen Auswirkungen auf die Duration wie ein höherer Kupon. Zwischen Marktrendite und Höhe der Duration besteht ebenfalls eine inverse Beziehung, d.h. je höher die Marktrendite ist, desto geringer ist die

[285] vgl. Douglas 1990, S. 24 ff.

Duration einer Anleihe.[286] Umgekehrt wirkt sich eine Senkung der Marktrendite in einer Erhöhung der Duration aus (siehe Abb. 17, S. 93).[287]

Steigt der Zinssatz, sinkt die Duration, da der Abdiskontierungsprozeß zur Bestimmung der Gegenwartswerte weniger Gewicht auf die weit in der Zukunft liegenden Cash Flows und demgegenüber ein höheres Gewicht auf die naheliegenden Cash Flows legt. Da die Kupons neu emittierter Anleihen das jeweilige Marktzinsniveau widerspiegeln, senkt eine Marktzinserhöhung die Duration einer Anleihe (u.u.).

Zusammenfassend kann festgehalten werden:

> *"The duration of a bond is a measure of its exposure to interest-rate risk. Hence, a bonds exposure to interest-rate-risk (which can be measured by its duration) is higher the longer its maturity, the lower its coupon rate and the lower the general level of interest rates."*[288]

	Verhalten der Duration	
Faktoren	geringe Duration	hohe Duration
Laufzeit	kürzer	länger
Kuponsatz	höher	niedriger
Marktzinsniveau	höher	niedriger

Tab. 3: Das Durationverhalten
(Quelle: Douglas 1990, S. 41)

2.6.3.6 Die Macaulay-Duration und das Veränderungsverhalten der Zinsstruktur

Das Duration-Konzept nach Macaulay ist ein Ein-Faktor-Duration-Modell. Damit werden Veränderungen der Zinsertragskurve nur durch einen ursächlichen Faktor,

---

[286] Die Duration einer 30-jährigen Kuponanleihe in einem Renditeumfeld von 10 % beträgt 9.94 Jahre. Fällt das Marktzinsniveau dagegen auf 7%, weisen neu emittierte 30-jährige Kuponanleihen eine Duration von 12.91 Jahren auf. Ein weiterer Zinsrückgang am Kapitalmarkt auf 4% erhöht die Duration der Kuponanleihe um knapp 5 Jahre auf 17.73 Jahre.

[287] vgl. Hawawini 1982, S. 3 ff. und auch Douglas 1990, S. 31

[288] Hawawini 1986/87, S. 9

das Zinsänderungsrisiko, erklärt. Als mögliche Einflußfaktoren vollständig vernachlässigt werden aber u.a. zum Beispiel das Insolvenzrisiko.

Die Anwendung eines Ein-Faktor-Duration-Modells bedarf restriktiver Annahmen. So muß eine perfekte Korrelation der Zinsänderung über das gesamte Laufzeitenspektrum unterstellt werden, d.h. eine flache Zinsertragskurve verschiebt sich bei Zinsveränderungen parallel.[289] Damit basiert das Duration-Konzept nach Macaulay auf der Annahme eines determinierten Veränderungsverhaltens der Zinsertragskurve im Zeitablauf. Der stochastische Prozeß der Zinsstrukturveränderung, der ein Zufallsprozeß ist, wird als additive Verschiebung einer flachen Zinsstrukturkurve abgebildet. Diese Annahme hat als relativ unrealistisch zu gelten.[290]

Tritt tatsächlich ein anderer stochastischer Prozeß der Zinsentwicklung ein, als der in den Modellannahmen unterstellte, so wird durch die Anwendung des Duration-Konzepts unmittelbar ein stochastisches Prozeßrisiko impliziert. Als stochastisches Prozeßrisiko wird die Möglichkeit des Auftretens einer anderen, als der vom Duration-Konzept unterstellten, Zinsstrukturveränderung bezeichnet. Das stochastische Prozeßrisiko kann sich positiv oder negativ auf den realisierbaren Ertrag auswirken.

Aus dem Ein-Faktor-Duration-Modell von Macaulay wurden weitere Duration-Modelle entwickelt, die von anderen stochastischen Prozessen der Zinsentwicklung ausgehen und damit andere Duration-Definitionen als Grundlage haben.[291] Um bei einer Anlageentscheidung das Prozeßrisiko zu minimieren, sollte eine Duration-Definition angewendet werden, deren Annahmen über den stochastischen Prozeß dem tatsächlich ex post am Markt auftretenden stochastischen Prozeß der Zinsentwicklung möglichst nahe kommen.

---

[289]vgl. Bierwag/Kaufman/Latta/Roberts 1987, S. 49 und auch Brennan/Schwartz 1983, S. 5

[290]vgl. Fisher/Weil 1971, S. 2 f., Hawawini 1982, S. 8 und auch Fabozzi 1988, S. 127

[291]Weiterentwicklungen des Macaulay-Konzepts durch verschiedene andere Autoren gehen von realistischeren mehrstufigen Veränderungen der Zinsstruktur aus. Diese Autoren gelangen dann zu Zwei-Faktoren-Duration-Modellen, die eine Veränderung eines Punktes auf der Zinsstrukturkurve von zwei unterschiedlichen Faktoren abhängig machen. In der Theorie sollten solche Zwei-Faktoren-Modelle bessere Ergebnisse liefern als die Ein-Faktor-Modelle. Ein Kosten-Nutzen-Vergleich in der Praxis spricht jedoch für die Anwendung von Ein-Faktor-Modellen, da die Zwei-Faktoren-Modelle nur geringfügig bessere Ergebnisse liefern und die Modelleinfachheit der Ein-Faktor-Modelle diesen Nachteil mehr als aufwiegt. (vgl. Bierwag/Kaufman/Latta/Roberts 1987, S. 51)

2.6.3.7 Die modifizierte Duration und die Preisvolatilität einer Anleihe

Die Beziehung, die zwischen der Duration und der Preisvolatilität einer Anleihe besteht, wurde zuerst von J.R. Hicks[292] und Lawrence Fisher[293] entdeckt, um dann von Hopewell und Kaufman[294] 1973 weiterentwickelt zu werden. Zur Bestimmung der Preisvolatilität einer Anleihe wird die Barwertformel für endfällige Anleihen nach i abgeleitet und der Barwert B durch den Börsenpreis BP_0 ersetzt:

$$BP_0 = \frac{r}{(1+i)} + \frac{r}{(1+i)^2} + \frac{r}{(1+i)^3} + \ldots + \frac{T}{(1+i)^n}$$

$$BP_0 = \sum_{t=1}^{n} \frac{r}{(1+i)^t} + \frac{T}{(1+i)^n}$$

$$\frac{dBP_0}{di} = \frac{(-1)r}{(1+i)^2} + \frac{(-2)r}{(1+i)^3} + \ldots + \frac{(-n)r}{(1+i)^{n+1}} + \frac{(-n)T}{(1+i)^{n+1}}$$

$$\frac{dBP_0}{di} = -\frac{1}{(1+i)}\left[\frac{r}{(1+i)} + \frac{2r}{(1+i)^2} + \ldots + \frac{nr}{(1+i)^n} + \frac{nT}{(1+i)^n}\right]$$

Dividiert man beide Seiten der Gleichung durch den Börsenpreis BP_0, so erhält man:

(22) $$\frac{dBP_0}{di} \cdot \frac{1}{BP_0} = -\frac{1}{(1+i)}\left[\frac{r}{(1+i)} + \frac{2r}{(1+i)^2} + \ldots + \frac{nr}{(1+i)^n} + \frac{nT}{(1+i)^n}\right]\frac{1}{BP_0}$$

Der mit dem Kehrwert des Börsenpreises BP_0 multiplizierte Ausdruck in der Klammer entspricht der Macauly-Duration $D_{MACAULAY}$. Die Formel vereinfacht sich dadurch auf:

[292] vgl. John R. Hicks, 1946, Value and Capital, 2nd Edition, The Claredon Press, Oxford

[293] vgl. Lawrence Fisher, "An Algorithm For Finding Exact Rates Of Return", Journal of Business, XXXIX (January, 1966), S. 111-118

[294] vgl. Michael H. Hopewell und George G. Kaufman, "Bond Price Volatility and Term to Maturity: A Generalized Respecification", American Economic Review, LXII (September 1973), S. 749-753

$$\frac{dBP_0}{di} \cdot \frac{1}{BP_0} = -\frac{1}{(1+i)} \left[\sum_{t=1}^{n} \frac{tr}{(1+i)^t} + \frac{nT}{(1+i)^n} \right] \frac{1}{BP_0}$$

(23) $$\frac{dBP_0}{di} \cdot \frac{1}{BP_0} = -\frac{1}{(1+i)} \cdot D_{MACAULAY}$$

Das Produkt aus der Macaulay-Duration und $\frac{1}{(1+i)}$ wird als modifizierte Duration MD bezeichnet. Damit ergibt sich für die modifizierte Duration MD:

(24) $$\frac{dBP_0}{di} \cdot \frac{1}{BP_0} = -MD$$

$$\frac{dBP_0}{BP_0} = -MD \cdot di$$ [295]

mit dBP_0 = Preisveränderung der Anleihe
BP_0 = Börsenpreis der Anleihe vor der Preisveränderung
di = Veränderung des Marktzinses
MD = modifizierte Duration der Anleihe

Der formale Zusammenhang verdeutlicht, daß sich der Anleihenpreis invers zur Marktzinsänderung mit dem Proportionalitätsfaktor modifizierte Duration ($-MD$) verhält. Für eine gegebene Zinsänderung ist die Anleihenpreisänderung umso größer, je länger die Anleihenduration ist. Die modifizierte Duration ist für kleine Zinsänderungen eine gute Approximation der prozentualen Preisveränderung.[296] Die Approximation durch die modifizierte Duration wird jedoch mit größer werdender Zinsänderung schlechter, da die prozentuale Preisveränderung, die durch das Durationkonzept nicht erfaßt werden kann, steigt.

Da die Preisvolatilität auch das Preisrisiko einer Anleihe ausdrückt, wird die modifizierte Duration als Indexgröße für das Risiko bei gegebener Zinsänderung

[295] vgl. Fabozzi 1993, S. 68 ff.
[296] vgl. Goodman 1989, S. 331 f.

verwendet.[297] Ferner wird die modifizierte Duration in der Praxis von Investoren oft als approximativer Maßstab für das Zinsänderungsrisiko von Portfolios herangezogen.[298] Damit wird deutlich, daß die modifizierte Duration zur Risikoquantifizierung und für das Hedging von Risiken herangezogen werden kann.[299]

2.6.3.8 Die modifizierte Duration im Rahmen des Durationkonzepts und die Konvexität einer Anleihe

Die inverse Beziehung zwischen dem Anleihenpreis und dem Zinssatz kann als eine zum Ursprung konvexe Kurve dargestellt werden (siehe Abb. 9, S. 82). Das Duration-Konzept approximiert diese konvexe Preis-Zins-Beziehung einer Anleihe mit einer Geraden (Tangente). Im Tangentialpunkt berühren sich die wahre Preis-Zins-Funktion und die vom Duration-Konzept unterstellte Tangente (siehe Abb. 19).

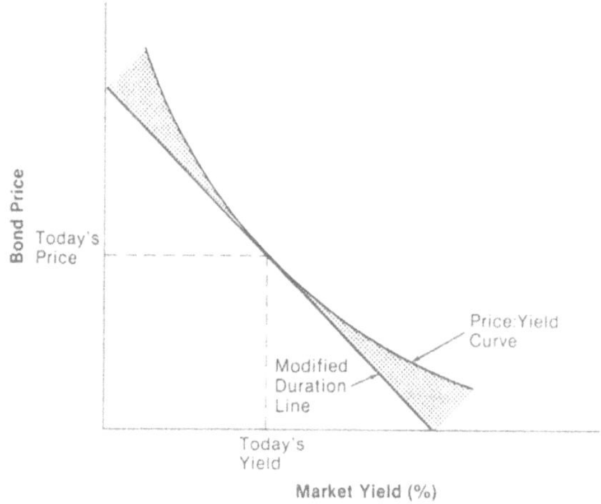

Abbildung 19: Die modifizierte Duration
(Quelle: Douglas 1990, S. 215)

[297]vgl. Bierwag/Kaufman/Toevs 1983, S. 17 ff.
[298]vgl. Hakanoglu/Kopprasch/Roman 1989, S. 220
[299]vgl. Vijayaraghavan/Shapiro 1989, S. 301

Die Steigung der Tangente im Tangentialpunkt gibt die modifizierte Duration[300] an.[301] Je steiler die Tangente ist, desto größer ist die modifizierte Duration bzw. je flacher die Tangente ist, desto kleiner ist die modifizierte Duration.[302]

Die modifizierte Duration ist ein gutes approximatives Maß für die prozentuale Preisveränderung einer Anleihe. Der durch das Duration-Konzept implizierte Schätzfehler[303], der graphisch als der vertikale Abstand zwischen der Tangente und der konvexen tatsächlichen Preis-Zins-Beziehung dargestellt werden kann (siehe Abb. 19, S. 99), ist bei kleinen Zinsänderungen vergleichsweise gering (graphisch ist der Abstand zwischen Gerade und konvexer Kurve klein). Für große Zinsänderungen (graphisch entfernt man sich weg vom Tangentialpunkt) wird der durch das Durationkonzept implizierte Schätzfehler groß, da der Anteil der prozentualen Preisveränderung, der nicht durch das Durationkonzept erfaßt wird, steigt.

Der Schätzfehler steigt aber auch, je konvexer der Verlauf der wahren Preis-Zins-Beziehung ist.[304] Die Konvexität einer Anleihe kann als Maßstab herangezogen werden, inwieweit die wahre Preis-Zins-Beziehung einer Anleihe von einer Geraden abweicht bzw. wie nichtlinear die Preis-Zins-Beziehung einer Anleihe ist.[305]

Sinkt der Zins um einen Basispunkt, so steigt der Anleihenpreis. Steigt der Zins um einen Basispunkt, so sinkt der Preis der Anleihe. Diese beiden Preisveränderungen sind jedoch aufgrund der Konvexität der Preis-Zinsbeziehung in ihrer Höhe nicht gleich groß und damit nicht symmetrisch. Die Anleihenpreisänderung bei einer Zinssenkung ist größer als bei einer betragsmäßig gleich hohen Zinssteigerung.[306] Die Zinsänderungsrisikostruktur eines Portfolios setzt sich somit aus zwei Basisrisikopositionen zusammen: dem symmetrischen Zinsänderungsrisiko und dem asymmetrischen Zinsänderungsrisiko.

---

[300]Zum Zwecke der Illustration der modifizierten Duration ist diese Aussage akzeptabel. Tatsächlich aber ist die Steigung der Tangente durch die Größe [-(modifizierte Duration) * Marktpreis der Anleihe] zu charakterisieren. Die Konvention legt fest, daß eine fallende Linie eine positive modifizierte Duration und eine ansteigende Linie eine negative modifizierte Duration hat. Damit hat eine typische Anleihe eine positive modifizierte Duration.

[301]Mathematisch läßt sich die modifizierte Duration verstehen als die erste Ableitung der Preis-Zins-Funktion. (vgl. Douglas 1990, S. 214)

[302]vgl. Fabozzi 1988, S. 220

[303]vgl. Bierwag/Kaufman/Toevs 1983, S. 17 ff.

[304]vgl. Vijayaraghavan/Shapiro 1989, S. 305

[305]vgl. Kopprasch/Johnson/Tatevossian 1985, S. 11

[306]vgl. Klotz 1985, S. 5

Unter dem symmetrischen Risiko ist die symmetrische Preisveränderung einer Anleihe zu verstehen, die unabhängig von der Richtung der Zinsveränderung sowohl bei Zinssenkungen als auch bei Zinssteigerungen gleich groß ist. Der Kapitalgewinn bzw. der Kapitalverlust ist also in seiner Höhe, unabhängig von der Richtung der Zinsänderung, identisch. Die Höhe des symmetrischen Risikos, das sich in der Preissensitivität des Portfolios bei geringen Zinsänderungen ausdrückt, kann durch die Kennzahl der Duration quantifiziert werden.

Demgegenüber kann das asymmetrische Risiko unterschieden werden. Beim asymmetrischen Risiko ist der Verlust bei Zinssteigerungen kleiner als der Gewinn bei Zinssenkungen. Zur Quantifizierung des asymmetrischen Risikos eines Portfolios kann die Kennzahl Konvexität herangezogen werden.[307] Damit läßt sich festhalten, daß die modifizierte Duration die Preis-Zins-Beziehung einer Anleihe als lineare Beziehung definiert.

Mathematisch läßt sich die Konvexität einer Anleihe durch die zweite Ableitung der Preis-Zins-Funktion BP_0 definieren. Die Konvexität wird in Quadratjahren angegeben.[308]

$$\frac{d^2 BP_0}{di^2} = \sum_{t=1}^{n} \frac{t(t+1)r}{(1+i)^{t+2}} + \frac{n(n+1)T}{(1+i)^{n+2}}$$

(25) $$\frac{d^2 BP_0}{di^2} = Konvexität$$ [309]

Die Verwendung der modifizierten Duration, als linearer approximativer Schätzer für die nichtlineare wahre Preis-Zins-Beziehung, führt immer zu einer Unterschätzung der tatsächlichen Preisanpassung nach einer Zinsänderung (vgl. Abb. 19, S. 99). Für größere Zinsbewegungen kann eine bessere Approximation der Preisveränderung durch die Kombination der Maßgrößen Duration und

[307] Ein asymmetrisches Risiko tritt zum Beispiel bei Industrieanleihen mit Call-Optionen auf. Futurespositionen werden grundsätzlich eingegangen, um das symmetrische Risiko einer Anleihe zu neutralisieren, wohingegen Optionen (Put- und Call-) zum Umwandeln des symmetrischen Risikos in ein asymmetrisches Risiko erworben werden. (vgl. Goodman 1989, S. 322 f.)

[308] vgl. Douglas 1990, S. 65 ff., S. 214 und S. 245

[309] Fabozzi 1993, S. 80

Konvexität[310] erzielt werden. Dazu verwendet man die ersten beiden Terme einer Taylor Approximation.

$$dBP_0 = \frac{dBP_0}{di} di + \frac{1}{2} \cdot \frac{d^2 BP_0}{di^2} \cdot (di)^2 + \alpha$$

mit α = Fehlerterm

Wenn man beide Seiten der Gleichung durch den Börsenpreis dividiert, ergibt sich:

(26) $$dBP_0 \cdot \frac{1}{BP_0} = \frac{dBP_0}{di} \cdot \frac{1}{BP_0} \cdot di + \frac{1}{2} \cdot \frac{d^2BP_0}{di^2} \cdot \frac{1}{BP_0} \cdot (di)^2 + \frac{\alpha}{BP_0}$$ [311]

mit dBP_0 = Preisveränderung einer Anleihe

Die prozentuale Preisveränderung, die sich aus der Kombination der Duration und der Konvexität einer Anleihe ermitteln läßt, ergibt sich durch die Addition der prozentualen Preisveränderung, die durch die Anleihenduration erklärt wird (1. Term) und der prozentualen Preisveränderung, die durch die Anleihenkonvexität erklärt wird (2. Term)[312].

Die Preisveränderung, die auf die Konvexität der Anleihe zurückzuführen ist, ist immer positiv (vgl. Abb. 19, S. 99). Das Duration-Konzept hat insofern als konservatives Konzept zu gelten, als Kurssenkungen infolge einer Zinserhöhung überschätzt bzw. Kurssteigerungen infolge einer Zinssenkung unterschätzt werden.[313]

Wird neben der Duration die Konvexität einer Anleihe in der Preis-Zins-Beziehung mitberücksichtigt, kann eine vergleichsweise genaue prozentuale Anleihenpreisveränderung auch für größere Zinsveränderungen berechnet werden.[314]

---

[310]vgl. Douglas 1990, S. 215
[311]vgl. Fabozzi 1993, S.78 ff.
[312]vgl. Kopprasch 1985, S. 4 und auch Hielscher 1988, S. 15
Bei geringen Zinsänderungen ist dieser Term vernachlässigbar klein.
[313]vgl. Fabozzi 1988, S. 212 ff. und auch Douglas 1990, S. 218
[314]Beide Effekte können in Form eines Preisvolatilitätsfaktors (PVF) zusammengefaßt werden.
Bei Zinssenkungen: PVF = modifizierte Duration + Konvexitätsfaktor

(Fortsetzung der Fußnote siehe nächste Seite)

Durch die Kombination der Duration und der Konvexität kann somit der größte Teil der durch eine Zinsveränderung ausgelösten Preisveränderung erklärt werden.[315]

Die Konvexität der Preis-Zins-Beziehung hat wichtige Implikationen für die Vorteilhaftigkeit einer Anleihe im Rahmen von Investmentstrategien.[316] Wie aus der graphischen Darstellung der konvexen Preis-Zins-Beziehung einer Anleihe hervorgeht, erhöht sich die Duration bei niedrigen Zinsen bzw. umgekehrt sinkt die Duration, je höher der Zinssatz ist. Zeichnet sich am Markt eine allgemeine Zinssenkung ab, so ist ein Investor, der eine Longposition in Anleihen eingegangen ist, an möglichst großen Preiserhöhung seiner Bonds interessiert. Er strebt einen möglichst hohen Kapitalgewinn an. Der Investor maximiert die Duration seines Portfolios. Demgegenüber ist bei einer Zinssteigerung, die eine Anleihenpreissenkung als Folge hat, eine geringere Duration von Vorteil, da diese geringere Duration eine geringere Preissensitivität des Anleiheinvestments signalisiert und

---

Bei Zinssteigerungen:PVF = modifizierte Duration - Konvexitätsfaktor

[315]Klotz stellte Untersuchungen über die relative Höhe des Duration- und des Konvexitätseffektes an. Bei Zinssenkungen führt der Durationeffekt und der Konvexitätseffekt zu einer Anleihenpreiserhöhung. Bei Zinserhöhungen dagegen resultiert aus der Duration ein Kapitalverlust in Form geringerer Anleihenpreise. Der Konvexitätseffekt bewirkt einen Kapitalgewinn. Zur absoluten Höhe der einzelnen Effekte kann grundsätzlich festgehalten werden, daß es einer sehr großen Zinssenkung bedarf, bis die aus der Konvexität resultierende Preisveränderung (Kapitalgewinn) die Preisveränderung aus dem Durationeffekt (Kapitalgewinn) übersteigt. Auch muß eine relativ große Zinserhöhung stattfinden, damit die Preiserhöhung als Folge der Anleihenkonvexität mehr als die Hälfte der Preissenkung aus dem Durationeffekt beträgt.

Sinkt der Zinssatz zum Beispiel um 400 Basispunkte, so zeigt sich bei einer 12% Anleihe mit 2 Jahren Restlaufzeit die Preisveränderung aus dem Durationeffekt für 95% der gesamt stattfindenden Preisveränderung verantwortlich. Für eine 30-jährige Anleihe dagegen zeigt sich der Konvexitätseffekt bei sonst gleicher Ausstattung schon für 30% der stattfindenden Preisveränderung verantwortlich. In extremen Kapitalmarktsituationen sind jedoch auch Fälle denkbar, in denen die Preisveränderung aus dem Konvexitätseffekt jene aus dem Durationeffekt übersteigt. Derartige Situationen sind realistischerweise selten. Eine 300 Basispunkte Zinsveränderung ist bei einer 40-jährigen Nullkuponanleihe notwendig, um die Preisveränderung aus beiden Effekten einander anzugleichen.

Die Vielzahl der gehaltenen Portfolios wird jedoch nicht von langlaufenden Nullkuponanleihen sondern von anderen Wertpapieren dominiert, so daß der größte Teil der auf dem Anleihenmarkt stattfindenden Preisbewegungen durch den Durationeffekt erklärt werden kann. Das primäre Augenmerk eines Portfoliomanagers sollte deshalb auf die Portolioduration gerichtet sein. Erst wenn die Entscheidung für eine bestimmte Duration gefallen ist, sollte die Optimierung der Portfoliokonvexität (Maximierung bei gleicher Duration) angestrebt werden.(vgl. Klotz 1985, S 6, S. 11 und S. 21)

[316]vgl. Fabozzi 1988, S. 68 und auch S. 180

folglich die Kapitalverluste geringer ausfallen. Je höher die Konvexität einer Anleihe ist, desto eher erfüllt die Anleihe diese anlegerspezifischen Anforderungen.

Die Duration einer Anleihe ist bei Zinssenkungen umso höher bzw. bei Zinssteigerungen umso geringer, je konvexer die Preis-Zins-Beziehung der Anleihe ist. Die Veränderung der Duration ist umso größer, je höher die Konvexität einer Anleihe ist.[317] Die Konvexität einer Anleihe ist aber umso höher, je

- tiefer der Kupon (bei gleicher Rendite und konstanter Fälligkeit),
- tiefer die Rendite (bei gleichem Kupon und konstanter Fälligkeit),
- länger die Laufzeit wird (bei gleichem Kupon und konstanter Rendite),[318]
- länger die Duration,[319]
- weiter die Cash Flows einer Anleihe in zeitlichem Sinne gestreut sind,[320]
- höher die Zinsvolatilität einer Anleihe ist,
- mehr der Kapitalmarkt ein Bull-Market[321] ist.[322]

Konvexität als Anleihencharakteristikum ist mit positiven Eigenschaften für den Investor verbunden.[323] Eine höhere Konvexität impliziert bei gleicher Zinsänderung, z.B. einer Zinssenkung, eine größere Kurserhöhung bzw. bei einer Zinssteigerung einen geringeren Kursrückgang, als bei einer Anleihe mit geringerer Konvexität.[324] Aus Anlegersicht ist bei sonst gleichen Eigenschaften immer die Anleihe mit der höheren Konvexität gegenüber der Anleihe mit geringerer Konvexität vorzuziehen.[325]

---

[317] vgl. Fabozzi 1988, S. 220 ff.

[318] vgl. Klotz 1985, S. 5

[319] Die Konvexität einer Anleihe ist nicht nur positiv mit der Duration verbunden, sondern vielmehr eine ansteigende Funktion der Duration. (vgl. Douglas 1990, S. 251)

[320] Bei gleicher Duration ist die Konvexität einer Kuponanleihe höher als die Konvexität einer entsprechenden Nullkuponanleihe. Die Begründung liegt in der steigenden Konvexität bezogen auf die modifizierte Duration, je länger die Cash Flow Laufzeit ist.(vgl. Douglas 1990, S.252 f.)

[321] im Gegensatz zu einem Bear-Market, d.h. je mehr sich der Markt durch Zinssenkungen charakterisieren läßt.

[322] vgl. Douglas 1990, S. 246 ff.

[323] vgl. Fabozzi 1988, S. 220 ff.

[324] vgl. Hawawini 1986/87, S. 16 und auch Klotz 1985, S. 2

[325] Grundsätzlich läßt sich festhalten, daß die Konvexität einer Anleihe umso höher ist, je länger die Duration der entsprechenden Anleihe ist. Die modifizierte Duration von U.S.Treasuries ist in gleicher Zinsumgebung immer höher als die Duration entsprechender Industrieanleihen, wegen der höhreren Rendite der Industrieanleihen bei gleicher Restlaufzeit. Daraus ergibt sich grundsätzlich eine höhere Konvexität der U.S.Treasuries gegenüber amerikanischen Industrieobligationen.

Der Markt verlangt einen bestimmten Preis für die (positiven Eigenschaften der) Konvexität einer Anleihe. Dieser Preis für die Konvexität ist abhängig von der allgemeinen Zinsentwicklung. Erwarten die Investoren eine geringe Zinssatzvolatilität, werden Anleihen mit unterschiedlicher Konvexität nahezu zum selben Preis gehandelt. Herrscht dagegen am Markt die Erwartung einer hohen Zinssatzvolatilität, wird der Markt die Konvexität einer Anleihe hoch vergüten. Für den Investor ist dann eine Erhöhung der Portfoliokonvexität mit Kosten in Form eines "Yield-give-up" (einer geringeren Rendite) verbunden. Im allgemeinen überwiegen die Vorteile einer höheren Konvexität die höheren Kosten und das größere Risiko.[326]

2.6.3.9 Die Anwendung der Duration im Rahmen von Immunisierungsstrategien

2.6.3.9.1 Die Duration und die passive Immunisierungsstrategie von Portfolios

Als Immunisierungsstrategie im Portfoliomanagement wird eine Strategie bezeichnet, deren Ziel es ist, ein Portfolio so zu managen, daß dessen Wertentwicklung in unterschiedlichen Zinsszenarien der Wertentwicklung eines anderen Aktivums (dem Zielaktivum) möglichst genau entspricht. Das primäre Ziel der Immunisierung ist damit die Risikominimierung.[327] Viele Institutionen, wie zum Beispiel Versicherungsgesellschaften und Pensionsfonds, haben in ihrer Höhe versicherungsmathematisch berechenbare Verbindlichkeiten. Diese Institutionen streben danach, ihre Aktiva so anzulegen, daß die in Zukunft fällig werdenden Verbindlichkeiten aus dem Cash Flow ihrer Aktiva (Kuponzahlungen und Rückzahlungen) bedient werden können (passive Strategie). Der einfachste Weg die Verbindlichkeiten zu erfüllen, ist der Kauf von Zerobonds, deren Endfälligkeit (Rück- und Kuponzahlung) zeitlich genau mit dem Planungshorizont, der sich aus der Fälligkeit der Verbindlichkeit ergibt, übereinstimmt. Der Kauf von Zerobonds ist jedoch für institutionelle Anleger mit langfristigem Immunisierungsbedarf problematisch, da die Laufzeit von Nullkuponanleihen in der Regel nicht über 30 Jahre hinausgeht. Daneben ist in den meisten Ländern die Sekundärmarktliquidität

[326] vgl. Fabozzi 1988, S. 220 ff.; Vijayaraghavan/Shapiro 1989, S. 307 und auch Hawawini 1986/87, S. 17

[327] vgl. Fong/Vasicek 1983, S. 235

von Zero-Bonds äußerst gering (Ausnahmen: USA, Frankreich). Anleger mit einem über diese Laufzeit hinausgehenden Planungshorizont müssen auf anderem Wege versuchen, ihre Verbindlichkeiten abzusichern. Kaufen diese Anleger Kuponanleihen, ist der sich über die Laufzeit akkumulierende Ertrag abhängig von der in Zukunft eintretenden Zinsentwicklung (Reinvestitionsrisiko). Ist die Laufzeit der Kuponanleihe länger als der Planungshorizont des Investors, so ist der über die Gesamtlaufzeit erzielte Ertrag zusätzlich abhängig vom Wert der Anleihe bei Verkauf vor Endfälligkeit (Preisrisiko). Der Ertrag des Kuponanleiheninvestment ist über die Gesamtlaufzeit zinsreagibel.[328]

Die Investmententscheidung von Institutionen, wie Lebensversicherungsgesellschaften und Pensionsfonds, ist eine typische Entscheidung unter Unsicherheit. Obwohl der Investor von der Unsicherheit über den zukünftigen Anleihenpreis weiß, muß er eine Investmententscheidung treffen.

Redington[329] entwickelte vor versicherungsmathematischem Hintergrund 1952 das Immunisierungskonzept. Sein Ziel war es, den Lebensversicherern die Möglichkeit aufzuzeigen, die Effekte sich verändernder Zinssätze auf das Nettovermögen abzuschwächen bzw. im Idealfall ganz zu beseitigen.

Immunisierung tritt nach Redington ein, wenn "[...] the mean term of the value of the asset-proceeds [equals] the mean term of the value of the liability-outgo."[330] Nach Fisher und Weil wird Immunisierung wie folgt zieladäquat abgegrenzt:

> *"A portfolio of investments in bonds is immunized for a holding period if its value at the end of the holding period, regardless of the course of interest rates during the holding period, must be at least as large as it would have been had the interest rate function been constant throughout the holding period. If the realized return on an investment in bonds is sure to be at least as large as the appropriately computed yield to the horizon, then that investment is immunized."*[331]

Bei der Immunisierung dient die Duration zur Risikoquantifizierung. Ein Investor, der am Ende eines bestimmten Planungshorizonts eine Verbindlichkeit zu erfüllen hat, geht beim Erwerb von Anleihen zwei Risikopositionen ein, das Preisrisiko und

---

[328] vgl. Bierwag 1977, S. 730 und auch Bierwag/Kaufman/Toevs 1983, S. 283

[329] vgl. Redington F.M., 1952, "Review of the Principles of Life Office Evaluation", Journal of the Institute of Actuaries, Vol. 78, 286-315

[330] Redington 1952, S. 292

[331] Fisher/Weil 1971, S. 415

das Reinvestitionsrisiko.[332] Im Rahmen einer Immunisierungsstrategie, die diese Risiken minimieren soll, empfiehlt Redington die Aktivaduration[333] so auszurichten, daß sie der Duration der Verbindlichkeiten[334] entspricht. Diese Empfehlung zur Portfolioauswahl gründet auf der Eigenschaft der Duration, den Zeitpunkt in Jahren anzugeben, bei dem sich das Preisrisiko und das Reinvestitionsrisiko mit umgekehrtem Vorzeichen entsprechen und sich folglich kompensieren.[335] Damit soll die mittlere Bindungsdauer der Aktiva der mittleren Bindungsdauer der Passiva (bzw. dem Planungshorizont) angepaßt werden. Eine perfekte Immunisierung, die die vollständige Ausschaltung des Preis- und Reinvestitionsrisikos zur Folge hätte, würde erreicht, wenn es möglich wäre, die Aktivaduration eines Portfolios so zu managen, daß diese zu jedem Zeitpunkt der Passivaduration entspricht.[336] Eine Immunisierung über einen längeren Zeitraum verlangt ein Umschichten der Wertpapiere, da sich die Duration des Portfolios und die Laufzeit bis zur Endfälligkeit im Zeitablauf mit einer unterschiedlichen Rate entwickeln. Die Duration einer Kuponanleihe sinkt weniger als sich die Restlaufzeit verkürzt. Im Zeitablauf entsteht folglich ganz automatisch ein Mismatch zwischen der Portfolioduration und dem verbleibenden Planungshorizont.[337] Um aber die Duration des Portfolios in Höhe der noch verbleibenden Restlaufzeit der Verbindlichkeit zu halten, muß eine fortlaufende Umschichtung der Anleihen vorgenommen werden.

---

[332] vgl. Kap. 2.4.2

[333] als gewichteter Durchschnitt der Duration aller Aktiva des Portfolios

[334] als gewichteter Durchschnitt der Duration aller Verbindlichkeiten des Portfolios

[335] "Duration is thus the time period at which the direction of change in the price risk and coupon reinvestment risk are equal and opposite in sign. The definition of duration that satisfies this condition varies with the assumed nature of the future interest rate changes." (Bierwag/Kaufman 1982, S. 367)

[336] Wenn sich ein Portfolio vereinfacht aus zwei Anleihen zusammensetzt, errechnet sich die Portfolio-Duration unter Zugrundelegung der Macaulay-Duration wie folgt:

$$D = \frac{P_1 D_1 + P_2 D_2}{P_1 + P_2}$$

mit P_1 = Preis der Anleihe 1.

P_2 = Preis der Anleihe 2

D_1 = Macaulay-Duration der Anleihe 1

D_2 = Macaulay-Duration der Anleihe 2 (vgl. Bierwag/Kaufman/Toevs 1983, S. 21 f.)

[337] vgl. Hawawini 1986/87, S. 16

Das Zinsänderungsexposure eines Portfolios wird durch die Differenz oder "gap" (Durationlücke) der Aktivaduration und der Passivaduration gekennzeichnet.

(27) $$gap = D_A - D_P$$

mit D_A = Aktivaduration

D_P = Passivaduration

Soll das Zinsänderungsexposure eines Portfolios verändert werden, so muß die Duration-Gap entsprechend verändert werden. Bei einer angestrebten vollständigen Immunisierung des Portfolios sollte die Differenz Null sein.[338]

Wird ein Portfolio entsprechend der Immunisierungsstrategie erfolgreich gemanaged, so haben Zinsveränderungen den gleichen Effekt auf die Wertentwicklung der Verbindlichkeiten wie auf die Wertentwicklung der Aktiva. Das Duration-Matching bewahrt das Nettovermögen, da die Erträge aus den Aktiva

[338]Immunisierung in der einfachsten Form geht von den gleichen vereinfachenden Annahmen über das Veränderungsverhalten der Zinsstruktur aus wie das Duration-Konzept nach Macaulay. So wird im Rahmen der Immunisierungsstrategie durch die Anwendung der Duration ebenfalls unterstellt, daß die Zinsstruktur von einem ganz bestimmten bekannten stochastischen Prozeß bestimmt wird. Es wird eine flache Zinsstrukturkurve unterstellt, deren Veränderung sich als additiver stochastischer Prozeß äußert. Ein additiver stochastischer Prozeß der Zinsveränderung ist eine Zinsveränderung, die die gesamte Zinsstruktur um den gleichen Betrag nach oben bzw. nach unten verschiebt, unabhängig von der jeweiligen Laufzeit. Wird die ursprüngliche Zinsstruktur mit r(t) bezeichnet, kann die nach additiven Schock auftretende Zinsstruktur mit r(t) + ß bezeichnet werden, mit ß>=< 0 und ß unabhängig von t. (vgl. Bierwag/Kaufman/Khang 1978, S. 374) Es wird ein Ein-Faktor-Duration-Modell und eine Elastizität der Zinsstruktur bezüglich Verschiebungen dieses Faktors von eins für alle Laufzeiten unterstellt. (vgl. Bierwag/Kaufman/Toevs 1983, S. 119). Die in Zukunft geltende Zinsstrukturkurve ist nicht bekannt, also unsicher, doch trifft der Investor die Annahme, daß die zum Investitionszeitpunkt geltende in einem bekannten Zusammenhang zur zukünftigen Zinsstruktur steht (additiver Zusammenhang). Diese Annahme der Additivität, die zu einer parallelen Verschiebung der Zinsstrukturkurve mit einem zufälligen Parameter (ß) führt, wird in weiterentwickelten Immunisierungsstrategien aufgegeben. Die modifizierten Immunisierungsstrategien unterliegen der Limitation, daß die Immunisierung ausschließlich gegenüber dem in den Annahmen getroffenen stochastischen Prozeß der Zinsstrukturveränderung erfolgt. (vgl. Fong/Vasicek 1983, S. 228) Ein Investor, der diese modifizierte Immunisierungsstrategie erfolgreich anwenden will, muß in der Lage sein, den stochastischen Prozeß des Zinsänderungsverhaltens möglichst genau zu bestimmen, ohne die exakte Höhe der am Markt herrschenden Zinssätze voraussagen zu müssen. (vgl. Bierwag/Kaufman/Schweitzer/Toevs 1983, S. 327)

unabhängig von der Zinsentwicklung ausreichend sind, den eingegangenen Verbindlichkeiten nachzukommen.[339]

Voraussetzung für das erfolgreiche Duration-Matching ist, daß der richtige stochastische Prozeß der Zinsstrukturveränderung bei der Anwendung der Immunisierungsstrategie unterstellt wurde bzw. die richtige Definition der Duration ausgewählt wurde. Wird demgegenüber eine Duration-Definition ausgewählt, deren Annahmen über das Zinsänderungsverhalten ex post nicht konsistent mit dem tatsächlich am Markt auftretenden stochastischen Prozeß der Zinsänderung sind, wird die Bondpreisvolatilität falsch approximiert, die Bedingungen für die Immunisierung werden verletzt. Der realisierte Ertrag eines nicht korrekt immunisierten Portfolios wird je nach Zinsänderung entweder höher oder niedriger sein als der erwartete Ertrag (stochastisches Prozeßrisiko). Eine Duration-Matching-Strategie führt also nur dann zu einer Immunisierung des Portfolios, wenn die am Markt tatsächlich auftretenden Zinsänderungen mit dem unterstellten Prozeß des Zinsänderungsverhaltens übereinstimmen.[340]

Unterschiedliche Investoren haben unterschiedlich lange Planungshorizonte. Um ihre Verbindlichkeit für diese unterschiedlichen Planungshorizonte zu immunisieren, fragen sie Portfolios mit unterschiedlicher Duration nach. Das gleiche Anleihenportfolio wird folglich von unterschiedlichen Investoren, bezogen auf das Zinsänderungsrisiko, verschieden eingeschätzt. Das Zinsänderungsrisiko kann folglich in funktionaler Abhängigkeit von der investorspezifischen Länge des Planungshorizonts, den Cash Flow Charakteristika der Anleihe sowie dem stochastischen Prozeß der Zinssätze gesehen werden:

(28) $\quad ZÄR = f(PH, CF, SP)$

mit
ZÄR = Zinsänderungsrisiko
PH = Planungshorizont
CF = Cash-flow Charakteristika der Anleihe
SP = aktueller stochastischer Prozeß der Zinsänderung

[339] vgl. Redington 1952, S. 308

[340] vgl. Bierwag/Kaufman/Toevs 1983, S. 119; Bierwag/Kaufman/Toevs 1983, S. 21 und auch Bierwag/Kaufman/Toevs 1983, S. 287

Tritt der vom Investor erwartete stochastische Prozeß der Zinsänderung ein, ist das Zinsänderungsrisiko abhängig von:

(29) ZÄR = f(PH, D)

mit D = Duration, definiert durch die Zahlungsstromstruktur der Anleihe (CF) und den stochastischen Prozeß der Zinsänderung (SP)

(30) ZÄR = f(D - PH)

daraus folgt:

ZÄR = 0 wenn, PH = D

ZÄR > 0 wenn, PH > D oder PH < D

Ein Investor kann das Zinsänderungsrisiko also immer dann eliminieren, wenn die Anleihenduration seines Portfolio jederzeit genau dem Planungshorizont entspricht. Jedes andere Portfolio impliziert ein stochastisches Prozeßrisiko. Dieses größere Risiko wird von rationalen Investoren nur dann akzeptiert, wenn dem höheren Risiko ein kompensierender zusätzlicher Ertrag gegenübersteht.[341]

Das Immunisierungskonzept ist kein mechanistisches Konzept mit gesichertem Ertrag, das es lediglich richtig anzuwenden gilt. Die Erfolgsaussichten der Immunisierungsstrategie sind vielmehr davon abhängig, inwieweit die Immunisierungstechnik in die Zinsumgebung paßt, in der sie angewendet wird.[342] Je näher der in den Annahmen getroffene stochastische Prozeß der Zinsänderung dem tatsächlich am Markt realisierten stochastischen Prozeß kommt, je näher also die verwendete Durationformel der zur Immunisierung notwendigen Durationformel kommt, desto geringer ist die Abweichung des realisierten Ertrages vom erwarteten Ertrag.[343] Für andere als den von Redington unterstellten additiven stochastischen Prozeß der Zinsstrukturveränderung gilt es das richtige, d.h. auf den jeweiligen stochastischen Prozeß der Zinsstrukturveränderung abgestimmte, Durationmaß zur

---

[341] vgl. Bierwag/Kaufman/Toevs 1983, S. 23

[342] vgl. Zemon 1983, S. 294

[343] vgl. Bierwag/Kaufman/Toevs 1983, S. 289

Grundlage der Immunisierungsstrategie zu machen. Die Berechnung des Durationmaßes, das zur Immunisierung führt, ist also abhängig vom unterstellten stochastischen Zinsschock.[344] Daneben setzt die Duration-Matching-Strategie eine Spezifikation der fälligen Verbindlichkeiten zur Berechnung der Duration voraus.

Während Redington nur eine Verschiebung einer flachen Zinsstrukturkurve - als stochastischen Prozeß der Zinsstrukturveränderung - unterstellte und damit von der sehr restriktiven Annahme der Additivität der Zinsveränderung ausging, wurde diese Annahme von anderen Autoren aufgegeben. In Weiterentwicklungen konnte gezeigt werden, daß eine Immunisierung auch für nicht-additive stochastische Prozesse der Zinsstrukturveränderung, also zum Beispiel für multiplikative stochastische Prozesse[345], möglich ist.[346] Daneben konnten Bierwag[347] und Khang[348] zeigen, daß Immunisierung auch dann möglich ist, wenn der stochastische Zinsschock mehrfach während der Anlageperiode auftritt.

Khang[349] entwickelte ein Durationmaß, das die in ihrer Höhe unterschiedliche Veränderung der Zinssätze je nach Laufzeit mitberücksichtigt. Khang geht vom

---

[344] vgl. Khang 1979, S. 1085

[345] Im Gegensatz zu additiven stochastischen Prozessen der Zinsstrukturveränderung ist die absolute Höhe der Veränderung der Zinssätze für unterschiedliche Laufzeiten bei den multiplikativen stochastischen Prozessen der Zinsveränderung verschieden hoch. Wird die ursprüngliche Zinsstruktur mit r(t) bezeichnet, so wird sie nach einem multiplikativen stochastischen Prozeß der Zinsstrukturveränderung zu r(t) = r(t) (1 + ß) wobei die Verschiebung durch ß gekennzeichnet wird. Demgegenüber kann der additive Prozeß durch r(t) = r(t) + ß dargestellt werden. (vgl. Ingersoll/Skelton/Weil 1978, S. 627)

[346] vgl. Bierwag/Kaufman 1977, S. 364-370, Bierwag 1977, S. 725-741 und auch Bierwag 1978, S. 497-507
Neben einem ausschließlich additiven bzw. multiplikativen stochastischen Prozeß ist auch deren Kombination denkbar. Die sich aus einem kombiniert additiven und multiplikativen Zinsstrukturveränderungsprozeß ergebende Zinsstruktur kann wie folgt dargestellt werden: r(t) = r(t) (1 + ß1) + ß2; mit ß1 als multiplikativem und ß2 als additivem stochastischen Prozeß der Zinsstrukturveränderung. (vgl. Ingersoll/Skelton/Weil 1978, S. 628)

[347] vgl. Bierwag, G.O. "Dynamic Portfolio Immunization Policies", Journal of Banking and Finance, Vol. 3 (April 1979), S. 23 - 41

[348] vgl. Khang, Chulsoon "A Dynamic Global Portfolio Immunization Strategy in the World of Multiple Interest Rate Changes: A Dynamic Immunization and Minimax Theorem", in: Journal of Financial and Quantitative Analysis, Vol 18, No. 3, September 1983, S. 355 - 363

[349] vgl. Khang, Chulson, "Bond Immunization When Short-Term Interest Rates Fluctuate More Than Long-Term Rates." University of Oregon Working Paper (1977)

Spezialfall aus, daß sich die Zinssätze von Anleihen mit kürzerer Laufzeit mehr verändern als die Zinssätze von Anleihen mit längerer Laufzeit.[350]

Die erste empirische Arbeit über die Effektivität der Immunisierungsstrategie wurde von Fisher und Weil[351] veröffentlicht. Verglichen wurde die Immunisierungsstrategie mit der Laufzeitenstrategie, einer Strategie bei der die nachgefragten Anleihen dieselbe Laufzeit wie die Verbindlichkeiten (bzw. der Planungshorizont) haben und die erhaltenen Kuponzahlungen in Anleihen mit einer Laufzeit investiert werden, die mit dem verbleibenden Zeitraum bis zum Ablauf des Planungshorizonts übereinstimmt. Die Duration-Matching-Strategie wurde im empirischen Test zu Beginn des Planungshorizonts angewandt. Jedes Jahr fand eine Umstrukturierung des Portfolios statt, um dessen Duration mit dem verbleibenden Zeitraum bis zum Ablauf des Planungshorizonts konsistent zu machen. Fisher und Weil konnten nachweisen, daß der Erfolg der Immunisierungsstrategie mit länger werdender Laufzeit gegenüber der Laufzeitenstrategie zunimmt[352]. Auch Bierwag, Kaufman, Schweitzer und Toevs[353] konnten in ihrer empirischen Arbeit die Überlegenheit der Immunisierungsstrategie über die Laufzeitenstrategie nachweisen. Sie untersuchten Immunisierungsstrategien mit verschiedenen stochastischen Prozessen. Bierwag/Kaufman/Toevs[354] untersuchten auch verschiedene Duration-Größen und gelangten zum Ergebnis, daß sich diese in ihren Ergebnissen nicht allzu sehr unterscheiden. Die einfache Macaulay-Duration liefert annähernd so gute Ergebnisse wie komplexere Duration-Größen.[355]

---

[350]Wird die ursprüngliche Zinsstruktur mit r(t) bezeichnet, modifiziert Khang diese zu: $r(t) = r(t) + ß/(1 + t)$.

[351]vgl. Fisher, Lawrence and Roman Weil, 1971, "Coping with the Risk of Interest Rate Fluctuations Returns to Bondholders from Naive and Optimal Strategies", Journal of Business, October 1971

[352]Wurde von einer Laufzeitenstrategie auf eine Duration-Matching-Strategie gewechselt, sank die Variabilität der Erträge um 16% bei einem Planungshorizont von fünf Jahren, um 29% bei einem Planungshorizont von zehn Jahren und um 62% bei einem Planungshorizont von zwanzig Jahren. Damit schnitt die Duration-Strategie für unterschiedlich lange Planungshorizonte im Durchschnitt in 75% aller Fälle besser ab als die Laufzeitenstrategie.

[353]vgl. Bierwag G.O., George G. Kaufman, R. Schweitzer und Alden Toevs, 1981, "The Art of Risk Management in Bond Portfolios", The Journal of Portfolio Management, Spring 1981, S. 27-36

[354]vgl. G.O. Bierwag/George G. Kaufman/Alden Toevs, "Recent Developments in Portfolio Immunization Strategies", 1983

[355]vgl. auch Hawawini 1986/87, S. 15

Damit hat die Laufzeitenzusammensetzung des Portfolios entscheidenden Einfluß auf die Minimierung des stochastischen Prozeßrisikos.[356] Doch wurde in den empirischen Arbeiten auch festgestellt, daß das Zinsänderungsrisiko nicht vollständig zu beseitigen ist. Durch das Auftreten des stochastischen Prozeßrisikos bleibt ein Residualfehler erhalten. Die empirische Evidenz zeigt jedoch, daß Verluste aus der falschen Erwartung eines stochastischen Prozesses relativ gering sind.

Diese Ergebnisse deuten darauf hin, daß das Ein-Faktor-Duration-Matching eine brauchbare Immunisierungsstrategie ist und daneben für den Einsatz der aktiven Strategie verwendet werden kann. Die empirische Evidenz zeigt auch, daß die einfach zu berechnende Macaulay-Duration gegenüber den weiterentwickelten komplexeren Durationgrößen eine kosteneffektive Maßgröße ist, die ihren Anforderungen durchaus gerecht wird.

2.6.3.9.2 Die Duration und die aktive Strategie zur Portfolioimmunisierung

Wird der stochastische Prozeß der Zinsänderung durch die Auswahl der Duration-Definition bzw. durch die Auswahl einer entsprechenden Immunisierungsstrategie richtig identifiziert, so kann diese Portfoliostrategie dazu dienen, das Zinsänderungsrisiko zu hedgen. Bei der Immunisierungsstrategie ist jedoch der Ertrag auf eine bestimmte Zinsrate bei gegebenem Risiko festgelegt. Für risikoscheue Investoren, Investoren also, die bereit sind, nur im Gegenzug für einen höheren Ertrag, ein gewisses Mehr an Risiko einzugehen, ist die Immunisierungsstrategie, im Gegensatz zu risikoaversen Investoren[357], keine optimale Investmentstrategie.

Das Durationmodell geht von der Annahme aus, daß sich der Marktkonsens über zukünftige Zinssatzbewegungen in der Zinsstruktur am besten wiederspiegelt und diese Zinsraten diejenigen sind, die am ehesten eintreten.[358] Gibt es aber Investoren, die eine von der Marktmeinung abweichende Zinsentwicklung erwarten, ist es für diese Investoren sinnvoll, eine andere als die Immunisierungsstrategie zu verfolgen.

---

[356] vgl. Bierwag/Kaufman/Toevs 1983,S. 123 ff. und auch Bierwag/Kaufman/Khang 1978, S. 374

[357] Risikoaverse Investoren sind Investoren, die auf keinen Fall bereit sind ein auch noch so geringes Maß an Risiko zu tragen

[358] vgl. Bierwag/Kaufman/Toevs 1983, S. 23

Investoren können ihren Nutzen in Form eines höheren Ertrages durch das Verfolgen einer aktiven Portfoliostrategie maximieren.

Eine aktive Portfoliostrategie verfolgt das Ziel, die Portfolioduration so zu wählen, daß sie - je nach Erwartung des Investors über die Zinsentwicklung - entweder größer oder kleiner ist als die Duration, die zur Immunisierung notwendig wäre. Erwartet der Investor eine Zinssatzsenkung, sollte er die Zinssensitivität seines Portfolios maximieren, also eine Erhöhung seiner Portfolioduration anstreben. Erwartet der Investor dagegen eine Zinssatzerhöhung, sollte er im Rahmen seiner Investitionsentscheidung ein möglichst gering zinssensitives Portfolio anstreben bzw. eine Verkleinerung der Portfolioduration verfolgen. Wird die Zinsentwicklung richtig eingeschätzt, ist der bei einer Zinssatzsenkung zu realisierende Kapitalgewinn aus dem gestiegenen Preis der Anleihe größer als der Minderertrag aus den gesunkenen Reinvestitionsmöglichkeiten.[359] In welchem Ausmaß ein Investor eine aktive Portfoliostrategie verfolgt, ist aus dem Verhältnis Duration zu Planungshorizont (D/PH) ersichtlich. Für eine gegebene erwartete Zinssteigerung muß diese Kennzahl kleiner als Eins sein. Je kleiner dieses Verhältnis ist, desto größer wird der erwartete in Relation zum sicheren Ertrag (bei D = PH) sein.[360]

Damit kann die Duration nicht nur zum Hedging von Zinsänderungsrisiken herangezogen werden, sondern auch den Risiko-Ertrags-Trade-Off aufzeigen, den ein Investor im Rahmen einer aktiven Portfoliostrategie eingeht.

Neben einer ausschließlich aktiven Portfoliostrategie schlugen Leibowitz und Weinberger[361] die Kombination einer aktiven und passiven Strategie vor, die sie kontingentierte Immunisierung nannten. Die kontingentierte Immunisierung verbindet die Vorteile einer aktiven Managementstrategie mit der Bequemlichkeit eines gesicherten Mindestertrages durch die passive Immunisierung.[362] Der Investor legt eine gewisse Mindestrendite über den Planungshorizont fest und immunisiert sein Portfolio. Eine aktive Strategie verfolgt der Investor entsprechend seiner Erwartung über die zukünftige Zinsänderung. Die Differenz zwischen dem sicheren Ertrag und der akzeptierten Mindestrendite kann als "Sicherheitskissen" betrachtet

---

[359]vgl. Bierwag/Kaufman/Toevs 1983, S. 23

[360]vgl. Bierwag/Kaufman/Toevs 1983, S. 24

[361]vgl. Leibowitz, Martin L. und Alfred Weinberger,1981 "Contingent Immunization: A New Procedure for Structured Active Management", Salomon Brothers memorandum

[362]vgl. Leibowitz 1983, S. 278

werden, das die Möglichkeit bietet, eine aktive Strategie zu fahren, um besser als der Markt zu performen. Innerhalb gewisser Grenzen kann der Investor stets eine aktive Strategie verfolgen, solange der Wert des Portfolios nicht die Grenze erreicht, die als Mindestrendite festgelegt wurde. Wird diese Grenze erreicht, wird automatisch von einer aktiven Strategie auf eine Immunisierungsstrategie gewechselt. Ist der Investor mit der aktiven Strategie nicht erfolgreich, ist er automatisch durch die passive Immunisierungsstrategie abgesichert. Der Investor erzielt den vorher festgelegten Mindestertrag über die Laufzeit, unabhängig von der aktuellen Zinsentwicklung. Diese dynamische Portfoliostrategie ermöglicht es einem Investor, ein festgelegtes Ertragsrisiko einzugehen, limitiert jedoch die daraus resultierenden Verluste bei Mißerfolg der aktiven Strategie.[363] Damit erinnert die kontingentierte Immunisierungsstrategie an die "Stop-loss Strategie" im Aktienbereich.[364] Obwohl in der Theorie recht einfach, stellt sich das Management von Zinsänderungsrisiken in der Praxis vergleichsweise schwieriger dar. Eine der größten praktischen Schwierigkeiten liegt im korrekten Identifizieren des stochastischen Prozesses der Zinsänderung. Wichtiger in diesem Zusammenhang ist jedoch die Tatsache, daß eine Finanzinstitution eine breite Vielfalt an sehr unterschiedlichen Aktiva und Passiva hat, die komplexe Zins-, Laufzeit- und Rückzahlungsvereinbarungen beinhalten. Diese speziellen Ausgestaltungsformen der Finanzkontrakte erschweren das Berechnen der Duration der einzelnen Kontrakte.[365] "The theoretical beauty and practical shortcomings of duration are easily understood."[366]

2.6.3.10 Die Duration des Konsols

Der Konsol, der den Anspruch auf die Zahlung einer ewigen Rente verbrieft, hat eine unendlich lange Laufzeit ($n \to \infty$). Es ist keine Rückzahlung des gezeichneten Kapitals vorgesehen. Wird das Duration-Konzept auf den Konsol mit $n \to \infty$ angewandt, um dessen Preisvolatilität approximativ ermitteln zu können, wird eine

[363] vgl. Bierwag/Kaufman/Toevs 1983, S. 136 ff.
[364] vgl. Bierwag/Kaufman/Toevs 1983, S. 26
[365] vgl. Bierwag/Kaufman/Toevs 1983, S. 32
[366] vgl. Latta 1986/87, S. 19

Grenzwertbetrachtung notwendig. Die Duration einer gesamtfälligen Anleihe errechnet sich aus Formel

$$D_{MACAULAY} = \frac{\sum_{t=1}^{n} \frac{t \cdot r}{(1+i)^t} + \frac{n \cdot T}{(1+i)^n}}{BP_0}$$

mit $$BP_0 = \sum_{t=1}^{n} \frac{r}{(1+i)^t} + \frac{T}{(1+i)^n}$$

Werden die Summenzeichen durch die entsprechende algebraische Form ersetzt, ergibt sich

$$D_{MACAULAY} = \frac{1+i}{i} - \frac{nr + (q - in)T}{r(q^n - 1) + iT}$$

Die Durationformel eines Konsols, dessen Laufzeit unendlich ist, vereinfacht sich auf:

(31) $$\boxed{D_{Konsol} = \frac{1+i}{i}}$$

mit D_{Konsol} = Konsol-Duration in Jahren

Da für $n \rightarrow \infty$ der zweite Summand der Durationformel für gesamtfällige Anleihen (19) gegen Null strebt[367], bleibt nur der erste Summand. Die Duration einer Kuponanleihe strebt damit für $n \rightarrow \infty$ gegen einen Grenzwert. Sie nimmt also einen endlichen Wert an, obwohl die Laufzeit des Konsols unendlich ist. Trotz der Verlängerung der Laufzeit verlängert sich die Duration nicht zwangsläufig (siehe Abb. 16, S. 256 Anhang).[368]

Die Duration eines Konsols ist also unabhängig von der Kuponhöhe (r) und wird lediglich durch die Marktrendite (i) des Konsols bestimmt. Die Duration des

[367] vgl. Kopprasch 1985. S. 4 und auch Hielscher 1988. S. 15
[368] vgl. Uhlir/Steiner 1991. S. 97 f.

Konsols unterliegt damit entsprechend den Veränderungen der Marktrendite starken Schwankungen.[369]

Die Reaktion der Duration auf Zinsänderungen errechnet sich anhand der Ableitung der Durationformel für Konsols nach i:

(32) $$\frac{dD_{Konsol}}{di} = -\frac{1}{i^2}$$

d.h. mit steigender Marktrendite nimmt die Duration quadratisch ab.[370]

i (in % p.a.)	D_{Konsol} in Jahren
1	101.00
3	34,33
5	21.00
7	15,29
10	11.00
......	......

Tab. 4: Die Duration von Konsols mit verschieden hoher Marktrendite (i)

Die Duration endfälliger Kuponanleihen, die zu pari oder über pari notieren und zu 100% nominal getilgt werden, liegt unter dem Grenzwert $D_K = \frac{1+i}{i}$ (siehe Abb. 16, S. 256 Anhang).[371] Die grenzwertige Duration eines Konsols kann lediglich vom Zerobond (reines Diskontpapier), d.h. $r = 0$, oder von unter pari notierenden Kuponanleihen übertroffen werden. Setzt man in die Durationformel für gesamtfällige Anleihen (Formel (19), S. 76) $r = 0$, dann erhält man eine Duration, die der Laufzeit (n) des Zerobonds entspricht. Je kleiner der Kupon einer Anleihe

[369] In England beispielsweise hat sich die Rendite von Konsols von etwa 8% 1968 auf mehr als 17% 1975 erhöht. Die Duration ist im selben Zeitraum von 13,5 Jahre auf 6,9 Jahre gesunken (vgl. Abb. 20 . War 3 ½% und Abb. 21. Treasury 2 ½%, S. 249 Anhang). Entsprechend der hohen Duration unterlag auch der Preis hohen Schwankungen. Für die 3 ½% Kriegsanleihe in England bewegte sich der Preis zum Beispiel zwischen 19.77 £ und 108.25 £. (vgl. Shearson, Lehmann und Hutton 1989)

[370] vgl. Kruschwitz/Schöbel 1986, S. 553

[371] vgl. Kopprasch 1985, S. 4 f.

ist, desto eher entspricht die Duration der Laufzeit der Anleihe. Die Duration eines Zerobonds läßt sich durch die 45°-Linie im Duration-Restlaufzeit-Schaubild darstellen (siehe Abb. 16, S. 256). Steigt die Restlaufzeit einer unter pari notierenden Kuponanleihe, so steigt deren Duration zunächst relativ stark an (über den Grenzwert hinaus), erreicht dann bei einer kritischen Laufzeit ihr Maximum, um sich dem Grenzwert von oben zu nähern (siehe Abb. 16, S. 256).[372] Die Entwicklung der Duration bei unter pari notierenden Anleihen mit größer werdender Restlaufzeit, wird als Laufzeiteneffekt von Diskontpapieren bezeichnet.[373]

Zusammenfassend kann festgehalten werden, daß der Konsol unabhängig von den Ausgabekonditionen und der Kuponhöhe relativ zu kurzfristigen gesamtfälligen Kuponanleihen eine vergleichsweise hohe Duration auch bei üblichen Marktrenditen aufweist (z. B. 7%: D = 15,286 Jahre). Im Vergleich zu langlaufenden gesamtfälligen Kuponanleihen ist die Duration jedoch nicht wesentlich höher. Damit ist auch die Zinssensitivität nicht größer. Der Konsol ist damit einerseits einem relativ hohen Zinsänderungsrisiko ausgesetzt, andererseits aber gerade wegen seiner hohen Duration von nicht geringem Nutzen als potentielles Anlageinstrument innerhalb eines gegen Zinsänderungsrisiken immunisierten Portfolios.

Bei der Konvexität des Konsols ergibt sich ein ähnliches Bild wie bei der Konsolduration. Bei gleichem Kupon hat der Konsol eine höhere Konvexität als eine endfällige Kuponanleihe, infolge seiner unendlich langen Laufzeit. Bei gleicher Duration und gleicher Marktrendite ist die Konvexität eines Konsols geringer als die Konvexität eines Zerobonds, da der Zerobond keine periodischen Kuponzahlungen verbrieft.

Angesichts seiner spezifischen Eigenschaften kann der Konsol ein durchaus attraktives Finanzinstrument sein, das in bestimmten Kapitalmarktsituationen gute Chancen auf hohe Erträge verspricht. In den folgenden Abschnitten soll unter anderem untersucht werden, für welche Emittenten und Investoren der Konsol aufgrund seiner spezifischen Eigenschaften in welchen Zinsszenarien attraktiv sein kann.

---

[372]vgl. Uhlir/Steiner 1991. S. 100 und auch Bierwag/Kaufman/Toevs 1983. S. 17
[373]vgl. Uhlir/Steiner 1991. S. 100

III. DIE BEWERTUNG DES KONSOLS

3.1 Der Konsol im Rahmen unterschiedlicher Zinsstrukturtheorien

3.1.1. Einleitung

Gemeinhin wird mit dem Zins (als Preis der Überlassung liquider Finanzaktiva) ein Durchschnitt einer Vielzahl unterschiedlich hoher Zinssätze bezeichnet oder der Zins wird als "repräsentatives Mitglied einer sich tendenziell gleich verhaltenden "Zinsfamilie" angesehen".[374] Vermögensdispositionen der Wirtschaftssubjekte, wie sie z.B. Erklärungsbestandteil der auf hohen Abstraktionsebenen konzipierten Theorien des volkswirtschaftlichen Systemzusammenhangs sind, werden ebenfalls nur auf Grundlage einer Zinsrate erklärt. Damit findet eine Reduktion von der realiter existierenden Vielzahl unterschiedlich hoher Zinssätze auf einen einzigen Zinssatz statt.[375]

Die Erklärung nur eines durchschnittlichen Zinssatzes[376] als Aufgabe der Zinstheorie ist von der Erklärung einer ganzen Zinsstruktur, die das Verhältnis der einzelnen Zinssätze zueinander darstellt, zu trennen. In der Realität existieren zu jedem beliebigen Zeitpunkt viele unterschiedliche Zinssätze. Die Zinssätze unterscheiden sich in ihrer Höhe einerseits danach, ob sie für einen Kapitalanbieter oder einen Kapitalnachfrager gelten.[377] Andererseits ist ihre Höhe je nach Laufzeit der eingegangenen Verbindlichkeit (bzw. Aktivumposition) unterschiedlich. Zinssätze stehen realiter nicht in einem konstanten Verhältnis zueinander, vielmehr

---

[374] Lutz 1950, S. 499 und vgl. auch Claassen 1963, S.5

[375] vgl. Kath 1972, S. 28

[376] Die Erklärung nur eines Zinssatzes basiert auf der Annahme, daß die verschiedenen Zinssätze in einem konstanten Verhältnis zueinander stehen.

[377] Soll- und Habenzinsen

entwickeln sich einzelne Zinssätze zeitweise sogar gegenläufig. Somit erhält die Zinsstrukturtheorie eine eigene wichtige Aufgabe und grenzt sich damit durch den anderen Untersuchungsgegenstand von der Zinstheorie ab.

Die Aufgabe der Zinsstrukturtheorie ist die Erklärung des Vorhandenseins und des Verhältnisses der verschiedenen Zinssätze zueinander (Struktur der Zinssätze).[378] Die Ursache für die unterschiedlich hohen Zinssätze wird aus Sicht der Zinsstrukturtheorie in den verschiedenen Ausstattungsmerkmalen (Kupon, Laufzeit, Tilgung) sowie in der Bonität des Schuldners, in den internationalen Zinsdifferenzen und den Zinserwartungen der Wirtschaftssubjekte gesehen. Die Aufteilung des komplexen Systems der Zinssätze kann nach diesen unterschiedlichen Kriterien vorgenommen werden. Nach Claassen[379] kann man das System der Zinssätze in drei verschiedene Strukturbereiche aufteilen. Sind unterschiedlich hohe Zinssätze die Folge eines nur unvollkommen funktionierenden interregionalen Transfermechanismus, d.h. der Austausch von Kapital zwischen Gebieten mit unterschiedlichen Ertragsraten funktioniert nur unvollkommen, dann liegt eine geographische Struktur der Zinssätze (1. Strukturbereich) vor. Die Zinssätze sind also in unterschiedlichen Regionen (z. B. Ländern) verschieden hoch. Institutionelle Hemmnisse oder regionale Präferenzen können hierfür ursächlich sein.

Zu einer Risikostruktur der Zinssätze[380] (2. Strukturbereich) gelangt man, wenn für die Kategorisierung der Ertragsraten das von Schuldner zu Schuldner unterschiedlich hohe Kredit- oder Verzugsrisiko[381] Grundlage ist. Untersuchungsgegenstand bei der Risikostruktur der Zinssätze sind Wertpapiere mit gleicher Restlaufzeit von Emittenten mit unterschiedlich hohem Bonitätsrisiko.[382]

Als Mittelpunkt des Zinsstrukturproblems hat, auch in den folgenden Ausführungen, die Fristigkeitsstruktur der Zinssätze[383] (3. Strukturbereich) zu

[378]Das Phänomen der Zinsstruktur, welches in vielen unterschiedlichen Zinsstrukturtheorien Untersuchungsgegenstand ist, wurde bis heute nicht in das makroökonomische Theoriengebäude integriert. (vgl. Kath 1972, S. 28)

[379]vgl. Claassen 1980, S. 183

[380]Die Risikostruktur der Zinssätze, auch Kredit- oder Verzugsrisikostruktur, entspricht der risk structure of interest rates.

[381]Die Höhe der Risikoprämie, die als Ausgleich für ein höheres Verzugsrisiko vom Schuldner an den Gläubiger zu bezahlen ist, richtet sich nach dem Grad des vom Kreditgeber einzuschätzenden Verzugsrisikos und dessen Risikoaversion.

[382]vgl. Claassen 1963, S. 7

[383]vgl. Claassen 1963, S. 8

(Fortsetzung der Fußnote siehe nächste Seite)

gelten, die die funktionale Beziehung zwischen den effektiven Zinssätzen und der Laufzeit der Wertpapiere herstellt.[384] Das Abgrenzungskriterium ist die unterschiedlich lange Restlaufzeit der Finanzaktiva.[385] Damit hat die Theorie der Fristigkeitsstruktur der Zinssätze zu klären, "[...] wie die Menge aller im Zeitpunkt t geltenden effektiven Zinssätze für festverzinsliche Wertpapiere, die sich nur durch ihre Restlaufzeit unterscheiden, zustande kommt"[386]. Restlaufzeit ist die Periodenanzahl i = 1, 2,...n bis zur Fälligkeit des Wertpapiers. Malkiel formulierte in den Siebziger Jahren jene Anforderungen, denen eine Theorie der Fristigkeitsstruktur der Zinssätze genügen soll. Ausgehend von Beobachtungen muß eine Theorie der Fristigkeitsstruktur der Zinssätze die größere Volatilität kurzfristiger Zinssätze gegenüber langfristigen Zinssätzen erklären können. Eine Theorie der Zinsstruktur sollte daneben konsistent sein mit der Beobachtung von negativ geneigten Zinsertragskurven vor allem in Hochzinsphasen, flachen Zinsertragskurven in Phasen eines normalen Zinsniveaus und ansteigenden Kurven in Phasen geringer Renditen. Daneben sollte eine Theorie der Fristigkeitsstruktur der Zinssätze Erklärungsursachen für das Abflachen der Zinsertragskurve im langen Laufzeitenbereich und die "Schulter" im kurzen Laufzeitenbereich, die unabhängig vom sonstigen Verlauf auftritt, liefern. Ferner sollte sie Erklärungsansätze für das Phänomen finden, daß die kurzfristigen Zinssätze durchschnittlich tiefer sind als die längerfristigen Zinssätze bzw. der häufigste Verlauf einer Zinsertragskurve durch eine ansteigende Kurve gekennzeichnet werden kann. Schließlich sollte sie auch erklären, weshalb im kurzen Laufzeitenbereich die Steigung der Zinsertragskurve stets positiv ist.[387] Im folgenden beschränkt sich die Arbeit auf eine kurze Darstellung und Abgrenzung der wichtigsten Theorien zur Fristigkeitsstruktur der Zinssätze (Erwartungstheorie, Hicks'sches Risikoprämienmodell, Marktsegmentationstheorie sowie Preferred-Habitat-Theorie).

Die verschiedenen Theorien, die ein Nebeneinander plausibler Erklärungshypothesen darstellen, unterscheiden sich grundsätzlich durch verschiedene

Die Fristigkeitsstruktur der Zinssätze. auch Theorie der zeitlichen Zinsstruktur genannt. entspricht der term structure of interest rates.

[384]vgl. Faßbender 1974. S. 8

[385]vgl. Claassen 1963. S. 7 und auch Fabozzi/Pollack (ed.) 1987, S. 654

[386]Faßbender 1973. S. 1

[387]vgl. Malkiel 1966. S. 16

Annahmen über die Existenz von Risikoaversion und deren Konsequenz auf die Anlageentscheidung der Wirtschaftssubjekte.[388]

3.1.2. *Die Erscheinungsformen und Gesetzmäßigkeiten der empirischen Zinsertragskurve*

Die Zinsertragskurve (auch yield-curve) ist die graphische Darstellung der Gesamtheit der Renditen homogener festverzinslicher Wertpapiere zu einem bestimmten Zeitpunkt, geordnet nach der Restlaufzeit dieser Wertpapiere. Damit dient die yield-curve zur Veranschaulichung der Laufzeitenstruktur der Zinssätze (der Zinsstruktur im engeren Sinne). Empirisch konstruierte Zinsertragskurven[389] können jedoch nur als Approximation der tatsächlichen Beziehung angesehen werden, da die einzelnen der Kurve zugrunde liegenden Wertpapiere nicht vollständig identisch sind.[390]

---

[388] vgl. Meiselmann 1962, S. 43 und auch S. 60

[389] Zur Konstruktion einer Zinsertragskurve stehen unterschiedliche methodische Verfahren zur Verfügung. So wird zwischen linearer Interpolationstechnik, "freihändiger" Interpolation und der Regressionsgleichungstechnik unterschieden. Heutzutage werden die Zinsertragskurven nach der Methode der "kleinsten quadratischen Abweichung" errechnet. Die Auswahl des Konstruktionsverfahren hat entscheidenden Einfluß auf das Ergebnis der empirischen Überprüfung von einander abweichenden Theorien. (vgl. Jüttner 1988, S. 379)

[390] vgl. Malkiel 1966, S. 1 und auch Fabozzi/Pollack (ed.) 1987, S. 655

Die Zinsertragskurve kann unterschiedliche Verläufe (4 Typen) auch innerhalb eines kurzen Zeitraumes annehmen:

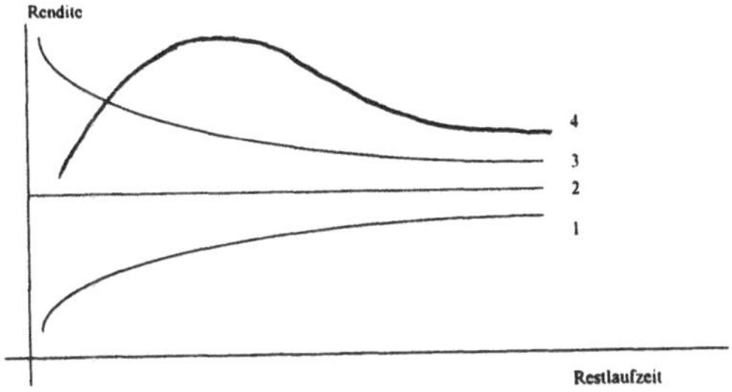

Abb. 22 : Typische Zinsertragskurven
(1) die ansteigende (normale), (2) die horizontale, (3) die fallende (inverse), (4) die gekrümmte Zinsertragskurve
(Quelle: Faßbender 1977, S. 98)

Eine fallende yield-curve ist oft bei einem allgemein hohen Zinsniveau anzutreffen. Sie tritt relativ selten auf. Dagegen kommt ein ansteigender Kurvenverlauf häufiger bei allgemein niedrigen Zinsen vor. Der Anstieg der Rendite nimmt im Bereich der kurzen Laufzeit zu, läßt in den mittleren Bereichen nach und weist bei extrem hohen Fälligkeiten nur noch eine geringfügige Steigung auf. In der Regel tritt nur bei einem mittleren Zinsniveau eine flache yield-curve auf.[391] Ebenso möglich ist ein Kurvenverlauf der sich durch Krümmungen im kurzen Restlaufzeitenbereich auszeichnet (gekrümmte yield-curve). Diese unterschiedlichen Zinsstrukturkurven können i.d.R. in bestimmten Phasen des Konjunkturzykluses beobachtet werden.[392]

Als weitere besondere Eigenschaft aller Zinsertragskurven kann eine Abflachung der Kurve mit steigender Restlaufzeit beobachtet werden.[393] Die Zinsertragsdifferenz zwischen zwei Schuldverschreibungen, die sich in ihrer

[391]Nur für diesen Extremfall können diejenigen makroökonomischen Modelle, die nur einen einzigen Zinsfuß berücksichtigen, wirklichkeitsnahe Aussagen machen. (vgl. Kath 1972, S. 30)
[392]vgl. Lutz 1946, S. 523
[393]vgl. Kalweit 1976, S. 125

Fälligkeit um eine Zeiteinheit unterscheiden, wird also um so kleiner, je länger die Laufzeit der Papiere ist.[394]

Die Ursachen für diese empirisch beobachtbaren Gesetzmäßigkeiten der Zinsstruktur sind im Anlage- und Verschuldungsverhalten der Wirtschaftssubjekte zu suchen. Hierbei hat insbesondere der zeitliche Aspekt der Vermögensdisposition Berücksichtigung zu finden.[395]

Da jedem Punkt auf der yield-curve "eine (theoretisch unbegrenzte) Zahl unterschiedlicher konkreter Inhalte von Kreditinstrumenten (Zahlungsstromstrukturen)[396] zugeordnet werden kann"[397], spricht man von der Mehrdeutigkeit der Zinsertragskurven. Ein Punkt auf der Zinsertragskurve gibt keine Auskunft über die zum Zeitpunkt der Gültigkeit der abgebildeten Zinsertragskurve tatsächlich realisierbaren Zahlungsstromstrukturen.[398] Somit kann einem Punkt auf der Zinsertragskurve eine Vielzahl ganz unterschiedlicher Zahlungsstromstrukturen[399] zugeordnet werden, bei gleicher Restlaufzeit und gleichem Ertragssatz.

---

[394]vgl. Kath 1972. S. 32

[395]vgl. Kath 1972. S. 33

[396]Mit der Zahlungsstromstruktur eines Wertpapieres bezeichnet man die Struktur aller tatsächlich stattfindenden Einzahlungen (Entrichtung des Kaufpreises) und Auszahlungen (Kuponzahlungen und Rückzahlungen). die als Ausstattungsmerkmale in den Kontraktbedingungen festgehalten sind.

[397]Kalweit 1976. S. 52

[398]vgl. Kalweit 1976. S. 66

[399]zum Beispiel Agio-Anleihen. Rentenanleihen oder Couponanleihen

3.1.3 Modelltheoretische Erklärungsansätze zur Fristigkeitsstruktur der Zinssätze

3.1.3.1 Die Erwartungstheorie

3.1.3.1.1 Die Darstellung der Erwartungstheorie

Die Erwartungstheorie ist die am häufigsten herangezogene und älteste Theorie zur Erklärung der Fristigkeitsstruktur der Zinssätze.[400] Irving Fisher war einer ihrer frühen Verfechter[401], neben Williams[402], Kaldor[403] und Kalecki[404] u.a. Besonders J. R. Hicks[405] und F. A. Lutz[406] sorgten für eine Weiterentwicklung der Theorie. Durch J. W. Conrad fand der Ansatz eine Neuinterpretation.[407]

Die reine Erwartungstheorie, die die Prämisse vollständiger Voraussicht zugrunde legt, geht von folgenden Annahmen aus:

(1) Alle Wertpapiere sind risikolos bezüglich Zins- und Rückzahlung. Weiterhin abstrahiert die Theorie von Steuern, Call-Möglichkeiten, unterschiedlichen Coupons und anderen weiteren Unvollkommenheiten.

(2) Investoren haben identische korrekte Erwartungen bezüglich zukünftiger kurzfristiger Ertragsraten, d.h. jede Form von Unsicherheit ist ausgeschaltet.

(3) Von Transaktionskosten wird abgesehen.

(4) Als Handlungsmaxime wird das Gewinnmaximierungskalkül unterstellt.
Damit wird von den Investoren jede Möglichkeit der Arbitrage zwischen

[400] vgl. Kugler 1987, S. 201
[401] vgl. Fisher 1906, S. 273 f. und Fisher 1930, S. 210
[402] vgl. Williams 1938, S. 115 ff.
[403] vgl. Kaldor 1939, S. 13 ff.
[404] vgl. Kalecki 1939, S. 112f.
[405] vgl. Hicks 1939, S. 144f.
[406] vgl. Kap. 3.1.3.1.4
[407] vgl. Conrad 1959, Teil 3

unterschiedlichen Laufzeiten ausgenützt. Die Finanzmarktakteure sind also bezüglich der Restlaufzeit ihrer Wertpapiere vollkommen indifferent.[408]

(5)Die Zinszahlung erfolgt bei Fisher und Hicks erst bei Endfälligkeit, d.h. es handelt sich um Nullcouponanleihen.[409] Lutz dagegen bediente sich im Rahmen seiner Weiterentwicklung der Kuponanleihe.[410]

Die Beziehung zwischen kurz- und langfristigen Ertragsraten (und damit der Verlauf der Zinsertragskurve) wird im Rahmen der Erwartungstheorie nur mit individuellen Erwartungen der einzelnen Investoren über den zukünftigen kurzfristigen Zins erklärt.[411]

Bei bestehenden Zinssatzunterschieden wählen die Investoren zunächst wegen ihrem Gewinnmaximierungsstreben jene Wertpapiere aus, die den höchsten direkten Ertrag über die Laufzeit garantieren. Als Folge tritt ein Preisanpassungsprozeß in Gang. Die Anleger wechseln zwischen den unterschiedlichen Wertpapierlaufzeiten. Der Preis des Wertpapiers mit der höchsten direkten Rendite steigt als Folge der erhöhten Nachfrage. Damit sinkt dessen Ertragsrate.[412] Für die Anleger tritt nach Ablauf ihres Planungshorizonts bei Verkauf des entsprechenden Wertpapiers ein Kapitalverlust bzw. -gewinn ein. Der Kapitalverlust bzw. -gewinn relativiert den hohen bzw. den niedrigen Kupon des Wertpapiers gegenüber den Renditen in anderen Laufzeitenbereichen. Kursvariationen bei Verkauf der Schuldtitel sorgen für einen Ausgleich der zunächst bestehenden Differenzen in den direkten Renditen zwischen Wertpapieren unterschiedlicher Laufzeit. Die Rendite über die Halteperiode ist folglich bei allen Wertpapieren gleich hoch. Formal ausgedrückt:

Nominalzins + Kapitalgewinn (bzw. -verlust) = Rendite × Anschaffungspreis[413]

Dieser Preisanpassungsmechanismus tritt wegen der unendlich elastischen Nachfrage der Anleger ein, die bezüglich der Laufzeit ihrer Wertpapiere vollkommen indifferent sind. Kurz- und langfristige Schuldtitel gelten aus Anlegersicht als vollkommene Substitute.[414] Im Gleichgewicht führt dieser Prozeß zu einer

---

[408]vgl. Malkiel 1966, S. 18
[409]vgl. Jüttner 1988, S. 389
[410]vgl. Lutz 1940, S. 40 ff.
[411]vgl. Jüttner 1988, S. 388 und auch Kath 1972, S. 38
[412]vgl. Malkiel 1966, S. 118 ff.
[413]vgl. Lutz 1950, S. 503
[414]vgl. Lutz 1950, S. 500 und auch Meiselmann 1962, S. 8 und S. 57

Zinsstruktur, die gleiche maximale Effektivzinsraten über jeden Planungshorizont aufweist, unabhängig von der Laufzeit des nachgefragten Wertpapiers.

Die Rendite eines langfristigen Wertpapiers mit n Jahren Laufzeit ist im Rahmen der Erwartungstheorie immer identisch mit dem geometrischen Mittelwert künftiger einperiodischer Zinssätze. Der heutige langfristige Zinssatz ergibt sich als Durchschnitt aller, in die Laufzeit des langfristigen Darlehens fallenden, erwarteten kurzfristigen Zinssätze.[415]

Im Gleichgewicht gilt:

$$(1+{}_tR_n)^n = (1+{}_tR_1)\cdot(1+{}_{t+1}r_1)\cdot(1+{}_{t+2}r_1)\cdot\ldots\cdot(1+{}_{t+n-1}r_1)$$

mit
- n =Laufzeit des langfristigen Schuldtitels
- ${}_tR_n$ =Rendite des langfristigen Schuldtitels (n Jahre Laufzeit) zum Zeitpunkt t (am Markt beobachtbar); auch aktuelle spot rate
- R_1 =Rendite des kurzfristigen Schuldtitels (eine Periode Laufzeit) zum Zeitpunkt t (am Markt beobachtbar)
- ${}_{t+1}r_1$ =erwartete kurzfristige Zinssätze (eine Periode Laufzeit) zum Zeitpunkt t+1 (nicht am Markt beobachtbar); auch forward rate

Aus dem durch die Erwartungstheorie formulierten Zusammenhang zwischen den zukünftigen kurzfristigen Zinssätzen und dem heutigen langfristigen Zinssatz folgt, daß der erwartete Einperiodenertrag, als Ertrag einer Anlage p.a., für alle Wertpapiere, unabhängig von der Laufzeit des nachgefragten Titels, identisch ist.[416]

Investoren, die einen bestimmten Betrag ihres Kapitals in Wertpapiere investieren wollen, steht grundsätzlich die Wahl zwischen folgenden Anlagealternativen frei, ohne Einfluß auf den Anlageerfolg:

a) ein Investment in ein Wertpapier, dessen Laufzeit genau dem Anlagehorizont entspricht
b) ein Investment in ein kurzfristiges Wertpapier, das entsprechend der geplanten Anlagedauer unterschiedlich häufige Reinvestitionen erfordert

[415] vgl. Malkiel 1966, S. 18ff. und auch van Horne 1990, S. 107
[416] vgl. Lutz 1967, S. 211 und auch Malkiel 1966, S. 118ff.

c) ein Investment in ein langfristiges Wertpapier, dessen Laufzeit länger ist als der Anlagehorizont und dessen Verkauf am Ende des Anlagehorizonts.[417]

Ein Gläubiger, der sein Vermögen in langfristige Papiere investiert, erhält im erwartungstheoretischen Modellrahmen die gleiche Rendite über den Planungshorizont wie ein Investor, der in kurzfristige Titel anlegt und somit einer ständigen Revolvierung ausgesetzt ist. Unterschiedliche Laufzeitenstrategien schneiden renditemäßig identisch ab.[418] Es rechnet sich für einen Anleger nicht, sich im Falle einer normalen yield-curve kurzfristig zu refinanzieren, um langfristige Anleihen zu erwerben, selbst wenn der langfristige Zins über dem kurzfristigen liegt. Beim Verkauf der langfristigen Anleihe erleidet der Investor einen Kapitalwertverlust in Höhe des Ertragsvorteils zwischen kurz- und langfristigen Papieren.

Im Rahmen der Erwartungstheorie sind die Investoren wegen der unterstellten vollkommenen Substitutionalität der unterschiedlichen Wertpapiere indifferent gegenüber dem je nach Wertpapier unterschiedlich hoch ausgeprägten Risiko. Risikoaversion spielt damit bei der Bestimmung der Zinsstruktur keine Rolle.[419]

Kurz- und langfristige Ertragsraten müssen nicht zwingend identisch sein, vielmehr existiert im erwartungstheoretischen Modell ein Mechanismus, der kurz- und langfristige Ertragsraten miteinander konsistent macht.[420] Die Konstellation konsistenter Zinssätze beschreibt einen langfristig stabilen Zustand, da Abweichungen der Zinssätze von diesem gleichgewichtigen Zustand immer zu impliziten Anpassungsreaktionen führen, die wieder zu einem Gleichgewicht führen.[421]

Der durch die Erwartungstheorie erklärte Zusammenhang zwischen gleich ausgestatteten Wertpapieren unterschiedlicher Laufzeit macht es möglich, zu jedem beliebigen Zeitpunkt (t), aus der am Markt zu beobachtenden Zinsstruktur, den entsprechenden kurzfristig erwarteten Zinssatz für einen gegebenen Beobachtungszeitraum zu berechnen.[422]

---

[417] vgl. van Horne 1990, S. 107 und auch Lutz 1967, S. 211

[418] vgl. Lutz 1950, S. 503

[419] vgl. Meiselmann 1962, S. 43 und auch Roll 1970, S. 37

[420] Lutz 1950, S. 504: "There is, therefore, no mechanism which tends to make short and long rates equal. However, there is a mechanism which makes short and long rates consistent with each other."

[421] vgl. Kath 1972, S. 38

[422] vgl. Hicks 1946, S. 145

Als notwendige Bedingung muß im Rahmen der Erwartungstheorie jedoch die Prämisse hocheffizienter Märkte gewährleistet sein. Die Anpassung der Wertpapierpreise auf neue Informationen erfolgt sehr rasch. Die Erwartungstheorie impliziert, daß alle relevanten Informationen in Erwartungen eskomptiert werden und sich neue Informationen rasch in angepaßten Erwartungen niederschlagen.[423]

Im Rahmen der Erwartungstheorie hat eine relative Angebotsveränderung, wie sie zum Beispiel durch öffentliche Schuldaufnahme in großem Volumen auftritt, keinerlei Einfluß auf die Zinsstruktur. So werden zum Beispiel auch Veränderungen in der Laufzeitenstruktur der ausstehenden Staatsschuld (Maßnahmen des debt-managements) ohne Folgen für die Laufzeitenstruktur der Zinssätze bleiben. Eine Angebots- bzw. Nachfrageveränderung allein bewirkt keine Veränderung der Zinsstruktur, da die neuen Angebots- und Nachfrageverhältnisse über den Preisanpassungsmechanismus in ein neues Gleichgewicht geführt werden. Nur wenn durch eine Neuverschuldung des Bundes oder eine Laufzeitenstrukturveränderung auch Veränderungen der Erwartungen der Wirtschaftssubjekte eintreten, die eine Veränderung der Zinsertragskurve implizieren, kann debt-management im Rahmen der Erwartungstheorie erfolgreich sein.[424]

Das erwartungstheoretische Modell liefert einen plausiblen Erklärungsansatz, warum es im langen Laufzeitenbereich zu einer Abflachung der Zinsertragskurve kommt. Der Einfluß einzelner erwarteter kurzfristiger Zinssätze auf längerfristige Zinssätze wird mit steigender Restlaufzeit immer geringer. Es findet ein Ausgleich zwischen den Schwankungen der erwarteten kurzfristigen Zinssätze statt, so daß auch große Abweichungen der erwarteten kurzfristigen Zinssätze vom gegenwärtig beobachtbaren langfristigen Zinssatz keine großen Auswirkungen auf die langfristige Zinssatzhöhe haben. Dies erklärt ferner, warum die langfristigen Zinssätze weniger stark schwanken als die kurzfristigen Zinssätze.[425]

Im Rahmen der Erwartungstheorie können alle möglichen Verläufe der Zinsertragskurve (normal, horizontal, invers) erklärt werden. Eine inverse Zinsertragskurve wird hier mit Erwartungen der Investoren auf zukünftig sinkende kurzfristige Zinssätze interpretiert. Investoren sind im Modellrahmen trotzdem

---

[423]vgl. van Horne 1990, S. 110

[424]vgl. Faßbender 1972; Malkiel 1966, S. 104 und auch Kalweit 1976 S. 126

[425]vgl. Lutz 1950, S. 501 und auch Kalweit 1976, S. 125

bereit, langfristige Titel zu kaufen, da sie keinen renditemäßigen Vorteil aus einer laufend zu revolvierenden kurzfristigen Anlage erwarten.[426] Eine normale Zinsertragskurve wird dagegen als Erwartung des Marktes auf steigende kurzfristige Zinssätze interpretiert. Erwarten die Wirtschaftssubjekte konstante kurzfristige Zinsen, resultiert daraus eine horizontale Zinsertragskurve.

Demgegenüber kann die Erwartungstheorie keine Erklärung dafür anbieten, weshalb empirisch die ansteigende Zinsertragskurve häufiger auftritt als andere Erscheinungsformen. Im Rahmen der Erwartungstheorie treten sowohl positiv als auch negativ geneigte Zinsertragskurven mit einer gleich hohen Wahrscheinlichkeit auf.

3.1.3.1.2 Die Kritik an der Erwartungstheorie

Die reine Erwartungstheorie geht von der Prämisse vollständiger Sicherheit aus und berücksichtigt kein Risiko. Werden realistischere Annahmen getroffen, wird also eine Welt mit Unsicherheit unterstellt, tritt das Problem des Risikos auf. Zur Berücksichtigung der Unsicherheit bedarf es einer Modifizierung[427] der reinen Erwartungstheorie.[428]

Praktiker sind im Gegensatz zu Theoretikern davon überzeugt, daß die Wichtigkeit von Marktunvollkommenheiten nicht vernachlässigt werden kann. Gerade auch die Annahme identischer Erwartungen der Wirtschaftssubjekte hinsichtlich der Entwicklung des kurzfristigen Zinses wird häufig als realitätsfern kritisiert.[429] Die wenig plausiblen Annahmen führen zu einer kritischen Distanz seitens der Praktiker.[430]

Desweiteren wird angeführt, daß Marktteilnehmer, wenn sie überhaupt Zinserwartungen formulieren, lediglich über einen relativ kurzen Zeitraum bereit sind, Erwartungen über zukünftige Zinssätze zu äußern. In empirischen Untersuchungen konnte eine sinkende Bereitschaft und/oder abnehmende Fähigkeit festgestellt werden, Zinserwartungen für weit in der Zukunft liegende

---

[426] vgl. van Horne 1990, S. 110
[427] siehe das Hicks'sche Risikoprämienmodell, Kap. 3.1.3.2
[428] vgl. van Horne 1990, S. 111 und auch Kath 1972, S. 39
[429] vgl. Lutz 1967, S. 217, Lutz 1950, S. 512 und auch Kane/Malkiel 1967, S. 348
[430] vgl. Kane 1967, S. 362f.

Zinsentwicklungen zu formulieren.[431] Erwartungen aber, wie sie für das Erwartungsmodell notwendig sind, müßten "[...] im Falle eines Wertpapiers mit unendlich langer Laufzeit theoretisch bis zum 'jüngsten Tage' reichen"[432]. Kane und Malkiel stellten desweiteren in ihrer Untersuchung fest, daß Lebensversicherungsgesellschaften und andere institutionelle Anleger nicht grundsätzlich Zinserwartungen formulieren. Banken dagegen formulieren eher explizite Zinserwartungen.[433]

In der Literatur wird oft festgehalten, daß Erwartungen der Marktteilnehmer, wie sie Grundlage für das erwartungstheoretische Modell sind, empirisch nicht direkt am Markt beobachtbar sind und nur indirekt bestimmbar sind. Es kann damit nicht mit Sicherheit überprüft werden, ob entsprechende Erwartungen in der Realität tatsächlich existent sind.[434]

Auch sind bezüglich der Einheitlichkeit der Zinserwartungen der verschiedenen Wirtschaftssubjekte Zweifel angebracht. Kane und Malkiel konnten große Unterschiede in den von unterschiedlichen Wirtschaftssubjekten geäußerten Zinserwartungen feststellen.[435]

Die empirisch beobachtbaren Zinsertragskurven weisen in der Mehrzahl der Fälle einen ansteigenden Verlauf auf. Die Erwartungstheorie interpretiert diesen empirisch evidenten Anstieg der Zinsertragskurve als einen von den Wirtschaftssubjekten permanent erwarteten Anstieg der kurzfristigen Zinsen. Die Folge wäre ein im Zeitablauf steigendes langfristiges Zinsniveau. Dieser permanente Zinsanstieg ist empirisch jedoch nicht belegbar und daher wenig plausibel.[436] Die Erwartungstheorie bleibt damit die Erklärung für dieses Phänomen schuldig.

Empirisch kann daneben festgestellt werden, daß die Laufzeitenverteilung im Portfolio eines institutionellen Anlegers vergleichsweise konstant ist. Diese Konstanz der Laufzeitenverteilung bleibt auch bei sich verändernden Zinsstrukturkurven und Zinsniveaus im Zeitablauf erhalten. Insofern sind Zweifel an der Erwartungstheorie berechtigt.[437]

---

[431] vgl. Kane/Malkiel 1967, S. 347
[432] Issing, S. 119
[433] vgl. Kane/Malkiel 1967, S. 347 und auch Jüttner 1988, S. 395
[434] vgl. Kalweit 1976, S. 127
[435] vgl. Kane/Malkiel 1967, S. 347
[436] vgl. Woglom 1988, S. 594
[437] vgl. Terrell/Frazer 1972, S. 11

3.1.3.1.3 Der Konsol im Rahmen der Erwartungstheorie

Der Konsol als Anlageinstrument mit unendlich langer Laufzeit erweitert das Anlagespektrum und damit die dem Anleger zur Auswahl stehenden Laufzeitenstrategien. Da aber alle unterschiedlichen Laufzeitenstrategien im Rahmen der Erwartungstheorie renditemäßig gleich abschneiden, kann auch bei einer zusätzlichen Anlagealternative kein Renditevorteil gegenüber anderen Anlagealternativen auftreten. Ein Preisanpassungsprozeß sorgt dafür, daß sich auch der Konsol renditemäßig konsistent mit den anderen Anlagealternativen verhält.

Unabhängig vom Verlauf der Zinsertragskurve und vom persönlichen Planungshorizont, wird der Konsol, wegen der Indifferenz der Anleger bezüglich der Laufzeit der unterschiedlichen Wertpapiere, im Rahmen der Erwartungstheorie für jeden Investor als mögliche Anlagealternative in Frage kommen.

Weist die am Kapitalmarkt beobachtbare Zinsertragskurve eine Steigung auf (normale Zinsertragskurve), so erwarten die Wirtschaftssubjekte einen Anstieg der zukünftig kurzfristigen Ertragsraten. Der Konsol verbrieft in diesem Zinsszenario höhere Kupons als kürzer laufende Wertpapiere. Über den Preisanpassungsprozeß, der bei erwartetem Zinsanstieg zu einem geringeren Wiederverkaufspreis nach Ablauf der Planungsperiode führt (beim Konsol träte also ein Kursverlust ein), wird auch der Konsol renditemäßig gleich hoch wie die anderen Wertpapiere abschneiden. Bei einer inversen Zinsertragskurve wird der Konsol mit einem geringeren Kupon ausgestattet sein. Anleger würden sich trotzdem bereit finden den Konsol zu erwerben, da sie über den Anpassungsprozeß mit Kurssteigerungen rechnen können, die den Kuponnachteil des Konsols kompensieren würden.

Zusammenfassend kann festgehalten werden, daß der Konsol im Rahmen der Erwartungstheorie für jeden Anleger, wegen der fehlenden Risikoaversion und der daraus folgenden Indifferenz zwischen Wertpapieren unterschiedlicher Laufzeit, eine Anlagealternative wäre.

3.1.3.1.4 Neuere Beiträge zum erwartungstheoretischen Ansatz[438]

3.1.3.1.4.1 Das Modell von Lutz

Lutz[439] löst die Prämisse der Vollkommenheit des Marktes, wie sie die reine Erwartungstheorie unterstellt, einseitig auf und führt die Unsicherheit ein. In seinem Modell hält Lutz die Annahme aufrecht, daß die Anleger ihre Planungsperiode (deren Länge ihnen genau bekannt ist) an der Laufzeit des langfristigen Wertpapiers orientieren. Kursverluste als Folge eines Verkaufs vor Endfälligkeit der Anleihe treten hier nicht auf. Gegenüber der reinen Erwartungstheorie fehlt jetzt die Voraussicht über die Entwicklung der kurzfristigen Zinsen in zukünftigen Perioden.

Beim Streben nach maximalem Ertrag entscheiden sich die Investoren, abhängig davon, ob ein steigender Zins oder ein sinkender Zins erwartet wird, für die wiederholte kurzfristige Anlage bzw. die einmalige langfristige Investition. Je nach Erwartung über die Entwicklung des kurzfristigen Zinses liegt der langfristige Zinssatz über bzw. unter dem kurzfristigen Zinssatz.

Der Grad der Unsicherheit über die Zinsentwicklung ist realistischerweise eine Funktion der Anlagedauer. Ein Investor mit langem Planungshorizont orientiert sich bei seiner Anlageentscheidung (mehrmals kurzfristige Anlage oder ein einmalig langfristiges Investment) an den kurzfristigen Zinssätzen, deren Trendentwicklung er beobachtet. Die Trendvorstellung wird mit einem bestimmten Leitzinssatz

[438] Auf Weiterentwicklungen der Erwartungstheorie, wie zum Beispiel die Linearisierte Erwartungstheorie, die von Shiller 1973 entwickelt und von Shiller/Campbell und Schoenholtz 1983 erweitert wurde, wird im folgenden nicht eingegangen. Der Grundgedanke der linearisierten Erwartungstheorie läßt sich durch die Annahme charakterisieren, daß der langfristige Zinssatz dem gewichteten Durchschnitt zukünftig erwarteter kurzfristiger Zinssätze entspricht, wobei jedoch mehr Gewicht auf die in naher Zukunft erwarteten kurzfristigen Zinssätze gelegt wird. Damit wird dem Gedanken Rechnung getragen, daß Wirtschaftssubjekte eher Zinserwartungen für kurzfristige Zeiträume formulieren als für sehr weit in der Zukunft liegende Zeiträume. vgl. Shiller, Robert J., "Rational Expectations and the Structure if Interest Rates", unpublished PH.d.Dissertation, MIT, 1972 and Shiller, Rober J., John Y. Campbell and Kermit L. Schoenholtz, "Forward Rates and Future Policy: Interpreting the Term Structure of Interest Rates", Brookings Papers on Economic Activity, S. 173-217, I-1983

[439] vgl. F.A. Lutz, The Structure of Interest Rates, Quarterly Journal of Economics, 1940, S. 36-63, wiederabgedruckt in: Readings in the Theory of Income Distribution, London 1950, S. 499-529

verglichen. Die Folge dieser Verhaltensweise ist der monotone Verlauf der Zinsertragskurve sowie deren Abflachen im langen Laufzeitenbereich.[440]

3.1.3.1.4.2 Das Modell von Malkiel

Auch im Modell von Malkiel wird die Unsicherheit über eine zukünftige Zinsentwicklung mitberücksichtigt. Malkiel[441] stellt die Hypothese auf, daß der höchste und der niedrigste Zinssatz innerhalb eines zurückliegenden Beobachtungszeitraumes in den Vorstellungen des Anlegers die Ober- bzw. Untergrenze für eine maximale Zinsschwankungszone bildet. Die durch die Ober- bzw. Untergrenze festgelegte Bandbreite bzw. die Lage des laufenden Zinssatzes innerhalb dieser Bandbreite bildet die Grundlage für die Beurteilung der zukünftig erwarteten Zinsentwicklung. Die Anleger orientieren sich bei ihrer Anlageentscheidung folglich am Zinsniveau der Vergangenheit und seiner Veränderung im Zeitablauf.

Malkiel geht von einem Erwartungshorizont von nur einer Periode aus. Für diese eine Periode sucht sich das Wirtschaftssubjekt aus der Vielzahl der zur Auswahl stehenden Anlagealternativen diejenige Anlage (unabhängig von deren Laufzeit) aus, die den höchsten Ertrag verspricht.

Ein Anleger, der in einem Kapitalverlust den gleichen Nutzenentgang sieht, wie er einen Nutzenzugang in einem Kapitalgewinn sieht[442], wird bei seiner Anlageentscheidung die maximal möglichen Verluste und Gewinne saldieren. Grundlage für diese Kalkulation ist eine subjektive Wertung über Ertrag und Risiko. Bei Unsicherheit über die Richtung der Zinsentwicklung wird die Wahrscheinlichkeit mit je zur Hälfte auf Kursgewinne bzw. -verluste gewichtet. Je größer dagegen die subjektive Sicherheit über den Eintritt einer Zinssenkung bzw. -steigerung ist, desto größer wird der jeweilige Wahrscheinlichkeitswert für das entsprechend erwartete Ereignis gesetzt.

Der Grundgedanke der Theorie von Malkiel läßt sich wie folgt zusammenfassen. Die Erwartungen eines Investors über die Richtung der Zinsentwicklung, die

---

[440]vgl. Conrad 1959, S. 321 f. zitiert nach Kath 1972, S. 41

[441]vgl. B.G. Malkiel, Expectations, Bond Prices and the Term Structure of Interest Rates, in: Quarterly Journal of Economics (Vol. 76), 1962, S. 197-218 bzw. ders., The Term Structure if Interest Rates, Princton, New Jersey 1966

[442]sich also gegenüber dem Verlustrisiko neutral verhält

Kursgewinne oder Kursverluste impliziert, sind abhängig von der aktuellen Lage des herrschenden Zinssatzes innerhalb der durch Beobachtungen festgelegten Schwankungsbreite. Die Schwankungsbreite, als Bereich möglicher Zinsänderungen, liefert einen Vergleichsmaßstab für die Beurteilung eines empirisch beobachtbaren Zinssatzes ("hoch" bzw. "tief"). Liegt der aktuelle Zinssatz nahe an der Zinsobergrenze des festgelegten Bereichs, setzt der Investor die Wahrscheinlichkeit für Zinssenkungen höher an.[443] Umgekehrt hält der Investor Zinssteigerungen für wahrscheinlicher, wenn der aktuelle Zinssatz in der Nähe der unteren Zinsgrenze liegt.[444]

Ein rationaler Anleger wird also immer jenes Wertpapier halten wollen (unabhängig von dessen Laufzeit), das ihm während der subjektiven Anlageperiode, entsprechend seiner Erwartungen, die höchste Gesamtrendite verspricht.

Im Modellrahmen von Malkiel bringt eine ansteigende Zinsertragskurve zum Ausdruck, daß der von den Anlegern für möglich gehaltene Zinsanstieg die potentielle Zinssenkung überwiegt. Die Steigung der Zinsertragskurve ist umso ausgeprägter, je näher der aktuelle Zinssatz an der unteren Grenze der Schwankungsbreite liegt. Eine fallende Zinsertragskurve signalisiert dagegen, daß der aktuelle Zinssatz im oberen Bereich der Schwankungsbreite liegt und somit von einer Mehrzahl von Investoren tendenziell eher Zinssenkungen erwartet werden.[445] Ein rationaler Investor würde in dieser Situation den Konsol als Anlageinstrument nachfragen, da der Konsol das Anlageinstrument mit der höchsten Verzinsung ist.

Malkiel modifiziert die reine Erwartungstheorie durch seine Annahme, daß sich die Zinserwartungen der Wirtschaftssubjekte innerhalb eines erfahrungsabhängigen Schwankungsbereichs widerspiegeln. Er hat damit die Erwartungstheorie der

---

443 Der Investor schätzt den aktuellen Zinssatz gemessen an der beobachteten Schwankungsbreite als zu hoch ein.

444 Der Investor schätzt den aktuellen Zinssatz gemessen an der beobachteten Schwankungsbreite als zu tief ein.

445 Eine leicht fallende Zinsertragskurve ergibt sich jedoch bereits dann, wenn der aktuelle Zinssatz exakt in der Mitte des maximalen Schwankungsbereiches liegt. Hier ist die Wahrscheinlichkeit für beide Richtungen der Zinsentwicklung identisch. Die leicht abfallende Zinsertragskurve ergibt sich aus der Tatsache, daß die Kursentwicklung bei absolut gleich großer Zinsänderung je nach Zinsrichtung unterschiedlich ausfällt. So sind grundsätzlich die Kurssteigerungen größer bei einer entsprechenden Zinssenkung, als die Kursverluste bei einer gleich hohen Zinssteigerung. Es überwiegt also die Erwartung auf Kursgewinne bzw. Zinssenkungen. (vgl. Malkiel 1966, S. 55)

Realität angepaßt. Insofern kann das Modell von Malkiel das Phänomen, daß die Beziehung zwischen kurz- und langfristigem Zinssatz von der Höhe des aktuell geltenden Zinssatzes abhängig ist, plausibel machen. Auch liefert das Modell von Malkiel einen Maßstab für die Einstufung eines bestimmten Zinssatzes als "hoch" bzw. "tief".

Daneben kann das Abflachen der empirischen Zinsertragskurve erklärt werden. "Aus einer für alle Laufzeiten gleich großen Änderung der Effektivverzinsung bei gegebenem Nominalzinssatz [resultieren] um so größere Kursausschläge, je länger die Laufzeit der Titel ist; mit zunehmender Laufzeit nimmt jedoch die Kursänderung pro Periode ab".[446] Mit einer über die zunehmende Fälligkeitsdauer sinkenden Kursveränderung pro Periode und den mit der Länge der Laufzeit abnehmenden Zinsertragsdifferenzen kann folglich ein Abflachen der Zinsertragskurve im langen Laufzeitenbereich erklärt werden.

Ein weiteres, in der empirischen Zinsertragskurve auffälliges Merkmal, die größere Schwankungsbreite des kurzfristigen gegenüber dem langfristigen Zinssatz, kann im Rahmen des Modells von Malkiel ebenfalls plausibel erklärt werden. Malkiel argumentiert über eine Änderung der Bandbreiten. Mit zunehmender Laufzeit nähern sich diese an. Im Restlaufzeit-Renditen-Koordinatensystem verlaufen die Ober- bzw. die Untergrenze, die zusammen die Schwankungsbreite bilden, nicht parallel zur Restlaufzeitenachse, sondern mit einer negativen Steigung (Obergrenze) bzw. mit einer positiven Steigung (Untergrenze). Die Bandbreiten laufen mit steigender Restlaufzeit trichterförmig aufeinander zu.[447]

---

[446] Kath 1972, S. 43 ff.

[447] vgl. Malkiel 1966, S. 67 f. zitiert nach Kath 1972, S. 43 ff

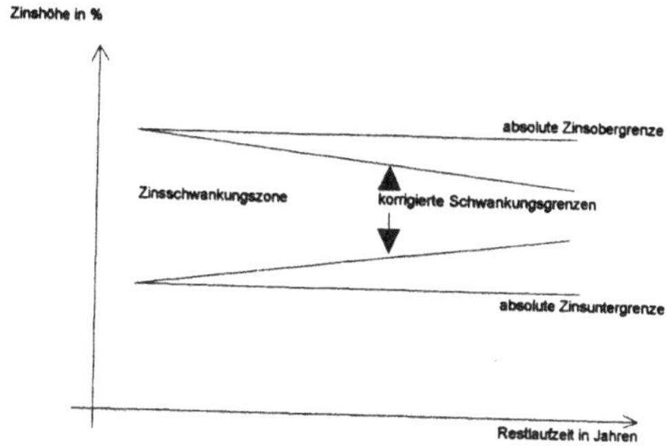

Abb. 23: Zinsschwankungszone
(Quelle: Kath 1972, S. 49)

Schätzt der Investor in seinem subjektiven Entscheidungskalkül die Wahrscheinlichkeit für Kursgewinne höher ein als die Wahrscheinlichkeit für Kursverluste, wird sich ein rationaler Investor immer für die Investition in Konsols entscheiden. Der Konsol ist in dieser Kapitalmarktsituation das Anlageinstrument mit der höchsten Verzinsung über die Anlageperiode.

Die in England zumeist zu beobachtende tiefere Rendite des Konsols gegenüber 20-jährigen Anleihen ließe sich dadurch erklären, daß der Konsol, trotz seines Renditenachteils, bei einer erwarteten Zinssenkung das Anlageinstrument ist, das die höchste Verzinsung über die Anlageperiode verspricht. Da die Anleger stets unter dem Gesichtspunkt der Ertragsmaximierung entscheiden, wird die Anlagewahl verständlich.

3.1.3.2 Das Hicks'sche Risikoprämienmodell

3.1.3.2.1 Die Darstellung des Hicks'schen Risikoprämienmodells

Das Hicks'sche Risikoprämienmodell, auch Liquiditätsprämientheorie genannt, kann als Modifikation der Erwartungstheorie gelten.[448] Hicks modifizierte die Erwartungstheorie, wegen deren Mängel bei der Erklärung der empirisch meist ansteigenden Zinsertragskurven (vgl. Kap. 3.1.2).

Ohne Aufhebung des Erwartungszusammenhangs der zeitlichen Zinsstruktur, wird der Erwartungsansatz von Hicks durch die Berücksichtigung einer Risikokomponente ergänzt. Das den Wirtschaftssubjekten im Rahmen der keynesianisch inspirierten Liquiditätspräferenztheorie unterstellte Risikoverhalten läßt sich durch eine Vorliebe für bestimmte Laufzeiten charakterisieren. Diese Vorliebe für bestimmte Laufzeiten kann jedoch gegen eine Entschädigung in Form eines höheren Zinssatzes überwunden werden. Ähnlich wie beim erwartungstheoretischen Modell der Zinsstruktur, wird im Rahmen der Liquiditätsprämientheorie der Markt von Spekulanten beherrscht, von Marktteilnehmern also, die Zinssatzdifferenzen zur Anlage ausnutzen.[449] Im Unterschied zur Erwartungstheorie wird hier jedoch die Unsicherheit bezüglich des zukünftigen Bedarfs an liquiden Mitteln mitberücksichtigt und Risiko in die Entscheidungssituation eingebaut.[450]

Die Annahme einer perfekten Voraussicht der Marktteilnehmer wird fallengelassen. Im Zusammenhang mit der Vermögensdisposition, die jetzt als Entscheidung unter Unsicherheit zu treffen ist, werden zwei Risikoarten unterschieden: das Kapitalrisiko und das Einkommensrisiko.[451] Die spezifischen Risikoarten der zeitlichen Vermögensdisposition, die sich auf die Änderung der Kapitalwerte (Kapitalrisiko) und der Zinseinkünfte (Einkommensrisiko) beziehen, können grundsätzlich bei den Schuldnern und auch bei den Gläubigern entstehen.

---

[448] vgl. Jüttner 1988, S. 396

[449] vgl. Meiselmann 1962, S. 43

[450] vgl. Faßbender 1973, S. III

[451] Auf die Berücksichtigung des Schuldnerrisikos (vgl. Kap. 2.4.5) kann verzichtet werden, da in der Zinsstrukturtheorie, in Übereinstimmung mit der empirischen Zinsstrukturforschung im allgemeinen, nur öffentliche Schuldtitel untersucht werden.

Beim Gläubiger entsteht das Kapitalrisiko durch den Erwerb eines Wertpapiers, dessen Laufzeit länger ist als sein subjektiver Anlagehorizont. Nach Ablauf der Anlageperiode wird der Gläubiger gegebenenfalls (bei einer zwischen der Anschaffung und der Veräußerung des Wertpapiers stattfindenden Zinssteigerung) gezwungen, die Wertpapiere zu einem tieferen Kurs als dem Einstandskurs zu verkaufen. Der Gläubiger erleidet einen Kapitalverlust in Höhe der Kursdifferenz. Das Risiko eines möglichen Kapitalverlustes bei vorzeitiger Veräußerung wird als Kapitalrisiko des Gläubigers bezeichnet. Das periodische Zinseinkommen ist dagegen ex ante bekannt. Der Anleger geht kein Einkommensrisiko ein.

Beim Schuldner kann ein Kapitalrisiko dadurch auftreten, daß er ein bestehendes Schuldverhältnis durch Ankauf der Schuldpapiere vorzeitig auflösen möchte. Aufgrund der Kapitalmarktsituation ist der Ankauf der Schuldpapiere nur zu einem höheren Kurs als dem festgelegten Tilgungskurs bei Endfälligkeit der Verbindlichkeit möglich. Der Emittent erleidet dadurch einen Kapitalverlust in Höhe der Kursdifferenz.

Ein Gläubiger sieht sich dem Einkommensrisiko gegenüber, wenn er in Wertpapiere investiert, die eine kürzere Laufzeit haben als seine subjektive Planungsperiode. Bei Endfälligkeit der Wertpapiere muß er den freiwerdenden Kapitalbetrag erneut (gegebenenfalls zu einem niedrigeren Zinssatz) investieren. Diese Wiederanlage führt, bei einer zwischen Erwerb und Veräußerung stattfindenden Zinssenkung, zu einem geringeren Zinseinkommen. Dieses Risiko wird als Einkommensrisiko bezeichnet. Ein Kapitalrisiko ist bei mehrfacher kurzfristiger Anlage während der Anlageperiode ausgeschlossen.

Ein Schuldner dagegen sieht sich dem Einkommensrisiko ausgesetzt, wenn er einen langfristigen Kapitalbedarf durch die Emission kurzfristiger Wertpapiere deckt und somit auf eine Anschlußfinanzierung (Revolvierung seiner fälligen Verbindlichkeit), unabhängig von der dann herrschenden Kapitalmarktsituation, angewiesen ist.

Ein Kapitalrisiko kann immer dann eintreten, wenn die Laufzeit einer Anleihe länger ist als die Anlage-[452] bzw. Verschuldungsdauer[453]. Ist die Laufzeit einer

---

[452] Kapitalrisiko des Gläubigers
[453] Kapitalrisiko des Schuldners

Anleihe dagegen kürzer als die Anlage- bzw. Verschuldungsdauer, kann ein Einkommensrisiko impliziert sein.

Das Einkommensrisiko und das Kapitalrisiko eines bestimmten Wertpapiers können ex definitione niemals gleichzeitig auftreten. Je nach spezifischer Konstellation zwischen Anlagehorizont und Schuldtitellaufzeit wird entweder das Einkommens- oder das Kapitalrisiko impliziert.

Die zeitliche Vermögensdisposition der Anleger wird damit sowohl vom laufenden und erwarteten Ertrag als auch von der subjektiven Risikopräferenz des Anlegers beeinflußt. Entscheidet sich der Anleger durch seine zeitliche Vermögensdisposition für eines der beiden Risiken, vermeidet er das andere Risiko. Beide Risikoarten sind nur dann abwendbar bzw. die Gesamtrendite ex ante bestimmbar, wenn sich die Anlageperiode (Finanzierungsperiode) und die Wertpapierlaufzeit entsprechen (Fristenkongruenz). Das Anlageprinzip der Übereinstimmung der Schuldtitellaufzeit mit der subjektiven Anlageperiode führt einerseits also zur Risikofreiheit, andererseits aber bei sich verändernden Zinsen auch zu einem Verzicht auf einen möglichen höheren Ertrag. Die Fristenkongruenz führt nur bei gleichbleibendem Zinssatz zu einem maximalen Ertrag.[454]

Im Rahmen der Liquiditätspräferenztheorie wird auf beiden Marktseiten, sowohl bei den Wertpapieranlegern als auch bei den Wertpapieremittenten, Risikoaversion vorausgesetzt.[455] Risikoaversion heißt in diesem Zusammenhang, daß c.p. nur dann ein höheres Risiko (Kapitalrisiko oder Einkommensrisiko) von Seiten beider Marktteilnehmer akzeptiert wird, wenn daraus ein höherer Ertrag resultiert.[456]

Auf der Wertpapiernachfrageseite unterstellt Hicks in seinem Risikoprämienmodell eine größere Abneigung gegen das Risiko des Kapitalverlustes (Kapitalrisiko) aus Kursverlusten, selbst wenn a priori vollkommen sichere Erwartungen

---

[454] Rentabilität wird auf dem Altar der Risikovermeidung geopfert. Die zeitliche Vermögensdisposition wird zusätzlich verunsichert, falls der Investor keine genaue Kenntnis über seine Zeitdimension hat. Exogene Bestimmungsgründe für diese Zeitspanne können ursächlich für die Unsicherheit sein. Die Anlagealternative, die eine Übereinstimmung zwischen Anlagehorizont und Wertpapierlaufzeit fordert, steht folglich nicht mehr zur Verfügung. Die Anlagealternativen reduzieren sich hier entweder auf die Abwehr des Kapitalrisikos oder die Abwehr des Einkommensrisikos.

[455] Im Gegensatz dazu geht die Erwartungstheorie von vollständiger Voraussicht aus und lehnt folglich die Einteilung in Einkommens- und Kapitalrisiko ab. Es herrscht Indifferenz gegenüber unterschiedlichen Laufzeiten (vollständige Substitutionalität).

[456] vgl. Jüttner 1988, S. 403

hinsichtlich der Dauer der Anlage bestehen. Ausdruck dieses Risikoverhaltens ist eine eindeutige Präferenz für Wertpapiere mit kurzer Laufzeit (Liquiditätspräferenz der Anleger), die eine verlustfreie Liquidierbarkeit versprechen.[457] Damit tritt bei der Vermögensdisposition das Prinzip der Liquiditätsvorliebe auf der Anlegerseite in den Vordergrund.[458] Kurzfristige Wertpapiere gelten als gute Geldsubstitute, da sie aufgrund ihrer kurzen Laufzeit rasch in liquide Mittel getauscht werden können. Langfristige Titel dagegen werden als weniger liquide betrachtet, da ein relativ langer Zeitraum bis zu ihrer Endfälligkeit (und damit bis zum sicheren Umtausch in liquide Mittel) vergeht.[459] Die Renditedifferenz zwischen kurz- und langfristigen Anlagetitel wird durch deren Liquiditätscharakteristika erklärt.

Die Kapitalnachfrager dagegen verhalten sich nach Hicks risikoavers[460], indem sie klare Präferenzen für die Emission langfristiger Wertpapiere äußern, da für ihre Finanzierungsentscheidung das Einkommensrisiko wichtiger ist als das Preisrisiko. Bei der Finanzierungsentscheidung ist die langfristige Verfügbarkeit des Kapitals entscheidungsrelevant.

Wird das Kapitalangebot, das zu einer liquiden Anlage neigt, mit der auf langfristige Finanzierung ausgerichteten Nachfrageseite konfrontiert, ergibt sich eine Knappheit des Geldkapitalangebots im langen Laufzeitenbereich. Dieses als "constitutional weakness" auf der langen Marktseite bezeichnete Phänomen führt dazu[461], daß im langfristigen Laufzeitenbereich von Seiten der Schuldner Risikoprämien in Form höherer Zinsen an die Gläubiger offeriert werden müssen, um die Deckung des Finanzmittelbedarfs sicherstellen zu können.[462]

---

[457]vgl. Kath 1972, S. 61; van Horne 1990, S. 111 und auch Jüttner 1988, S. 396

[458]vgl. Kath 1972, S. 61

[459]vgl. Roll 1970, S. 45

[460]"*....the forward market for loans (like the forward market for commodities) may be expected to have a constitutional weakness on one side, a weakness which offers an opportunity for speculation. If no extra return is offered for long lending, most people (and institutions) would prefer to lend short, at least in the sense that they would prefer to hold their money on deposit in some way or the other. But this situation would leave a large excess demand to borrow long which would not be met. Borrowers would thus tend to offer better terms in order to persuade lenders to switch over into the long market.*(Hicks 1930, S.146) Hicks wurde durch die Theorie der "normal backwardation" von Keynes (vgl. Keynes 1930, S. 142 ff.) dazu veranlaßt, auch die Risikoprämie im Finanzterminmarkt als stets positiv zu betrachten.

[461]vgl. Hicks 1939, S. 146

[462]vgl. van Horne 1990, S. 111 und auch Jüttner 1988, S. 396

Die Risikoprämie[463] als Prämie, die vom Schuldner an den Gläubiger in Form eines Zinsbestandteils zu zahlen ist, soll als Ausgleich für das höhere Risiko eines langfristigen Investments dienen und damit die nicht gegebene Substituierbarkeit (wegen der unterschiedlichen Risikoarten und -intensitäten) nachträglich herbeiführen.[464]

(33) $$_{t+n}r_{1,t} = {}_{t+n}p_{1,t} + {}_{t+n}L_{1,t}$$

mit $_{t+n}L_{1,t} \geq 0$

$_{t+n}L_{1,t}$ = Hicks'sche Risikoprämie

$_{t+n}p_{1,t}$ = erwarteter Terminzins für die Periode t+n

Die positive Risikoprämie[465] im langen Laufzeitenbereich hilft das Marktungleichgewicht in Form eines Angebotsüberschusses im langen Laufzeitenbereich zu beseitigen.[466]

Die Existenz von Risikoprämien führt stets zu einer normalen Zinsertragskurve. Der unterschiedlich hohe Liquiditätsgrad verschiedener Wertpapiere aus Sicht der jeweiligen Anleger ist Ursache für die ungleich hohen Ertragsraten. Die liquideste Anlageform Geld trägt keinen Zins. Weniger liquide Anlageformen tragen einen Zins, der umso höher ausfällt, je länger die Laufzeit eines Papiers ist.[467] Daneben wird mit einer Zunahme der Risikoaversion der Marktteilnehmer (steigende Liquiditätspräferenz) die additive Komponente Liquiditätsprämie größer bzw. steigt die Steilheit der Zinsertragskurve.

Folgende Größenrelation zwischen den unterschiedlichen Liquiditätsprämien sind für den normalen Verlauf der Zinsertragskurve hinreichend:

(34) $$0 \leq {}_{t+1}L_{1,t} \leq {}_{t+2}L_{1,t} \leq \cdots \leq {}_{t+n}L_{1,t}$$

---

[463] auch Liquiditätsverzichtprämie; ist Bestandteil des Zinses für alle länger als eine Periode laufenden Papiere.

[464] vgl. Kath 1972, S. 62

[465] vgl. Roll 1970, S. 44

[466] vgl. Garbade 1982, S. 283 ff.

[467] vgl. Lutz 1950, S. 528

Die Liquiditätsprämie ist immer positiv und nimmt mit der Länge der Laufzeit zu. Eine normale Zinsertragskurve kann, anders als bei der Erwartungstheorie, im Rahmen des Risikoprämienmodells von Hicks Ausdruck für neutrale Zinserwartungen (kurz- und langfristige Zinsen haben die gleiche Höhe) sein. Die Steigung der Zinsertragskurve kommt allein durch die Einführung der Risikoprämie zustande. Der empirische Normalverlauf kann jetzt im Gegensatz zur Erwartungstheorie erklärt werden, ohne ein ständiges Ansteigen der Zinsen voraussetzen zu müssen.[468]

Im Rahmen der Risikoprämientheorie sind Wertpapiere unterschiedlicher Laufzeit keine perfekten Substitute mehr, da langfristige Investments einen höheren Ertrag versprechen als kurzfristige Investments mit anschließender Reinvestition.[469] Die Gleichheit der Ertragssätze für Titel mit unterschiedlich langen Laufzeiten und damit auch unterschiedlich hohen Liquiditätsgraden ist in einer Welt, in der Unsicherheit herrscht, keine Gleichgewichtsbedingung mehr. Wertpapiere verschiedener Laufzeitenbereiche üben jetzt eine unterschiedlich hohe Attraktivität im Sinne von Substitutionsgütern auf Investoren aus.[470] Die Wahl eines Anlegers/Emittenten zwischen Titeln unterschiedlicher Laufzeit übt entscheidenden Einfluß auf die Höhe der erzielbaren Rendite bzw. auf die Höhe der Finanzierungskosten aus.

Die am Markt zu beobachtende Verkürzung der Laufzeitenstruktur wird im Rahmen des Risikoprämienmodells mit einem gegenüber dem eingegangenen Liquiditätsnachteil nicht ausreichend hohen Ertragsvorteil des langfristigen Investments erklärt. Die Investoren präferieren als Folge kurze Laufzeiten.[471]

Die Risikoprämientheorie erklärt die Abflachung der Zinsertragskurve im langen Laufzeitenbereich mit dem abnehmenden marginalen Risiko, dem sich ein Investor, der eine Verlängerung der Laufzeit seines Investments eingeht, aussetzt. Das Liquiditätsrisiko steigt also nicht proportional mit der Fälligkeitsfrist. Das Risiko erhöht sich mit steigender Laufzeit. Wegen des unterproportional potentiell möglichen Kursverlustes, steigt es mit einem immer kleiner werdenden Zuwachs. Die zusätzliche notwendige Risikoprämie pro Periode ist im hohen Laufzeitenbereich folglich geringer als im kurzen Laufzeitenbereich. Liquiditäts-

---

[468] vgl. Campbell 1986, S. 184 , Meiselman 1962, S. 3.1. und auch Kath 1972, S. 62
[469] vgl. van Horne 1990, S. 112 und auch Jüttner 1988, S. 398
[470] vgl. Claassen 1963, S. 7
[471] vgl. Jüttner 1988, S. 494 ff.

prämien haben deshalb ihren größten Effekt im vorderen Bereich der Zinsstruktur (dies ist eine gute Erklärung für gekrümmte yield-curves).[472]

Den Rahmen für die Liquiditätspräferenztheorie liefert die Erwartungshypothese, wobei die konkrete Gestalt der Zinsertragskurve durch das Motiv der Risikoabwehr bestimmt wird.

3.1.3.2.2 Die Kritik am Hicks'schen Risikoprämienmodell

Die von Hicks eingeführte Unsicherheit bezieht sich lediglich auf die Unsicherheit bezüglich des zukünftigen Bedarfs an liquiden Mitteln, die Entscheidungen werden aber anhand sicherer Erwartungen getroffen.[473] Die Annahme sicherer Erwartungen scheint in einer Welt voll Unsicherheit jedoch realitätsfern zu sein.

Das Hicks'sche Modell der Risikoprämien erklärt nicht, warum bestimmte Investoren bereit sein könnten, ein Preisrisiko oder auch ein Einkommensrisiko zu tragen.[474]

In der Wirtschaftstheorie wird zwar allgemein akzeptiert, daß der Liquiditätsgrad von Wertpapieren grundsätzlich geringer ist als der Liquiditätsgrad von Zentralbankgeld. Keine allgemeine Akzeptanz findet jedoch die Aussage, daß die Liquidität von Wertpapieren mit der Zunahme der Laufzeit abnimmt. Bei Hicks ist jedoch gerade die Liquiditätspräferenz, die sich aus den unterschiedlich hohen Liqiditätsgraden von Wertpapieren mit verschieden langer Laufzeit ergibt, einer der Hauptbestimmungsgründe für die Zinsstruktur.[475]

Es ist nicht richtig, daß ein langfristiges Papier grundsätzlich risikoreicher ist als ein kurzfristiges Wertpapier.[476] Vielmehr kommt es auf den subjektiven Planungshorizont jedes einzelnen Anlegers an, welches der Wertpapiere das riskantere ist. Wird Vermögen nicht um seiner selbst Willen angestrebt, sondern zur Finanzierung zukünftigen Konsums (bzw. bei institutionellen Anlegern zur Erfüllung eingegangener Verbindlichkeiten), dann ist ein langfristiges Papier ein sicheres Investment für den Konsum (die Verbindlichkeit) in ***n*** Perioden. Für den Konsum

[472]vgl. Malkiel 1966. S. 215
[473]vgl. Faßbender 1974. S. 82
[474]vgl. Garbade 1982. S. 290
[475]vgl. Kath 1972. S. 62
[476]vgl. Lutz 1950. S. 512

(die Verbindlichkeit) in n-x Perioden dagegen ist es eine riskante Investition. Ein kurzfristiger Titel ist eine sichere Anlage für entsprechend kurzfristigen Konsum (Verbindlichkeiten), während die Finanzierung langfristigen Konsums (langfristiger Verbindlichkeiten) mit Unsicherheiten behaftet ist. Damit kann die Hypothese kritisiert werden, die von einem steigenden relativen Anteil kurzfristiger Titel bei höherer Risikoaversion ausgeht.[477]

Ein anderer Ansatzpunkt für Kritik an der Risikoprämientheorie ist die "constitutional weakness" der langen Marktseite, die zur Erklärung der vom Schuldner an den Gläubiger zu entrichtenden Liquiditätsprämie herangezogen wird. Damit würden Institutionen am Kapitalmarkt auftreten, die die Fristentransformation zwischen kurzfristigen Präferenzen der Anleger und den langfristigen Präferenzen der Emittenten übernehmen. Die Liquiditätsprämie hätte die Funktion einer Entlohnung für die Vermittlerfunktion. Längerfristig würden immer mehr Vermittlerinstitutionen auf den Markt treten und um einen möglichst hohen Marktanteil kämpfen. Die Folge wäre ein fortschreitendes Sinken der Liquiditätsprämie. Das Verhalten der Marktteilnehmer würde schließlich zu einem Verschwinden der Liquiditätsprämie führen. Tatsächlich ist die Fristentransformation eine der Hauptursachen für die Existenz von Geschäftsbanken und gehört noch immer zu deren wichtigsten Funktionen.

3.1.3.2.3 Der Konsol im Rahmen des Hicks'schen Risikoprämienmodell

Im Rahmen der Liquiditätspräferenztheorie nach Hicks sind die am Markt agierenden Wirtschaftssubjekte risikoavers. Ein höheres Risiko wird nur dann von den Marktteilnehmern getragen, wenn sie in Form einer höheren Rendite entschädigt werden. Bezogen auf die von Hicks eingeführten zwei Risikoarten (Preisrisiko und Einkommensrisiko), denen Schuldner und Gläubiger ausgesetzt sind, impliziert der Erwerb eines Konsols für den Anleger nur ein Preisrisiko, nicht jedoch ein Einkommensrisiko.

Der Konsol ist aus Anlegersicht keinem Einkommensrisiko ausgesetzt, da er für eine unendlich lange Zeit (also auch über den Planungshorizont hinaus) einen bestimmten bei Erwerb festzulegenden Kuponsatz verbrieft. Ein Konsolerwerber ist

---

[477] vgl. Stiglitz 1970, S. 321 und 336 und auch Lutz 1967, S. 216

also nicht dem Risiko ausgesetzt, eventuell bei Marktzinssatzsenkungen sein Kapital zu niedrigeren Zinssätzen anlegen zu müssen. Vielmehr "friert" er einen bestimmten Zinssatz für einen Zeitraum, den der Anleger durch die Veräußerung des Konsols bestimmt (im Extremfall unendlich lang), ein.

Aus Anlegersicht ist der Konsol dagegen einem Preisrisiko ausgesetzt, wenn der Planungshorizont des Anlegers "kürzer als unendlich lang" ist, also zeitlich begrenzt ist. Der Anleger geht wegen seines zeitlich begrenzten Planungshorizonts das Risiko ein, den Konsol zu einem bestimmten zukünftigen Zeitpunkt, unabhängig von der Kapitalmarktsituation, zu einem niedrigeren Kurs als dem Erwerbspreis verkaufen zu müssen. Der Anleger geht folglich das Risiko eines Kapitalverlustes ein.

Aus dem unterstellten risikoaversen Verhalten ergibt sich eine Präferenz der Anleger für kurzfristige Schuldtitel. Der Konsol würde von den Anlegern als Anlageinstrument zunächst gemieden werden.

Aus Emittentensicht ist der Konsol ebenfalls nicht dem Einkommensrisiko ausgesetzt, da der Zinssatz des Konsols festgelegt wurde und somit die Finanzierungskosten für einen unbestimmten Zeitraum für den Emittenten vertraglich fixiert sind. Ein Konsolemittent setzt sich nicht dem Risiko aus, in einer ungünstigen Kapitalmarktsituation die Anleihen zu einem für ihn ungünstigeren (höheren) Zinssatz revolvieren zu müssen.

Einem Preisrisiko ist der Emittent von Konsols nur dann ausgesetzt, wenn er den Konsol zu einem höheren Kurs als dem Emissionskurs durch Rückkauf am Markt tilgen muß.

Aufgrund der größeren Aversion der Emittenten gegenüber dem Einkommensrisiko ergibt sich eine emittentenspezifische Präferenz für langfristige Finanzierungstitel, also auch für Konsols. Im langen Laufzeitenbereich ergibt sich eine Knappheit des Geldkapitalangebots (constitutional weakness). Die Substituierbarkeit zwischen kurz- und langfristigen Schuldtiteln wird im Rahmen des Risikoprämienmodells erst durch eine Liquiditätsprämie als Zinsbestandteil ermöglicht. Sie soll den Anleger für das höhere Risiko, das bei langlaufenden Schuldtiteln wegen der mit der Laufzeit zunehmenden Illiquidität impliziert ist, entschädigen.

Der Konsol als Anlageinstrument ohne Endfälligkeit ist im Hicks`schen Sinne das illiquideste Anlageinstrument überhaupt, da das einzelne Wertpapier theoretisch aufgrund seiner fehlenden Fälligkeit nicht mehr in liquide Mittel zurückgeführt werden kann.[478] Im Rahmen des Risikoprämienmodells muß der Konsol gegenüber anderen endfälligen Schuldtiteln folglich die höchste Liquiditätsprämie aufweisen, um als mögliche Anlagealternative in die Portfolioentscheidung der Wirtschaftssubjekte miteinbezogen zu werden. Der Konsol müßte theoretisch die höchste Rendite aufweisen.[479] Als Anlageinstrument wäre der Konsol damit für Anleger, die das Ziel der Ertragsmaximierung anstreben, ein attraktives Anlageinstrument, insbesondere dann, wenn die Investoren einen sehr langen, möglicherweise unbestimmt langen, Planungshorizont haben. Für diese Investoren ist der Konsol die einzige Anlagealternative, die keine Festlegung auf eine bestimmte Laufzeit erfordert.

Für Kapitalnachfrager, die zum Beispiel aus institutionellen Gründen auf eine langfristige Zurverfügungstellung des Kapitals angewiesen sind, kann der Konsol trotz theoretisch höheren Finanzierungskosten (z. B. aus Gründen des Erreichens höherer Eigenkapitalquoten) attraktiv sein.

Gegen die Vermutung unverhältnismäßig hoher Liquiditätsprämien beim Konsol kann angeführt werden, daß zwar das Risiko mit steigender Laufzeit größer wird, jedoch mit immer kleiner werdendem Zuwachs. Das marginale Risiko, das über eine Verlängerung der Laufzeit eingegangen werden muß, wird pro zusätzlicher Periode kleiner. Die Liquiditätsprämie wirkt sich also eher im kürzeren als im extrem langen Laufzeitenbereich aus, da das Liquiditätsrisiko nicht proportional mit der Laufzeit ansteigt. Die Unendlichkeit der Laufzeit erfordert dann keine entsprechende Liquiditätsprämie. Daneben ist es für den Anleger ziemlich unerheblich, ob eine Anleihe überhaupt nicht oder erst in 30 Jahren getilgt wird, da der Barwert der Tilgungszahlung klein ist.

---

[478] Der Anleger kann jedoch den Konsol über das Fälligkeitssurrogat - liquider Kapitalmarkt - gegen liquide Mittel eintauschen.

[479] Die theoretisch erforderliche höchste Rendite des Konsol kann jedoch empirisch nicht beobachtet werden. In Großbritannien weisen Konsols überwiegend einen Renditeabschlag gegenüber endfälligen Anleihen auf.

3.1.3.3 Die Marktsegmentationstheorie

3.1.3.3.1 Die Darstellung der Marktsegmentationstheorie

Einer der führenden Protagonisten der Marktsegmentationstheorie, auch Institutionenhypothese oder Hedging-Pressure-Hypothese genannt, ist J. M. Culbertson[480]. Die Marktsegmentationstheorie stimmt mit dem Hicks'schen Risikoprämienmodell in der Feststellung überein, daß der Anleihenmarkt von risikoaversen Marktteilnehmern bestimmt wird. Im Gegensatz zu Hicks schließt Culbertson daraus jedoch nicht auf eine "constitutional weakness" der langen Marktseite. Vielmehr argumentiert er mit subjektiv unterschiedlichen Laufzeitenpräferenzen der einzelnen Anleger.

Die erwartungstheoretische Prämisse der Indifferenz der Investoren sowohl gegenüber dem Einkommens- als auch dem Kapitalrisiko wird jetzt durch eine Verhaltenshypothese ersetzt, die beide Risikoarten in die Anlageentscheidung miteinbezieht. Auch im Rahmen der Marktsegmentationstheorie wird unterstellt, daß der Markt von risikoaversen Markteilnehmern[481] dominiert wird, deren primäre Zielsetzung bei der zeitlichen Vermögensdisposition das Streben nach Risikoabwehr ist.[482] Damit wird die Risikovermeidung als Bestimmungsgrund der Zinsstruktur auch von Culbertson besonders hervorgehoben.

Auf der Anlageseite dominieren vor allem institutionelle Anleger, die kein durch Spekulation bestimmtes, sondern ein risikovermeidendes Anlageverhalten (Hedging)[483] aufweisen.[484] Das Bedürfnis zum Hedgen von Risiken, das sich aus der Annahme unvollständiger Voraussicht über die Entwicklung der Zinssätze ergibt, führt zu einer Wertpapiernachfrage, deren Laufzeit sich insbesondere an den

---

[480] vgl. Culbertson 1957

[481] vgl. Malkiel 1966, S. 26 und auch Kane/Malkiel 1967, S. 354

[482] vgl. Kath 1972, S. 51
"The existence of some cash needs that are definite and relate to the near future and a large volume of needs that are indefinite but may have to be matched in the near future creates a demand for liquidity in general, a preference for debt that can be liquidated on short notice on relatively certain terms." (Culbertson 1957, S. 493)

[483] vgl. Malkiel 1966, S. 24 und auch Meiselman 1962, S. 43

[484] Culbertson gelangt über die Beobachtung der Kapitalstruktur der Unternehmen, die sich als konstant erweist, zu der Auffassung, daß die Anlageentscheidung der institutionellen Anleger weniger durch spekulatives Handeln als vielmehr durch die Abwehr bestimmter Risiken gekennzeichnet werden kann. (vgl. Kath 1972, S. 64)

unterschiedlichen Verbindlichkeiten der institutionellen Anleger orientiert und zu einem Wertpapierangebot, das entsprechend der Laufzeit der Investitionsobjekte ausgerichtet wird.[485] Haben institutionelle Anleger langfristige Verbindlichkeiten, werden sie langfristige Wertpapiere nachfragen (et vice versa). Über eine Fristenkongruenz wird die vollständige Vermeidung sowohl des Einkommensrisikos als auch des Preisrisikos angestrebt.[486]

Geschäftsbanken, die das Preisrisiko vermeiden wollen, können wegen ihrer zeitlich unbestimmten Depositenverbindlichkeiten sowie ihrer traditionellen Liquiditätserfordernisse am kurzen bis mittleren Ende der Laufzeitenskala angesiedelt werden. Lebensversicherer und Pensionsfonds mit großen Anlagevolumina, die das Einkommensrisiko eliminieren wollen, präferieren eher den langen Laufzeitenbereich.[487] Ihre Verbindlichkeiten (Vorsorgeverpflichtungen) sind versicherungsmathematisch errechenbar bzw. langfristig vertraglich festgelegt und ermöglichen somit ein relativ genaues Timing fällig werdender Versicherungsverbindlichkeiten.[488] Zeitpunkt und Höhe des zur Deckung der eingegangenen Verpflichtung notwendigen Auszahlungsstromes können mit hinreichender Wahrscheinlichkeit ex ante kalkuliert werden. Langfristige Engagements sind möglich, weil der Anteil liquider Mittel am Gesamtvolumen des Versicherungsportfolios nur gering sein muß. Hedger vermeiden Zinsänderungsrisiken[489] und fragen entsprechend ihrer subjektiven Liquiditätsbedürfnisse Wertpapiere mit langen Laufzeiten nach.

Diese Annahme über das Verhalten der Marktteilnehmer hat eine Vielzahl einzelner, voneinander abgeschotteter, Laufzeitensegmente ohne Interdependenzen und damit unabhängige Marktsegmente zur Folge.[490] Ohne Beachtung der Ertrags-

---

485 vgl. Malkiel 1966, S. 145

486 vgl. Kath 1972, S. 36

487 vgl. van Horne 1990, S. 115, Malkiel 1966, S. 26 f., Lutz 1967, S. 225 und auch Gaines 1962, S. 125

488 Zweck jeder Pensionskasse ist es, eine Vermögensstruktur zu erreichen, die das Liquiditätsziel, das Risikoziel und das Renditeziel sicherstellt. Das Liquiditätsziel sorgt für die Einhaltung einer termingerechten Auszahlung der Leistungen. Weiterhin soll mit dem Risikoziel das finanzielle Gleichgewicht ungefährdet bleiben. Daneben sorgt die Einhaltung des Renditeziels dafür, daß die planmässige Finanzierung sichergestellt werden kann. Die Gewichtung der Ziele untereinander und damit die optimale Asset Allocation wird durch die subjektiven Eigenschaften der Verbindlichkeiten bestimmt.

489 vgl. Meiselman 1962, S. 48

490 vgl. Kath 1972, S. 52

raten in anderen Laufzeiten verbleiben die Anleger in "ihrem" Laufzeitenbereich. Es findet eine Segmentierung des Kapitalmarktes in Teilmärkte statt. Damit wird die von der Erwartungstheorie vertretene Annahme der perfekten Substitutionalität einzelner Anleihen mit unterschiedlichen Laufzeiten von der Marktsegmentationstheorie vollständig aufgehoben. Zwischen den Anleihen unterschiedlicher Laufzeitensegmente bestehen keine Substitutionsbeziehungen mehr.[491]

Die Marktsegmentationstheorie geht anstelle einer laufzeitbezogenen Indifferenz von einer ganz klaren Präferenz der Anleger für eine ganz bestimmte Laufzeitenklasse aus.[492] Beide Marktseiten suchen eine Übereinstimmung der Fristigkeit der Anlage/Verbindlichkeit mit der Laufzeit des Planungshorizonts.[493]

Als Verhaltensmaxime für die Portfolioallokation auf beiden Marktseiten wird das Laufzeiten-Hedging[494] vorausgesetzt. Institutionelle Anleger streben eine laufzeitenkongruente Anlage ihrer liquiden Mittel an, während die fristenkongruente Finanzierung auf der Emittentenseite zu erreichen versucht wird. Damit sind auch die Kapitalnachfrager nicht indifferent gegenüber der Laufzeit der einzugehenden Verbindlichkeit.[495] Aber auch gesetzliche Einschränkungen sowie andere institutionelle Verhaltensrestriktionen können institutionelle Marktteilnehmer dazu veranlassen, nur in bestimmten Laufzeitenbereichen als Wertpapiernachfrager aufzutreten.

Die einzelnen Marktsegmente werden sowohl auf der Wertpapiernachfrageseite als auch auf der Angebotsseite durch die festgelegten Laufzeitenpräferenzen bestimmt.[496] Innerhalb dieser einzelnen Laufzeitensegmente wird der jeweilige Zins isoliert aufgrund vorhandener Angebots- und Nachfragebedingungen als Gleichgewichtsmarktzins ermittelt.

Allein die Marktkonstellation auf den Teilmärkten in Form von Knappheitsrelationen bestimmt damit die Zinsstruktur.[497] "Zinsunterschiede (zwischen den einzelnen Marktsegmenten) ergeben sich aus einer Inkongruenz zwischen der nachgefragten Fristenstruktur der Wertpapiere seitens der Kreditgeber und der

---

[491]vgl. Claassen 1980. S.190
[492]vgl. Meiselman 1962. S. 50 und auch Malkiel 1966. S. 180 Modigliani/Sutch 1966. S. 183
[493]vgl. van Horne 1980. S. 1129 und auch Lutz 1967. S. 222 f.
[494]vgl. Garbade 1982. S. 271 f.
[495]vgl. Claassen 1963. S. 154
[496]vgl. van Horne. 1980. S. 1129 und auch Lutz 1967. S. 222 f.
[497]vgl. Kath 1972. S. 54 und auch Jüttner 1988. S. 399

angebotenen Fristenstruktur der Wertpapiere seitens der Kreditnehmer."[498] Neben der Nachfrage übt somit auch das Wertpapierangebot einen nicht zu vernachlässigenden Einfluß auf die Zinsstruktur aus.

Änderungen der Fristigkeitszusammensetzung des am Markt vorhandenen Schuldangebots (debt-management) haben im Rahmen der Marktsegmentationshypothese Einfluß auf die Zinsstruktur. Änderungen in der Zinsertragskurve sind somit, neben einem veränderten Nachfrageverhalten, auf Änderungen in der Laufzeitenschichtung des Angebotes zurückzuführen. Im Gegensatz zu anderen Theorien kann debt-management im Rahmen der Marktsegmentationstheorie damit erfolgreich sein.[499]

3.1.3.3.2 Die Kritik an der Marktsegmentationstheorie

An der extremen Form der Marktsegmentationstheorie wird Kritik geübt, da ein genügend hoher Ertragsvorteil, so wird behauptet, ausreicht, um vorhandene Laufzeitenpräferenzen zumindest teilweise zu überwinden. Zu jedem Zeitpunkt steht ein gewisser Anteil an Investitionsmitteln unterschiedlicher Anleger zur Verfügung, der infolge von Zinssatzdifferenzen in ganz unterschiedliche Laufzeitensegmente investiert werden kann.[500] Im Zusammenhang mit den Annahmen der Marktsegmentationstheorie wird kritisch gefragt, warum ein Investor nicht ganz bewußt bereit sein soll, ein Markt- und/oder ein Einkommensrisiko zu tragen, wenn er in Form eines höheren Ertrages für das höhere Risiko entschädigt wird. Damit wird die vollkommene Risikoaversion aller Anleger in jeder Kapitalmarktsituation in Frage gestellt.

Auch kann die Institutionenhypothese nicht erklären, warum im historischen Vergleich hohe kurzfristige Ertragsraten in der Regel in Verbindung mit einer inversen yield-curve auftreten, während niedrige kurzfristige Ertragsraten eine normale Zinsertragskurve implizieren.[501]

Zwischen kurz- und langfristigen Zinssätzen kann systematischer Zusammenhang ausgemacht werden. Verändern sich die Zinssätze, so verläuft die

---

[498] Claassen 1980, S. 189; vgl. auch Modigliani/Sutch 1966, S. 183 und Jüttner 1988, S. 399 541)
[499] vgl. van Horne 1980, S. 1130
[500] vgl. Gaines 1962, S. 247
[501] vgl. Garbade 1982, S. 273

Veränderung bei kurzfristigen und langfristigen Wertpapieren oft in die gleiche Richtung. Dieser systematische Zusammenhang widerspricht jedoch der Ansicht, daß verschiedene Anlegergruppen jeweils Wertpapiere mit gegebener Restlaufzeit bevorzugen.[502]

So wird auch argumentiert, daß die Laufzeitenzusammensetzung der institutionellen Portfolios variabel ist, lediglich die durchschnittliche Laufzeit der Portfolios einzelner Anleger entspricht der im Rahmen einer fristenkongruenten Strategie geforderten Laufzeit.[503]

Diese Kritikpunkte gelten als Ausgangsbasis für die noch zu behandelnde Preferred-Habitat-Theorie (vgl. Kap. 3.1.3.4).

3.1.3.3.3 Der Konsol im Rahmen der Marktsegmentationstheorie

Die Existenz des Konsol als Schuldtitel mit unendlich langer Laufzeit würde in einem segmentierten Kapitalmarkt, wie er im Rahmen der Marktsegmentationstheorie unterstellt wird, zu einem zusätzlichen Marktsegment im langen Laufzeitenbereich führen, das als ein laufzeitbezogenes Extremsegment bezeichnet werden kann. Besonders die institutionellen Anleger (Lebensversicherungsgesellschaften und Pensionsfonds) wollen aufgrund ihrer besonderen Geschäftstätigkeit das Einkommensrisiko vermeiden und bevorzugen traditionell den langen Laufzeitenbereich. Für diese Anlegergruppe, die immer einen bestimmten Teil ihrer Verbindlichkeiten mit sehr langfristigen Anlagen matchen will, könnte der Konsol (auch wegen seiner finanzmarkttheoretischen Charakteristika) ein attraktives Anlageinstrument sein. Besonders institutionelle Anleger könnten folglich das Konsolsegment präferieren.

Auf der Emittentenseite kann der Konsol wegen seiner Eigenkapitaleigenschaft besonders für die Emittenten attraktiv sein, die an einer hohen Eigenkapitalquote interessiert sind und gleichzeitig aber keine Mitwirkungsrechte an Aktionäre weitergeben wollen (z. B. Banken, große Industrieunternehmen).

Grundsätzlich läßt sich festhalten, daß sowohl auf der Anleger- als auch auf der Emittentenseite Marktteilnehmer zu finden sein dürften, deren Präferenzen sich

[502] vgl. Jüttner 1974, S. 135
[503] vgl. Malkiel 1966, S. 151

aufgrund ihrer Anlage- bzw. Finanzierungsziele auf das Marktsegment der Konsols richten könnten.

Über die absolute Höhe der Konsolrendite im Rahmen der Marktsegmentationstheorie läßt sich insofern keine Aussage machen, als die Rendite in den einzelnen Marktsegmenten nur aufgrund der jeweiligen Knappheitsrelation (Angebots- oder Nachfrageüberschuß) zustande kommt. Bei Culbertson würde sich die Konsolrendite nur durch die Konfrontation des Angebotes der Emittenten mit der Konsolnachfrage durch die Anleger ergeben, ohne Interdependenzen mit anderen Marktsegmenten. Der Renditenachteil des Konsols gegenüber endfälligen 20-jährigen Anleihen - wie er in England zumeist empirisch beobachtbar ist - dürfte sich mit der Marktsegmentationstheorie als Ausdruck der Konsolknappheit erklären. Konsolemissionen wären zur Behebung dieser Knappheit angezeigt.

3.1.3.4 Die Preferred-Habitat-Theorie

3.1.3.4.1 Die Darstellung der Preferred-Habitat-Theorie

Modigliani/Sutch und Modigliani/Shiller haben die Marktsegmentationstheorie modifiziert und als deren moderate Version die Preferred-Habitat-Theorie entwickelt.[504]

Charakterisiert werden kann die Preferred-Habitat-Theorie durch die Integration von Elementen der Liquiditätstheorie und der Marktsegmentationstheorie in die reine Erwartungstheorie. Das Hicks'sche Risikoprämienmodell geht von einer Präferenz der Anleger für kurze Laufzeiten aus. Wird langfristig investiert, so ist diese Anlagestrategie bei Hicks mit Kapitalunsicherheit belastet. Diese Folgerung ist jedoch nur dann richtig, wenn davon ausgegangen werden kann, daß alle Kreditgeber unmittelbar nach dem Ablaufen der kurzen Frist ihre Anlagemittel in flüssige Mittel transferieren möchten, also eine "kurze habitat"[505] haben. Modigliani und Sutch unterstellen demgegenüber, daß verschiedene Marktteilnehmer sowohl kurz- als auch langfristige "habitats" haben. Ein Investor, der einen langfristigen

[504] vgl. van Horne 1980, S. 1129 und auch van Horne 1990, S. 116
[505] habitat wörtlich übersetzt: Standort, Heimat

Planungshorizont hat, würde in Folge eines kurzfristigen Investments eine Einkommensunsicherheit und daraus ein Reinvestitionsrisiko eingehen, das bei einer Anlage in langfristige Wertpapiere vermeidbar gewesen wäre. Unter der Prämisse der Risikoaversion müßte solch ein Investor langfristige Papiere nachfragen. Im Rahmen der Preferred-Habitat-Theorie würde nur dann, wenn ein genügend hoher Ertragsvorteil aus einem kurzfristigen Investment resultiert, dieses als Anlagealternative akzeptiert. Es muß also eine Prämie (Zinsaufschlag) bezahlt werden, die die Liquiditätsaversion des Anlegers überkompensiert (negative Liquiditätsprämie).

Wird ein Wertpapier erworben, dessen Laufzeit die des Planungshorizonts übersteigt, setzt sich der Investor ebenfalls einem höheren Risiko (Kapitalwertrisiko) aus. Erst eine positive Liquiditätsprämie für die langfristige Anlage läßt den Investor seine Präferenz für kurzfristige Titel überwinden.[506]

Risikoaversion führt folglich nicht zwingend zur Nachfrage nach kurzfristigen Wertpapieren, vielmehr wird eine Wertpapiernachfrage impliziert, die sich an den subjektiven "habitats" orientiert.[507] Die Annahme eines Angebotsüberhanges im Bereich langer Laufzeiten wird aufgegeben. Von der subjektiven "habitat" wird nur dann abgewichen, wenn die Prämie die Nachteile in Form höherer Risiken und Transaktionskosten kompensiert.[508] Ohne einen ausreichend hohen Ertragsanreiz verbleiben die Investoren vorzugsweise im persönlich präferierten Laufzeitensegment.[509] Inkonsistenzen in den Zinssätzen unterschiedlicher Laufzeitenbereiche bleiben in einem bestimmten Ausmaß entsprechend der Risikoaversion der Marktteilnehmer trotz (beschränkter) Arbitrage erhalten.[510]

Im Gegensatz zur vollständigen Marktsegmentation nach Culbertson kann hier von partieller Segmentation gesprochen werden, d.h. es gibt in beschränktem Umfang eine intrasegmentale Substitution, also eine Substitution zwischen Wertpapieren unterschiedlicher Laufzeit.[511] Ausreichende Renditeunterschiede können institutionelle Präferenzen überwinden und die Anleger veranlassen, aus

[506] vgl. Garbade 1982. S. 291

[507] Damit kann die Preferred-Habitat-Theorie als eine Verallgemeinerung der Liquiditätspräferenztheorie aufgefaßt werden.

[508] vgl. Modigliani/Sutch S. 183 ff. und auch Lutz 1940, S. 48

[509] vgl. Malkiel 1966. S. 166

[510] vgl. van Horne 1980. S. 1130

[511] vgl. van Horne 1980. S. 1130 und auch Malkiel 1966. S. 202

ihrem liquiditätsoptimalen Marktsegment auszutreten und ihr Kapital in einem anderen Marktsegment anzubieten.[512] Die Preferred-Habitat-Theorie kann deshalb auch als abgeschwächte Form der Marktsegmentationstheorie bezeichnet werden. Der Verlauf der Risikoprämie ist dabei abhängig von den subjektiven Laufzeitenpräferenzen und dem Risikoaversionsgrad der Anleger in ihrer Gesamtheit am Markt.

Im Rahmen der Preferred-Habitat-Theorie wird der Einfluß von Erwartungen über Kapitalgewinne bzw. -verluste auf die Zinsertragskurve mitberücksichtigt. Ist der Anreiz in Form einer Mehrrendite ausreichend hoch, so sind die Marktteilnehmer bereit, ein höheres Risiko in einem anderen Marktsegment einzugehen.[513]

3.1.3.4.2 Der Konsol im Rahmen der Preferred-Habitat-Theorie

Im Rahmen der Preferred-Habitat-Theorie wird der Konsol als mögliches Anlageinstrument von Investoren in die Investmententscheidung miteinbezogen, wenn seine Mehrrendite gegenüber anderen langfristigen Wertpapieren ausreichend hoch ist, um Anleger, die eine kürzere Planungsperiode haben, für das höhere Risiko zu entschädigen. Für langfristig orientierte Anleger ist der Konsol damit immer dann eine mögliche Anlagealternative, wenn die Mehrrendite ausreicht, das höhere Risiko gegenüber langlaufenden endfälligen Anleihen zu kompensieren.

Daneben gibt es jedoch auch Anleger, deren Anlageziele sich am besten mit dem Konsol als Anlagealternative erreichen lassen. Verfolgt ein Anleger, der einen unbestimmt langen Planungshorizont hat[514], das Ziel, über einen sehr langen Zeitraum ein regelmäßiges Einkommen in Form von Zinszahlungen zu erhalten, so bietet der Konsol als einziges Anlageinstrument die Möglichkeit, den Zinssatz schon bei Erwerb über den gesamten Anlagehorizont festzuschreiben (Einfrieren eines Zinssatzes).

---

[512] vgl. Faßbender 1973, S. 70
[513] vgl. Garbade 1982, S. 292
[514] Eventuell spielen Erbüberlegungen bei seiner Anlageentscheidung eine Rolle.

3.1.4 Unterschiedliche Zinsstrukturtheorien im Vergleich

Im vorangegangenen Abschnitt wurden vier unterschiedliche Modelle zur Erklärung der Fristigkeitsstruktur der Zinssätze dargestellt. In der wissenschaftlichen Literatur konnte trotz großer Anstrengungen keine empirische Bestätigung für die Gültigkeit einer Theorie gefunden werden. Vielmehr stellte Lutz schon 1967 fest, daß in der Literatur bei gleicher Datenbasis über einen identischen Zeitraum die unterschiedlichsten Vertreter einzelner Theorien[515] jeweils die Verifizierung der durch sie vertretenen Theorie zur Fristigkeitsstruktur der Zinssätze nachweisen konnten.[516]

Eine der großen Schwierigkeiten bei der empirischen Überprüfung der unterschiedlichen Theorien[517] zur Erklärung der Fristigkeitsstruktur liegt im Testen der den jeweiligen Theorien zugrundeliegenden Verhaltensannahmen (erwartungsorientiertes Renditestreben bzw. vollständige oder abgeschwächte Risikoaversion).[518]

Keine der Theorien hält jeder realen Situation stand, sie alle weisen verdienstvolle Anregungen auf bei gleichzeitigen Unzulänglichkeiten und Erklärungsmängeln.

Grundgedanke aller dargestellten Theorien ist die Existenz eines funktionalen Zusammenhangs zwischen den Zinssätzen für kurzfristige Wertpapiere und den Sätzen für längerlaufende Wertpapiere. Dieser Zusammenhang läßt sich einerseits anhand der Substitutionalität zwischen Wertpapieren und ihren möglichen Segmenten aufzeigen, andererseits anhand unterschiedlich begründeter Risikoprämien.

---

[515]vgl. Culbertson und Meiselman z. B. Meiselman hat 1962 einen ersten umfassenden Versuch unternommen, die Gültigkeit der Erwartungstheorie durch ein ökonometrisches Modell zu belegen. Als Ausgangspunkt wählte er die Hypothese der Fehlerhaftigkeit der Vorausschätzung der Zinsentwicklung durch die Wirtschaftssubjekte. Ein ihnen unterstelltes rationales Verhalten bewegt die Investoren bei ex post festgestellten Prognosefehlern, dies in die von Periode zu Periode um die Abweichung korrigierte Zinserwartung miteinzubeziehen. Meiselman führte damit eine Erwartungsanpassungshypothese in Form der Erwartungskorrektur in den Zinserwartungsprozeß ein. (vgl. Meiselman 1966, S. 1 ff)

[516]vgl. Lutz 1967, S. 210

[517]vgl. unter anderem: van Horne 1980, S. 1129-1140, Kugler 1987, S. 201-212; Terrell/Frazer 1972, S. 1-35; Shiller 1990, S. 629-722; Froot 1989, S. 283-305

[518]vgl. Kath 1972, S. 57

Grundsätzlich unterscheiden sich die verschiedenen Theorien zur Zinsstruktur durch andere Erklärungsprinzipien. So wird einerseits das Streben nach maximalen Erträgen in den Vordergrund gerückt. Dem gegenübergestellt wird die Vorstellung, daß der Zusammenhang der Zinssätze auf die Abneigung gegenüber Risiken und folglich auf entsprechende Abwehrreaktionen (partielle oder totale Risikovermeidung) zurückzuführen ist.

Bei der Erwartungstheorie wurden für alle Marktteilnehmer identische Erwartungen bezüglich zukünftiger kurzfristiger Zinssätze unterstellt; der Grad der Substitutionalität zwischen Wertpapieren unterschiedlicher Laufzeiten wurde dadurch unendlich groß (Arbitrage). Im Rahmen der Erwartungstheorie werden keine Risikoprämien berücksichtigt, da die Anlageentscheidung unter vollständiger Sicherheit getroffen wird. Die Annahme vollständiger Voraussicht über die zukünftige Zinsentwicklung schaltet die Berücksichtigung des Einkommens- und Preisrisiko aus. Die Gestalt der Zinsertragskurve richtet sich am geometrischen Mittel der erwarteten kurzfristigen Zinsen aus.[519]

Durch die Liquiditätspräferenztheorie wurde der Zusammenhang zwischen der Zinsstruktur und der Risikoprämie aufgezeigt und teilweise durch die Liquiditätspräferenz erklärt. Die Risikoprämie wird exogen erklärt und steigt mit der Restlaufzeit der Wertpapiere. Der Substitutionalitätsgrad wurde eingeschränkt durch die Präferenz für kurzfristige Wertpapiere. Die Gestalt der Zinsertragskurve orientiert sich ebenfalls am geometrischen Mittel der erwarteten kurzfristigen Zinssätze, wird jedoch im Unterschied zur Erwartungstheorie durch einen Bias in Richtung einer normalen Zinsertragskurve korrigiert.

Bei der Marktsegmentationstheorie wird ein Zusammenhang zwischen unterschiedlichen Zinssätzen über die subjektiven Präferenzen (die nicht unbedingt kurzfristig sein müssen) hergestellt. Aufgrund der konkreten Präferenzen für einzelne Laufzeitensegmente wird in der extremen Form der Marktsegmentationstheorie ein Substitutionalitätsgrad von Null unterstellt. Die Risikoprämie und damit der Zinssatz wird hier endogen durch Angebot und Nachfrage auf den einzelnen Teilmärkten bestimmt. Die Gestalt der Zinsertragskurve ist nicht a priori determiniert, sondern kann z. B. durch eine gezielte Angebotsbeeinflussung in einem bestimmten Laufzeitenbereich beeinflußt werden.

---

[519] vgl. Kath 1972, S. 37

Demgegenüber räumt die Preferred-Habitat-Theorie eine intersegmentale Substitution ein, die jedoch nicht vollkommen ist. Die Risikoprämie wird auch hier endogen auf den einzelnen Teilmärkten bestimmt. Im Unterschied zur Marktsegmentationstheorie werden im Rahmen der Preferred-Habitat-Theorie jedoch die Bedingungen auf den benachbarten Teilmärkten mit in die Entscheidung einbezogen. Die Gestalt der Zinsertragskurve ist ebenfalls nicht a priori determiniert sondern beeinflußbar.

Im Hinblick auf die empirische Fristigkeitsstruktur der Zinssätze erscheint es plausibel, daß sowohl Erwartungen bezüglich zukünftiger Zinssätze als auch positive und negative Liquiditätsprämien sowie institutionell bedingte Laufzeitenpräferenzen die Zinsstruktur beeinflussen. Gleichwohl scheint es realistisch davon auszugehen, daß Renditeunterschiede zwischen einzelnen Laufzeiten dazu führen können, daß bestimmte, eigentlich bevorzugte Laufzeitensegmente verlassen werden und damit ganz bewußt Risiken getragen werden. Die Wichtigkeit von Erwartungen über die zukünftige Zinsentwicklung gilt es jedoch bei der Anlageentscheidung bzw. der Finanzierungsentscheidung gesondert festzuhalten.

3.2 Das Bewertungsproblem beim Konsol

Im folgenden Kapitel wird ein auf das spezifische Bewertungsproblem des Konsols abgestimmtes Bewertungskonzept vorgestellt. Im Rahmen dieses Bewertungskonzeptes wird besonders auf das immer wieder gegen den Konsol als Anlageinstrument ins Feld geführte Argument der fehlenden Rückzahlung des Nominalkapitals eingegangen.

Ausgangspunkt des Bewertungskonzepts ist der Synthetisierungsmechanismus. Im Rahmen der Synthetisierung wird durch die Kombination eines Konsols mit einer langlaufenden endfälligen Zero Coupon Anleihe die dem Konsol fehlende eigene Rückzahlung des Ursprungskapitals erst bewirkt.

Langlaufende endfällige festverzinsliche Anleihen, wie sie zum Beispiel in Großbritannien (20 bzw. 25 Jahre Laufzeit) oder den USA (30 Jahre Laufzeit) schon seit Jahren emittiert werden, finden bei bestimmten Anlegerkreisen reges Interesse.[520] Im Rahmen des entwickelten Bewertungskonzeptes soll u.a. gezeigt werden, daß es für bestimmte Anleger, wie zum Beispiel Pensionsfonds oder Versicherungsgesellschaften, grundsätzlich irrelevant ist, ob sie 20- oder 30-jährige endfälligen Anleihen in ihre Portfolios aufnehmen und den Tilgungsbetrag immer wieder neu anlegen, oder ob sie sich alternativ für den Konsol in Verbindung mit einer Zero Coupon Anleihe als Anlageinstrument entscheiden. Die fehlende Rückzahlung, die der Konsol definitionsgemäß enthält, soll durch den Kauf einer entsprechenden Zero Coupon Anleihe, der beim Pricing des Konsols berücksichtigt wird, synthetisch erzeugt werden. Darüber hinaus kann, wie in Kap. 4.1.1 noch auszuführen sein wird, die fehlende Rückzahlung über das Fälligkeitssurrogat liquider Kapitalmarkt relativiert werden.[521]

Ausgehend von den über das Bewertungskonzept ermittelten theoretischen Preisen für Konsols, soll das entwickelte Konzept einer empirischen Überprüfung anhand britischer und auch amerikanischer Kapitalmarktdaten unterzogen werden.

Festverzinsliche Wertpapiere werden allgemein über eine Abdiskontierung aller vertraglich festgelegten Zahlungsströme (Zins- und Tilgungszahlungen) mit den entsprechenden Abzinsungsfaktoren, die am Markt für unterschiedliche Laufzeiten beobachtbar sind, auf ihren Gegenwartswert zurückgeführt. Die Summe dieser Gegenwartswerte ist dann Ausdruck eines nach dem Barwertprinzip theoretisch sinnvollen Marktwertes[522].

---

[520]Auf deren spezifische Vorteile aus Anlegersicht wird gesondert in Kapitel 4.2 eingegangen.

[521]So kann z. B. in den USA ein starkes Abflachen der Renditestrukturkurve in den Laufzeitenbereichen zwischen 20 und 30 Jahren festgestellt werden. Diese geringe Renditedifferenz kann u.a. damit erklärt werden, daß der Zeitpunkt der Rückzahlung keinen so entscheidenden Einfluß auf die Höhe der Rendite hat. In Großbritannien, wo Konsoldaten zur Verfügung stehen, kann sogar eine Inversion der Renditestrukturkurve im Laufzeitenbereich der Konsols festgestellt werden. Anders als man eigentlich vordergründig erwarten würde, liegen die Renditen der Konsols unter den Renditen für langlaufende (20-jährige) endfällige Anleihen. Anhand der vom Markt geforderten Konsolrendite wird die fehlende Wichtigkeit der Rückzahlung für bestimmte Anleger deutlich. Einschränkend muß diesbezüglich jedoch die fehlende Liquidität des Marktes angeführt werden, die dazu führt, daß die Konsolrendite eine gewisse Knappheitsprämie enthält.

[522]vgl. Kap. 2.6.1.1

3.3 Ein Bewertungskonzept für den Konsol

3.3.1 Die theoretische Darstellung des Synthetisierungskonzeptes

Ein möglicher Ausweg aus dem Bewertungsdilemma soll durch ein Bewertungskonzept, das auf beobachtbare Marktdaten zurückgreift, aufgezeigt werden. Grundgedanke dieses Konzepts zur Bewertung von Konsols ist die Synthetisierung, d.h. das synthetische Herstellen bestimmter Zahlungsstromstrukturen durch das zielgerichtete Kombinieren unterschiedlicher Wertpapiere, deren Preise direkt am Kapitalmarkt beobachtet werden können.

Aus finanzmarkttheoretischer Sicht unterscheiden sich 30-jährige endfällige Anleihen nur wenig von unendlich lang laufenden Konsols. Beide Anlageinstrumente sind ähnlich preisvolatil und haben eine Duration, die sich nur geringfügig unterscheidet[523]. Auch kommt es in den meisten empirisch am Markt zu beobachtenden Zinsstrukturkurven zu einer Abflachung im langen Laufzeitenbereich, so daß der Renditeunterschied zwischen langlaufenden endfälligen Anleihen und Konsols vergleichsweise gering ist. Zur Bewertung des Konsols wird daher im Rahmen des Synthetisierungskonzeptes, wegen der finanzmarkttheoretischen Ähnlichkeit mit dem Konsol, auf die 30-jährige Anleihe zurückgegriffen.[524]

Im Unterschied zum Konsol, der eine regelmäßige Verzinsung auf unbestimmte Zeit ohne Rückzahlung des Nominalbetrages verbrieft, legen die Vertragsbedingungen der 30-jährigen Anleihe dagegen lediglich eine regelmäßige Verzinsung über die Laufzeit von 30 Jahren fest. Wesentlicher Unterschied ist jedoch, daß bei einer 30-jährigen Anleihe das Nominalkapital bei deren Endfälligkeit zurückbezahlt wird. Der Konsol dagegen verbrieft keine Rückzahlung des ursprünglich investierten Kapitals und unterscheidet sich insofern bezüglich des Kreditrisikos von 30-jährigen endfälligen Anleihen. Die im Gegensatz zur endfälligen Anleihe fehlende Tilgungskomponente des Nominalkapitals beim Konsol läßt sich jedoch durch die

[523] vgl. Kap. 2.7.3.9

[524] Bezüglich der Datenbasis von 30-jährigen Anleihen tritt das Problem der fehlenden Verfügbarkeit auf (vgl. Kap. 3.5.1).

Kombination eines Konsols mit einem Zerobond[525] (im Beispiel müßte dieser eine Laufzeit von 30 Jahren haben) synthetisch erzeugen.

Die fehlende Rückzahlung des Nominalkapitals ist Hauptansatzpunkt für die Argumentation gegen den Konsol als Anlageinstrument. Im Rahmen des Bewertungskonzeptes wird deshalb, ausgehend von dieser Kritik, besonderes Augenmerk auf die Rückzahlung des Nominalkapitals gelegt. Über den zusätzlichen Kauf einer entsprechenden[526] Nullkuponanleihe wird die Rückzahlung des Nominalkapitals bei Kauf eines Konsols ermöglicht.

Ein Zerobond, der heute zum abdiskontierten Gegenwartswert des Zahlungsstroms in 30 Jahren[527] am Markt erworben und mit dem Konsol als kombiniertes Anlageinstrument gehalten wird, sichert die Rückzahlung des Nominalkapitals (inklusive der über die Laufzeit angesammelten Verzinsung) nach Ablauf von 30 Jahren wie bei einer endfälligen 30-jährigen Anleihe. Die Zahlungsstromstruktur des Zerobonds sieht nur zwei Zahlungsströme vor, den Erwerb und die Rückzahlung, während der Konsol über die Zinskupons für die regelmäßigen Zinszahlungen verantwortlich ist. Die Rückzahlung des ursprünglich investierten Kapitals plus der über die Laufzeit angesparten Zinsen erfolgt am Ende der Laufzeit der Nullkuponanleihe.[528]

---

[525]Der Zerobond ist eine innovative Form einer Anleihe, die aus dem Bedürfnis der Anleger sich gegen Zinsänderungsrisiken besser absichern zu können, entstanden ist. (vgl. Campbell 1988, S. 411) Die Nullkuponanleihe entstand als derivatives Instrument durch das Strippen der Anleihe (Zerlegen der Anleihe in ihre einzelnen Cash Flows, also Kuponzahlungen und den Rückzahlungsbetrag). (vgl. Theobald 1993) Von den konventionellen Anleihen wurden die zukünftigen Kuponzahlungen (Zinsscheine) und der Rückzahlungsbetrag (Stammrecht) gestrippt und als gesonderte Anlageinstrumente gehandelt. Die Zero Coupon Anleihe zeichnet sich dadurch aus, daß sie über die Laufzeit verteilt keine Zinszahlungen vorsieht (keine Zinskupons). Vielmehr wird die Nullkuponanleihe mit einem substantiellen Discount bei der Emission erworben. Der Unterschiedsbetrag zwischen Erwerbspreis und Rückzahlungsbetrag stellt die über die Laufzeit angesammelte Verzinsung des Zerobonds dar. (vgl. Fabozzi/Garlicki and Daniels 1986, S. 370 und auch Kußmaul 1989, S. 15) Der Zerobond ermöglicht somit dem Investor das Einfrieren der Reinvestitionsrate über die Gesamtlaufzeit. (vgl. Walmsley 1988, S. 205) Neben der Vermeidung des Wiederanlagerisikos durch das Ansammeln der Zinsen bis zur Endfälligkeit der Nullkuponanleihe, die zu einer großen Beliebtheit dieser Anleihenform unter den Anlegern führte, halfen auch bestimmte Steuervorteile, die mit dem Erwerb der Nullkuponanleihe verbunden waren, die Akzeptanz unter den Anlegern zu fördern. (vgl. Campbell 1988, S. 411)

[526]gleiche Laufzeit wie die endfällige Anleihe

[527]Der Zahlungsstrom in 30 Jahren setzt sich aus der Rückzahlung des ursprünglich investierten Kapitals und einer über die Laufzeit von 30 Jahren angesammelten Verzinsung zusammen.

[528]vgl. Rosen 1986, S. 2

Das kombinierte Anlageinstrument Konsol und Zerobond, das aus der Synthetisierung hervorgeht, besteht folglich ebenso wie die endfällige Anleihe aus einer Verzinsungs- und einer Tilgungs- oder auch Rückzahlungskomponente nach 30 Jahren. Für die regelmäßige Verzinsung des investierten Kapitals (Verzinsungskomponente) sorgt der Konsol, während durch den Zerobond die Rückzahlung eines bestimmten Nominalbetrages nach Ablauf dessen Laufzeit sichergestellt wird (Tilgungskomponente).

Wie muß nun eine solche Kombination aus Konsol und Zerobond gepriced sein, um am Markt als wahre Alternative gegenüber einer 30-jährigen endfälligen Anleihe in die Investitionsentscheidungen miteinbezogen zu werden ?

Der Preis des Konsols muß im Rahmen dieses Synthetisierungsansatzes theoretisch um den Marktpreis des Zerobonds, der die Tilgung des Nominalkapitals sichert und damit für die Tilgungskomponente bei der synthetisierten Wertpapierkombination verantwortlich ist, tiefer sein. Beim Konsol kommt es also in Höhe des Preises des Zerobonds, der die gleiche Laufzeit wie die alternative endfällige Anleihe aufweist, zu einem Preisabschlag gegenüber der 30-jährigen endfälligen Anleihe. Die Höhe des Preisabschlages[529] bestimmt somit die Mehrrendite des Konsols gegenüber einer endfälligen 30-jährigen Anleihe mit gleicher Schuldnerqualität.

Damit bleibt zunächst festzuhalten, daß der Konsol grundsätzlich, gegenüber einer endfälligen Anleihe mit einer Laufzeit von 30 Jahren, eine Mehrrendite (bzw. einen Preisabschlag) in Höhe des Marktpreises eines entsprechenden Zerobonds[530] aufweisen muß.

Geht man bei einem Investor von einem bestimmten zur Verfügung stehenden Kapitalbetrag für die Anlage in 30-jährige Anleihen aus, so ermöglicht der oben beschriebene Preisabschlag den Erwerb eines Konsol kombiniert mit einem entsprechenden Zerobond ohne Mehrkosten, d.h. ohne den für den Erwerb der 30-jährigen Anleihe zur Verfügung stehenden Kapitalbetrag zu überschreiten. Über den Erwerb des Konsol in Verbindung mit dem Zerobond ist die Rückzahlung des Kapitals wie bei einer 30-jährigen Anleihe garantiert.

---

[529] Die Höhe des Preisabschlages ergibt sich aus dem Marktpreis des Zerobonds.

[530] Der Marktpreis des Zerobonds (Preisabschlag) muß in Renditepunkte umgerechnet werden.

Es läßt sich folglich festhalten, daß ein Konsol, der mit einem entsprechenden Zerobond kombiniert wird, als synthetisierte Anlagealternative grundsätzlich nicht teurer sein kann, als eine einfache 30-jährige festverzinsliche Anleihe. Theoretisch muß eine Übereinstimmung im Preis beider Anlagealternativen gelten.[531]

3.3.2 *Der Straightbond im Vergleich zur synthetisierten Anlagealternative Konsol plus Zerobond*

Gegenüber dem Straightbond, dessen Zins- und Tilgungszahlungen (und damit Zahlungsstromstruktur) mit Ablauf der Laufzeit beendet sind, hat die Synthetisierung der Zahlungsstromstruktur über die Kombination Konsol und Zerobond für den Anleger jedoch Vorteile. Durch den Erwerb des Konsol sichert sich der Anleger, über die Laufzeit der einfachen Anleihe hinaus, auf unbestimmte Zeit (im Extremfall für eine unendlich lange Zeit) eine regelmäßige Verzinsung in genau festgelegter Höhe.[532] Der Anleger kauft sich folglich für eine unendlich lange Zeit einen Cash Flow, in Höhe des zum Zeitpunkt des Konsolerwerbs gültigen Zinssatzes. Der Anleger genießt somit den Vorteil, ein bestimmtes Zinsniveau für eine unendliche lange Laufzeit einfrieren zu können. Findet im Zeitablauf am Markt eine Zinssatzsenkungen statt, gewinnt dieser Vorteil an Wert. Der Vorteil des Einfrierens eines bestimmten Zinssatzes muß folglich in einem effizienten Markt von den Marktteilnehmern bewertet werden. Wird dieser Vorteil vom Markt mit einem positiven Wert belegt, muß der Preisabschlag zwischen 30-jähriger Anleihe und Konsol (bzw. die Mehrrendite) für den Erwerb des Zerobonds, um den (positiven) Wert dieses Vorteils geringer ausfallen.

Für Anleger, die konstant einen Teil ihres Portfolios in 30-jährigen Papieren anlegen und bei Rückzahlung diese Mittel wiederum in 30-jährige Titel

---

[531]Bei gleichem Kupon (z. B. 9%) wird der Preis des Konsols PK = P - X betragen, mit PK als Konsolpreis, P als Preis der endfälligen Anleihe und X als Ausdruck für den Preis eines Zerobonds.

[532]Diese Verzinsung über eine unendlich lange Zeit kann für Privatanleger, die an einem ständig fließenden Einkommensstrom zum Beispiel zur Altersvorsorge interessiert sind, vorteilhaft sein. Ein solcher Konsolerwerb könnte dann aus Sicht der Anleger nicht als eine Kreditvereinbarung gegen Zinsen angesehen werden (da keine Rückzahlung des Nominalkapitals erfolgt), sondern vielmehr als ein zusätzlich zu anderen Vorsorgemaßnahmen abgeschlossener Einkommenskontrakt. (vgl. Homer/Leibowitz 1972, S. 34)

investieren[533], bedeutet die Alternativanlage Konsol, daß sie bereits beim Erwerb des Konsols die Wiederanlagerendite für die in 30, 60 usw. Jahren auslaufenden jeweils 30-jährigen Obligationen festschreiben. Diese Investoren erwerben mit anderen Worten beim Kauf eines Konsols auf Termin eine 60-jährige Anleihe in 30 Jahren, bzw. eine 90-jährige Anleihe in 60 Jahren usw. Um den Terminkurs einer 30-jährigen Anleihe in 30 bzw. 60 Jahren bestimmen zu können, benötigt man die Rendite von 60- bzw. 90-jährigen Anleihen. Ist die Renditekurve zwischen 30- und 60- bzw. 90-jährigen Renditen flach, entspricht der Terminkurs dem aktuellen Kurs. Steigt die Renditekurve in diesem Bereich an, ist der Terminkurs tiefer als der Spotkurs. Weist die Zinsertragskurve dagegen einen inversen Verlauf auf, ist der Terminkurs höher als der Spotkurs. Die Differenz zwischen Terminkurs und Spotkurs stellt den Wert des unendlich langen Einfrierens eines bestimmten Renditeniveaus dar.

Nur bei inversem Verlauf der Zinsertragskurve hat das Einfrieren eines bestimmten Zinsniveaus einen positiven Wert, der den Abschlag für den Zerobond zur Sicherung der Rückzahlung des eingesetzten Kapitals nach 30 Jahren entsprechend verringert. Im allgemeinen ist die Renditeertragskurve im langen Laufzeitenbereich invers, wie das Beispiel Großbritannien anschaulich dokumentiert (vgl. Abb. 24, S. 258 Anhang). Da endfällige Anleihen mit solch langen Laufzeiten nicht emittiert werden, ist die Bestimmung des Terminkurses und damit der Wert des Einfrierens eines bestimmten Zinsniveaus wegen der fehlenden Datenbasis rechnerisch nicht zu ermitteln.

Der Wert des unendlich langen Fixierens eines Zinsniveaus dürfte jedoch - außer in Phasen eines absolut hohen Zinsniveaus - relativ gering sein, da die Renditedifferenz im langen Laufzeitenbereich also zum Beispiel zwischen 20-jährigen Anleihen und Konsols relativ gering ist (vgl. Abb. 25, S. 259 Anhang). Der Wert des Einfrierens eines bestimmten Zinssatzes dürfte, unabhängig von der Zinsstruktur, auch von der absoluten Höhe des Zinsniveaus abhängig sein.

Herrscht zur Zeit des Erwerbes der synthetisierten Anlagealternative (Konsol plus Zerobond) auf dem Kapitalmarkt ein - im historischen Vergleich - relativ hohes

[533] z. B. Pensionsfonds, Versicherungsgesellschaften u.a.

Zinsniveau[534], so ist davon auszugehen, daß das Einfrieren dieses hohen Zinsniveaus durch den Erwerb des Konsols äußerst attraktiv ist. Die Anleger werden damit einen Konsol auch dann in ihr Portfolio aufnehmen, wenn dieses Instrument einen möglichen Renditenachteil gegenüber endfälligen Anleihen aufweist. Die Zinsstrukturkurve bleibt als Folge invers, der Terminkurs ist höher als der Spotkurs. Das unendlich lange Einfrieren eines bestimmten Renditeniveaus hat damit einen positiven Wert.

Damit kann der Preisabschlag vergleichsweise geringer bzw. die Mehrrendite des Konsols gegenüber der 30-jährigen Anleihe geringer ausfallen. Die Marktteilnehmer müssen nicht über eine hohe Mehrrendite in die Anlage von Konsols "gezwungen" werden, vielmehr werden sie als rationale Wirtschaftssubjekte die Chance des Einfrierens eines relativ hohen Zinsniveaus erkennen und diese Chance entsprechend hoch bewerten.[535]

In Phasen eines historisch vergleichsweise geringen Zinsniveaus, in Phasen also, in denen die empirische Zinsstrukturkurve in der Regel eine normale Steigung aufweist[536], gereicht das Einfrierens des aktuell herrschenden Zinssatzes den Wirtschaftssubjekten zum Nachteil. Konsols werden in einem solchen Umfeld nur erworben, wenn sie theoretisch eine Mehrrendite zu endfälligen Anleihen aufweisen.

---

[534] In solch einer Kapitalmarktsituation ist die empirisch anzutreffende Zinsstrukturkurve häufig invers geneigt bzw. erwartungstheoretisch argumentiert, die Erwartung der Marktteilnehmer auf zukünftig sinkende Zinsen gerichtet (vgl. Kap. 3.1.2.1).

[535] Ein im historischen Vergleich über 20 Jahre hinweg vergleichsweise hohes Zinsniveau herrschte am britischen Kapitalmarkt zu Beginn der 80-er Jahre. In den Jahren 1980 bis Anfang 1982 betrugen die Renditeabschläge, die Konsols gegenüber 20-jährigen Anleihen aufwiesen, zwischen ca. 2.0 und 3.5 Prozentpunkten p.a. Konsols, die ein Einfrieren eines relativ hohen Zinsniveaus über eine theoretisch unendlich lange Zeit ermöglichen, konnten während dieser Kapitalmarktphase also teuer am Markt untergebracht werden. Geht man zunächst davon aus, daß dieser Renditeabschlag allein durch den Wert des Einfrierens eines bestimmten Zinssatzes begründet wird (diese Annahme muß später relativiert werden, vgl. Kap.3.5), so kann festgehalten, werden, daß der Vorteil des Einfrierens eines hohen Zinssatzes über einen langen Zeitraum von den Wirtschaftssubjekten hoch bewertet und mit erheblichen Renditeabschlägen bezahlt wird (vgl. Abb. 25, S. 259 Anhang).

[536] Im Rahmen der Erwartungstheorie, drückt die normale Zinsstrukturkurve Erwartungen der Wirtschaftssubjekte auf in Zukunft steigende Zinsen aus (vgl. Kap. 3.1.3.1).

Der Wert des Einfrieren eines bestimmten Zinsniveaus weist somit einen negativen Wert (s.o.) auf.[537]

Sowohl der Verlauf der empirischen Zinsstrukturkurve als auch die absolute Höhe des Zinsniveaus haben damit Einfluß auf die Höhe des notwendigen Preisabschlags bzw. auf die Bewertung des Konsols. Mit anderen Worten ist die Höhe der Mehrrendite, die zur Unterbringung der synthetisierten Anlagealternative am Markt erforderlich ist, funktional von der Höhe des absoluten Zinsniveaus und dem Kurvenverlauf der Zinsstruktur bzw. damit[538] von den Zinserwartungen abhängig.

Neben dem Einfrieren eines bestimmten Zinsniveaus, ist noch ein weiterer Vorteil risikotheoretischer Art für den Anleger mit dem Erwerb der synthetisierten Anlagealternative gegenüber dem Straightbond verbunden.

Im Rahmen des Synthetisierungskonzeptes ist davon auszugehen, daß eine normale endfällige Anleihe, ebenso wie auch die synthetisierte Anlagealternative, bestehend aus Konsol und Zerobond, sowohl eine Verzinsungs- als auch eine Tilgungskomponente enthält. Grundsätzlich wird sich das Wiederanlagerisiko, das sich auf die Verzinsungs- und/oder Tilgungskomponente beziehen kann, je nach Vertragsausgestaltung (endfällige Anleihe oder Konsol plus Zerobond) unterscheiden.

Ein Anleger in eine endfällige 30-jährige Anleihe erhält während der Laufzeit regelmäßig Zinszahlungen (Verzinsungskomponete der endfälligen Anleihe), die über die Laufzeit reinvestiert werden müssen.[539] Nach Ablauf der Laufzeit erhält er eine Tilgungszahlung in voller Höhe des Nominalbetrages (Tilgungskomponete der endfälligen 30-jährigen Anleihe). Die Rückzahlung des ursprünglich investierten Kapitalbetrages verlangt bei Endfälligkeit der Anleihe, ebenso wie die bereits erhaltenen Zinszahlungen, eine erneute Wiederanlage.

---

[537]Eine Phase eines historisch vergleichsweise tiefen Zinsniveaus kann in England zwischen Anfang und Mitte 1988 ausgemacht werden. In dieser Kapitalmarktphase wurden Konsols zwar nicht, wie zunächst theoretisch zu vermuten wäre, mit einem Renditevorteil gegenüber 20-jährigen Anleihen, sondern vielmehr mit einem nur geringen Renditenachteil in einer Höhe zwischen 15 und 25 Basispunkten (100 Basispunkte sind ein Prozentpunkt) gehandelt. Die Tatsache, daß empirisch kein Renditevorteil des Konsols festgestellt werden kann, ist mit mangelnder Liquidität und einem Knappheitszuschlag zu begründen. Deutlich wird jedoch, daß das Einfrieren des Kapitalmarktzinsniveaus hier wesentlich geringer bewertet wird.

[538]erwartungstheoretisch argumentiert

[539]Ähnlich dem Konsol, dessen regelmäßige Zinszahlungen ebenfalls der Wiederanlage bedürfen.

Ein Investor in eine 30-jährige Anleihe sieht sich, neben dem Risiko der Wiederanlage der Zinszahlung (vgl. Reinvestitionsrisiko), bei Endfälligkeit zusätzlich einem Wiederanlagerisiko in Höhe des vollen Nominalbetrages der Anleihe gegenüber. Damit bleibt festzuhalten, daß sich das Wiederanlagerisiko bei der endfälligen Anleihe sowohl auf die Verzinsungskomponente während der Laufzeit als auch auf die volle Höhe der Tilgungskomponente bezieht.

Demgegenüber gelangt bei der synthetisierten Anlagealternative der Teil des zur Verfügung stehenden Anlagekapitals nicht zur Rückzahlung, der in Konsols investiert wurde. Aus der Anlage in Konsols fließen lediglich regelmäßige Zinszahlungen (Verzinsungskomponente des Konsols), die ähnlich wie bei der endfälligen Anleihe, reinvestiert werden müssen. Im Unterschied zur endfälligen Anleihe[540] muß der Konsolinhaber jedoch für eine unbestimmt lange Zeit für die Reinvestition seiner Zinszahlungen sorgen. Bezogen auf die Verzinsungskomponente sieht er sich im Vergleich zum Investor in endfälligen Anleihen einem absolut höheren Wiederanlagerisiko gegenüber.[541]

Durch den Erwerb des Zerobonds vermeidet der Investor dagegen das Wiederanlagerisiko in Höhe der über die Laufzeit angesparten Zinsen. In genau dieser Höhe übernimmt der Emittent der Zero Coupon Anleihe das Wiederanlagerisiko des Anlegers, da er neben den Zinsen auch die Zinseszinsen zur Erbringung der Emissionsrendite über die Gesamtlaufzeit sicherstellt.[542]

Die Rückzahlungskomponente eines Anlegers, der die Alternative Konsol plus Zerobond gewählt hat, setzt sich aus dem Teil des ursprünglich zur Verfügung stehenden Anlagekapitals zusammen, der in Zerobonds investiert wurde, und der mit dem für die Laufzeit entsprechenden Aufzinsungsfaktor auf den Wert bei Endfälligkeit aufdiskontiert wurde.

Bei der Anlage in die synthetisierte Kombination aus Konsol und Zerobond besteht ein Wiederanlagerisiko in voller Höhe auf die regelmäßig ausgezahlte Verzinsungskomponente (Konsol) und ein Wiederanlagerisiko in Höhe des fälligen Zerobonds (ursprünglich investiertes Kapital plus über die Laufzeit angesparte

---

[540]Bei der 30-jährigen Anleihe müssen die Zinszahlungen nur über die Gesamtlaufzeit von 30 Jahren reinvestiert werden.

[541]Über einen Zeitraum von 30 Jahren ist das Wiederanlagerisiko bei gleichem Kupon jedoch betragsmäßig gleich.

[542]vgl. Kußmaul 1989, S. 16

Zinsen[543]) und damit in Höhe der synthetisierten Tilgungskomponente. Die für die Unterbringung von Konsols im Rahmen des Synthetisierungskonzeptes am Markt von den Anlegern geforderte Mehrrendite ermöglicht jedoch erst den Erwerb des Zerobonds. Somit besteht beim Konsol nur in Höhe der aufgezinsten Mehrrendite ein Wiederanlagerisiko. Das Wiederanlagerisiko bezieht sich also bei der synthetisierten Anlagealternative gegenüber der endfälligen Anleihe nur auf den bestehenden aufgezinsten Vorteil einer höheren Rendite des Konsols.

Ein Wiederanlagerisiko auf einen mit dem Konsol implizit verbundenen Renditevorteil gegenüber der endfälligen Anleihe ist jedoch, bezogen auf die Höhe des wiederanzulegenden Betrages, geringer als das Wiederanlagerisiko der endfälligen Anleihe.

Zusammenfassend läßt sich festhalten, daß die Anlage eines bestimmten Kapitalbetrages in Konsols und entsprechende Zerobonds in bestimmten Kapitalmarktsituationen für den Anleger nicht nur den Vorteil des Einfrierens eines relativ hohen Zinsniveaus impliziert, sondern daneben immer auch noch den Vorteil eines Wiederanlagerisikos einschließt, das nur durch die Mehrrendite die gleiche absolute Höhe wie bei der endfälligen Anleihe aufweist.

---

[543] Über die Laufzeit besteht für den Anleger beim Zerobond kein Reinvestitionsrisiko, da keine Kuponzahlungen erfolgen. Ist der Anlagehorizont eines Anlegers gleich lang wie die Laufzeit der Nullkuponanleihe, so kann ein Investor durch den Erwerb eines entsprechenden Zerobonds das Reinvestitionsrisiko bezogen auf die Kuponzahlungen eliminieren. Die unterstellte yield-to-maturity wird die tatsächlich zu realisierende Rendite sein, wenn der Anleger die Nullkuponanleihe bis zur Endfälligkeit behält. Durch das Ausschalten des Wiederanlagerisikos erzielt der Zerobond gegenüber konventionellen Anleihen eine geringere Verzinsung. (vgl. Fabozzi/Garlicki und Daniels 1986, S.373; Walmsley 1988, S. 205; Campbell 1988, S. 411; Kußmaul 1987, S. 1563 und auch Steuer 1985, S. 17)

3.4 Die theoretische Bewertung des Konsols

3.4.1 Die "theoretical spot rate curve"

Aus dem Preis (bzw. der Rendite) einer endfälligen Anleihe und dem Preis (bzw. der Rendite) eines entsprechenden Zerobonds (gleiche Laufzeit wie die endfällige Anleihe) sollen im Rahmen des hier vorgestellten Bewertungskonzeptes Rückschlüsse auf den theoretisch sinnvollen Preis (bzw. Rendite) des Konsols gezogen werden. Ausgehend vom Preis für endfällige Anleihen, der am Kapitalmarkt beobachtbar ist, soll auf den Preis der synthetisierten Anlagealternative bzw. auf den theoretischen Preis des Konsols geschlossen werden. Der modelltheoretisch richtige Preis für die Anlagealternative muß über den Zerobond bestimmt werden. Hierzu ist zunächst die Ermittlung der Rendite, mit der ein Zerobond veräußert werden soll, notwendig. Aus dem Gegenüberstellen der Preise der endfälligen 30-jährigen Anleihe und der Anlagealternative sollen dann Schlußfolgerungen auf den Preis des Konsol getroffen werden.

Grundsätzlich ist davon auszugehen, daß es zwischen dem Renditeniveau von Zerobonds und der Rendite für vergleichbare endfällige Anleihen eine funktionale Beziehung gibt. Wie noch zu zeigen sein wird, hängt diese Beziehung vom Verlauf der Kurve für endfällige festverzinsliche Staatsanleihen einerseits ab und kann mathematisch bestimmt werden. Andererseits wird die Beziehung zusätzlich vom absoluten Marktzinsniveau beeinflußt.

Wie in Kapitel 2.7.3.1 (Fußnote 148) bereits bemerkt, stellt die yield-to-maturity eine Durchschnittsgröße dar, da für die Abdiskontierung der einzelnen Zahlungsströme der Anleihe immer derselbe Abdiskontierungsfaktor verwendet wird. Folglich ist es nicht korrekt, die yield-to-maturity einer endfälligen Anleihe mit "x" Jahren Restlaufzeit auf einen Zerobond mit entsprechender Laufzeit zu übertragen. Unter der Annahme, die yield-to-maturity einer dreijährigen endfälligen Anleihe beträgt 8% p.a., muß die Rendite eines Zerobonds mit dreijähriger Laufzeit nicht zwingend auch 8% p.a. sein. Die 8% yield-to-maturity einer endfälligen dreijährigen Anleihe kann sich zum Beispiel als Durchschnitt aus 7% für den ersten Kupon, 8% für den zweiten Kupon und 9% für den letzten Kupon oder auch jeder anderen möglichen Kombination ergeben. Für die Rendite des Zerobonds mit drei Jahren Restlaufzeit wäre nicht die sich als Durchschnitt ergebenden 8% yield-to-maturity relevant, sondern vielmehr eine Rendite von 9% p.a. Damit wird für die Rendite- bzw. Preisbestimmung von Zerobonds eine gegenüber der für endfällige Staatsanleihen gültigen Zinsstrukturkurve neue Zinsstrukturkurve (spot rate curve) notwendig.

Die "theoretical spot rate curve" ist die Darstellung der rechnerisch ermittelten Renditen im Laufzeiten-Renditen-Diagramm, die für Zerobonds mit unterschiedlicher Laufzeit theoretisch nach dem Barwertprinzip gelten sollten. Jeder Punkt auf der "theoretical spot rate curve" entspricht der yield-to-maturity einer Nullkuponanleihe mit entsprechender Fälligkeit.[544]

Die Ableitung der "theoretical spot rate curve" aus der Zinsstrukturkurve für endfällige Anleihen erfolgt unter der Prämisse, daß der Wert einer Anleihe gleich hoch bleibt, unabhängig davon, ob die Anleihe in konventioneller Form, d.h. inklusive aller über die Laufzeit verteilten Zinszahlungen, oder ob die Anleihe in die Barwerte ihrer einzelnen Zahlungsströme (Zinsansprüche und Rückzahlungsanspruch) zerlegt wird.

"The premise is, that the whole (conventional bond) is worth no more and no less than the sum of its parts (after conversion to a series of zero cupon issues)."[545]

Das Pricing der einzelnen Zerobonds wird somit über Arbitragemöglichkeiten zwischen der Anleihe als ganzes und den einzelnen Zerobonds bestimmt. Wenn professionelle Wertpapierhändler glauben, sie könnten die einzelnen gestrippten Cash Flows (Zinszahlungsansprüche und Rückzahlungsanspruch) zu einem höheren Preis verkaufen als die zugrundeliegende Anleihe in konventioneller Form, dann werden sie die endfällige Anleihe in ihre einzelnen Cash Flows strippen und als Zero Coupon Anleihen veräußern (et vice versa[546]). Durch die gestiegene Nachfrage der professionellen Händler nach konventionellen Anleihen wird deren Kurs steigen. Demgegenüber wird der Preis für Nullkuponanleihen über ein gestiegenes Angebot

---

[544]vgl. Rosen 1988.S. 116 und auch Walmsley 1988, S. 208

[545]Rosen 1986. S. 116

[546]Können die einzelnen Wertpapierteile dagegen günstiger am Markt erworben werden als die konventionelle Anleihe. dann besteht für professionelle Wertpapierhändler ein Anreiz, ein Repackaging der einzelnen Anleihenteile vorzunehmen. sie also wieder in ein Wertpapier zusammenzufassen. um dieses zu einem höheren Preis am Markt zu verkaufen.

sinken. Dieser für die Händler vorteilhafte Arbitrageprozeß wird solange stattfinden, bis sich die Preise der Zerocoupons und der konventionellen Anleihen angeglichen haben und obige Prämisse zutrifft.[547]

Den Prozeß des Zerlegens einer Anleihe in ihre einzelnen Zahlungsströme nennt man Strippen.[548] Die einzelnen Zahlungsströme werden beim Strippen gemäß dem Barwertkonzept[549] mit den entsprechenden Zinssätzen abdiskontiert. Die so ermittelten Barwerte stellen den Wert bzw. den heutigen Preis für die jeweiligen zukünftigen Zahlungsströme (Zinszahlungsansprüche und Rückzahlungsanspruch) der Anleihe dar. Die Summe dieser einzelnen Barwerte sollten gemäß der Prämisse in einem effizienten Kapitalmarkt dem Marktpreis der konventionellen Anleihe entsprechen.

Den entsprechenden Abdiskontierungszinssatz zur Ermittlung des Barwerts des künftigen Zahlungsstromes der Anleihe und damit zur Bewertung der einzelnen Zero Coupon Anleihen erhält man aus der Zerokuponkurve, die aus der Par-Zinsstrukturkurve (als Darstellung der Summe aller Parzinssätze über die gesamte Laufzeitenstruktur) rechnerisch abgeleitet werden muß. Der Parzinssatz für jede Laufzeit repräsentiert die Rendite von Staatsanleihen, die zu par gepriced sind (d.h. der Coupon der Rendite entspricht). Die "theoretical spot rate curve" kann unabhängig davon, ob im entsprechenden Kapitalmarkt ein STRIP-Markt existiert oder nicht, aus jeder Par-Zinsstrukturkurve ermittelt werden.

Zur Ermittlung der "theoretical spot rate curve", die die Zinsen für einzelne Cash Flows mit unterschiedlichen Laufzeiten enthält, wird jeder einzelne Zahlungsstrom mit der für die entsprechende Laufzeit geltenden Zinsrate abgezinst.

---

[547] vgl. Theobald 1993, S. 20

[548] Beim Strippen werden zum Beispiel aus einer Anleihe mit 10-jähriger Gesamtlaufzeit und jährlicher Kuponzahlung künstlich 11 Wertpapiere mit vollkommen unterschiedlichen Laufzeiten erzeugt. Die ursprüngliche Schuldurkunde wird durch das Strippen ebenfalls zu einem Zerobond. Sie wird bei Endfälligkeit getilgt. Desweiteren entstehen 10 Zero Coupon Bonds, von denen jeder einen Zinsanspruch verbrieft, mit Laufzeiten zwischen 1 und 10 Jahren. Die Summe der Zinsansprüche stellt eine Serien-Anleihe dar, bei der zu jedem Zinszahlungstermin ein Anspruch eingelöst werden kann. Über die Wertpapierteile (Zinsansprüche und Rückzahlungsanspruch) werden eigene Urkunden von den strippenden Wertpapierhäusern ausgestellt. Wird dieser Vorgang wieder umgekehrt, so nennt man diesen Prozeß Repackaging.(vgl. Walz 1987, S. 405) Damit läßt sich der Prozeß des Entstehens von Zero Coupon Anleihen durch ein "Stripping and Repackaging" kennzeichnen.

[549] vgl. Kap. 2.6.1.1

Ein Beispiel verdeutlicht die Bestimmung aus der Par-Zinsstrukturkurve. Die Tabelle 5 zeigt die Zahlungsströme einer 2-jährigen konventionellen endfälligen Staatsanleihe mit 10% Kupon. Wenn einjährige endfällige Staatsanleihen zu 6% rentieren und 2-jährige endfällige Staatsanleihen mit 10% gehandelt werden, erfolgt die Bestimmung der "theoretical spot rate curve" unter der Prämisse, daß die Summe der Werte der gestrippten Anlageinstrumente (Zinsansprüche und Rückzahlungsanspruch) gleich hoch sein muß wie die gesamte Anleihe:

Zeit	Cash Flow ($)	Discountfaktor 10 % YTM	Present Value zu 10 %	Spot Rate Discount	Present Value at Spot Rate ($)
0					
1	100	1.1	90.91	1.06	94.34
2	100	1.21	82.64		
2	1000	1.21	826.45		
TOTAL			1000		

Tab. 5: Zahlungsströme einer endfälligen Staatsanleihe

Die Prämisse, angewandt auf das Beispiel, setzt voraus, daß der Wert der 2-jährigen Anleihe genau mit dem Wert der Summe der einzelnen abdiskontierten Zahlungsströme übereinstimmt. Für den 2-jährigen Zerobond (der als Zahlungsstrom die Kuponzahlung des zweiten Jahres und den Rückzahlungsbetrag enthält) sollte dann ein Wert gelten, der dem Present Value des Kupons des zweiten Jahres in Höhe von 100 $ und dem Present Value der Rückzahlung von 1000 $ entspricht. Dieser Wert muß laut Prämisse mit dem Wert der konventionellen Anleihe ($ 1000) minus dem Present Value des ersten Kupons ($ 94.34[550]) übereinstimmen. Der Present Value des im zweiten Jahr auftretenden Zahlungsstromes in Höhe von $ 1100 ist $ 905.66 (= $ 1000 - $ 94.34). Die theoretisch sich ergebende spot rate für zwei Jahre läßt sich also wie folgt errechnen (in $):

$$\frac{100}{(1+sr)^2} + \frac{1000}{(1+sr)^2} = 905.66$$

[550] $94.34 ist der Present Value von $ 100 bei einem 6% Diskontfaktor.

nach Umformungen erhält man:

$$sr = 0.1020815 \qquad \text{oder} \qquad 10.21\ \%\ \text{p.a.}$$

mit sr als theoretical spot rate für zwei Jahre.

Der Present Value eines 2-jährigen Bonds (nominal $ 1000) mit einem Kupon von 10% ist also gleich hoch wie die Summe der Present Values einer Serie von Zerobonds, die eine einjährige spot rate von 6% und eine daraus errechnete spot rate für zwei Jahre von 10.21% enthalten. Bei einer spot rate für zwei Jahre von 10.21% ist die Prämisse erfüllt, daß der Wert der Anleihe unverändert bleibt, unabhängig davon, ob die Anleihe in konventioneller Form oder in gestrippter Form als Serie von Zerobonds gehalten wird.[551]

Soll eine ganze "theoretical spot rate curve" errechnet werden, muß die für zweijährige Titel beschriebene Vorgehensweise auf weitere Laufzeitenbereiche angewendet werden. In einem Laufzeiten-Renditenschaubild kann die "theoretical spot rate curve" graphisch dargestellt werden (vgl. Abb. 26, S. 260 Anhang).

Ist die Zinsstrukturkurve für endfällige Staatstitel steil, so liegt die "theoretical spot rate yield curve" immer über der ursprünglichen Kurve (Beispiel Januar 1993 U.K., vgl. Abb. 27, S. 261 Anhang). Liegt dagegen eine inverse Zinsstruktur vor, so verläuft die "theoretical spot rate yield curve" als Kurve unter der konventionellen Zinsstrukturkurve (Beispiel April 1985 U.K.; vgl. Abb. 28, S. 262 Anhang). Ist die Zinsstrukturkurve dagegen horizontal, ist auch die "theoretical spot rate curve" horizontal (Beispiel März 1987 U.K., vgl. Abb. 29, S. 263 Anhang). Der Spread zwischen der Zinsstrukturkurve und der "theoretical spot rate curve" ist somit eine

[551] Dieses für eine zweijährige Anleihe gerechnete Beispiel kann auf alle Laufzeiten erweitert werden.

Funktion der Form der Zinsstrukturkurve[552], wie sie jeweils in den Abb. 27, 28, 29 wiedergegeben ist. Grundsätzlich ist davon auszugehen, daß der Spread zwischen der ursprünglichen Zinsstrukturkurve und der "theoretical spot rate curve" mit steigender Laufzeit immer größer wird.[553]

3.4.2 Die sich aus der "theoretical spot rate curve" ergebende Bewertung des Konsol

Aus der ermittelten "theoretical spot rate curve" kann je nach Bedarf, der für die interessierende Laufzeit errechnete Abdiskontierungsfaktor für die Zero Coupon Anleihe entnommen werden. Für die Synthetisierung einer 30-jährigen endfälligen Anleihe durch die Kombination Konsol und Zerobond benötigt man (wie oben ausgeführt) den Abdiskontierungsfaktor für Zerobonds mit einer Laufzeit von ebenfalls 30 Jahren. Die 30-jährige Zerocoupon-Rendite kann direkt aus der errechneten "theoretical spot rate curve" entnommen werden, um damit den Net Present Value (NPV)[554] des Zerocoupons errechnen zu können.

Der theoretische Barwert einer Zero Coupon Anleihe mit n Jahren Laufzeit errechnet sich nach dem Barwertprinzip wie folgt:

$$(35) \quad NPV = \left(\frac{1}{(1+r_z)^n}\right) \cdot RP_n$$

---

[552]Diese allgemeine Aussage kann empirisch zum Beispiel an den britischen Kapitalmarktdaten überprüft werden. So wurde im Anhang (...) aus der jeweils am Kapitalmarkt herrschenden Zinsstrukturkurve die entsprechende "theoretical spot rate curve" nach oben beschriebenem Verfahren ermittelt. Vergleicht man die tatsächlich am Kapitalmarkt auftretende Zinsstrukturkurve für unterschiedliche Phasen der Zinsentwicklung (normale, inverse und flache Zinsstruktur) so kann beispielhaft folgendes festgehalten werden: 1) In Phasen einer inversen Zinsstruktur, wie sie beispielsweise im Jan. 1980 - Mrz. 1980, Jul. 85 - Mrz. 86 und Jul. 88 - Jul. 90 auftrat, liegt die "theoretical spot rate curve" regelmäßig unter der normalen Zinsstrukturkurve. 2) In Phasen einer normalen Zinsstruktur, wie sie beispielsweise im Feb. 81 - Nov. 81 und im Dez. 92 - Feb. 93 auftrat, liegt die "theoretical spot rate curve" regelmäßig über der normalen Zinsstrukturkurve. 3) In Phasen einer flachen Zinsstruktur, wie sie beispielsweise im Aug. 91 - Feb. 92 auftrat, ist die "theoretical spot rate curve" ebenfalls vergleichsweise flach und schwankt um die normale Zinsstrukturkurve. (vgl. hierzu eigene Berechnungen im Anhang)

[553]vgl. Theobald 1993, S. 20

[554]oder auch Barwert

mit NPV = Net Present Value der Zero Coupon Anleihe bzw. theoretischer Preis der Zero Coupon Anleihe

RP_n = Rückzahlungspreis in n Jahren

r_Z = der aus der Par-Zinsstrukturkurve errechnete theoretische Abdiskontierungsfaktor für eine Zero - Coupon Anleihe mit einer Laufzeit von n Jahren

n = Laufzeit der Zero Coupon Anleihe

$\frac{1}{(1+r_z)^n}$ =Abdiskontierungsfaktor für eine Zero Coupon Anleihe mit einer Laufzeit von n Jahren

Die synthetisierte Investmentalternative Konsol und Zerobond muß theoretisch denselben Preis aufweisen, wie eine konventionelle Anleihe mit ähnlicher Zahlungsstromstruktur (gleiche Fälligkeit wie der in die Synthetisierung aufgenommene Zerobond). Der Konsol muß bei gleichem Kupon und gleicher Laufzeit wie die aktuelle endfällige Anleihe mit einem Abschlag in Höhe des NPV der entsprechenden Zero Coupon Anleihe gehandelt werden. Geht man vom Parwert (100) aus, ergibt sich für den Konsol:

$$P_{Konsol} = 100 - x$$

mit P_{Konsol} = theoretisch sinnvoller Emissionspreis des Konsols

x = NPV eines 30-jährigen Zerobonds

Dieser Abschlag kann in Renditen umgerechnet werden und gibt die notwendige Mehrrendite des Konsols an.

3.5 Die empirische Überprüfung des Bewertungkonzeptes anhand von Kapitalmarktdaten

3.5.1 Das Datenproblem

Das theoretisch vorgestellte Synthetisierungskonzept soll jetzt auf seine empirische Evidenz hin einer genaueren Prüfung unterzogen werden. Hierzu erscheint es sinnvoll, die mit Hilfe des Bewertungskonzeptes ermittelten Preise einem direkten Vergleich mit tatsächlichen Marktdaten zu unterziehen. Die mangelnde Verfügbarkeit notwendiger Daten in Deutschland (und auch in anderen Ländern) zwingt zu der folgenden Vorgehensweise.

Da an den meisten großen Kapitalmärkten keine Marktdaten über Konsols zur Verfügung stehen, muß zur empirischen Überprüfung auf den britischen Kapitalmarkt ausgewichen werden, der als einziger Markt regelmäßig Konsolrenditen festlegt. In England wurden zur Kriegsfinanzierung schon sehr früh Konsols ausgegeben, die heute noch im Umlauf sind und regelmäßig notiert werden. Bezüglich der Liquidität dieses Konsolmarktes sind sicherlich Einschränkungen angebracht, da diese Titel seit langem nicht mehr emittiert wurden. Grundsätzlich muß daher bei allen folgenden Ableitungen eine gewisse Knappheitsprämie der Konsols gegenüber anderen, liquidieren Schuldtiteln berücksichtigt werden. Das Handelsvolumen von Konsols ist nicht sehr groß und die Transaktionskosten sind gegenüber anderen britischen Staatsanleihen höher. Insofern scheint eine gewisse Vorsicht bei den aus der empirischen Überprüfung geschlossenen Folgerungen angebracht zu sein. Gleichwohl ist diese Vorgehensweise der einzig sich anbietende Weg, das theoretische Konzept anhand empirischer Daten auf seine Evidenz hin überprüfen zu können.

Soll das entwickelte Bewertungskonzept anhand britischer Daten überprüft werden, steht man vor dem Problem, daß in Großbritannien zwar Konsoldaten verfügbar sind, aber keine 30-jährigen Anleihen emittiert wurden und somit die Datenbasis für den Vergleich mit der 30-jährigen Anleihe fehlt. Es wurden regelmäßig nur 20-jährige Anleihen als endfällige Anleihen mit langer Laufzeit emittiert.[555] In den USA dagegen wurden 30-jährige Anleihen emittiert, deren Renditen regelmäßig notiert werden. Am amerikanischen Kapitalmarkt gibt es jedoch keine Konsols. Es existiert folglich kein Kapitalmarkt an dem sowohl Daten zu den 30-jährigen Anleihen als auch Konsoldaten verfügbar wären.

Damit bleibt festzuhalten, daß Kapitalmarktdaten aus Großbritannien nur für die empirische Überprüfung der theoretisch ermittelten Konsolpreise herangezogen werden können. Für die theoretische Ermittlung der Konsolpreise müssen jedoch Kapitalmarktdaten über eine 30-jährige endfällige Anleihen verfügbar sein, um daraus die theoretische 30-jährige Zerobondrendite ableiten zu können. Erst dann können aus dem Vergleich der synthetisierten Anlagealternative (Konsol plus Zerobond) mit der endfälligen Anleihe Rückschlüsse auf den Konsolpreis gezogen werden.

Der einzige Kapitalmarkt an dem seit Jahrzehnten regelmäßig 30-jährige endfällige Anleihen emittiert und gehandelt werden, ist der amerikanische Treasury-Markt (vgl. Abb. 30 und 31, S. 264 f. Anhang). Das amerikanische Schatzamt emittiert zur Deckung des enorm hohen Kapitalbedarfes lang laufende festverzinsliche Anleihen. Der Markt in 30-jährigen Treasuries ist sehr liquide, die Tranksaktionskosten sind äußerst gering.

Vergleicht man die Renditen für 30-jährige endfällige Anleihen mit den Renditen für 20-jährige endfällige Anleihen[556] am amerikanischen Markt, so fällt der geringe Renditeunterschied zwischen beiden Wertpapiertiteln auf. 30-jährige Schuldtitel wiesen am amerikanischen Kapitalmarkt in den letzten 10 Jahren im Durchschnitt eine um nur ca. 5 Basispunkte geringere Rendite auf als die 20-jährigen Titel (vgl. Abb. 32, S. 266 Anhang). Diese geringe Renditedifferenz ist Ausfluß der allgemein an den meisten Kapitalmärkten auftretenden Verflachung der Renditestrukturkurve im langen Laufzeitenbereich. Renditemäßig macht es für die Anleger in amerikanische Staatsschuldtitel also keinen großen Unterschied, ob sie 20- oder 30-jährige Papiere in ihrem Portfolio halten. Die 10 Jahre längere Laufzeit der 30-jährigen Wertpapiere impliziert eine nur unerheblich unterschiedliche Rendite.

---

[555]Erst seit April 1992 wird am britischen Kapitalmarkt eine 25-jährige Anleihe notiert. Die Datenbasis ist jedoch zu kurz, um Eingang in die empirische Überprüfung finden zu können.

[556]20-jährige Anleihen sind Schuldtitel, die auch in Großbritannien regelmäßig emittiert wurden und über die verläßliche Kapitalmarktdaten vorhanden sind.

Seit Mitte 1991 hat sich die Situation gewandelt. Die Rendite der 30-jährigen Treasuries liegt für den Zeitraum 1991-1993 deutlich über der Rendite der 20-jährigen Treasuries (vgl. Abb. 33, S. 267 Anhang). Dies ist auf die rezessionsbedingte aggressive Zinslockerungspolitik der amerikanischen Zentralbank bei weiter steigendem Kapitalbedarf des Staates zurückzuführen.

Grundsätzlich scheint ein Übertragen der amerikanischen Verhältnisse (die geringe Renditedifferenz zwischen Staatsschuldtiteln mit 20 Jahre Laufzeit und Titeln mit 30 Jahre Laufzeit) auf den britischen Kapitalmarkt möglich. Zwischen der Emittenten- und Anlegerstruktur auf beiden Kapitalmärkten können keine grundlegenden Unterschiede ausgemacht werden. Auf beiden Kapitalmärkten besteht durch die Anlagebedürfnisse inländischer Pensionsfonds und Versicherungsgesellschaften ein ständig hoher Anlagebedarf in lang laufende Staatsschuldtitel (vgl. Kap. 4.2.3). Daneben nehmen auf beiden Kapitalmärkten ausländische Institutionen als Anleger eine wichtige Funktion ein. In Ermangelung inländischer langlaufender Schuldtitel weicht dieser Anlegerkreis traditionell auf den amerikanischen und britischen Kapitalmarkt aus.[557]

Ferner war am britischen Kapitalmarkt die Renditestrukturkurve in den letzten 10 Jahren zwischen 15- und 20-jährigen Staatsschuldtiteln mit durchschnittlich -31 Basispunkten invers (bei einer Schwankungsbreite von -50 bis + 11 Basispunkten), unabhängig vom Verlauf der Zinsstrukturkurve im vorderen Laufzeitenbereich (vgl. Abb. 34, S. 268 Anhang). Dieses Invertieren der Zinsstrukturkurve im langen Laufzeitenbereich legt den Schluß nahe, daß, falls es in England 30-jährige Titel geben würde, diese vom britischen Markt mit einem sogar noch etwas höheren Renditeabschlag belegt worden wären, als die 30-jährigen Papiere in den USA.

Werden die für den amerikanischen Kapitalmarkt geltenden Beobachtungen auf den britischen Kapitalmarkt übertragen, so beträgt die Renditedifferenz von 30-jährigen gegenüber 20-jährigen Papieren in Großbritannien annahmegemäß durchschnittlich ca. -5 Basispunkte.

Ausgehend von den so ermittelten Renditen für theoretisch am Markt vorhandene endfällige Anleihen mit einer Laufzeit von 30 Jahren, können die Zero Coupon Renditen für Nullkuponanleihen mit 30-jähriger Restlaufzeit über die oben

[557] Während in den USA japanische institutionelle Anleger im Vordergrund stehen, kommt in Großbritannien europäischen institutionellen Anlegern eine größere Bedeutung zu.

beschriebene Ableitung der "theoretical spot rate curve" ermittelt werden (vgl. Tab.III, S. 246 Anhang). Das Bewertungskonzept kann damit empirisch überprüft werden.

3.5.2 *Die theoretische und die empirische Mehrrendite des Konsols*

Im ersten Teil der empirischen Überprüfung des vorgestellten Bewertungskonzeptes wird der Schwerpunkt der Untersuchung auf die sich aus der Theorie ergebende Mehrrendite des Konsols gegenüber der 30-jährigen endfälligen Anleihe gelegt.

Wie im theoretischen Teil der Ausführungen zum Bewertungskonzept festgehalten, müßte der Konsol gegenüber der 30-jährigen Anleihe eine Mehrrendite in Höhe des Preises eines Zerobonds (mit gleicher Laufzeit wie die endfällige Anleihe) aufweisen.

Werden die zum Teil am Kapitalmarkt vorhandenen (Konsoldaten), zum Teil rechnerisch ermittelbaren britischen Daten (Daten zur 30-jährigen Anleihe) zur Überprüfung herangezogen, so stößt man zunächst auf eine Diskrepanz zwischen dem theoretisch erwarteten und dem empirisch feststellbaren Ergebnis.

Es kann empirisch festgestellt werden, daß die theoretisch erforderliche Mehrrendite über den gesamten beobachteten Zeitraum nicht vorhanden war. Für den Beobachtungszeitraum 1983-1993[558] kann bis auf die Jahre 1992 und 1993, abweichend von der Theorie, eine im langen Laufzeitenbereich inverse Zinsertragskurve bzw. geringere Renditen für Konsols gegenüber 30-jährigen Anleihen

[558] Die Tabelle III (vgl. Anhang) enthält die Englische Par-Zinsstrukturkurve und die daraus abgeleitete Zerokuponkurve für den Beobachtungszeitraum Januar 1983 bis Januar 1993. Die Rendite des synthetischen 30-jährigen Gilts wurde in dieser Tabelle unter der Annahme ermittelt, daß sich die Rendite 30 Basispunkte unter der am Markt direkt ermittelbaren Rendite der 20-jährigen Gilts befindet. Die Rendite der Restlaufzeit 21 bis 29 Jahre wurde durch lineare Approximation errechnet. Damit kann die für die empirische Überprüfung des Bewertungskonzepts entscheidende Rendite der 30-jährigen Zerokuponanleihe bestimmt werden. Aus dieser Rendite ergibt sich der Preis der Zerokuponanleihe. In Tabelle IV (vgl. Anhang) ist der Preis der Zerokuponanleihe für verschiedene Inversionsgrade zwischen 20- und 30-jährigen Gilts in der Spalte Preisabschlag zu finden. Aus der Spalte Konsolrendite ist die Rendite des Konsols zu entnehmen, die sich aus dem Preis der Zerokuponanleihe ergibt, als Rendite über dem 30-jährigen Gilt für verschiedene Inversionsgrade. In der darunterliegenden Zeile ist die tatsächlich am Markt gehandelte Rendite zu jedem Beobachtungszeitpunkt aufgeführt. Die tatsächliche Rendite ist über den gesamten Beobachtungszeitraum tiefer als die nach dem Bewertungskonzpet theoretisch erforderliche Rendite.

ausgemacht werden. Damit liegt eine empirische "Falschbewertung" des Konsols (gemessen am Synthetisierungskonzept) vor.

Ein Grund für die vom übrigen Beobachtungszeitraum abweichende Bewertung der Konsols ist die seit Ende 1991 stattfindende allgemeine Verflachung der Zinsertragskurve. Seit Ende 1992 entwickelte sich die Zinsertragskurve durch eine ausgeprägte Zinslockerungspolitik der Bank von England, nach dem Austritt des britischen Pfundes aus dem Europäischen Währungssystem, von einer horizontalen zu einer normal geneigten Kurve.

Aufgrund der Diskrepanz zwischen den aus dem theoretischen Bewertungskonzept erwarteten und den empirisch festgestellten Konsolrenditen, muß nach möglichen Ursachen für diese "Falschbewertung" des Konsols gesucht werden (vgl. Kap. 3.6).

Aus der empirisch am Markt beobachteten "Falschbewertung" der Konsols kann der Schluß gezogen werden, daß die fehlende Rückzahlung der Konsols für die Anleger von nicht entscheidender Bedeutung ist. Die Anleger messen der fehlenden Rückzahlung des Konsols eine geringere Bedeutung zu, als ihr im Rahmen des entwickelten Bewertungskonzeptes eingeräumt wird. Vielmehr scheinen die Anleger andere Bewertungskriterien in den Vordergrund zu stellen. So können beispielsweise finanzmarkttheoretische Charakteristika des Konsols (hohe Duration, hohe Konvexität etc., vgl. Kap. 2.6.3.7 und auch Kap. 2.6.3.8) oder das Einfrieren eines hohen Zinsniveaus für die hohe Bewertung des Konsols ausschlaggebend sein.

Ein anderes Argument für die empirisch beobachtbare Falschbewertung der Konsols wäre die allgemeine Unfähigkeit des Marktes, die Konsols mit ihrer besonderen Eigenschaft der Nichtfälligkeit richtig zu bewerten.

Einschränkend muß jedoch die geringe Liquidität des Konsolmarktes angeführt werden. Die geringe Liquidität des Konsolmarktes, im Sinne einer vergleichsweise niedrigen Anzahl umlaufender Wertpapiere, kann dazu führen, daß die Anleger, falls sie eine Präferenz für Konsols haben, bereit sind, eine gewisse Knappheitsprämie (in Form eines Renditeverzichtes) für den Konsol zu bezahlen.

Die empirisch beobachtbare Falschbewertung der Konsols gegenüber der theoretisch nach dem Bewertungskonzept zu erwartenden Bewertung soll im folgenden Kapitel im Rahmen der unterschiedlichen Theorien zur Zinsstruktur beurteilt werden. Daneben sollen mögliche Erklärungsursachen für die Falschbewertung herausgearbeitet werden.

3.6 Mögliche Erklärungsursachen für die empirische Falschbewertung des Konsols im Rahmen unterschiedlicher Zinsstrukturtheorien

3.6.1 Die empirische Falschbewertung des Konsols im Rahmen der Erwartungstheorie

Im Rahmen der Erwartungstheorie gelten Wertpapiere unterschiedlicher Laufzeitenbereiche als vollkommene Substitute (vgl. Kap. 3.1.3.1).

Empirisch konnte anhand britischer Kapitalmarktdaten festgestellt werden, daß der Konsol bei einer normalen Zinsertragskurve grundsätzlich mit einer geringeren Rendite notiert als zum Beispiel die 20-jährige endfällige Anleihe (vgl. Kap. 3.5.2).

Erwartungstheoretisch kann die gegenüber der Rendite für 20-jährige Anleihen geringere Konsolrendite nur damit erklärt werden, daß die langfristigen Erwartungen der Wirtschaftssubjekte für den kurzfristigen Einperiodenzinssatz (in zum Beispiel 50, 80, 110 bis unendlich vielen Jahren) auf sinkende Zinsen gerichtet sind. Die Konsolrendite ergibt sich als geometrischer Mittelwert (Durchschnitt) aller, in die Laufzeit des Konsols fallenden, erwarteten kurzfristigen Zinssätze. Bei einer normalen Zinsertragskurve erwarten die Wirtschaftssubjekte also zunächst steigende Zinsen. Invertiert die Kurve im langen Laufzeitenbereich, wie die britische Kurve bei den Konsols, so müssen für einperiodische Zinssätze im langen Laufzeitenbereich die Erwartungen der Wirtschaftssubjekte auf sinkende Zinsen drehen. Die geringere Konsolrendite muß als Durchschnitt der erwarteten kurzfristigen einperiodischen Zinssätze über den gesamten Zeitraum zu errechnen sein.

Die Wirtschaftssubjekte müßten, erwartungstheoretisch argumentiert, also eine unendliche Anzahl Zinserwartungen äußern können. Damit wäre die Konsolrendite das Ergebnis einer Grenzwertbetrachtung.

Kritisch bleibt jedoch festzuhalten, daß sich die Erwartungen der Wirtschaftssubjekte bezüglich zukünftiger einperiodischer Zinssätze auf einen vergleichsweise überschaubaren Zeitraum beschränken werden. Die Wirtschaftssubjekte werden sich kaum in der Lage sehen, über einen langfristigen, im Extremfall unendlich langen Zeitraum, Zinserwartungen äußern zu können.[559] Insofern sind Zweifel an der erwartungstheoretischen Erklärung der Konsolrendite angebracht.

3.6.2 *Die empirische Falschbewertung des Konsols im Rahmen der Liquiditätspräferenztheorie*

Wertpapiernachfrager haben aufgrund ihrer ausgeprägten Aversion gegen das Preisrisiko im Rahmen der Liquiditätspräferenztheorie eine Präferenz für kurzfristige Wertpapiere. Die Wertpapieremittenten, haben dagegen eine Präferenz für langfristige Wertpapiere, da sie bei ihrer Finanzierungsentscheidung die langfristige Verfügbarkeit des Kapitals hoch werten. Wegen der sich aus dieser Marktkonstellation ergebenden Knappheit des Geldkapitalangebots ("constitutional weakness") im langen Laufzeitenbereich, müssen von den Schuldnern Liquiditätsprämien an die Gläubiger bezahlt werden. Diese Liquiditätsprämien haben eine Kompensationsfunktion für das, wegen der kurzfristigen Präferenz, höhere Risiko bei der Anlage in langlaufende Wertpapiere. Mit zunehmender Laufzeit steigt die Liquiditätsprämie mit einem immer kleiner werdenden Zuwachs, da das zusätzlich implizierte marginale Risiko mit länger werdender Laufzeit immer geringer wird. Hieraus erklärt sich die Abflachung der empirisch auftretenden Zinsertragskurve.

Liquiditätspräferenztheoretisch argumentiert, muß der Konsol - bezogen auf seine Laufzeit - als völlig illiquides Anlageinstrument eine vergleichsweise hohe Liquiditätsprämie beinhalten. Gegenüber anderen Wertpapieren müßte er theoretisch die höchste Liquiditätsprämie aufweisen. Aus risikotheoretischen Überlegungen dagegen unterscheidet sich die 20- bzw. 30-jährige Anleihe nicht wesentlich vom Konsol. Damit müßte die Liquiditätsprämie bzw. die Rendite nur unwesentlich höher sein als bei der 20- bzw. 30-jährigen Anleihe.

Empirisch konnte jedoch eine geringere Rendite für Konsols als für 20-jährige Anleihen in England beobachtet werden. Dieser Renditeabschlag des Konsols

---

[559] vgl. Kane/Malkiel 1967, S. 343 f.

könnte im Rahmen der Liquiditätspräferenztheorie nur mit einer höheren Liquidität des Konsols gegenüber der 20-jährigen Anleihen erklärt werden. Hicks unterstellt jedoch, daß Wertpapiere mit einer geringeren Laufzeit (hier die 20-jährige Anleihe) grundsätzlich liquider sind als Wertpapiere mit einer längeren Laufzeit (hier der Konsol).

Damit kann die Liquiditätspräferenztheorie den empirisch beobachtbaren Renditeabschlag nicht erklären.

3.6.3 *Die empirische Falschbewertung des Konsols im Rahmen der Marktsegmentationstheorie*

In der von Culbertson entwickelten Marktsegmentationstheorie bildet sich die Rendite eines bestimmten Wertpapiers nur aufgrund der Knappheitsrelation in dem entsprechenden Marktsegment (vgl. Kap. 3.1.3.3). Damit ist für die absolute Höhe der Konsolrendite allein die Relation von Angebot und Nachfrage im Konsolmarkt bestimmend. Liegt die empirisch beobachtbare Rendite des Konsols unter der Rendite für 30-jährige endfällige Anleihen (Beispiel Großbritannien), kann dies marktsegmentationstheoretisch nur mit der Knappheitsrelation auf dem abgeschotteten Konsolmarkt erklärt werden. Herrscht eine zu hohe Nachfrage nach Konsols in Relation zum Angebot oder aber ein zu geringes Konsolangebot in Relation zur Nachfrage der Anleger, impliziert die sich daraus ergebende Knappheitssituation eine vergleichsweise tiefe Konsolrendite. Werden die Renditen für die unterschiedlichen Marktsegmente in Form einer Zinsertragskurve graphisch dargestellt, kann man aufgrund der unterschiedlichen Knappheitsrelation am Markt für 30-jährige Anleihen und am Konsolmarkt eine inverse Zinsertragskurve beobachten.

Die sich aus dem Bewertungskonzept ergebende theoretisch richtige Bewertung des Konsols wird durch die tatsächlich am Markt vorhandenen Angebots- und Nachfragebedingungen relativiert. Durch die Miteinbeziehung der Knappheitsrelationen in die am Markt stattfindende Bewertung kann folglich die gegenüber der Theorie beobachtbare "Falschbewertung" des Konsols begründet werden. Eine zunächst gegenüber der Theorie empirische Falschbewertung kann bei Gültigkeit der Marktsegmentationstheorie in bestimmten Kapitalmarktsituationen durchaus "richtig" im Sinne - an die Kapitalmarktsituation angepaßt - sein.

Damit kann die Marktsegmentationstheorie die in Großbritannien empirisch beobachtbare Falschbewertung der Konsols unter der Voraussetzung der Gültigkeit der modellspezifischen Prämissen, die eine Segmentierung des Kapitalmarktes mit einer Konsolknappheit als Folge haben, erklären. Als Erklärungsursache wird im Rahmen der Marktsegmentationstheorie die spezifische Angebots- und Nachfragekonstellation auf dem Konsolmarkt herangezogen.

3.6.4 Die empirische Falschbewertung des Konsols im Rahmen der Preferred-Habitat-Theorie

Soll versucht werden, im Modellrahmen der Preferred-Habitat-Theorie mögliche Erklärungsursachen für die empirisch beobachtbare Falschbewertung des Konsols zu finden, so müssen hier (im Gegensatz zur Marktsegmentationstheorie[560]) benachbarte Marktsegmente in die Betrachtung miteinbezogen werden.

Mögliche Anleger in Konsols lassen sich im Preferred-Habitat-Modell prinzipiell nur durch ihre allgemeine Präferenz für den langen Laufzeitenbereich insgesamt charakterisieren. Die Anleger richten ihre Anlagepräferenz also nicht nur auf ein Marktsegment, sondern ziehen in ihr Entscheidungskalkül einen ganzen Laufzeitenbereich, der aus mehreren Laufzeitensegmenten besteht, mit ein. Sie beachten je nach subjektiver Risikoaversion die Renditen einer unterschiedlich hohen Anzahl langfristiger Laufzeitensegmente, die als mögliche Anlagealternative zu ihrem eigentlich bevorzugten Laufzeitenbereich in Betracht kommen. Die Rendite im Marktsegment für Konsols muß folglich stets in Relation zu den anderen benachbarten Marktsegmenten betrachtet werden.

Wird am britischen Konsolmarkt gegenüber der Rendite für 30-jährige bzw. 20-jährige endfällige Anleihen ein Renditeabschlag beobachtet, so kann dies im Rahmen der Preferred-Habitat-Theorie nur mit einer zu hohen Nachfrage nach Konsols durch die Anleger, die eine besondere Präferenz für Konsols haben, in Verbindung mit zu geringen Mehrrenditen in anderen Laufzeitenbereichen, erklärt werden. Würden in anderen Laufzeitenbereichen höhere Mehrrenditen gegenüber der

---

[560] Im Rahmen der Marktsegmentationstheorie konnte nur das Marktsegment für Konsols in die Betrachtung miteinbezogen werden. Für die Falschbewertung war nur die Knappheitsrelation auf dem Konsolmarkt verantwortlich.

Konsolrendite von den Emittenten angeboten, so wären bestimmte Anleger, deren subjektive Präferenz sich eigentlich auf den Konsolmarkt richtet, bereit, ein Wertpapier mit kürzerer Laufzeit und damit einem für sie höheren Risiko als Anlage zu akzeptieren. Das höhere Risiko der kürzeren Laufzeit würde aus Anlegersicht in Form einer ausreichend hohen Mehrrendite kompensiert werden. Ist die Mehrrendite in anderen Laufzeitensegmenten jedoch zur Kompensation des höheren Risikos nicht ausreichend, ziehen die Anleger die Investition in ihrem präferierten Konsolsegment vor und akzeptieren den Renditeabschlag.

Wird im Rahmen der Preferred-Habitat-Theorie nach möglichen Erklärungsursachen für die empirisch beobachtbare Falschbewertung des Konsols gesucht, so kann in diesem Modellrahmen nur eine zu hohe Nachfrage nach Konsols in Verbindung mit einer zu geringen Mehrrendite in anderen Laufzeitenbereichen zur Erklärung herangezogen werden. Im Gegensatz zur Marktsegmentationstheorie sind hier neben der Konsolrendite die Renditen der benachbarten Laufzeitensegmente für die Anlageentscheidung der risikoaversen Wirtschaftssubjekte entscheidend.

3.6.5 Zusammenfassung

Durch die empirische Überprüfung des im ersten Abschnitt des dritten Teils vorgestellten Synthetisierungskonzeptes, das zur Bestimmung eines theoretisch sinnvollen Preises des Konsols entwickelt wurde, konnte in Großbritannien eine Falschbewertung der Konsols festgestellt werden.

Wird nach möglichen Ursachen für diese Falschbewertung gesucht, konnten die in Kapitel 3.1.3 vorgestellten unterschiedlichen Zinsstrukturtheorien zur Erklärung herangezogen werden. Im Rahmen der Erwartungstheorie, der Marktsegmentationstheorie sowie der Preferred-Habitat-Theorie konnten jeweils andere Erklärungsursachen (Zinserwartungen der Wirtschaftssubjekte, Knappheitsrelationen in den jeweiligen Marktsegmenten bzw. Knappheitsrelationen im langen Laufzeitenbereich als ganzes) diskutiert werden. Die Liquiditätspräferenztheorie dagegen liefert keine plausible Erklärung für eine empirisch beobachtete Falschbewertung.

IV. CHANCEN UND RISIKEN DES KONSOLS AUS EMITTENTEN- UND INVESTORENSICHT

4.1 Chancen und Risiken des Konsols aus Emittentensicht

4.1.1 Voraussetzungen für die Konsolemission

Die Emission von Konsols, die den Emittenten definitionsgemäß von einer Rückzahlungspflicht in Höhe des Konsolbetrages befreit und ihn lediglich zu einem periodischen Nutzungsentgelt des ihm zur Verfügung gestellten Kapitals in Form von Zinszahlungen verpflichtet, ist konzeptionell an gewisse Voraussetzungen geknüpft.

Eine der wichtigsten Emissionsvoraussetzungen ist die erstklassige Schuldnerqualität. Der Gläubiger muß auf periodische, ungekürzte und pünktliche Zinszahlungen vertrauen können. Nur dann wird er sich zum Kauf eines Konsols entschließen können. Die Bedeutung einer uneingeschränkt hohen Kreditwürdigkeit von Konsolemittenten - wie dem Staat - wurde schon in der frühen Entwicklung der Staatsanleihen, als deren Idealtyp der Konsol galt, unter anderem von Dietzel und Mithoff erkannt.[561] Da der Staat aufgrund seiner Steuerkraft eine uneingeschränkt hohe Bonität genießt, kann er als "Muster-Emittent" von Konsols gelten. Unter der Voraussetzung erstklassiger Schuldnerqualität sind auch privatwirtschaftliche Unternehmungen als mögliche Emittenten nicht ausgeschlossen. Ein möglicher Emittentenkreis könnte sich beispielsweise auf den Staat und privatwirtschaftliche

[561] vgl. Dietzel 1855, S. 126 und auch Mithoff 1890, S. 283

Unternehmungen begrenzen, die von Kreditrating-Agenturen (Moody's; Standard & Poors) in die höchste Kreditwürdigkeitskategorie ("AAA") eingestuft werden.

Alternativ zu einem "AAA"-Rating kämen bei privatwirtschaftlichen Unternehmungen auch Garantien durch den Staat oder durch Unternehmungen mit erstklassiger Bonität in Betracht, sowie eine dingliche Absicherung über Pfandrechte (Grundstücke, Immobilien, Infrastruktur, etc.). Bürgschaften erstklassiger Schuldner (Bund, Länder) wären ebenfalls eine Möglichkeit die Bonität eines Unternehmens über Vertragsbedingungen "künstlich" zu verbessern.[562]

Neben den hohen Bonitätsanforderungen sind weitere Anforderungen an die Emittenten zu stellen. Höchste Priorität muß der Sicherstellung eines hochliquiden Sekundärmarktes für die zu emittierenden Konsols eingeräumt werden. Ein liquider Sekundärmarkt senkt die Transaktionskosten durch die Verringerung der Spanne zwischen An- und Verkaufskurs. Daneben wird dem Gläubiger die Möglichkeit gegeben, sich jederzeit ohne signifikanten Einfluß auf die Preisbildung von seinen Anlagen zu trennen. Ein liquider Markt entspricht einem Fälligkeitssurrogat für die Gläubiger. Die Konsolemission sollte daher idealerweise in Form von "tap-issues" erfolgen, d.h. es werden mehrere Tranchen je nach Kapitalbedarf und Marktlage aufgelegt.[563] Da der Kupon aller Tranchen gleich sein muß, um die Identität der Konsols aufrechtzuerhalten, könnte eine Anpassung an die jeweilige Marktrendite über die Adjustierung des Emissionspreises stattfinden. Ein Zusammenbruch des Sekundärmarktes für Perpetual Bonds (Konsols), wie er sich 1986/87 in Großbritannien ereignete, hätte durch einen liquiden Sekundärmarkt vielleicht verhindert werden können.

Neben den an die Konsolemittenten zu stellenden Anforderungen, kann man sich die Frage nach den Anforderungen der Emittenten an den Kapitalmarkt stellen. Diese Frage ist gleichbedeutend mit den Überlegungen, welches Zinsniveau am Kapitalmarkt herrschen muß, um erstklassige Schuldner zur Emission von Konsols bewegen zu können. Wie leicht zu erkennen sein wird, kommt eine mögliche Emission von Konsols nicht in Hochzinsphasen in Betracht.[564] Vielmehr wird sich der Emittent Phasen eines zyklischen Zinstiefs als Emissionszeitpunkt auswählen,

---

[562]vgl. Hahn 1983. S. 278
[563]vgl. Dresdner Bank 1986 (a). S. 24
[564]vgl. Hansmeyer 1972. S. 21

um sich ein niedriges Zinsniveau über Konsols quasi "einzufrieren". In Phasen niedriger Kapitalmarktzinsen beobachtet man häufig eine normal strukturierte (steile) Zinsertragskurve, d.h. es liegt theoretisch eine mit der Laufzeit steigende Verzinsung vor, wobei im kurzen Laufzeitenbereich der Renditeanstieg pro zusätzlicher Laufzeiteneinheit größer ist, im mittleren Laufzeitenbereich geringer wird und bei sehr langfristigen Vereinbarungen nur marginal zunimmt (vgl. Kap. 3.1.2).[565] Bei einer normalen Zinsertragskurve wird die Rendite eines Konsols, der als Instrument mit der längsten Laufzeit ganz am Ende der Laufzeitenskala angesiedelt werden muß, wegen der Verflachung der Zinsertragskurve im langen Laufzeitenbereich, folglich nur geringfügig höher sein, als zum Beispiel die Rendite einer 20-jährigen Anleihe.[566]

Neben der Kapitalmarktsituation hat die Bonität des jeweiligen Schuldners Einfluß auf die Zinshöhe der zu emittierenden Konsols. Da davon auszugehen ist, daß der Staat eine besondere Kreditwürdigkeit innerhalb des potentiellen Emittentenkreises besitzt[567], können für den Staat gegenüber privatwirtschaftlichen Schuldnern günstigere Finanzierungskonditionen bei der Konsolemission unterstellt werden. Gläubiger werden, ähnlich wie bei endfälligen Anleihen (vgl. Abb. 35, S. 269 Anhang), bei staatlichen Konsols geringere Renditen bei sonst gleicher Ausstattung akzeptieren. Es wird folglich auch bei Konsols zu sogenannten "yield-spreads" zwischen staatlichen und privatwirtschaftlichen Konsols kommen.

---

[565] vgl. Kath 1972, S. 30 ff.

[566] Es konnte im Gegenteil in bestimmten Kapitalmarktphasen in Großbritannien sogar eine niedrigere Rendite für Konsols z. B. gegenüber 20-jährigen Anleihen beobachtet werden. (vgl. Kap. 3.5)

[567] vgl. Francke 1984, S. 15

4.1.2 Der Staat als Emittent von Konsols

4.1.2.1 Der Staat als "Muster-Emittent" von Konsols

Der Staat kann als "Muster-Emittent" von Konsols gelten. Diese Beurteilung stützt sich sowohl auf seine besondere - ihm eigene - Bonität[568], als auch auf die Sicherstellung eines hochliquiden Sekundärmarktes durch staatliche Konsolemissionen.

Der Staat zeichnet sich durch seine uneingeschränkte Schuldnerbonität aus, da er, anders als private Schuldner, "die Erfüllung seiner Schuldverpflichtung praktisch unabhängig von der Wirtschaftslage garantieren"[569] kann. Die Steuerkraft des Staates, d.h. die Berechtigung zur Erhebung von Zwangsabgaben (Finanzhoheit) und sein Vermögen, läßt den Staat jederzeit über Zweifel an seiner Kreditwürdigkeit erhaben sein.[570] Das Vertrauen der Schuldner in den Staat als Kreditnehmer ist zweifelsohne eine der entscheidenden Voraussetzungen für die Akzeptanz des Konsols in Anlegerkreisen.

Die Sicherstellung des liquiden Sekundärmarktes ist unter anderem abhängig von der Anzahl umlaufender Titel, die sich in ihrer Anzahl am Kapitalbedarf des Emittenten orientieren. Da der Staat einen sehr hohen Nachfrageanteil am Kreditmarkt zur Deckung seines Kapitalbedarfes beansprucht[571], ist die volumenmäßige Liquidität allein durch die Höhe seines durch Wertpapiere gedeckten bzw. auch weiterhin zu deckenden Kapitalbedarfs gewährleistet.

In Deutschland hat sich allein der Schuldenstand des Bundes (ohne Bundesbahn und Bundespost) von 26,9 Mrd. DM 1960[572] auf 686 Mrd. DM im Dezember 1993 erhöht. Der Schuldenstand der öffentlichen Haushalte insgesamt[573] betrug im September 1993 1444 Mrd. DM.[574] Die öffentliche Verschuldung inklusive

---

568 vgl. Francke 1984, S. 15

569 Wissenschaftlicher Beirat 1979, S. 22

570 vgl. Harter/Franke 1988, S. 165

571 vgl. Wissenschaftlicher Beirat 1979, S. 28

572 vgl. Schlick 1989, S. 4

573 Bund, Länder und Gemeinden, inklusive Fonds "Deutsche Einheit, Kreditabwicklungsfonds und ERP-Sondervermögen"

574 vgl. Deutsche Bundsbank 1994 (a), S. 73 ff.

Bundesbahn, Bundespost und Treuhandanstalt ist inzwischen auf knapp zwei Billionen Deutsche Mark angestiegen.[575]

Aus der Geschichte sind keine Beispiele einer vollständigen oder auch nur teilweisen regulären Tilgung von Staatsschulden bekannt, so daß die Annahme einer extrem langfristigen Natur, insbesondere der Bundes- und Länderschulden, realistisch erscheint. Das Schuldenvolumen wird auch in Deutschland gerade im Zuge der Wiedervereinigung, die einen enorm hohen Kapitalbedarf zusätzlich erfordert, in absehbarer Zeit nicht sinken.[576] Es wird keine Nettotilgung stattfinden können, d.h. die Inanspruchnahme der Ressourcen durch den Staat erscheint endgültig.[577]

Allein aus der "Natur der Staatsschulden", die sich durch eine endgültige Inanspruchnahme der Ressourcen charakterisieren läßt, folgt eine begünstigte Liquidität börsengehandelter staatlicher Schuldtitel. Berücksichtigt man zusätzlich zum Aspekt der zeitlichen Inanspruchnahme das Volumen des Kapitalbedarfs, der seit 1982 verstärkt über Wertpapiere befriedigt wird[578], so erscheint die Sicherstellung eines liquiden Sekundärmarktes durch den Staat möglich.

Der Staat als "Muster-Emittent", mit seinem hohen, sehr langfristigen Kapitalbedarf, eignet sich somit ganz besonders zur Emission von Konsols.

4.1.2.2 Die Vorteile der Konsolemission für den Staat

4.1.2.2.1 Die Vorteile aus allokativer Sicht

Im folgenden sollen die möglichen Vorteile für den Staat als Konsolemittenten näher erläutert werden.

Eine Tilgung der Staatsschulden erscheint aus heutiger Sicht wenig realistisch. Einer demokratisch gewählten Regierung fällt es schwer, überschüssige Haushaltsmittel (falls sie überhaupt vorhanden sind) zur Tilgung der Schulden öffentlicher Haushalte zu verwenden und die Mittel damit nicht zur Befriedigung

---

[575] vgl. Monatsberichte der Deutschen Bundesbank 1994, S. 73 ff.
[576] vgl. Wissenschaftlicher Beirat 1979, S. 55
[577] vgl. Wissenschaftlicher Beirat 1979, S. 137
[578] vgl. Deutsche Bundesbank 1987, S. 14

von Ausgabewünschen bereitzustellen (Ausnahme: Großbritannien, Australien).[579] Der Schuldenstand wird sich somit in der Regel nicht abbauen lassen, es wird keine Nettotilgung stattfinden, da dies finanzpolitisch nur schwer durchsetzbar ist, aber auch konjunkturpolitisch ineffizient erscheinen kann.[580] Die Staatsverschuldung nimmt somit de facto den Charakter einer "ewigen Schuld" an.[581] Damit läßt sich die Verschuldung des Staates durch eine "extrem langfristige Natur" charakterisieren.

Soll dieser extrem langfristige Kapitalbedarf des Staates fristgerecht finanziert werden, so müssen bei einer Wertpapierfinanzierung besonders Titel des langen Laufzeitenbereichs bevorzugt werden. Wird der langfristige Kapitalbedarf des Staates (1978: 240 Mrd. DM) z. B. über 10-jährige Anleihen finanziert, so werden jährlich 10 % des langfristigen Kapitalbedarfs (1978: 24 Mrd.) zur Rückzahlung fällig. Dieser Rückzahlungskapitalbedarf wird durch die Emission neuer Anleihen über den Kapitalmarkt gedeckt, so die gängige Praxis.

Die von längeren Laufzeiten ausgehenden Wirkungen auf die gesamtwirtschaftliche Liquiditätsversorgung und auf die Kreditmärkte sind weniger intensiv und damit stabilitätskonformer, als entsprechende Wirkungen bei einer nur halb so hohen durchschnittlichen Laufzeit (5 Jahre: 48 Mrd. jährlich Rückzahlungskapitalbedarf).

Um ein Gleichgewicht zwischen Güter- und Geldwirtschaft herstellen zu können, ist es erforderlich, den extrem langfristigen Kapitalbedarf des Staates entsprechend langfristig zu finanzieren.[582] Der Staat gibt dem Markt falsche Signale über die von ihm getroffenen zukunftswirksamen Entscheidungen bezüglich der intertemporalen Ressourcenallokation, wenn er Ausgaben, die langfristiger Natur sind, kurzfristig finanziert. Mit seiner Schuldenstrukturpolitik ("Bestimmung und Beeinflussung der Struktur eines vorgegebenen staatlichen Schuldenbestandes"[583]) beeinflußt der Staat die Zinsstruktur, an die sich die Privatwirtschaft, falls falsche Signale gesetzt werden, nicht verläßlich mit der Fristigkeit ihrer Realinvestitionen anpassen kann.[584] Diese Fehlinterpretation der Schuldenstrukturpolitik ist Folge der kurzfristigen

[579] vgl. Wissenschaftlicher Beirat 1979, S. 137 ff.
[580] vgl. Francke 1983, S. 397
[581] vgl. Wissenschaftlicher Beirat 1979, S. 137 ff.
[582] vgl. Wissenschaftlicher Beirat 1979, S. 137 ff.
[583] Wissenschaftlicher Beirat 1979, S. 15
[584] vgl. Wissenschaftlicher Beirat 1979, S. 48

Finanzierung, da der Staat "durch die Fristigkeit seiner Kreditnachfrage dem Markt die beabsichtigte Dauer der Inanspruchnahme von Ressourcen"[585], die entsprechend dem Kapitalbedarf langfristig ist, falsch mitteilt. Dadurch kann die Ressourcenallokation gestört werden und Instabilität im Wachstum hervorgerufen werden.[586]

Erfolgt die Inanspruchnahme der Ressourcen durch den Staat über einen unabsehbar langen Zeitraum, so stellt der Konsol das einzige Instrument dar, das eine über einen ebenfalls unabsehbar langen Zeitraum währende Finanzierung gewährleisten kann. Erst der Konsol ermöglicht den definitiven Verzicht auf Kaufkraft im Bereich der privaten Bedarfsdeckung, der nötig erscheint, falls der Staat die Ressourcen endgültig in Anspruch nimmt.[587]

Ein endgültiger Kaufkraftverzicht der Kreditgeber (Konsolzeichner) kann bei einem liquiden Sekundärmarkt jederzeit über einen Verkauf an andere Gläubiger weitergegeben werden, so daß ein Rückgängigmachen des personellen Kaufkraftverzichtes jederzeit möglich bleibt.

Der Unterschied zwischen einer langfristigen und einer kurzfristigen Finanzierung wird hier besonders deutlich. Eine langfristig gebundene, veräußerbare Forderung kann zwar jederzeit vom Besitzer durch den Verkauf am Sekundärmarkt in Geld zurückgetauscht werden, die ursprüngliche Investitionsentscheidung (hier vom Staat getroffen) und das dabei entstandene Finanzierungsinstrument (Konsol) bleiben jedoch unberührt. Die "reale Investition und [ihr] finanzielles Äquivalent ändern sich nicht, sondern nur deren Besitzer".[588] Aus einer fällig werdenden Forderung dagegen, die bei kurzfristiger Finanzierung eines langfristigen Kapitalbedarfs einer Anschlußfinanzierung bedarf, erwächst die Unsicherheit über die erforderliche Revolvierung, da die Möglichkeit einer neuen, anderen Disposition seitens der Kreditgeber gegeben ist.[589] Aus isoliert allokativer Sicht ist deshalb eine Finanzierung über Konsols wünschenswert.[590]

---

[585]Wissenschaftlicher Beirat 1979. S. 48
[586]vgl. Wissenschaftlicher Beirat 1979. S. 50
[587]vgl. Wissenschaftlicher Beirat 1979. S. 48
[588]Wissenschaftlicher Beirat 1979. S. 138
[589]vgl. Wissenschaftlicher Beirat 1979. S. 138
[590]vgl. Wissenschaftlicher Beirat 1979. S. 48

4.1.2.2.2 Die Vorteile aus distributiver Sicht

Die distributiven Wirkungen der Emission von Konsols sind nur schwer abschätzbar. Aufgrund der Neuheit des Instrumentes für die Mehrzahl der Anleger und dessen besonderen Charakteristika[591] dürfte der Konsol vor allem von institutionellen Anlegern nachgefragt werden. Gerade im Rahmen von Immunisierungsstrategien kann der Konsol wegen seiner besonderen Eigenschaften vorteilhaft sein. Institutionelle Anleger wären, falls sich der Staat für eine entsprechende Emission entscheiden könnte, nicht länger gezwungen, ihre langfristigen Verbindlichkeiten durch die Anlage in ausländische langfristige Titel zu matchen. Grundsätzlich kann von einem langfristigen Anlagebedarf institutioneller Anleger ausgegangen werden. Dieses Bedürfnis käme dem Staat als Konsolemittenten insofern entgegen, als mit einer vergleichsweise konstanten Nachfrage nach Konsols gerechnet werden könnte. Die Unterbringung der Konsols am Kapitalmarkt dürfte unter diesen Prämissen einfach sein.

Der private Anleger dürfte demgegenüber nur indirekt über Altersvorsorgeeinrichtungen und sonstige Versicherungen von den Chancen des Konsols profitieren bzw. von den Risiken betroffen sein. Vorstellbar bleibt jedoch die Möglichkeit der Anlage in Konsols durch private Wirtschaftssubjekte, die Interesse an einer Diversifizierung ihrer Altersvorsorge haben. Wird der Konsol zum Beispiel zum Zeitpunkt der Verrentung des Wirtschaftssubjektes (oder auch schon vorher) erworben, kann er zusätzlich zum Rentenbezug über Vorsorgeeinrichtungen einen Beitrag zum regelmäßigen Erhalt liquider Mittel (in Form von Zinszahlungen) beitragen.

Damit bleibt festzuhalten, daß der Konsol ein bevorzugtes Anlageinstrument institutioneller Anleger sein wird, wobei jedoch auch private Anleger die Eigenschaften des Konsols im Rahmen bestimmter Diversifikationsstrategien zur Altersvorsorge nutzen können.[592]

[591] vgl. Kap. II
[592] vgl. Schwander 1989, S. 35

4.1.2.2.3 Die Vorteile aus fiskalischer Sicht

Das fiskalische Ziel finanzpolitischer Entscheidungsträger umfaßt das Bestreben, bei gegebener Staatsschuld möglichst geringe Belastungen einzugehen, mit anderen Worten die Kreditkosten (Zinskosten, Plazierungskosten u.ä.) zu minimieren, im weiteren Sinne daneben aber auch die Beeinträchtigung der Haushaltswirtschaft gering zu halten.

Die Emission von Konsols in Phasen relativ tiefer Zinsen entspricht der fiskalischen Zielsetzung, da der Konsol ein "Einfrieren" dieses tiefen Zinsniveaus über lange Zeit ermöglicht. Berücksichtigt werden muß in diesem Zusammenhang jedoch die Tatsache, daß in Phasen eines zyklischen Zinstiefs häufig eine normale Zinsertragskurve vorliegt, die für lange Laufzeiten einen höheren Kupon gegenüber kürzer laufenden Anleihen impliziert.[593] Positiv kann sich daneben auf den Kapitalmarkt auswirken, daß bei einer Konsolfinanzierung die Umschuldungsaktionen, die implizit Belastungen des Kapitalmarktes zur Folge haben, wegfallen und damit keine nachteiligen Wirkungen auf die Haushaltswirtschaft des Staates haben können.

Das fiskalische Ziel, das sich an einer Zinsminimierungspolitik orientiert, kann aber in bestimmten Phasen mit dem stabilitätsorientierten Ziel des Staates in Konflikt stehen.[594] Die Entscheidung des Staates über die Laufzeitenstruktur der Staatsschuld hat aufgrund seiner dominierenden Bedeutung als Kapitalnachfrager Auswirkungen auf die Zinsstruktur[595], auf das Zinsniveau sowie auf die Liquiditätsversorgung der Gesamtwirtschaft.[596] Aus stabilitäspolitischer Sicht erscheinen deshalb folgende Handlungsmaxime sinnvoll.

In Boomphasen sollte die Investitionstätigkeit gedrosselt sowie der Gesamtwirtschaft Liquidität entzogen werden. In Verfolgung des Stabilitätszieles sollte sich der Staat deshalb langfristig verschulden. Damit würde der langfristige Zinssatz steigen und so die am langfristigen Zinssatz orientierten Investitionen dämpfen.

---

[593]Empirisch konnte jedoch am Beispiel Großbritanniens in solchen Zinsphasen (normale Zinsertragskurve) ein Invertieren der Zinsertragskurve im extrem langfristigen Laufzeitenbereich festgestellt werden. Diese Inversion der Kurve im Bereich der Konsols führt jedoch dazu, daß der Konsol geringere Renditen aufweist als die 20-jährige Anleihe.

[594]vgl. Hansmeyer 1972, S. 30

[595]vgl. Kap. 3.1.3

[596]vgl. Wissenschaftlicher Beirat 1979, S. 50

In Rezessionsphasen dagegen sollte sich der Staat kurzfristig refinanzieren, um damit den langfristigen Zinssatz im Verhältnis zum kurzfristigen Zinssatz zu senken und die Investitionstätigkeit anregen.

Verstärkt wird die Beeinflussung der Investitionstätigkeit durch den Liquiditätseffekt, der sich daraus ergibt, daß bei kurzfristigen Titeln, die eine Ankaufsverpflichtung der Zentralbank beinhalten, die Liquidität der Wirtschaft erhöht wird (wegen der Umtauschmöglichkeit in Zentralbankgeld) und somit die gesamtwirtschaftliche Nachfrage ausgedehnt wird.[597]

Der Konflikt zum fiskalischen Ziel wird sofort deutlich. Aus isoliert fiskalischer Sicht müßte sich der Staat in Rezessionsphasen, wenn ein zyklisches Zinstief erreicht ist, langfristig refinanzieren. Diese Vorgehensweise steht jedoch in Konflikt zu einer stabilitätsorientierten Schuldenstrukturpolitik, die in rezessiven Phasen eine kurzfristige Verschuldung verlangt. Doch sind auch Konstellationen denkbar, bei denen es nicht notwendigerweise zu diesem Zielkonflikt kommen muß. 1986 beispielsweise war auf dem deutschen Kapitalmarkt trotz eines soliden Wachstums von 2,3% ein auch im historischen Vergleich niedriges Renditeniveau wegen rückläufiger Inflationsraten zu verzeichnen. Der Bund nahm dies zum Anlaß, den langfristigen Trend der Laufzeitenverkürzung zu durchbrechen. Im Mai 1986 legte er erstmals in der Nachkriegsgeschichte eine 30-jährige Anleihe auf, um sich dieses relativ niedrige Renditeniveau für einen längeren Zeitraum (30 Jahre) zu "sichern".[598]

4.1.2.2.4 Zusammenfassung

Die Emission von Konsols zur staatlichen Finanzierung steht damit nicht in größerem Widerspruch zu den allgemeinen finanzpolitischen Zielsetzungen als die Ausgabe von Anleihen mit kürzeren Laufzeiten.

Werden kurzfristige Schuldtitel zur Finanzierung langfristiger staatlicher Investitionen herangezogen, so werden Revolvierungsmaßnahmen notwendig, die eine Sicherung der Anschlußfinanzierung ermöglichen sollen. Je höher der Anteil kurzfristiger Titel an der ausgegebenen Schuld ist, desto häufiger wird eine

---

[597]vgl. Wissenschaftlicher Beirat 1979, S. 50
[598]vgl. Dresdner Bank 1989, S. 18

Revolvierung notwendig.[599] Eine vom Staat werbende Aktivität wird erforderlich, die die kurzfristige Finanzierung langfristiger Investitionen verteuert.[600] Die notwendig werdende Umschuldung verursacht spezifische Kosten[601], da Revolvierungen grundsätzlich mit Revolvierungskosten verbunden sind. Wird der langfristige staatliche Finanzierungsbedarf jedoch über die Emission von Konsols gedeckt, fallen die Kosten der Revolvierung weg. Die Fixkosten der Begebung (Emissionsgebühren, Konsortialgebühren etc.) streben bei zeitlicher Verteilung wegen der unendlich langen Laufzeit bei Konsols gegen Null.

Daneben kann der staatliche Revolvierungsbedarf zu Belastungen am Kapitalmarkt führen.[602] Zur Tilgung ihrer Anleihen benötigte die öffentliche Hand allein 1994 knapp 61 Mrd. DM[603], das sind mehr als dreizehn mal soviel wie 1977 (4,5 Mrd. DM). Dieser Tilgungsbedarf wird durch die Emission neuer Anleihen gedeckt. Die Plazierung dieser "Tilgungsanleihen" kann bei einer Überbeanspruchung des Kapitalmarktes stocken.[604]

Würde der Staat den Teil seines Kapitalbedarfs, der langfristiger Natur ist, über Konsols finanzieren, würde der Kapitalmarkt durch die dann überflüssige Revolvierung entlastet. Da der Kapitalmarkt stark erwartungsabhängig ist und auf Störungen[605], hervorgerufen durch Revolvierungsmaßnahmen, sehr sensibel reagiert, könnte die Kapitalbeschaffung über Konsols zu einer Verstetigung der Entwicklung des Kapitalmarktes beitragen. Der Staat könnte den Kapitalmarkt immer dann durch die Emission von Konsols beanspruchen, wenn sich dieser als besonders aufnahmefähig zeigt. Die Revolvierungspflicht zu bestimmten Zeitpunkten würde wegfallen.

Neben Konsols mit festem Kupon, könnte der Staat auch einen Teil seines kurzfristigen, bisher über Bankkredite finanzierten, Mittelbedarfs durch die Ausgabe

---

[599]vgl. Musgrave 1958, S. 128
[600]vgl. Hansmeyer 1972, S. 36
[601]vgl. Wissenschaftlicher Beirat 1979, S. 18
[602]vgl. Musgrave 1958, S. 128
[603]vgl. Deutsche Bundsbank 1994 b, S. 18 Tab.4
[604]Als Beispiel kann die nur unvollkommen erreichte Plazierung der 3- und 10-jährigen US-Treasury-Bonds am 8./9. August 1989 herangezogen werden. Der Absatz der Papiere stockte, trotz vorher veröffentlichter gesunkener Produzentenpreise (Juli 1989: -0.4 %). "In normal times, this disinflationary report should have sent the bond market through the roof."(Buchan 1989 a, S. 16)
[605]vgl. Wissenschaftlicher Beirat 1979, S. 28

von Perpetual Floating Rate Notes (P.F.R.N., sind variabel verzinsliche Rentenpapiere mit unendlich langer Laufzeit, vgl. Kap. 4.1.3.4) decken. Der Vorteil für den Staat dürfte jedoch vergleichsweise gering sein, da die Bereitschaft der Geschäftsbanken, dem Staat Kredite zu Geldmarktsätzen zu gewähren, aufgrund seiner Bonität groß ist. Der Markt dagegen würde von der Emission von P.F.R.N. profitieren, da ihm die endgültige Ressourceninanspruchnahme durch den Staat unmittelbar mitgeteilt würde und sich die privaten Wirtschaftssubjekte mit ihren Realinvestitionen an die gegebene Marktsituation anpassen könnten. Durch die P.F.R.N. könnte eine Veränderung der Gläubigerstruktur erreicht werden. Das Übergewicht der Banken im kurzfristigen Laufzeitenbereich könnte abgebaut werden.[606]

4.1.2.3 Die Nachteile der Konsolemission für den Staat

Mögliche Nachteile, die für den Staat mit der Emission von Konsols verbunden sein könnten, lassen sich wie folgt zusammenfassen. Der Vorteil des "Einfrierens" eines relativ niedrigen Zinsniveaus in bestimmten Kapitalmarktsituationen kann sich, je nach Marktzinsentwicklung, auch in sein Gegenteil verkehren. So könnte aus fiskalischer Sicht ein Zinssatz, der höher ist als der historische Tiefpunkt, als Belastung angesehen werden. Es besteht also grundsätzlich die Gefahr, daß sich der Staat ein zu hohes Zinsniveau "einschließt". Diese Gefahr kann jedoch über die Konversionsmöglichkeit durch den Schuldner vermindert werden.[607]

Die Geschwindigkeit der Anpassung an veränderte Marktsituationen (z. B. tiefere Zinsen) nimmt durch die Konsolfinanzierung grundsätzlich ab. Das stabilitätspolitische Ziel kann durch die Konsols insofern negativ berührt werden, als die "Revolvierungsmasse" zur Beeinflussung kurz- oder langfristiger Kreditmärkte wegfällt bzw. nur noch in geringerem Ausmaß vorhanden wäre.[608]

---

[606]vgl. Schwander 1989, S. 36 ff.
[607]vgl. Kap. I
[608]Schwander 1989, S. 38

4.1.3.1 Die Voraussetzungen für den Kapitalbedarf

Der Emittentenkreis im Bereich der Privatwirtschaft dürfte sich, wegen der hohen Anforderungen an potentielle Konsolemittenten (vgl. Kap. 4.1.1), auf "AAA" geratete Unternehmungen als Vertreterinnen höchster Bonität oder ähnlich kreditwürdige Unternehmungen beschränken.

Große Unternehmungen zeichnen sich dadurch aus, daß sie, ähnlich wie der Staat, einen hohen Kapitalbedarf haben. Es stehen den Unternehmungen grundsätzlich zwei Finanzierungsformen (Innen- und Außenfinanzierung) zur Verfügung. Innerhalb der Außenfinanzierung hat sich ein Unternehmen zwischen der Beteiligungsfinanzierung und der Kreditfinanzierung zu entscheiden.[609]

Der Konsol als langfristiges Finanzierungsinstrument zur Deckung des Fremdkapitalbedarfes (Kreditfinanzierung) kann von einer Unternehmung nur emittiert werden, um einen langfristig konstanten Kapitalbedarf zu befriedigen. Ein langfristiger Bedarf an Finanzierungsmitteln innerhalb der Unternehmung kann z. B. durch Investitionen in sehr langlebige Investitionsgüter hervorgerufen werden (Immobilien, Infrastruktur, langlebige Maschinen etc.). Wird ein solcher Kapitalbedarf durch z. B. kurzfristige Kredite bei Banken gedeckt, besteht ein ständiger Revolvierungsbedarf, der mit Revolvierungskosten verbunden ist (vgl. Staat). Dieser "Sockelbetrag" an Fremdkapitalbedarf könnte von der Unternehmung, falls sie entsprechende Voraussetzungen erfüllt, durch die Emission von Konsols gedeckt werden. Ein kurzfristig schwankender Kapitalbedarf dagegen sollte nicht durch Konsolkapital finanziert werden.[610]

[609] vgl. Perridon/Steiner 1993, S. 278
[610] Schwander 1989, S. 39

4.1.3.2 Die Vorteile der Konsolemission für privatwirtschaftliche Unternehmungen

Ein Vorteil der Ausgabe von Konsols für Unternehmungen kann in der spezifischen Kombination von Fremd- bzw. Eigenkapitaleigenschaften liegen (vgl. Kap. 2.5.1).

Die juristisch eindeutige Zuordnung zum Fremdkapital ermöglicht die Abzugsfähigkeit der Zinszahlungen als Betriebsausgaben vom steuerbaren Gewinn. Die vor allem in Deutschland vorherrschende Bevorzugung des Fremdkapitals gegenüber dem Eigenkapital in steuerlicher Hinsicht, kann somit in vollem Umfang ausgenutzt werden. Gleichzeitig erkauft man sich diesen steuerlichen Vorteil nicht mit allen Nachteilen des Fremdkapitals. Die begrenzte Verfügbarkeit, von der bei Fremdkapital in der Regel ausgegangen werden muß, fällt beim Konsol weg. Der Konsol in seiner reinen Form verbrieft für den Emittenten eine unbegrenzte Kapitalüberlassungsdauer, also eine Eigenkapitaleigenschaft.

Das Unternehmen kann sich durch die Emission von Konsols Fremdkapital mit einer wichtigen Eigenkapitaleigenschaft beschaffen, ohne gleichzeitig eine Änderung der Stimmrechtsverhältnisse, die normalerweise mit der Beschaffung von Eigenkapital verbunden sind, hinnehmen zu müssen. Dieses Bestreben nach möglichst unveränderten Stimmrechtsverhältnissen findet durchaus Berücksichtigung im Zielkatalog bestimmter Unternehmungen. Die Existenz von stimmrechtslosen Vorzugsaktien oder Partizipationsscheinen (stimmrechtslose Vorzugsaktie ohne Vorzug) beweist dies. Beide Wertpapierarten erfreuen sich aufgrund ihrer spezifischen Ausgestaltung keiner besonderen Beliebtheit unter den Anlegern. Für Unternehmungen dagegen bietet der Partizipationsschein eine Möglichkeit, sich günstiges Eigenkapital zu beschaffen, während die Mehrheitsverhältnisse innerhalb des Unternehmens unberührt bleiben.[611] Damit könnte der Konsol, wegen seines Vorteils der unveränderten Stimmrechtsverhältnisse, anstelle von stimmrechtslosen Vorzugsaktien oder Partizipationsscheinen emittiert werden. Damit würde der Konsol anstelle von Eigenkapital emittiert, ohne dessen wichtige Eigenschaft der unbefristeten Verfügbarkeit zu missen.

Im Emissionszeitpunkt liegt zwar die Verzinsung des beschafften Fremdkapitals in der Regel über der gewinnabhängigen Vergütung von Eigenkapital in Form einer

---

[611] vgl. Finanz und Wirtschaft vom 12.08.1989, o.V., S. 13

Dividende, doch sind Fremdkapitalzinsen beim Konsol fixe Kapitalkosten, während die Dividendenansprüche von Eigenkapitalgebern mit dem Gewinn steigen. Dieser kostenmäßige Nachteil des Konsol kann zudem durch den steuerlichen Vorteil teilweise kompensiert werden.[612]

Daneben kann, als weiteres Argument für den Konsol, ein möglicher Leverage-Effekt (auch Leverage-Chance) durch die Emission von Konsols induziert sein. Dieser positiv auf die Eigenkapitalrendite wirkende Effekt sagt aus, daß eine steigende Fremdfinanzierung (hier Konsols) die Rendite des Eigenkapitals solange erhöht, solange der Fremdkapitalzinssatz kleiner ist als die Investitionsrendite.[613] Diese Leverage-Chance kommt im Endeffekt den Eigenkapitalbesitzern zugute.

Aus den oben angestellten Überlegungen wird deutlich, daß der Konsol auch alternativ zur Finanzierung des Eigenkapitalbedarfes herangezogen werden kann, wobei natürlich berücksichtigt werden muß, daß der Konsol z. B. die Haftungsfunktion bzw. Garantiefunktion, die ausschließlich vom Eigenkapital wahrgenommen werden kann[614], nicht erfüllt.

4.1.3.3 Der privatwirtschaftliche Konsol kombiniert mit einem Zerobond

Um möglichen Zweifeln von Anlegern bezüglich einer unendlich langen Lebensdauer eines privatwirtschaftlichen Unternehmens Rechnung zu tragen, kann eine mögliche Konsolemission eines privatwirtschaftlichen Unternehmens durch die Kombination Konsol plus langlaufender staatlicher Zerobond quasi abgesichert werden. Der privatwirtschaftliche Konsol würde im Rahmen dieser Finanzierungskonstruktion in Verbindung mit dem Zerobond de facto eine endfällige Anleihe (mit gleicher Laufzeit wie der Zerobond) synthetisch erzeugen. Je nach subjektiver Risikopräferenz der Anleger kann die Kombination mit kürzer- bzw. längerlaufenden Nullkuponanleihen vorgenommen werden.

Für das privatwirtschaftliche Unternehmen blieben die Vorteile einer Konsolemission bestehen. Die Finanzierungskosten dürften jedoch insgesamt erhöht werden, da die Mehrrendite hoch genug sein muß, um den gleichzeitigen Erwerb

---

612 vgl. von Arnim 1976, S. 288

613 vgl. Perridon/Steiner 1988, S. 423

614 vgl. von Arnim 1976, S. 286

eines Zerobonds aus dem niedrigeren Emissionpreis des Konsols zu ermöglichen. Als weiterer Vorteil käme die gesteigerte Attraktivität der Finanzierungskonstruktion unter den Anlegern hinzu. Die Plazierung am Kapitalmarkt würde erleichtert (vgl. Kap. 3.3).

4.1.3.4 Die Perpetual Floating Rate Notes

Bisher wurden nur festverzinsliche Konsols behandelt. Im Bereich der Privatwirtschaft haben vor allem Geschäftsbanken, deren Aktiva zu einem großen Teil variabel verzinslich sind, unter anderem durch die Emission von variabel verzinslichen Konsols (P.F.R.N.) die Refinanzierung ihrer Rollover-Eurokreditportefeuilles abgesichert, sowie eine Erweiterung ihrer Kapitalbasis vorgenommen.[615]

Variabel verzinsliche Anleihen sind mehr Geld- als Kapitalmarktinstrumente.[616] Der Trend zur Sekurisation im internationalen Bankgeschäft ließ die P.F.R.N., die erstmals 1984 emittiert wurden, zu einem Instrument werden, mit dessen Hilfe sich die Banken eigenkapitalähnliche Finanzierungsmittel beschaffen konnten.[617] Das Marktvolumen der Neuemission von P.F.R.N. am Euromarkt hat sich im Zeitraum zwischen 1984 und 1986 insgesamt auf $ 17 Billion erhöht, bei einem durchschnittlichen Emissionsvolumen von $ 300 Mio. Die Emittenten werden zwischen A und AAA geratet (vgl. Abb. 36, S. 270 Anhang). Die Verzinsung der P.F.R.N. orientiert sich am 3-Monats- oder 6-Monats-LIBOR[618], je nach vertraglicher Ausgestaltung, wobei bei der Emission "spreads" zwischen 0,125% - 0,375% über LIBOR bezahlt wurden, während sich an den Kapitalmärkten die laufenden Renditen zwischen 80 und 250 Basispunkten über LIBOR einpendelten. Bisher wurden P.F.R.N. von Banken in Großbritannien, Frankreich, Hongkong, Skandinavien, Kanada und Australien emittiert. Je nach regionaler Herkunft können die Vertragsstrukturen der Kuponzahlungen in vier verschiedene Typen

[615] vgl. Finsterwalder/Musulin 1988. S. 1115
[616] vgl. Gerhardt 1985. S. 521
[617] vgl. Finsterwalder/Musulin 1988. S. 1115
[618] London Interbank Offered Rate

untergliedert werden.[619]

4.1.3.5 Die Nachteile der Konsolemission für privatwirtschaftliche Unternehmungen

Für privatwirtschaftliche Unternehmungen können mit der Emission von Konsols auch Nachteile verbunden sein.

Bei Unternehmen, die festverzinsliche Konsols emittieren, besteht grundsätzlich die Gefahr (ähnlich wie beim Staat) des "Einschließens" eines zu hohen Zinssatzes bei entsprechender Marktzinsentwicklung. Daneben muß berücksichtigt werden, daß es sich bei den Zinszahlungen um Fixkosten handelt, die unabhängig von der Geschäftsentwicklung zu bezahlen sind. Würde man stattdessen Mittel beschaffen, deren Verzinsung in Form von Dividenden erfolgt, könnte bei einer ungünstigen Geschäftsentwicklung deren Zahlungen reduziert oder vollständig ausgesetzt werden.

Da Konsols üblicherweise dem langfristigen Fremdkapital zugeordnet werden, wird durch die Emission von Konsols anstelle von z. B. Partizipationsscheinen oder von stimmrechtslosen Vorzugsaktien, der Kreditspielraum eines Unternehmens eingeschränkt. Erst wenn sich die Praxis der Bank of England durchsetzt, Konsols

---

[619]Kennzeichnend für Typ A (in Großbritannien emittiert) ist, daß die Kuponzahlungen verweigert werden können, falls für mindestens sechs Monate die Dividenden ausgesetzt wurden. Die ausgefallenen Zinsen laufen bis zur nächsten Dividendenausschüttung. Typ B (in Frankreich und Hongkong emittiert) unterscheidet sich von Typ A insofern, als die Dividenden mindestens für 12 Monate ausgesetzt sein müssen, um eine Befreiung von den Kuponzahlungen erlangen zu können. In Skandinavien wird Typ B modifiziert emittiert. Zwei aufeinander folgende ausgelassene Dividendenausschüttungen berechtigen zur Aussetzung der Kuponzahlungen. Die in Kanada emittierten P.F.R.N. (Typ C) zeichnen sich durch eine grundsätzliche festgelegte Endfälligkeit aus. Daneben ist eine Reduzierung der Kupons bei entsprechender Dividendenkürzung möglich. Ausgefallene Zinszahlungen (Gläubigerforderung) können durch Aktien, die die Bank den Gläubigern zukommen läßt, ausgeglichen werden. Beim Typ D (von australischen Banken emittiert) können dem Gläubiger nach 12-monatigem Dividendenausfall die Zinszahlungen vorenthalten werden. Obwohl sich die Emittenten von P.F.R.N. das Recht auf Zinsaussetzungen vertraglich abgesichert haben, sich damit also ein Charakteristikum einer typischen Beteiligungsfinanzierung vorbehalten haben, kann jedoch festgehalten werden, daß von diesem Recht in jüngster Vergangenheit kein Gebrauch gemacht wurde. (vgl. Goldman Sachs 1989 b)

unter bestimmten Bedingungen dem Eigenkapital zuzurechnen, verliert dieser Einwand an Gewicht.[620]

4.1.4 *Ergebnisse*

Die Mittelbeschaffung über die Emission von Konsols weist bei Ausnutzen von bestimmten Kapitalmarktsituationen sowohl für den Staat als auch für privatwirtschaftliche Unternehmungen, wegen der unbegrenzten Kapitalüberlassungsdauer und der langfristigen Sicherung eines günstigen Zinsniveaus, deutliche Vorzüge auf.

Beim Staat wirkt sich besonders die fehlende Endfälligkeit der Konsols vorteilhaft aus, da der Staat bei Konsolemissionen auf die übliche Revolvierungspolitik seiner endfälligen Verbindlichkeiten verzichten kann. Die Folge ist eine geringere Belastung des Kapitalmarktes und eventuell sich daraus ergebende günstigere Finanzierungskonditionen für den Staat. Wichtig erscheint daneben, daß der Staat durch die Konsolemission dem Kapitalmarkt deutliche Signale bezüglich der tatsächlich angestrebten Dauer der Inanspruchnahme der liquiden Mittel geben würde.

Bei privatwirtschaftlichen Unternehmungen kommt hinzu, daß der Konsol als Alternative zur Emission von Eigenkapital in Betracht gezogen werden kann, wenn dem Erhalt der Stimmrechtsverhältnisse große Priorität eingeräumt wird. Der Konsol könnte den beim Investor inzwischen unbeliebten Partizipationsschein bzw. die stimmrechtslose Vorzugsaktie ersetzen.

Die Nachteile wie das "Einschließen" eines zu hohen Zinsniveaus und die Verpflichtung, unabhängig von der Geschäftsentwicklung das Kapital bedienen zu müssen, dürften dadurch mehr als aufgewogen werden.[621]

---

[620] vgl. Schwander 1989, S. 42
[621] vgl. Schwander 1989, S. 43

4.2 Chancen und Risiken des Konsols aus Investorensicht

4.2.1 Einleitung

In diesem Teil der Arbeit wird der Frage nachgegangen, welche Faktoren Anleger dazu bewegen könnten, Konsols als Anlageinstrument zu erwerben. Ansatzpunkte werden die besonderen Charakteristika des Konsols - insbesondere dessen Duration und Laufzeit - sein, die hinsichtlich ihrer Eignung zur Verwirklichung von bestimmten Anlagestrategien und -zielen geprüft werden. Da es innerhalb der Anlegergruppen unterschiedliche Zielsetzungen gibt, erfolgt die Beurteilung getrennt nach den wichtigsten Investorengruppen.[622]

4.2.2 Privatanleger

Für Privatanleger, die ein Wertpapier vorwiegend aus Spekulationsgründen nachfragen, bietet der Konsol aufgrund seiner hohen Duration die Chance auf attraktive Kapitalgewinne. Die großen Risiken, die mit einer Investition in Konsols verbunden sind, dürften den meisten Privatanlegern jedoch kaum bewußt sein bzw. von vielen Anlegern nur schwer beherrschbar sein. Das Hedging eines Konsols bedarf professionellen Wissens sowie einer Vielzahl von Informationen, die einem "normalen" privaten Anleger kaum zugänglich bzw. für Privatanleger nur mit sehr hohen Informationskosten beschaffbar sein dürften.

Hat ein Privatanleger dagegen vorwiegend Interesse an einem laufenden Ertrag, will er sich also eine bestimmte Rendite langfristig sichern, so stellt der Konsol ein geeignetes Anlageinstrument dar. Investoren, die für Kapitalbeträge aus z. B. einer fällig gewordenen Lebensversicherung oder eines fälligen Pensionsfonds eine Anschlußanlage zur Altersvorsorge suchen, finden im Konsol das für sie entscheidende Charakteristikum des laufenden Ertrags über einen langen Zeitraum. Ihre

[622]Kreditinstitute werden in der folgenden Betrachtung ausgeklammert, da sie als wichtigste Anlegergruppe am deutschen Rentenmarkt vor allem im kurzfristigen bis mittelfristigen Laufzeitenbereich investieren. (vgl. Dresdner Bank 1989, S. 13)

"buy-and-hold-Strategie"[623] sollte sich vorwiegend auf staatliche Konsols beschränken, da damit das Bonitätsrisiko ausgeklammert wird.[624] Damit kann der Konsol für Privatpersonen ein zusätzliches Instrument zur Diversifikation der Altersvorsorge sein.

4.2.3 Institutionelle Anleger

4.2.3.1 Institutionelle Anleger - eine Unterscheidung -

Die institutionellen Anleger waren mit einem Anteil von 76% (1988) die wichtigste Anlegergruppe am deutschen Rentenmarkt und sind es geblieben. Unter den institutionellen Anlegern hatten die Kreditinstitute einen Anteil von 42% am Umlauf inländischer Inhabertitel, gefolgt von Ausländern (15%), Versicherungsgesellschaften (10%), Investmentfonds (6%) und Unternehmen (5%).[625] Die Bedeutung der institutionellen Anleger hat in den letzten Jahren erheblich zugenommen. So hat sich allein der Gesamtbestand der Kapitalanlagen der Versicherungswirtschaft im Zeitraum 1980 bis 1986 nahezu verdoppelt. Betrug er 1986 noch 520 Mrd. DM[626], so erhöhte er sich 1987 auf 560 Mrd. DM (+8,9% gegenüber dem Vorjahr).[627]

Unterscheidet man die institutionellen Anleger nach den Fälligkeitserfordernissen ihrer Anlagen, so ergeben sich im wesentlichen zwei Hauptgruppen. Eine Gruppe umfaßt die Pensionsfonds und Lebensversicherungsgesellschaften, die andere umfaßt die Sach- und Unfallversicherungen, Investmentgesellschaften sowie die Unternehmungen.

Pensionsfonds und Lebensversicherungsgesellschaften zeichnen sich durch die schon im voraus versicherungsmathematisch errechenbare Fälligkeitsstruktur ihrer Verbindlichkeiten aus. Daraus ergibt sich die Notwendigkeit, diesen Verbindlichkeiten entsprechend strukturierte Anlagen gegenüberzustellen.

---

[623] Eine "Buy-and-hold-Strategie" beinhaltet den Kauf eines Wertpapieres und das anschließende Ruhenlassen desselben.

[624] Mit dem Erwerb eines staatlichen Konsols muß allerdings ein Renditeabschlag akzeptiert werden.

[625] vgl. Dresdner Bank 1989, S. 14

[626] vgl. Schwebler 1987, S. 440

[627] vgl. FAZ vom 26.08.1989, S. 9

Die zweite Gruppe läßt sich dadurch charakterisieren, daß Zeitpunkt und Umfang der zur Abdeckung von Zahlungsverpflichtungen benötigten Mittel mit größerer Unsicherheit behaftet sind. Dazu gehören Sach- und Unfallversicherungen, Investmentgesellschaften sowie Unternehmen (Banken, Industrieunternehmungen). Bei dieser zweiten Gruppe nimmt daher die rasche Liquidierbarkeit der Anlagen[628] einen ähnlich hohen Stellenwert ein, wie die langfristige Optimierung der Erträge.[629] Der Eintritt von Schadensfällen, Investitionen und Übernahmen erfordert oft eine rasche Auflösung der Vermögensanlagen.

Im folgenden soll die Frage untersucht werden, inwieweit der Konsol ein mögliches Anlageinstrument für institutionelle Anleger darstellen kann, um deren Anlagebedürfnisse zu befriedigen.

4.2.3.2 Der Konsol im Rahmen der Immunisierungsstrategien

Aufgrund der Spezifika ihrer Geschäftstätigkeit sind Lebensversicherungsgesellschaften, aber auch Pensionsfonds, vor allem an einer laufenden Verzinsung ihrer Kapitalanlagen und weniger an Kursgewinnen interessiert.[630] Entsprechend ihrem Bestreben, möglichst sicher und rentabel anzulegen, macht der Anteil der Rentenwerte am Bruttozugang und Gesamtbestand der Kapitalanlagen der Lebensversicherungsgesellschaften ca. 2/3 aus.[631] Lebensversicherungsgesellschaften und Pensionsfonds, deren Fälligkeitsstruktur versicherungsmathematisch errechenbar ist, müssen ihre Aktiva, die dem Zinsänderungsrisiko und dem Insolvenzrisiko ausgesetzt sind, so auswählen, daß sie ihren Verbindlichkeiten (Versicherungsleistungen) jederzeit nachkommen können.[632]

Das Insolvenzrisiko kann durch die gezielte Auswahl erstklassiger Emittenten (vor allem der Staat) minimiert werden. Soll das Zinsänderungsrisiko solcher festverzinslichen Anlagen "gemanaged" werden, stehen dem Portfolio-Manager

[628]vgl. Schwebler 1987. S. 446
[629]vgl. Schwebler 1986. S. 362
[630]vgl. Schwebler 1986. S. 365
[631]vgl. Schwebler 1986. S. 363
[632]vgl. Vanderhoof 1983. S. 47

diverse Immunisierungsstrategien zur Verfügung.[633] Im folgenden beschränkt sich die Arbeit auf das "Duration-Matching".

Lebensversicherungsgesellschaften und Pensionsfonds haben entsprechend ihren langfristigen Verbindlichkeiten einen langfristigen Planungshorizont.[634] Ihre Verbindlichkeiten sind durch eine hohe Duration gekennzeichnet.[635] Das Problem eines Portfolio-Managers, der seine Anlagen gegen Zinsänderungen immunisieren will, besteht darin, den Verbindlichkeiten Aktiva mit einer entsprechend hohen Duration gegenüber zu stellen. Der Zerobond, der Konsol und die "unter-par-Anleihe" mit einer Restlaufzeit von ca. 30 Jahren sind wegen ihrer vergleichsweise hohen Duration Anlageinstrumente, die sich zur Immunisierung derartiger Portfolios besonders gut eignen.[636]

Der Zerobond hat einige Vorteile aufzuweisen. Wird er im Rahmen einer Immunisierungsstrategie nachgefragt, so eliminiert er das Umstrukturierungsproblem (Anpassung der Duration) und das stochastische Prozeßrisiko.[637] Dieser besondere Charakter des Zerobonds und dessen uneingeschränkte Anwendung zur Immunisierung von Portfolios kann in bestimmten Situationen jedoch vom Konsol ebenso gut erreicht werden.

Der Zerobond verbrieft definitionsgemäß nur das Recht auf eine einmalige Zahlung am Ende der Laufzeit. Der Konsol dagegen gewährt ein Recht auf regelmäßige Zinszahlungen. Für Versicherungsgesellschaften, die bei ihren Kapitalanlagen Wert auf eine laufende Verzinsung legen[638], enthält der Konsol, bei ähnlich hoher oder auch höherer Duration (je nach Marktrendite), neben der laufenden Verzinsung noch weitere Vorteile. Da die Duration des Konsols nur abhängig von der Marktrendite ist, verändert sie sich im Zeitablauf bei relativ konstantem Marktzinsniveau nur geringfügig. Die Duration des Zerobonds dagegen sinkt linear mit dem sich verkürzenden Planungshorizont:

---

[633] vgl. Toevs 1984, S. 1
[634] vgl. Bierwag/Kaufman/Toevs 1983, S. 28
[635] vgl. Fisher/Weil 1971, S. 419
[636] die "unter-par"-Anleihe wird aus Vereinfachungsgründen ausgeklammert
[637] vgl. Toevs 1984, S.13
[638] vgl. Schwebler 1986,S. 365

Tab. 6: Gegenüberstellung der Duration von Zerobonds und von Konsols bei unterschiedlicher Laufzeit und unterschiedlichem Marktzinsniveau

Laufzeit	Duration des Zerobonds (in Jahren)		Duration des Konsols (in Jahren)	
	i = 10	i = 2	i = 10	i = 2
20	20	20	11	51
10	10	10	11	51

Geht man bei Versicherungsgesellschaften von einem relativ konstanten Planungshorizont aus, so kann sich eine Versicherung im Rahmen ihrer Immunisierungsstrategie die besonderen Duration-Charakteristika des Konsols zu Nutze machen. Infolge einer Immunisierungsstrategie über Konsols können damit Transaktionskosten vermieden werden, die sich aus der laufend notwendigen Nachfrage nach neuen Zerobonds bei Fälligkeit der alten Zerobonds ergeben.

Im folgenden soll erläutert werden, inwieweit der Konsol wegen seiner Durationcharakteristika (vgl. Kap. 2.6.3.8) für z. B. Lebensversicherungsgesellschaften, die eine aktive Strategie bevorzugen, wertvoll sein kann.

Ausgangspunkt ist die Zinserwartung des Portfolio-Managers. Erwartet er beispielsweise eine Zinssenkung, so wird er, falls er eine aktive Strategie bevorzugt, das Portfolio so gestalten, daß dessen Duration die Duration der Verbindlichkeiten übersteigt. Liegt er mit seiner Erwartung richtig, fällt der Zins also tatsächlich, profitiert er infolge der aktiven Strategie. Kommt es dagegen wider seinen Erwartungen zu Zinssteigerungen, so müßte er Kapitalverluste hinnehmen. Setzt sich das Portfolio jedoch aus Konsols zusammen, so sinkt dessen Duration in Abhängigkeit der Zinssteigerung stärker als bei vergleichbar lang laufenden gesamtfälligen Kuponanleihen (20 bis 30 Jahre Laufzeit). Damit verkleinert sich die ursprüngliche "Duration-Gap" (= Duration der Aktiva - Duration der Passiva) bzw. sinkt "the degree of interest rate exposure"[639]. Dieser "Built-in-hedge" ergibt sich aus den Durationeigenschaften des Konsols.

Im Vergleich zu lang laufenden gesamtfälligen Kuponanleihen hat der Konsol eine hohe Konvexität. Eine höhere Konvexität bedeutet aber, daß die Kurserhöhung

[639] Bierwag/Kaufman/Toevs 1983, S. 31

bei Zinssenkungen größer ist als bei Anlageinstrumenten mit geringerer Konvexität. Folglich sind grundsätzlich Anlageinstrumente mit größerer Konvexität bei gleicher Duration vorzuziehen.[640]

Der Konsol verbindet damit die Vorteile des Zerobonds (hohe Duration und hohe Konvexität) mit dem Vorteil einer gesamtfälligen Anleihe (laufende Verzinsung) und stellt somit besonders für auf laufenden Ertrag angewiesene institutionelle Anleger eine vorteilhafte Anlagealternative dar.[641]

4.2.3.3 Der Konsol als Spekulationsinstrument

Die zweite Gruppe der institutionellen Anleger, die sich durch größere Unsicherheit bezüglich Zeitpunkt und Umfang ihres Mittelbedarfes zur Abdeckung von Zahlungsverpflichtungen auszeichnet bzw. bestimmte Renditeanforderungen erfüllen muß, orientiert sich im Rahmen ihrer Portfolioentscheidung vor allem an einer Optimierung der Erträge. Diese Renditeanforderungen können darin bestehen, daß ein bestimmter absoluter Mindestertrag erreicht werden muß oder "benchmarks" (Meßlatten) in Form von Indizes (z. B. der Salomon Brothers World Government Bond Index[642]) geschlagen werden müssen. Die Rendite ihrer Kapitalanlagen setzt sich zusammen aus der laufenden Verzinsung und den möglichen Kapitalgewinnen und -verlusten.[643]

Im folgenden soll erläutert werden, ob und in welchen Situationen es für diese zweite Gruppe institutioneller Anleger sinnvoll sein kann, Konsols als Spekulationsinstrument nachzufragen. Da der Konsol in verschiedenen Zinsszenarien eine unterschiedliche Attraktivität besitzt, erfolgt deren Betrachtung anhand der drei typischen Erscheinungsformen der Zinsertragskurve (normale, inverse und flache yield-curve).

---

[640] vgl. Hawawini 1986/87, S. 17

[641] vgl. Schwander 1989, S. 46 ff.

[642] vgl. Salomon Brothers 1986

[643] Aus Vereinfachungsgründen werden internationale Kapitalanlagen und damit auch Gewinne bzw. Verluste aus Wechselkursveränderungen ausgeklammert.

1. Der Konsol bei normaler yield-curve:

Die normale Zinsertragskurve, die eine mit der Laufzeit steigende Verzinsung impliziert, tritt häufig bei vergleichsweise niedrigem Zinsniveau auf.[644] Für den Konsol, der ganz am Ende des Laufzeitenbereiches anzusiedeln ist, bedeutet dieses Zinsszenario einen Vorteil bezüglich der laufenden Verzinsung. Der Konsol bietet gegenüber Anleihen mit kürzerer Laufzeit einen Renditevorteil, der jedoch verglichen mit 10-jährigen Anleihen nicht sehr groß sein wird, da die Yield-curve im langen Laufzeitenbereich abflacht (vgl. Abb. 37 S. 271 und auch Tab. II, S. 236 Anhang). Diesen Verzinsungsvorteil erkauft sich der Investor mit einem höheren Zinsänderungsrisiko. Die Duration eines Konsols ist in Phasen niedriger Marktrenditen vergleichsweise hoch, der Konsol ist damit sehr preisvolatil. Aus spekulativer Sicht eröffnet der Konsol somit für Investoren, die eine weitere Zinssenkung erwarten, große Kapitalgewinnphantasien. Investoren, deren Erfolg an einem bestimmten Performance-Index gemessen wird, versuchen dann die Duration und die Restlaufzeit der "benchmark" zu übertreffen, da nur damit eine über der Meßlatte liegende Rendite erzielt werden kann. Die vergleichsweise hohe Konvexität und Duration des Konsols können damit unter diesen Voraussetzungen vorteilhaft sein.

2. Der Konsol bei inverser Zinsertragskurve:

Eine inverse yield-curve impliziert eine mit zunehmender Laufzeit abnehmende Rendite[645] und tritt überwiegend in Hochzinsphasen als Folge einer restriktiven Geldpolitik auf. Der Konsol weist bei einer inversen Zinsertragskurve einen Nachteil bezüglich der laufenden Verzinsung auf. Hohe Zinsen dämpfen die Preisvolatilität des Konsols. Trotzdem hat der Konsol in dieser Zinsphase eine größere Duration als andere gesamtfällige Anleihen. Überwiegt bei einer Portfolioentscheidung das spekulative Motiv, so eröffnet der Konsol in Hochzinsphasen, wenn Investoren Zinssenkungen erwarten, Chancen auf hohe Kapitalgewinne. Neben der Preisvolatilität kann die hohe Konvexität des Konsols eine Anlageentscheidung zu seinen Gunsten beeinflussen. Treten wider Erwarten Zinssteigerungen ein, sind die Kapitalverluste geringer als bei Anleihen mit geringerer Konvexität. Längerfristig

---

[644] vgl. Kath 1972, S. 30 ff.
[645] vgl. Kath 1972, S. 30 ff.

orientierte Anleger werden den Konsol bei einer inversen Zinsertragskurve auch dann nachfragen, wenn sie davon ausgehen, daß der Preisanstieg nur vorübergehend ist, die Notenbank also z. B. mit ihren restriktiven Maßnahmen zur Bekämpfung des Preisanstiegs Erfolg haben wird. Über einen längeren Zeitraum könnte damit eine attraktive Realrendite gesichert werden.

3. Der Konsol bei einer flachen Zinsertragskurve:
Bei einer flachen Zinsertragskurve werden für alle Laufzeiten gleiche Renditen erzielt[646], so daß der Konsol nur dann nachgefragt wird, wenn er die höchsten Kapitalgewinne verspricht bzw. wegen seiner spezifischen Eigenschaften einem Anleger besonders entgegenkommt. Erwartet ein Investor in Zukunft Zinssenkungen, bei aktuell niedrigem Zinsniveau (d.h. hoher Duration des Konsols), so eröffnet der Konsol wegen seiner hohen Preisvolatilität große Kapitalgewinnphantasien.

Festzuhalten bleibt also, daß der Konsol auch für institutionelle Anleger mit Spekulationsabsichten ein interessantes Anlageinstrument darstellen kann.

4.2.4 Mögliche Hedging-Instrumente

4.2.4.1 Hedging: Ursachen, Wirkung und Instrumente

Unabhängig vom Zinsniveau sind institutionelle Anleger nur dann zum Erwerb von Konsols bereit, wenn ihnen zur Absicherung ihrer Aktiva gegen Zinsänderungsrisiken entsprechende Absicherungsinstrumente (Hedging-Instrumente) zur Verfügung stehen. Für Investoren dagegen, die Anlagen zur Absicherung ihrer Verbindlichkeiten eingehen (Immunisierungsstrategie), spielt das Hedging nur im Rahmen einer aktiven Strategie eine Rolle.

Als perfekte Hedging-Strategie wird eine Strategie bezeichnet, die sowohl die Möglichkeit zukünftiger überraschender Verluste als auch überraschender Gewinne vollständig eliminiert.[647] Im folgenden werden die Möglichkeiten aufgezeigt, die

[646] vgl. Kath 1972, S. 30
[647] vgl. Downes/Goodman 1987, S. 167

einem Anleger zur Verfügung stehen, um seine Konsolposition gegen Zinsänderungsrisiken abzusichern.

Erwartet der Investor eine Zinssteigerung, dann hat er die Möglichkeit, seine Position zu verkaufen. Wegen hoher Transaktionskosten, häufig unzureichender Sekundärmarktliquidität sowie der oft unerwünschten Realisierung von Buchverlusten, werden zur Absicherung gegen Zinsänderungsrisiken jedoch vielfach Forward-Kontrakte, Futures, Zinsswaps und Optionen herangezogen.[648]

Jedes dieser Instrumente läßt sich als eine Kombination von Forward-Kontrakten darstellen. Ein Forward-Kontrakt verpflichtet den Eigner ein bestimmtes Aktivum an einem vorher festgelegten Zeitpunkt, zu einem bei Abschluß des Vertrages festgelegten Preis, zu kaufen oder zu verkaufen.[649]

4.2.4.2 Futures

Futures oder Zinstermingeschäfte sind feste vertragliche Vereinbarung über den Kauf bzw. Verkauf von Zinssätzen (Zinsfutures) oder von Geld- und Kapitalmarktpapieren (z. B. Futures auf Treasury-Bills, auf Treasury-Bonds, auf Gilts etc.) zu einem heute festgelegten Preis. Zinsterminkontrakte lassen sich als Forward-Kontrakte mit eintägiger Laufzeit begreifen, bei denen der Gewinn bzw. der Verlust täglich ausgeglichen werden muß.[650]

Futures werden in standardisierter Form mit einheitlichem Kontraktwert und einheitlicher Fälligkeit[651] an speziellen Financial-Futures-Börsen[652] gehandelt.

Die Absicherung von Anleihenpositionen erfolgt über den Erwerb börsengehandelter Zinsterminkontrakte auf längerfristige Kapitalmarktpapiere, wie z. B. die an der Liffe gehandelten DM-Bond-Futures oder Long-Gilt-Futures.[653] Bei einem erwarteten Zinsanstieg wird eine bestehende Anleihenposition durch den Sicherungsverkauf (Shorthedge)[654] einer entsprechenden Anzahl von Kapitalmarkt-

---

[648]vgl. Kopprasch/Johnson/Tatevossian 1985, S. 1
[649]vgl. Smith/Smithson /Wilford 1989, S. 33
[650]vgl. Smith/Smithson/Wilford 1989, S. 34
[651]vgl. Schweizerischer Bankverein 1989, S. 52
[652]Chicago Board of Trade, London International Futures Exchange (Liffe) (vgl. Schweizerischer Bankverein 1989, S. 52)
[653]vgl. Schweizerischer Bankverein 1989, S. 59
[654]vgl. von Stein/Groß 1984, S. 7

futures-Kontrakten gehedged. Steigen die Zinsen wie erwartet, wird der Verlust aus der Bondposition durch den Gewinn aus dem "shorthedge"[655] kompensiert.[656] Der Gewinn kann durch den Rückkauf des Futures unter dem ursprünglichen Verkaufskurs realisiert werden.[657]

Um eine optimale Absicherung zu erzielen, d.h. eine vollständige Kompensation der betragsgleichen, mit entgegengesetztem Vorzeichen anfallenden Ergebnisse der Kassaposition und der Futuresposition (Perfect Hedge), muß die Preisveränderung der Futuresposition bei Zinsveränderungen genau der der Bondposition entsprechen. Der Vielzahl von Anleihen, die sich nach Laufzeit, Kupon und Preis erheblich unterscheiden, stehen nur wenig standardisierte Kapitalmarktfutures gegenüber. Damit ist ein "Direct Hedge" nur in den wenigsten Fällen überhaupt möglich, d.h. selten nur steht ein auf gleiche Zinstitel basierender Futures-Kontrakt gegenüber. Es muß also in den meisten Fällen auf den "Cross Hedge"[658] zurückgegriffen werden. Um sicherzustellen, daß sich der Wert beider Positionen (Bondposition und Futuresposition) trotz eventuell vorhandener Laufzeiten- bzw. Zinsvolatilitätsunterschieden[659] bei Zinsveränderungen ausgleicht[660], muß die zur Absicherung der Bondposition benötigte Kontraktanzahl durch die Hedge-Ratio ermittelt werden. Hierzu stehen verschiedene Vorgehensweisen zur Verfügung. Die vorliegende Arbeit beschränkt sich aus methodischen Gründen auf die Durationmethode. Die verschiedenen Hedging-Techniken führen jedoch in den meisten Situationen zu vergleichbaren Ergebnissen.[661]

Die Hedge-Ratio ist der Quotient aus der preisbereinigten modifizierten Duration des Bonds und der Duration des Futures:

(36) $$HR = \frac{P_t}{P_h} = \frac{MD_t \cdot P_t}{MD_h \cdot P_h}$$ [662]

[655]vgl. Schweizerischer Bankverein 1989, S. 52

[656]vgl. Morgan Stanley 1989, S. 14

[657]vgl. Schweizerischer Bankverein 1989, S. 66

[658]Beim "Cross Hedge" basiert der zur Absicherung verwendete Terminkontrakt auf einem anderen als dem abzusichernden Instrument. (vgl. von Stein/Groß 1984, S. 12)

[659]vgl. von Stein/Groß 1984, S. 10

[660]vgl. Kopprasch 1985, S. 12

[661]vgl. Morgan Stanley 1989, S. 14

[662]vgl. Kopprasch 1985, S. 12 und S. 16

mit HR =Hedge Ratio

P_t = Preisveränderung des zu hedgenden Instrumentes

P_h = Preisveränderung des Hedgeinstrumentes

MD_t = modifizierte Duration des zu hedgenden Instrumentes

MD_h = modifizierte Duration des Hedgeinstrumentes

Reagiert der Bond zinssensitiver als das Absicherungsinstrument, bzw. hat der Bond eine größere Duration, muß eine entsprechend größere Anzahl von Futures-Kontrakten zur Absicherung gekauft werden.

Beim Hedging mit Zinsterminkontrakten entsteht das Basisrisiko, das Risiko einer Verschiebung in der Zins- und damit Preisstruktur. Die Basis bezeichnet die Preisdifferenz zwischen Cash- und Futuresmarkt.[663] Eine vollkommene Risikoabwälzung über die Hedge-Ratio gelingt nur dann, wenn die Basis bei Eröffnung und Glattstellung der Futuresposition gleichbleibt, sich also die Preise der Vermögensposition aus dem Grundgeschäft und dem Absicherungsgeschäft parallel entwickeln.[664]

Die zur Absicherung von Konsolpositionen notwendige Hedge-Ratio dürfte, wenn man von Hochzinsphasen absieht, gegenüber der Mehrzahl der derzeit gängigen Futures-Kontrakte größer Eins sein. Kommt es zum prognostizierten Kursrückgang nach der Absicherung der Konsolposition durch einen Short-Hedge von Futures-Kontrakten, reduziert sich die Hedge-Ratio des Konsols. Ein Teil der leerverkauften Futures kann mit Gewinn wieder zurückgekauft werden, unter Erhalt des Perfect-Hedge. Werden die leerverkauften Futures wegen einer veränderten Zinseinschätzung wieder vollständig eingedeckt, ist der Wertzuwachs der Futuresposition größer als der Wertverlust der Konsolposition, wenn die Absicherung entsprechend der Hedge-Ratio erfolgte.

Steigen die Kurse dagegen, ist der Gewinn auf der Konsolposition größer als auf der leerverkauften Futuresposition. Zu einem solchen Hedge-Ertrag kommt es immer dann, wenn die Konvexität der abzusichernden Position größer ist, als die des Sicherungsinstrumentes.[665]

---

[663]vgl. Hochgürtel 1982. S. 339
[664]vgl. von Stein/Groß 1984. S. 10
[665]vg. Klotz 1985. S. 20

Eine über Futures vollständig abgesicherte Konsolposition stellt wegen der höheren Konvexität des Konsols eine relativ sichere Anlage dar.[666]

4.2.4.3 Zinsswaps

Eine weitere Möglichkeit zur Absicherung von Zinsänderungsrisiken eröffnet der Zinsswap, genauer der Kuponswap[667]. Beim Zinsswap werden Zinszahlungsströme, üblicherweise variable gegen fixe Kupons, zu vorher festgelegten Konditionen zwischen zwei Parteien ausgetauscht. Der dem Swap zugrundeliegende Kapitalbetrag verbleibt bei der ursprünglichen Partei. Beim Kuponswap zahlt eine Partei fixe Zinsen und erhält variable Zinsen (beide in gleicher Währung denominiert). Die Gegenpartei erhält fixe und zahlt variable Zinsen.[668]

Ein Kuponswap läßt sich als eine Kombination von Forward-Kontrakten begreifen, die am Tag der Neufestlegung des variablen Zinssatzes erneuert werden.[669] Die Liquidität von Kuponswaps ist im Laufzeitenbereich zwischen zwei und fünf Jahren am größten. Der variable Zinssatz wird üblicherweise alle sechs Monate entsprechend der Höhe des LIBOR-Satzes neu festgelegt.[670] Der fixe Zinssatz beim Swap ist normalerweise höher als der Zinssatz vergleichbarer Staatspapiere.[671] Dies reflektiert das im Vergleich zum Staat schlechtere Kreditrating der Marktteilnehmer.

Ein Investor, der festverzinsliche Konsols in seinem Portfolio hält und Zinserhöhungen erwartet, kann einen Kuponswap zur Eliminierung des Zinsänderungsrisikos erwerben. Er tauscht durch den Erwerb eines Kuponswaps seinen festen Kupon gegen eine variable Geldmarktverzinsung. Tritt die erwartete Zinsänderung tatsächlich ein, wird der Verlust aus der Konsolposition teilweise durch den höheren Wert des Swaps kompensiert. Ähnlich wie beim Hedge über Futures besteht das Basisrisiko darin, daß die Zinsentwicklung am Swapmarkt nicht vollständig mit der Zinsentwicklung am Anleihenmarkt übereinstimmt. Um einen

---

[666]vgl. Schwander 1989, S. 54 ff.
[667]auch Fixed Rate to Floating Rate Swap
[668]vgl. Bank For International Settlements 1986, S. 37
[669]vgl. Smith/Smithson/Wilford 1989, S. 35 ff.
[670]vgl. Dresdner Bank 1986 (b), S. 5
[671]vgl. Tilley 1985, S. 31 ff.

perfekten Hedge zu erzielen, muß man - ähnlich wie bei Futures über die Hedge-Ratio - den zu swappenden Kapitalbetrag so bestimmen, daß sich die Wertentwicklung des Konsols betragsgleich mit entgegengesetztem Vorzeichen zur Wertentwicklung des Swaps verhält. Da die Laufzeiten von Swaps 10 Jahre üblicherweise nicht überschreiten[672], ist zur Absicherung der Konsolposition ein Kapitalbetrag notwendig, der erheblich über dem abzusichernden Konsolbetrag liegt. Der Zinsertrag des Konsols reicht dann nicht mehr aus, um den fixen Zinsaufwand des Kuponswaps abzudecken.

Diese Absicherungstechnik böte sich vor allem dann an, wenn der Kuponswap zur kurzfristigen Absicherung einer festverzinslichen Konsolposition gewählt würde. Futures-Kontrakte sind jedoch als kurzfristige Hedging-Instrumente vorzuziehen, da die Transaktionskosten deutlich tiefer liegen und die Liquidität des Futuresmarktes eine größere Flexibilität erlaubt.[673] Soll dagegen eine Konsolposition durch das Eingehen eines Kuponswaps längerfristig abgesichert werden, so wird der Kapitalbetrag des Swaps dem Kapitalbetrag der Konsolposition entsprechen. Damit wird ein weitestgehender Ausgleich der Zinszahlungsströme, die mit dem Eingehen des Kupons verbunden sind, erreicht. Der feste Ertrag der Konsolposition wird an den Swappartner weitergeleitet, um die mit dem Kuponsatz eingegangenen Festsatzverbindlichkeiten abzudecken. Im Austausch erhält man eine variable Geldmarktverzinsung. Damit kann aus einer festen Anlage für eine längere Laufzeit (bis zehn Jahre) eine Anlage mit variabler Geldmarktverzinsung werden. Eine derartige Absicherung bietet sich immer dann an, wenn der Anleger eine längerfristige Zinserhöhungsphase erwartet und nicht bereit ist, seine Kassenpositionen aufzulösen. Tritt die erwartete Zinserhöhung ein, reicht der Kapitalgewinn auf der Swapposition nicht vollständig aus, um den Kapitalverlust auf der Konsolposition auszugleichen. Futures-Kontrakte dagegen bieten sich nur bedingt für eine längerfristige Absicherung an, da die Laufzeit eines Kontraktes normalerweise nur drei bis sechs Monate beträgt. Eine fortwährende Erneuerung der Futures-Kontrakte zur Absicherung wäre folglich notwendig.[674]

---

672 vgl. Dresdner Bank 1986 (b), S. 14

673 vgl. Tilley 1985, S. 31 ff.

674 vgl. Schwander 1989, S. 65 ff.

4.2.4.4 Zinsoptionen

Neben Futures und Swaps stehen zusätzlich Optionen zur Absicherung einer Konsolposition zur Verfügung. Eine Option verbrieft dem Inhaber das Recht, jedoch nicht die Verpflichtung wie bei Futures, ein bestimmtes Finanzinstrument zu einem bei Abschluß des Vertrages festgelegten Preis (Ausübungspreis) vom Stillhalter zu erwerben (Kauf- bzw. Call-Option) bzw. an diesen zu verkaufen (Verkaufs- bzw. Put-Option). Der Stillhalter bzw. Verkäufer der Option hat die Verpflichtung, bei der Ausübung der Option innerhalb eines bestimmten Zeitraumes (amerikanische Option) bzw. zu einem bestimmten Zeitpunkt (europäische Option) das der Option zugrundeliegende Finanzinstrument zu den vorher vereinbarten Konditionen an den Optionshalter zu liefern bzw. von diesem abzunehmen.[675] Für dieses Recht muß der Optionskäufer eine Prämie an den Stillhalter bezahlen.[676] Der Optionskäufer muß eine Prämie bezahlen, da, im Unterschied zur symmetrischen Risikoverteilung, bei vergleichbaren Terminkontrakten das Risiko zwischen Käufer und Stillhalter asymmetrisch (Recht versus Verpflichtung) verteilt ist.[677] Der Preis der Option ist abhängig von der Zinsvolatilität, der Laufzeit, vom Ausübungspreis (über, unter oder gleich dem Marktpreis) und der Preissensitivität des zugrunde liegenden Wertpapiers auf Änderungen des Zinsniveaus, sowie vom risikolosen Zins für die Laufzeit der Option.[678] Eine Option läßt sich darstellen als eine Kombination aus einem Forward-Kontrakt des zugrundliegenden Papiers und einer risikolosen Anlage.[679]

Zur Absicherung einer Konsolposition bei Erwartung eines Zinsanstiegs bietet sich der Kauf einer Verkaufsoption an. Kommt es zum Zinsanstieg, hat der Investor die Möglichkeit, die Option mit Gewinn während der Laufzeit zu verkaufen oder am Ende der Laufzeit auszuüben, wenn der Marktpreis des Konsols unter dem Ausübungspreis der Option liegt. Der Verlust auf der Konsolposition wird damit kompensiert. Um mit einer Verkaufsoption kurzfristige Preisrückgänge kompensieren zu können, muß man gegenüber dem Konsolbetrag etwa einen doppelt so hohen Betrag an Verkaufsoptionen, deren Ausübungspreis dem

---

[675] vgl. Dresdner Bank 1986 (b)S. 2
[676] vgl. Bank For International Settlements 1986, S. 61
[677] vgl. Kruschwitz/Schöbel 1984. S. 68
[678] vgl. Klotz 1985. S. 13
[679] vgl. Smith/Smithson/Wilford 1989. S. 48

Marktpreis entspricht, erwerben. Werden Verkaufsoptionen dagegen nur in Höhe der abzusichernden Position gekauft, so impliziert diese Strategie eine Absicherung auf den Verfallstag der Option (die Option wird bis zum Verfallstag gehalten). Die Duration der Konsolposition wird durch den Erwerb einer Put-Option verkürzt entsprechend folgender Formel:

(37) $$D = \frac{(MD_K \cdot B_K) + (MD_{Put} \cdot B_{Put})}{B_K \cdot B_{Put}}$$ [680]

mit MD_K = modifizierte Duration des Konsols
MD_{Put} = modifizierte Duration des Puts
B_K = Barwert des Konsols
B_{Put} = Barwert des Puts

Die modifizierte Duration der Verkaufsoption (MD_{Put}) wird wie folgt errechnet:

(38) $$MD_{Put} = -\frac{\Delta V}{V} \cdot 10.000$$

mit ΔV = Wertänderung der Option bei einer parallelen Verschiebung der Zinsstruktur um einen Basispunkt
V = Wert der Option.[681]

Tritt dagegen eine Zinssenkung ein, ist das Gewinnpotential auf der Konsolposition unbeschränkt, während der Verlust auf der Option wegen der asymmetrischen Risikoverteilung auf die Höhe der Prämie beschränkt bleibt.[682] Die Verkaufsoption erhöht daneben in deutlichem Umfang die Konvexität der Konsolposition bei erheblicher Verringerung der modifizierten Duration.[683] Bei geringfügigen Veränderungen des Zinsniveaus ist die Performance der 30-jährigen Anleihe mit Verkaufsoption schlechter, als die einer Anleihe ohne Verkaufsoption mit kürzerer

680 vgl. Klotz 1985, S. 7
681 vgl. Klotz 1985, S. 11
682 vgl. Morgan Stanley 1989, S. 27 ff.
683 Klotz zeigt dies am Beispiel einer 30-jährigen Anleihe mit Put-Option, die sich in ihren Durationeigenschaften unter gewissen Einschränkungen mit einem Konsol vergleichen läßt (vgl. Kap. 2.6.3.8).

Restlaufzeit und gleicher Duration, da die Prämie der Verkaufsoption den Zinsvorteil übersteigt, den die 30-jährige Anleihe gegenüber einer kürzer laufenden Anleihe bei normalem Zinsszenario aufweist. Bei größeren Zinsveränderungen dagegen ist die Performance der Anleihen mit längerer Restlaufzeit besser, als die der kürzer laufenden Anleihen. Die Optionsprämie ist mit anderen Worten ein Äquivalent zu den Kosten der zusätzlichen Konvexität, die man durch den Erwerb einer Verkaufsoption erhält.[684]

4.2.4.5 Hedging-Instrumente im Vergleich

Futures, Swaps und Optionen lassen sich trotz unterschiedlicher Konstruktionsweisen auf verschieden kombinierte Forward-Kontrakte zurückführen.

Folgt man der von der Bank For International Settlements (BIS) geprägten funktionalen Klassifikation von Finanzinnovationen, so lassen sich die beschriebenen Absicherungsinstrumente den preisrisikotransferierenden Innovationen zuordnen.[685] Die Absicherungsinstrumente übertragen das abzusichernde Risiko (hier Zinsänderungsrisiko) auf andere Risikoträger. Das Zinsänderungsrisiko des Anlegers wird damit durch das Insolvenzrisiko der Kontraktpartner substituiert.

Der elementare Unterschied zwischen Forward-Kontrakten, Futures, Swaps und Optionen besteht im unterschiedlichen Insolvenzrisiko, das sich aus den verschieden langen Laufzeiten der einzelnen Kontrakte ergibt.

Während bei Futures Gewinne und Verluste zwischen den Kontraktparteien täglich ausgeglichen werden, geschieht dies bei Forward-Kontrakten und Optionen erst am Verfallstag. Der Swap steht zwischen diesen beiden Extremen, da der Gewinn- und Verlustausgleich an den Zinszahlungsterminen erfolgt.[686] Unter diesem Aspekt ist der Future wegen des geringsten Insolvenzrisikos zur Absicherung vorzuziehen. Für die Absicherung über lange Zeiträume bietet sich dagegen der Kuponswap an, da eine laufende Revolvierung der Kontrakte vermieden wird und somit Transaktionskosten gespart werden können. Die Option bietet wegen ihrer asymmetrischen Risikoverteilung Vorteile, da im Falle einer Fehleinschätzung der

---

[684] vgl. Smith/Smithson/Wilford 1989, S. 36
[685] vgl. Bank For International Settlements 1986, S. 171 ff.
[686] vgl. Smith/Smithson/Wilford 1989, S. 36

künftigen Zinsentwicklung, das Verlustpotential auf die Optionsprämie beschränkt bleibt.

Die verschiedenen Absicherungsinstrumente eröffnen damit nur situationsbedingt eine optimale Hedging-Möglichkeit, d.h. keinem der beschriebenen Instrumente kann unabhängig von der vorhandenen Entscheidungssituation Vorzug gegeben werden.[687]

4.2.5 Das Schuldnerrisiko

Durch die unendlich lange Laufzeit des Konsols erhöht sich das Schuldnerrisiko für den Anleger im Vergleich zu endfälligen Anleihen. Während bei der Emission von Staatsschuldtiteln dieses zusätzliche Risiko wegen der "unendlichen Natur des Staates", des Vermögens und der Steuerkraft des Staates als gering zu veranschlagen ist, muß dieser Risikokomponente bei privatwirtschaftlichen Konsolemissionen größere Beachtung geschenkt werden.

Privatwirtschaftliche Unternehmen unterliegen aufgrund des technologischen und wirtschaftlichen Fortschritts dem Zwang, ihre Strukturen fortwährend den veränderten Umwelt- und Wettbewerbsbedingungen anzupassen. Fehlentscheidungen bzw. verspätete Anpassung an die veränderten Bedingungen können die Ertragskraft eines Unternehmens nachhaltig schwächen. Die Existenz von Unternehmen, die bei der Emission einer Anleihe noch über eine erstklassige Bonität verfügten, kann durch zu spät erfolgte Anpassungen an veränderte Wettbewerbsbedingungen gefährdet sein (Beispiel IBM). Ähnlich leidet die Kreditwürdigkeit von Unternehmen als Folge von "Leveraged-Buy-Outs". Anleihen dieser Unternehmen sind nach erfolgter Übernahme häufig nur noch in der "Junk-Bond-Kategorie" vorzufinden.[688] Während bei endfälligen Anleihen diese Risiken für den Anleger noch durchaus kalkulierbar erscheinen, sind diese Risiken bei Konsols mit ihrer unendlichen Laufzeit nicht mehr abschätzbar.

Ein Renditevorteil als Ausgleich für das größere Schuldnerrisiko erscheint auch insbesondere unter dem Gesichtspunkt der raschen Strukturveränderung als Folge

---

[687]vgl. Schwander 1989, S. 60 f.
[688]vgl. Buchan 1989 (b), S. 18

von Übernahmen nicht ausreichend. Konsolinhaber werden die Absicherung ihrer Anlagen anstreben.

Optionen, die als Folge von Kreditwürdigkeitsveränderungen ausgeübt werden können, die dingliche Absicherung[689] von Konsols bzw. Staatsgarantien oder aber die Kombination eines Konsols mit einem Zerobond kämen als Absicherungsalternativen in Betracht.

4.2.6 Das Geldwertrisiko eines Konsols

Das Geldwertrisiko besteht für einen Anleger, der Geld in Konsols bindet, darin, daß die reale Verzinsung seines eingesetzten Kapitals über die Anlageperiode negativ sein kann. Ein Investor wird seine Mittel immer dann langfristig investieren, wenn die erwartete Inflationsrate, gemäß der Fisher-Gleichung, über den gesamten Anlagezeitraum niedriger ist als die nominale Verzinsung und die erwartete reale Verzinsung dem Anleger eine ausreichend hohe Entschädigung für die Kapitalüberlassung bietet. Das Geldwertrisiko eines Konsols unterscheidet sich damit nicht grundsätzlich vom Geldwertrisiko einer langlaufenden Anleihe.

Wird ein Konsol als Alternative zu einer Anleihe mit einer 30-jährigen Restlaufzeit erworben, so unterscheidet sich das Geldwertrisiko kurzfristig nicht, wenn beide die gleiche Duration im Anlagezeitpunkt aufweisen. Verändern sich die Inflationserwartungen der Marktteilnehmer, kommt es zu einer Reaktion der Kapitalmarktrenditen. Bei gleicher Duration ist die Preisreaktion bei beiden Anleihentypen gleichgerichtet und gleichgroß. Ferner ist der Kaufkraftverlust für sämtliche in der Zukunft noch zu erhaltenden Zinszahlungen bei beiden Anlagealternativen gleichgroß, wenn die nominale Verzinsung identisch ist. Während über einen langen Anlagezeitraum die Duration eines Konsols, unter der Annahme unveränderter Kapitalmarktrenditen, konstant bleibt, nimmt sie bei einem Langläufer mit der näherrückenden Tilgung ab. Auf Veränderungen der Inflationsrate und damit der Kapitalmarktsätze wird der Preis des Konsol dann stärker reagieren als der Preis der endfälligen Anleihe, deren Restlaufzeit sich

[689] Bei der Auswahl der dinglichen Sicherheiten von Konsols ist dem Kriterium der langfristigen Wertstabilität Vorrang einzuräumen. Damit dürften vor allem Grundstücke und Immobilien als dingliche Absicherung von Konsols in Frage kommen.

inzwischen stark verkürzt hat. Da die Geldentwertungsrate über einen langen Anlagezeitraum eine große Schwankungsbreite aufweisen kann, ist das Geldwertrisiko eines Konsols unter diesen Bedingungen als Reaktion auf eine Veränderung der Inflationserwartung höher.

Für Investoren jedoch, die die Duration ihres Portfolios aus Strategieüberlegungen konstant halten und zur Vermeidung von Umschichtungen Konsols anstatt langlaufenden endfälligen Anleihen erwerben, verändert sich das Geldwertrisiko durch die Anlagealternative Konsol nicht.

V. INNOVATIVE AUSGESTALTUNGSFORMEN DES KONSOLS UND AUSBLICK

5.1 Mögliche innovative Ausgestaltungsformen des Konsols

5.1.1 Anforderungen an alle Konsolinnovationen

Nachdem in den vorigen Abschnitten die Charakteristika des Konsols erläutert und die Interessen von möglichen Emittenten und Investoren dargestellt wurden, wird nun in einem letzten Abschnitt versucht, mögliche Ausgestaltungsformen von Konsols zu entwickeln, die den Bedürfnissen von Schuldnern und Gläubigern besser entsprechen als die "einfacher" Konsols. Finanzierungsinstrumente sollen so kombiniert werden, daß Transaktionskosten und Informationskosten gespart werden können. Damit werden Risiko-Ertragskonfigurationen erzielt, die auf andere Weise unerhältlich geblieben wären.[690]

Eine der wesentlichsten Voraussetzungen, die eine erfolgreiche Plazierung von Konsols ermöglicht, ist eine hohe Liquidität am Sekundärmarkt (vgl. Kap. 4.1.1). Gläubigern ermöglicht ein hochliquider Sekundärmarkt den jederzeitigen Verkauf von Konsols mit geringen Transaktionskosten. Aber auch für Emittenten ist ein liquider Konsolmarkt von Vorteil, da damit eine Vereinfachung zukünftiger Plazierungen verbunden ist. Als Emissionsverfahren kann deshalb die Emission in Form von "tap-issues" empfohlen werden, d.h. mehrere Tranchen werden mit identischen Kupons und Fälligkeiten aufgelegt. Ferner ermöglicht ein liquider Sekundärmarkt den Rückkauf eines bestimmten Anteils der Konsols über den

---

[690]vgl. Smith 1988, S. 72

Kapitalmarkt (Tilgung), ohne den Preis zu stark zu beeinflussen. Daneben erhöht sich durch die Emission in Form von "tap-issues" die Übersichtlichkeit des Kapitalmarktes. Für die Emittenten ist damit eine Vereinfachung der Schuldenverwaltung verbunden, während für die Investoren geringere Informationskosten anfallen. Festgehalten werden kann in diesem Zusammenhang also eine Übereinstimmung von Gläubiger- und Schuldnerinteressen bezüglich eines hochliquiden Sekundärmarktes.

Hat der Staat als Emittent Konsols ausgegeben, ist ein Schuldnerkündigungsrecht aus staatlicher Sicht durchaus von Vorteil. Der Staat kann u.a. in Verfolgung der fiskalischen Zielsetzung von der Möglichkeit einer Zinskonversion (Anpassung des Kupons an ein gesunkenes Marktniveau) Gebrauch machen. Daneben kann ein staatliches Schuldnerkündigungsrecht auch zur effektiven Tilgung ausgeübt werden, was aufgrund der Schuldenentwicklung jedoch eher unwahrscheinlich ist.[691] Durch ein Schuldnerkündigungsrecht ist jedoch eine einseitige Bevorzugung des Emittenten impliziert, die vom Gläubiger nicht in jeder Situation akzeptiert werden dürfte. Ein liquider Sekundärmarkt kann zwar anstelle des Gläubigerkündigungsrechtes treten, doch muß berücksichtigt werden, daß volumenmäßig große Emissionen, wie bei staatlichen Konsols, zu einer Belastung des Kapitalmarktes und zu einem Kursverfall der Konsols führen können, wenn eine Vielzahl von Gläubigern aufgrund von Zinssteigerungserwartungen ihre Konsols zum Verkauf am Kapitalmarkt anbieten. Aus Sicht der Anleger ist deshalb ein beiderseitiges Kündigungsrecht einem einseitigen Schuldnerkündigungsrecht vorzuziehen.

Würde den Gläubigern ein Kündigungsrecht in den Konsolbedingungen eingeräumt, so stellt dies besonders für den Staat ein Risiko dar.[692] Der Vorteil einer unendlich langen Kapitalüberlassungsdauer würde damit aufgegeben werden. Der Staat muß gerade bei steigenden Zinsen mit einer Ausübung der Gläubigerkündigungsrechte rechnen, die ihn zu einer Revolvierung der Konsolschuld bei gestiegenem Zinsniveau zwingen würden. Daneben treten auch im Falle ausgeübter Gläubigerkündigungsrechte Kapitalmarktbelastungen bei volumenmäßig großen Emissionen auf.

[691] vgl. Dreißig 1981, S. 112 f.
[692] vgl. Dreißig 1981, S. 114

Bei staatlichen Emissionen von Konsols sollte daher auf Kündigungsrechte von Schuldnern und Gläubigern verzichtet werden. Damit müßte eine aktive (vom Schuldner bewirkte) Kündigung über den Rückkauf am Kapitalmarkt erfolgen, während eine passive (vom Gläubiger bewirkte) Kündigung durch den Verkauf am Sekundärmarkt erreicht werden kann. Der liquide Sekundärmarkt tritt damit als Surrogat für ein Kündigungsrecht in Funktion. Ein "Straight-Konsol" ohne Kündigungsrecht, bzw. eine "echte" Rentenanleihe[693], kommt einem Kompromiß zwischen emittenten- und anlegerspezifischen Bedürfnissen gleich. Der Konsol kann damit als sinnvolle Ergänzung des staatlichen Anleihenspektrums betrachtet werden.

Im Gegensatz zu staatlichen Emissionen muß dem Bonitätsaspekt bei privatwirtschaftlichen Emissionen größere Bedeutung beigemessen werden. Bei Unternehmen der Privatwirtschaft ist in diesem Zusammenhang an dingliche Absicherungen zur Verbesserung der Bonität zu denken, da der Renditezuschlag als Risikoprämie nur eine unvollkommene Kompensation, für das vor allem bei Konsols, infolge der langen Laufzeit, auftretende Risiko von Insolvenzen darstellt. Die Plazierung von privaten Konsolemissionen würde dadurch erleichtert. Für den Emittenten würden sich gewisse Nachteile ergeben, die vor allem darin bestehen, daß die Kreditschöpfung aus anderen Finanzierungsquellen (z. B. Hypothekenkredite) eingeschränkt würde, da die dinglichen Sicherheiten nur einmal beliehen werden können. Bei Unternehmungen, die unter staatlichem Einfluß stehen, ist neben einer dinglichen Absicherung über wertbeständige Aktiva an Staatsgarantien zu denken, die eine Bestandsgarantie des Kredites implizieren. Konsolemissionen, die Staatsgarantien einschließen, führen damit quasi zu "halbstaatlichen" Konsols, die in ihrer Bonität mit den staatlichen Konsols vergleichbar wären.

Die nun folgenden Ausführungen über die Kombination von Konsols mit anderen Finanzinstrumenten beschränken sich ausschließlich auf privatwirtschaftliche Emittenten, da staatliche Konsols bevorzugt als "Straight-Konsols" emittiert werden sollten.

---

[693]vgl. Dieben/Ebert 1958, S. 50

5.1.2 Der "Puttable" bzw. der "Callable" Konsol

Beinhaltet ein Konsol für den Gläubiger das Recht, diesen zu bestimmten Terminen an den Emittenten zurückgeben zu können, so kann man von einem "Puttable"-Konsol sprechen. Der "einfache" Konsol wird mit einer Put-Option (Verkaufsoption) kombiniert. Dieser "Puttable" Konsol ist für Anleger eine einfache Möglichkeit, sich gegen Zinsänderungsrisiken abzusichern. Steigt der Zins, so kann der Konsol zu vorher festgelegten Konditionen an den Emittenten zurückgegeben werden. Diese Put-Option, die der Gläubiger kombiniert mit dem Konsol erwirbt, wird vom Schuldner bei der Emission insofern berücksichtigt, als durch das "Anhängen" der Put-Option die Rendite, die der Emittent zu zahlen bereit ist, sinkt.

Beim "callable"-Konsol erwirbt der Emittent dagegen vom Gläubiger das Recht, den ausstehenden Anleihenbetrag unter bestimmten Bedingungen (Laufzeit, Rückzahlungsbetrag) zurückkaufen zu können. Der Schuldner wird die Call-Option mit dem Ziel der günstigeren Refinanzierung dann ausüben, wenn der Marktpreis größer bzw. gleich dem Ausübungspreis ist.[694] Die Call-Option, die der Emittent vom Gläubiger erwirbt, muß der Schuldner in Form einer höheren Emissionsrendite bezahlen.

Der Markt bewertet jedoch normalerweise Optionen, die im Zusammenhang mit Anleihenemissionen ausgegeben werden, nicht richtig, d.h. nicht entsprechend ihrem theoretisch richtigen Wert. Dies ist zum einen darauf zurückzuführen, daß die Investoren nicht in der Lage sind, diese Papiere richtig zu bewerten. Zum anderen ist der fehlende Zugang zu den professionellen Interbank-Optionsmärkten die Ursache für die "fehlerhafte" Bewertung durch die Gläubiger. Der Anleger bekommt vom Emittenten eine Vergütung (höhere Rendite), die unter dem fairen theoretischen Wert liegt. Der Schuldner hat die Möglichkeit, die Call-Option abzutrennen und zu ihrem höheren theoretischen Wert wieder zu veräußern. Er erzielt damit einen risikofreien Arbitrage-Gewinn, der seine Finanzierungskosten entsprechend senkt. Die Put-Option, die der Emittent bei "Puttable"-Konsols veräußert, kann der Gläubiger dagegen nur zu höheren Kosten wieder zurückkaufen, da die Anleger ihren Wert unterschätzen.[695]

---

[694] vgl. Corporate Finance 1988, S. 64 ff.

[695] vgl. Corporate Finance 1988, S. 22

Wegen der Asymmetrie in der Bewertung der an Konsols anhängenden Optionen, stellen diese Finanzierungsinstrumente eine eher unzureichende Lösung der Befriedigung von Anleger- bzw. Investorenbedürfnissen dar.

5.1.3 Der Konsol als "Poison-Put"

Der Konsol kann wegen seiner unendlich langen Zurverfügungstellung von Kapital, wegen seiner Eigenkapitaleigenschaft für Unternehmen ein attraktives Finanzierungsinstrument darstellen. Insbesondere jedoch für übernahmegefährdete Unternehmen, die vor der Entscheidung Eigen- versus Fremdfinanzierung stehen, weist der Konsol wegen der Erhaltung der Stimmrechtsverhältnisse Vorzüge auf. Durch die Einräumung eines Gläubigerkündigungsrechtes bei Vorliegen eines öffentlichen Übernahmeangebotes ("Poison-Put")[696], könnte die Attraktivität für Anleger zusätzlich gesteigert werden. Diese Put-Option (Gläubigerkündigungsrecht) müßte so ausgestaltet werden, daß bei einer Kündigung die Rückzahlung durch den Schuldner inklusive einer "Übernahmeprämie" zu erfolgen hätte. Der Konsol würde dadurch stärker in Richtung Eigenkapital gerückt, da der Gläubiger, ähnlich wie der Aktionär, von der Übernahme profitieren würde. Diese Übernahmeprämie eröffnet dem Anleger die Chance eine hohe Zusatzrendite zu realisieren. Die Renditephantasie erhöht die Attraktivität eines derart ausgestatteten Konsols für die Anleger. Für den Emittenten wird dadurch ein günstiges Refinanzierungsinstrument geschaffen, da eine tiefere Emissionsrendite aufgrund der Übernahmephantasie von den Anlegern akzeptiert werden dürfte.

Die Wahrscheinlichkeit einer Übernahme sinkt wegen hoher zusätzlicher finanzieller Belastung für den potentiellen Übernehmer. Ein so ausgestatteter Konsol könnte besonders auf übernahmegefährdete Unternehmungen eine besondere Attraktivität ausstrahlen, da er eine Unternehmensübernahme wirtschaftlich weniger attraktiv macht und die Funktion einer "Poison-Pill" übernimmt.[697]

Die Kündigung der Fremdmittel durch die Gläubiger bei Vorlage eines Übernahmeangebotes würde das insgesamt zu beschaffende Mittelvolumen erhöhen, da das übernehmende Unternehmen zusätzliche Mittel für die Deckung der

---

[696] vgl. Cohen 1989. S. 18

[697] vgl. Gotthelf 1989. S. 11

gekündeten Mittel aufbringen müßte. Selbst wenn das zu übernehmende Unternehmen ausreichend liquide Mittel hätte, um die gekündeten Verbindlichkeiten decken zu können, würde sich die Vorteilhaftigkeit der Übernahme verschlechtern. Bei weniger kapitalkräftigen Unternehmen könnte die Kündigung der Kredite sogar zu einer technischen Insolvenz der übernahmegefährdeten Unternehmung führen. Die Fähigkeit des Aufkäufers, Mittel zur Finanzierung der Übernahme zu beschaffen, würde sich verringern, da bei der Ermittlung des maximal aufzunehmenden Mittelvolumens die Bilanz des zu übernehmenden Unternehmens als "Hebel" miteinkalkuliert wird.[698] Von der Ausübung des Gläubigerkündigungsrechtes kann insbesondere dann ausgegangen werden, wenn die Rückzahlung inklusive einer Prämie zu erfolgen hat. Der bevorzugte Emittentenkreis im privatwirtschaftlichen Bereich könnte sich insofern durch das Charakteristikum "übernahmegefährdet" näher eingrenzen lassen. Sowohl die Schuldner als auch die Gläubiger könnten sich so den Nutzen eines entsprechend ausgestalteten Konsols zu eigen machen.

5.1.4 Der Konsol kombiniert mit Kuponswaps

Eine weitere Verbindung eines Konsols mit einem Absicherungsinstrument stellt die Kombination eines Konsols mit einem Kuponswap dar.

Der Investor erwirbt zusätzlich zum Konsol das Recht, zu bestimmten Zeitpunkten die fixe Kuponforderung gegenüber dem Emittenten in eine variable Kuponforderung (entsprechend 3-, 6- oder 9-Monats-LIBOR) zu tauschen. Dieses Recht könnte immer dann bestehen, wenn sich die aktuelle Marktrendite um einen bestimmten Prozentsatz über der Rendite im Emissionszeitpunkt befindet. Der Investor wird dieses Recht immer dann ausüben, wenn sich die aktuelle Geldmarktrendite über dem fixen Kupon des Konsols befindet und der Investor keine rückläufigen Zinsen erwartet. Aus abwicklungstechnischen Gründen sollte dem Investor das Recht zur Ausübung nur an einem oder mehreren (aufeinanderfolgenden) Kuponterminen eingeräumt werden. Die Laufzeit dieses

[698] vgl. Buchan 1989 (b). S. 18

Kuponswaps könnte sich an den in der Vergangenheit beobachteten Längen von Zinsanstiegsphasen orientieren.

Der Emittent eines solchen Finanzierungsinstrumentes schreibt damit eine Option auf einen Swap. Da dem Anleger die Möglichkeit angeboten wird, unter bestimmten Voraussetzungen seinen fixen Zinsertrag gegen einen variablen zu tauschen, handelt es sich hier um eine sogenannte "Put-Swaption".[699]

Die in regelmäßigen Zeitabständen (in der Regel sechs Monate) erfolgende Zinsanpassung an das Geldmarktniveau, schützt den Investor vor Einbußen beim laufenden Ertrag in einer längeren Phase steigender Kapitalmarktsätze. Eine Absicherung des Preisrisikos ist über eine "Put-Swaption" nur gewährleistet, wenn der Swap die gleiche Preissensitivität bei Zinsveränderungen aufweist, wie der abzusichernde Konsol. Über diese Konstruktion wird damit dem Investor eine Absicherung ohne zusätzliche Transaktions- und Informationskosten über einen Kuponswap eröffnet. Dieser Weg steht Investoren häufig nicht offen.

Für den Emittenten verringern sich die Refinanzierungskosten, da die "Put-Swaption" sich in einem im Vergleich zum "einfachen" Konsol tieferen Emissionspreis niederschlagen wird. Um das Ausübungsrisiko auszuschließen, kann der Schuldner die "Put-Swaption" im Interbankenmarkt wieder zurückkaufen. Wird die Option vom Anleger ausgeübt, so kann der Emittent sein Optionsrecht ebenfalls ausüben, d.h. er wird die fixen Zinsen, die vom Anleger in variable umgetauscht werden, an seinen Swappartner am Markt weitergeben. Im Austausch erhält der Schuldner vom Swappartner variable Zinsen, die er wiederum an den Anleger weitergibt. Wird die "Put-Swaption" bei der Emission ebenso fehlerhaft bewertet wie die Put-Option an einem Konsol, dann erhöhen sich die Finanzierungskosten für den Schuldner (vgl. Kap. 5.1.2). Davon kann jedoch nicht ohne weitere ausgegangen werden, da die "Put-Swaption" gegenüber dem "Puttable-Konsol" den Vorteil aufweist, daß die Basisanlage erhalten bleibt. Transaktions- und Informationskosten, die sich aus der Neuanlage des zurückbezahlten Anleihenbetrages bei Ausübung der Put-Option ergeben, werden vermieden. Diese Neuanlagen unterliegen nur dann nicht wieder dem Zinsänderungsrisiko, wenn die Mittel entweder im Geldmarkt "geparkt" werden oder bei Kapitalmarktanlagen sofort wieder abgesichert werden. Eine weitere Erhöhung der Transaktionskosten ist die

---

[699] vgl. Corporate Finance 1988, S. 18

Folge. Erwartet der Investor einen anhaltenden Zinsanstieg, gibt es zur Absicherung der Kapitalmarktanlagen kaum eine Alternative zum Kuponswap.

Über die Kombination eines Konsols mit einer "Put-Swaption" wird sowohl dem Bedürfnis des Anlegers nach Absicherung gegen Zinsänderungsrisiken Rechnung getragen, als auch dem Bestreben des Emittenten nach niedrigen Finanzierungskosten. Über den Kuponswap wird das Zinsänderungsrisiko vom Investor zum Emittenten transferiert, der wiederum die Möglichkeit hat, dieses Risiko auf einen Swappartner zu übertragen. Das Ergebnis läßt sich in einer Substitution der Risikoträger (zuerst Anleger, dann Emittent, dann Swappartner) zusammenfassen.

Bei Konsols mit variabler Verzinsung könnte der Emittent dagegen eine "Call-Swaption" schreiben, die dem Investor die Möglichkeit bietet, variable Zinsen gegen einen fixen Kupon zu tauschen. Die "Call-Swaption" dürfte vom Anleger immer dann ausgeübt werden, wenn sich die variable Verzinsung des Konsols unter dem fixen Kupon, den die "Call-Swaption" verbrieft, befindet. Aus dem Geldmarktpapier wird dadurch für die Laufzeit des Kuponswaps ein Kapitalmarktpapier. Bei stabilen bzw. weiter zurückgehenden Zinsen hat der Anleger die Chance, Kapitalgewinne zu erzielen. Der Emittent dürfte wie bei "Put-Swaptions" in der Lage sein, die "Call-Swaption" am Optionsmarkt unter jenem Preis einzudecken, den die Gläubiger bei der Plazierung der Anleihe implizit bezahlt haben. Für den Schuldner würden sich die Refinanzierungskosten entsprechend verringern.

5.1.5 *Der Zerobond mit Wandlungsrecht*

Eine vor allem für Privatanleger attraktive Kombination zweier Finanzinstrumente stellt das Konstrukt eines Zerobonds dar, dessen Rückzahlungsbetrag bei Fälligkeit in einen Konsol umgewandelt werden kann. Ein solcher "Zero-Konsol" hält für die Laufzeit des Zerobonds dessen steuerliche Attraktivität aufrecht, während bei Fälligkeit, durch das Umtauschrecht in einen Konsol zu festgesetzten Konditionen, das Wiederanlagerisiko wegfällt. Der Anleger kann schon bei Kontraktabschluß die Mindestrendite der Wiederanlage absichern. Liegt die Marktrendite bei der Fälligkeit des Zerobonds über der Rendite des Wandlungsrechtes, wird der Anleger sein Umtauschrecht nicht wahrnehmen.

Die Attraktivität eines solchen Finanzinstrumentes wird vor allem im Hinblick auf eine Diversifikation der Altersvorsorge deutlich. Während der Erwerbstätigkeit legt ein Anleger, vor allem bei hohem Grenzsteuersatz, keinen Wert auf regelmäßige Zinserträge. Im Zeitpunkt der Verrentung dagegen sind die Zinserträge aus Vorsorgegründen durchaus willkommen.

Der "Zero-Konsol" dürfte auch für den Emittenten attraktiv sein, da die zielgruppenorientierte Ausgestaltung eine vergleichsweise hohe Bewertung des Umtauschrechtes bei der Emission ermöglichen dürfte und damit vergleichsweise geringe Finanzierungskosten impliziert wären.[700]

5.2 Ausblick

Der Konsol bietet sowohl für den Investor als auch für den Emittenten gewisse Vorzüge, die eine Renaissance des vor allem im 19. Jahrhundert gebräuchlichen Finanzinstrumentes begünstigen könnten. Dazu bedarf es neben der Erfüllung von Grundvoraussetzungen, wie der notwendigen Sekundärmarktliquidität, einer den Bedürfnissen von Anlegern und Gläubigern entsprechende Ausgestaltung des Konsols.

Für den Investor wird durch den Konsol die Durchführung von Anlagestrategien erleichtert, sowie ein hochvolatiles Spekulationsvehikel angeboten. Der Ersatz der unbeliebten "Eigenkapitalsurrogate" Partizipationsschein und stimmrechtslose Vorzugsaktie dürfte dem Anlegerinteresse wegen der höheren Rendite und der besseren schuldrechtlichen Stellung entgegenkommen. Vor dem Hintergrund der immer mehr an Bedeutung gewinnenden "Leveraged-Buy-Outs" stellt der Konsol mit "Poison-Put" eine ideale Konstruktion dar, die eine weitgehende Übereinstimmung von Investoren- und Emittentenbedürfnissen erbringt. Ähnliches gilt für den Konsol mit "Put-Swaption", der dem Investor Schutz bei Zinserhöhungen bietet.

Der Emittent bekommt durch den Konsol Zugang zu Fremdmittel mit Eigenkapitalcharakter. Bei Unternehmen, die keine Veränderung der Stimmrechtsverhältnisse wünschen, stellt die Mittelbeschaffung über den Konsol eine interessante Alternative dar. Die steuerliche Abzugsfähigkeit der Fremdkapitalzinsen mindert den Nachteil,

---

[700] vgl. Schwander 1989, S. 68 f

der sich aus dem im Vergleich zum Eigenkapital höheren Zinsaufwand für den Konsol ergibt.

Durch die Ausgabe von Konsols könnte der Staat bereits im Emissionszeitpunkt Auskunft über die beabsichtigte Inanspruchnahme der Ressourcen geben. Die ständige Revolvierung der Staatsschulden, die zu Anspannungen an den Rentenmärkten beitragen, würde vermieden sowie Plazierungskosten gespart.

Für beide Schuldnergruppen kann durch die Auswahl eines günstigen Emissionszeitpunktes ein niedriges Zinsniveau für eine unendlich lange Laufzeit eingeschlossen werden.

Obwohl bisher keine neuen Konsols in größerem Umfange emittiert wurden, ist eine Renaissance von sehr langlaufenden Anleihen, die zum Teil Konsolcharakter haben, unverkennbar. Während bei staatlichen Schuldnern vor allem neue dreißigjährige Anleihen (u.a. Holland, Italien) emittiert werden, hat Coca-Cola[701] eine unkündbare US-Dollar Anleihe mit hundertjähriger Laufzeit plaziert. Diese Anleihe hat eindeutig Konsolcharakter, da der Barwert der Tilgungszahlung in hundert Jahren, abgezinst mit der Emissionsrendite, nur 0,0754% von nominal 100 beträgt. Der Titel konnte, obwohl das gegenüber dreißigjährigen Anleihen höhere Kreditrisiko nicht durch besondere Sicherheiten reduziert wurde, mühelos plaziert werden, da die Anleger, wegen des erwarteten weiteren Rückgangs der langfristigen Zinssätze, Anleihen mit hoher Duration und Konvexität im Emissionszeitpunkt präferierten.

Der Spread über dreißigjährige Treasuries, der 80 Basispunkte (0,8%) beträgt, erscheint für einen Aa3/AA- Schuldner auf den ersten Blick großzügig, da ein Aa3/AA-Schuldner normalerweise mit einer Rendite von etwa 55 Basispunkten über Treasuries bei 30 Jahren Laufzeit emittiert wird.[702] Dem durch die längere Laufzeit höheren Kreditrisiko trägt diese zusätzliche Rendite von 25 Basispunkten aber nur unvollkommen Rechnung, wenn man das in dieser Arbeit dargelegte Bewertungsmodell zur Anwendung bringt.

Im Emissionszeitpunkt lag die Rendite bzw. der Preis eines dreißigjährigen US-Treasuries-Strip bei 6,9% bzw. 13,5. Um das gleiche Kreditrisiko wie bei einer dreißigjährigen Coca-Cola Anleihe zu haben, müßte der Anleger durch die zusätz-

---

[701] Walt Disney emittierte gleichzeitig eine hundertjährige Anleihe, die kündbar ist.
[702] vgl. Bear, Stearns & Co.Inc. 1993, S. 1

liche Rendite über Treasuries, die bei gleichen Konditionen zu einer Reduktion des Emissionspreises der Coca-Cola Anleihe führt, in der Lage sein, einen US-Regierungs-Zerobond zu kaufen, der die Rückzahlung des ursprünglich eingesetzten Kapitals nach 30 Jahren garantiert.

Eine Mehrrendite von 25 Basispunkten über hundert Jahre bewirkt aber nur eine Reduktion des Emissionspreises um 3,43 Punkte. Die Anleihe ist damit unter Kreditgesichtspunkten um die Differenz zwischen dem Preis des Zerobonds von 13,5 und der Preisreduktion der Coca-Cola Anleihe von 3,43 zu teuer. Die Anleihe müßte einen Spread von 109,50 anstatt 25 Basispunkten über dreißigjährige Aa3/AA-Schuldner aufweisen, also insgesamt 164,50 anstatt 80 Basispunkten, um als fair bewertet zu gelten. Das durch die längere Laufzeit höhere Kreditrisiko wird von den Anlegern entweder als nicht signifikant betrachtet, oder es fehlt am Know-how, dieses Kreditrisiko richtig bewerten zu können. Dieses Resultat steht im Einklang mit dem Ergebnis der Analyse der englischen Konsols, die über den gesamten Beobachtungszeitraum nie eine Mehrrendite aufwiesen, die ausgereicht hätte, um das zusätzliche Kreditrisiko durch den Kauf eines Zerobonds zu sichern.

Aus Emittentensicht ist somit die Emission von Konsols sowohl für private als auch staatliche Emittenten zu befürworten, insbesondere dann, wenn ein auch historisch tiefes Zinsniveau durch die Ausgabe von Konsols festgeschrieben werden kann. Bei den Anlegern können diese Titel offenbar immer dann plaziert werden, wenn kurzfristig weiter sinkende Kapitalmarktzinsen erwartet werden. Einer ausreichend hohen Mehrrendite für das höhere Kreditrisiko wird von den Investoren offenbar kaum Bedeutung beigemessen. Im Vordergrund steht eindeutig der Duration- und Konvexitätszuwachs.

ANHANG

Die Konsolidation von 17 Anleihen im Anschluß an das Gesetz vom 19.12.1869

zu konsolidierende Anleihe	Kapitalbetrag im Jahre der Aufnahme der Anleihe	Kapitalbetrag Ende 1869 (in Talern)	Kapitalbetrag Ende 1869 (in Mark)	Bis 30.06.1872 wurden konsolidiert	Bis 1869 wurden durch Veräußerung konsolidierter Anleihen getilgt	Tilgung durch Barzahlung	Kündigung und Rückzahlung des Restes	Gesamtsumme
1	2	3	4	5	6	7	8	9
1848	15'000'000	2'149'400	6'583'200	3'574'920		1'059'000	1'949'280	6'593'200
1850	18'000'000	12'438'600	37'315'800	9'637'800	26'971'500		706'500	17'315'800
1852	16'000'000	11'451'100	34'353'300	9'231'600	23'019'000		2'102'700	34'353'300
1853	5'000'000	3'794'400	11'383'200	3'758'100	5'223'900		2'401'200	11'383'400
1854	15'000'000	11'758'300	35'274'900	25'817'100			9'457'800	35'274'900
1855	7'800'000	6'275'000	18'825'500	14'404'800			4'420'200	18'825'000
1856	16'598'000	14'672'300	44'016'900	31'457'400	1'064'700	566'400	10'928'400	44'016'900
1857	7'680'000	6'933'900	20'801'700	15'631'800			5'169'900	20'801'700
1859	18'400'000	16'611'100	49'833'300	38'625'000			11'208'300	49'933'300
1862	4'800'000	4'564'900	13'694'700	4'983'600	270'900		8'440'200	13'694'700
1864	17'000'000	16'627'300	49'881'900	39'703'500			10'179'400	49'881'900
1867a	30'000'000	29'342'600	88'027'800	77'303'100			10'724'700	88'027'800
1867b	3'000'000	2'934'300	8'802'900	8'802'900				8'802'900
1867c	10'000'000	9'717'925	29'153'775	19'340'550	(818'925)[1]		8'994'300	28'334'850
1867d	24'000'000	24'000'000	72'000'000	58'650'300			13'349'700	72'000'000
1868a	21'750'000	20'695'000	62'085'000	18'573'300	43'511'700[2]			62'085'000
1868b 1869a 1869b	29'396'000	29'396'000	88'188'000	71'401'725			16'796'275	88'188'000
	259'424'000	223'407'125	670'221'375	450'897'495	100'880'625	1'625'400	116'817'955	669'402'450

(Quelle: Birth, 1958, Anhang, Tabelle IV)

[1]Der Rest von 818'925 Mark, der zur Gewährung der Entschädigung für aufgehobene Grundsteuerbefreiungen und Bevorzugungen auf Grund des Gesetzes vom 25.5.1891 bestimmt war, war noch nicht ausgegeben und wurde von der Anleihe abgesetzt.

[2]Am 1.7.1891 bestand diese Anleihe als einzige der ursprünglich zur Konsolidation ausersehen noch mit einem Betrag von 12'159'150 Mark. Ihre Tilgung wurde weiter planmäßig fortgesetzt und soll im Etatjahr 1895/96 voraussichtlich ihr Ende finden. Die dazu erforderlichen Mittel werden auf Grund des Konsolidationsgesetzes durch Veräußerung von Verschreibungen konsolidierter Anleihe beschafft.

Tab. II: Englische Par-Zinsstrukturkurve - 1. Kolonne - und daraus abgeleitete Zerocouponkurve - 2. Kolonne - (synthetische 30-jährige Gilt aus 20-jähriger Gilt-Rendite -30 Basispunkte)

1983

Restlaufzeit in Jahren	03-Jan-83		01-Feb		01-Mrz		01-Apr		02-Mai		01-Jun	
0	11,22		11,35		10,97		10,30		10,34		9,95	
1	11,25	11,253	11,28	11,285	10,99	10,990	10,49	10,495	10,52	10,523	10,31	10,310
2	11,28	11,285	11,22	11,216	11,01	11,006	10,69	10,699	10,71	10,719	10,67	10,689
3	11,31	11,319	11,15	11,144	11,02	11,023	10,88	10,911	10,89	10,922	11,03	11,085
4	11,55	11,596	11,40	11,436	11,29	11,340	11,15	11,224	11,18	11,257	11,22	11,301
5	11,78	11,884	11,64	11,738	11,56	11,669	11,42	11,552	11,47	11,609	11,42	11,530
6	11,86	11,970	11,77	11,900	11,64	11,761	11,46	11,586	11,50	11,620	11,41	11,495
7	11,93	12,064	11,90	12,072	11,72	11,860	11,51	11,628	11,52	11,640	11,39	11,465
8	11,90	11,991	11,88	12,021	11,64	11,723	11,40	11,446	11,43	11,476	11,28	11,284
9	11,86	11,920	11,87	11,974	11,56	11,588	11,29	11,265	11,33	11,314	11,16	11,102
10	11,82	11,851	11,85	11,929	11,49	11,452	11,18	11,084	11,23	11,151	11,05	10,919
11	11,78	11,775	11,80	11,841	11,41	11,314	11,08	10,926	11,15	11,020	10,96	10,770
12	11,75	11,698	11,76	11,754	11,33	11,174	10,99	10,764	11,07	10,885	10,86	10,617
13	11,71	11,619	11,72	11,664	11,25	11,030	10,89	10,599	11,00	10,747	10,77	10,460
14	11,67	11,538	11,68	11,573	11,17	10,882	10,80	10,429	10,92	10,605	10,68	10,298
15	11,63	11,454	11,63	11,479	11,10	10,730	10,70	10,256	10,84	10,459	10,59	10,132
16	11,60	11,391	11,60	11,413	11,06	10,679	10,66	10,192	10,79	10,377	10,53	10,034
17	11,57	11,324	11,57	11,345	11,03	10,624	10,62	10,123	10,75	10,291	10,47	9,930
18	11,54	11,254	11,54	11,273	11,00	10,564	10,58	10,049	10,70	10,200	10,41	9,821
19	11,51	11,181	11,51	11,197	10,97	10,499	10,54	9,970	10,65	10,104	10,35	9,707
20	11,48	11,104	11,48	11,118	10,94	10,430	10,49	9,887	10,60	10,003	10,29	9,588
21	11,45	11,02	11,45	11,03	10,91	10,36	10,46	9,83	10,57	9,95	10,26	9,54
22	11,42	10,94	11,42	10,95	10,88	10,29	10,43	9,77	10,54	9,88	10,23	9,49
23	11,39	10,84	11,39	10,86	10,85	10,22	10,40	9,71	10,51	9,82	10,20	9,43
24	11,36	10,75	11,36	10,76	10,82	10,14	10,37	9,64	10,48	9,75	10,17	9,37
25	11,33	10,65	11,33	10,66	10,79	10,05	10,34	9,56	10,45	9,67	10,14	9,31
26	11,30	10,55	11,30	10,56	10,76	9,96	10,31	9,49	10,42	9,59	10,11	9,23
27	11,27	10,44	11,27	10,45	10,73	9,87	10,28	9,40	10,39	9,51	10,08	9,16
28	11,24	10,33	11,24	10,34	10,70	9,77	10,25	9,32	10,36	9,42	10,05	9,08
29	11,21	10,21	11,21	10,22	10,67	9,67	10,22	9,23	10,33	9,33	10,02	9,00
30	11,18	10,09	11,18	10,10	10,64	9,57	10,19	9,14	10,30	9,23	9,99	8,91
	Par	Zero										

Restlaufzeit in Jahren	01-Jul		01-Aug		01-Sept		03-Okt		01-Nov		01-Dez	
0	9,91		9,89		9,70		9,39		9,31		9,42	
1	10,39	10,387	10,40	10,404	10,14	10,139	9,88	9,881	9,77	9,768	9,89	9,888
2	10,87	10,893	10,92	10,946	10,58	10,603	10,37	10,392	10,23	10,250	10,36	10,384
3	11,35	11,422	11,43	11,513	11,02	11,088	10,85	10,926	10,69	10,753	10,83	10,901
4	11,56	11,663	11,73	11,852	11,32	11,422	11,04	11,126	10,81	10,879	10,93	10,995
5	11,78	11,921	12,03	12,214	11,61	11,776	11,22	11,341	10,93	11,017	11,02	11,101
6	11,78	11,891	12,04	12,201	11,60	11,741	11,21	11,299	10,90	10,966	11,00	11,064
7	11,77	11,868	12,06	12,198	11,60	11,714	11,19	11,263	10,87	10,919	10,99	11,032
8	11,70	11,743	11,98	12,060	11,52	11,580	11,15	11,190	10,83	10,846	10,94	10,954
9	11,62	11,619	11,90	11,924	11,44	11,447	11,10	11,117	10,78	10,774	10,89	10,877
10	11,55	11,493	11,83	11,788	11,36	11,313	11,06	11,044	10,74	10,700	10,84	10,798
11	11,49	11,380	11,76	11,648	11,29	11,190	11,02	10,978	10,69	10,628	10,79	10,708
12	11,42	11,263	11,67	11,505	11,22	11,063	10,98	10,909	10,65	10,555	10,73	10,615
13	11,35	11,144	11,59	11,358	11,15	10,934	10,95	10,839	10,61	10,479	10,68	10,520
14	11,29	11,020	11,51	11,207	11,08	10,800	10,91	10,766	10,57	10,400	10,63	10,421
15	11,22	10,892	11,44	11,052	11,01	10,662	10,87	10,691	10,52	10,319	10,57	10,320
16	11,16	10,762	11,36	10,909	10,94	10,536	10,82	10,577	10,47	10,215	10,51	10,206
17	11,09	10,628	11,29	10,760	10,88	10,405	10,76	10,460	10,42	10,108	10,46	10,089
18	11,03	10,489	11,22	10,607	10,81	10,270	10,71	10,339	10,37	9,998	10,40	9,969
19	10,96	10,345	11,15	10,449	10,75	10,130	10,65	10,215	10,31	9,884	10,34	9,844
20	10,90	10,197	11,08	10,286	10,68	9,986	10,60	10,088	10,26	9,767	10,28	9,716
21	10,87	10,14	11,05	10,24	10,65	9,93	10,57	10,02	10,23	9,71	10,25	9,66
22	10,84	10,08	11,02	10,18	10,62	9,88	10,54	9,96	10,20	9,64	10,22	9,60
23	10,81	10,02	10,99	10,12	10,59	9,82	10,51	9,89	10,17	9,57	10,19	9,54
24	10,78	9,95	10,96	10,05	10,56	9,75	10,48	9,81	10,14	9,50	10,16	9,47
25	10,75	9,88	10,93	9,98	10,53	9,68	10,45	9,73	10,11	9,43	10,13	9,39
26	10,72	9,80	10,90	9,90	10,50	9,60	10,42	9,65	10,08	9,35	10,10	9,32
27	10,69	9,72	10,87	9,82	10,47	9,52	10,39	9,56	10,05	9,26	10,07	9,24
28	10,66	9,63	10,84	9,74	10,44	9,44	10,36	9,47	10,02	9,18	10,04	9,15
29	10,63	9,54	10,81	9,64	10,41	9,35	10,33	9,37	9,99	9,09	10,01	9,06
30	10,60	9,44	10,78	9,55	10,38	9,25	10,30	9,28	9,96	8,99	9,98	8,97

1984

Restlaufzeit in Jahren	02-Jan-84		01-Feb		01-Mrz		02-Apr		01-Mai		01-Jun	
0	9,45		9,38		8,94		8,89		9,36		9,45	
1	9,88	9,884	9,81	9,810	9,37	9,372	9,37	9,371	9,99	9,993	10,22	10,221
2	10,32	10,338	10,24	10,259	9,80	9,825	9,85	9,877	10,63	10,659	10,99	11,037
3	10,75	10,812	10,66	10,727	10,24	10,297	10,34	10,404	11,26	11,356	11,77	11,894
4	10,86	10,931	10,79	10,865	10,40	10,478	10,54	10,626	11,44	11,544	11,91	12,035
5	10,98	11,061	10,83	11,015	10,57	10,671	10,74	10,863	11,61	11,749	12,05	12,195
6	11,00	11,076	10,97	11,063	10,64	10,740	10,81	10,939	11,65	11,777	12,09	12,217
7	11,02	11,095	11,02	11,117	10,70	10,816	10,89	11,023	11,69	11,813	12,12	12,247
8	10,97	11,016	11,00	11,078	10,71	10,813	10,89	11,015	11,66	11,755	12,08	12,163
9	10,93	10,937	10,98	11,042	10,72	10,814	10,90	11,011	11,63	11,699	12,03	12,081
10	10,88	10,858	10,97	11,007	10,72	10,818	10,90	11,009	11,61	11,645	11,99	11,999
11	10,81	10,732	10,91	10,899	10,68	10,733	10,86	10,918	11,53	11,511	11,90	11,825
12	10,73	10,604	10,85	10,789	10,64	10,649	10,81	10,827	11,46	11,376	11,80	11,649
13	10,66	10,474	10,79	10,679	10,60	10,564	10,77	10,735	11,39	11,239	11,71	11,470
14	10,59	10,341	10,73	10,565	10,55	10,477	10,72	10,641	11,32	11,098	11,62	11,287
15	10,52	10,204	10,67	10,449	10,51	10,389	10,68	10,546	11,25	10,954	11,53	11,101
16	10,45	10,078	10,61	10,310	10,44	10,249	10,61	10,397	11,17	10,780	11,43	10,911
17	10,38	9,947	10,54	10,168	10,38	10,108	10,54	10,246	11,09	10,603	11,34	10,718
18	10,32	9,813	10,47	10,023	10,32	9,964	10,47	10,092	11,00	10,421	11,25	10,520
19	10,25	9,675	10,40	9,874	10,25	9,817	10,40	9,936	10,92	10,236	11,16	10,318
20	10,18	9,533	10,34	9,722	10,19	9,668	10,33	9,777	10,84	10,048	11,07	10,112
21	10,15	9,48	10,31	9,67	10,16	9,61	10,30	9,72	10,81	10,00	11,04	10,07
22	10,12	9,43	10,28	9,61	10,13	9,55	10,27	9,66	10,78	9,95	11,01	10,03
23	10,09	9,37	10,25	9,55	10,10	9,48	10,24	9,59	10,75	9,89	10,98	9,98
24	10,06	9,31	10,22	9,48	10,07	9,41	10,21	9,52	10,72	9,83	10,95	9,92
25	10,03	9,24	10,19	9,41	10,04	9,34	10,18	9,45	10,69	9,76	10,92	9,85
26	10,00	9,17	10,16	9,34	10,01	9,26	10,15	9,37	10,66	9,68	10,89	9,79
27	9,97	9,09	10,13	9,26	9,98	9,18	10,12	9,29	10,63	9,61	10,86	9,71
28	9,94	9,01	10,10	9,17	9,95	9,09	10,09	9,20	10,60	9,52	10,83	9,63
29	9,91	8,93	10,07	9,09	9,92	9,01	10,06	9,12	10,57	9,43	10,80	9,55
30	9,88	8,84	10,04	9,00	9,89	8,91	10,03	9,02	10,54	9,34	10,77	9,46

Restlaufzeit in Jahren	02-Jul		01-Aug		03-Sept		01-Okt		01-Nov		03-Dez	
0	11,58		11,04		10,85		10,65		9,90		9,82	
1	11,90	11,895	11,36	11,359	11,19	11,192	10,99	10,987	10,22	10,217	10,19	10,190
2	12,21	12,234	11,68	11,697	11,54	11,559	11,33	11,346	10,53	10,552	10,56	10,575
3	12,53	12,589	12,00	12,050	11,89	11,943	11,67	11,721	10,85	10,901	10,92	10,977
4	12,62	12,679	12,06	12,107	11,92	11,970	11,68	11,729	10,88	10,923	10,96	11,012
5	12,71	12,778	12,11	12,172	11,96	12,004	11,70	11,744	10,91	10,951	11,00	11,053
6	12,72	12,782	12,11	12,152	11,91	11,934	11,66	11,679	10,93	10,965	11,04	11,091
7	12,73	12,791	12,10	12,136	11,86	11,865	11,62	11,615	10,94	10,981	11,07	11,132
8	12,66	12,677	12,04	12,037	11,79	11,754	11,56	11,526	10,94	10,967	11,07	11,114
9	12,60	12,563	11,98	11,936	11,72	11,641	11,50	11,434	10,93	10,953	11,06	11,098
10	12,53	12,446	11,92	11,834	11,65	11,525	11,44	11,340	10,92	10,940	11,05	11,082
11	12,43	12,261	11,81	11,651	11,55	11,367	11,36	11,208	10,86	10,833	10,99	10,963
12	12,33	12,073	11,71	11,464	11,46	11,204	11,28	11,071	10,80	10,725	10,92	10,843
13	12,22	11,879	11,60	11,274	11,36	11,036	11,20	10,931	10,74	10,614	10,86	10,721
14	12,12	11,681	11,50	11,078	11,27	10,864	11,12	10,786	10,68	10,501	10,79	10,596
15	12,02	11,477	11,40	10,879	11,17	10,687	11,04	10,636	10,62	10,384	10,73	10,468
16	11,93	11,289	11,30	10,695	11,08	10,515	10,96	10,476	10,55	10,227	10,65	10,311
17	11,84	11,094	11,21	10,507	10,99	10,337	10,88	10,311	10,47	10,067	10,57	10,151
18	11,74	10,894	11,11	10,313	10,90	10,155	10,80	10,142	10,39	9,904	10,50	9,987
19	11,65	10,690	11,02	10,115	10,81	9,968	10,71	9,969	10,32	9,737	10,42	9,820
20	11,56	10,480	10,92	9,913	10,72	9,778	10,63	9,792	10,24	9,568	10,34	9,651
21	11,53	10,44	10,89	9,88	10,69	9,74	10,60	9,75	10,21	9,52	10,31	9,60
22	11,50	10,40	10,86	9,84	10,66	9,70	10,57	9,70	10,18	9,47	10,28	9,55
23	11,47	10,35	10,83	9,79	10,63	9,65	10,54	9,65	10,15	9,41	10,25	9,49
24	11,44	10,29	10,80	9,74	10,60	9,60	10,51	9,59	10,12	9,35	10,22	9,43
25	11,41	10,23	10,77	9,68	10,57	9,54	10,48	9,53	10,09	9,28	10,19	9,36
26	11,38	10,16	10,74	9,62	10,54	9,47	10,45	9,46	10,06	9,21	10,16	9,29
27	11,35	10,08	10,71	9,55	10,51	9,40	10,42	9,39	10,03	9,13	10,13	9,21
28	11,32	10,00	10,68	9,47	10,48	9,33	10,39	9,31	10,00	9,05	10,10	9,13
29	11,29	9,91	10,65	9,39	10,45	9,25	10,36	9,22	9,97	8,97	10,07	9,05
30	11,26	9,82	10,62	9,30	10,42	9,16	10,33	9,14	9,94	8,88	10,04	8,96

1985

Restlaufzeit in Jahren	01-Jan-85		01-Feb		01-Mrz		01-Apr		01-Mai		03-Jun	
0	11,67		13,79		13,64		12,77		12,64		12,46	
1	11,61	11,613	13,10	13,101	12,99	12,994	12,30	12,305	12,23	12,235	12,03	12,027
2	11,56	11,556	12,42	12,373	12,35	12,310	11,84	11,812	11,83	11,805	11,59	11,567
3	11,50	11,495	11,73	11,621	11,71	11,603	11,37	11,302	11,42	11,361	11,16	11,092
4	11,56	11,569	11,83	11,766	11,76	11,690	11,44	11,397	11,50	11,462	11,25	11,217
5	11,62	11,644	11,93	11,904	11,81	11,769	11,50	11,487	11,57	11,559	11,34	11,338
6	11,68	11,712	11,94	11,917	11,78	11,737	11,48	11,458	11,55	11,530	11,30	11,279
7	11,73	11,784	11,94	11,929	11,75	11,701	11,46	11,428	11,52	11,501	11,25	11,219
8	11,73	11,768	11,94	11,928	11,75	11,707	11,45	11,425	11,54	11,533	11,27	11,254
9	11,72	11,754	11,94	11,926	11,75	11,711	11,45	11,420	11,56	11,565	11,29	11,289
10	11,71	11,740	11,94	11,923	11,75	11,715	11,44	11,415	11,58	11,598	11,31	11,324
11	11,62	11,568	11,82	11,718	11,64	11,512	11,34	11,236	11,49	11,438	11,23	11,176
12	11,53	11,395	11,71	11,509	11,52	11,307	11,24	11,054	11,41	11,275	11,15	11,027
13	11,44	11,220	11,60	11,298	11,41	11,099	11,14	10,869	11,32	11,111	11,07	10,875
14	11,35	11,041	11,49	11,083	11,30	10,887	11,04	10,681	11,23	10,943	10,99	10,720
15	11,25	10,858	11,38	10,865	11,19	10,671	10,94	10,488	11,15	10,771	10,91	10,561
16	11,17	10,681	11,28	10,669	11,09	10,487	10,85	10,333	11,06	10,602	10,83	10,410
17	11,08	10,499	11,18	10,468	10,99	10,299	10,77	10,173	10,98	10,430	10,75	10,254
18	10,99	10,313	11,08	10,263	10,90	10,106	10,69	10,008	10,89	10,253	10,68	10,095
19	10,90	10,124	10,98	10,055	10,80	9,908	10,61	9,839	10,81	10,072	10,60	9,931
20	10,82	9,930	10,88	9,842	10,70	9,707	10,52	9,665	10,73	9,888	10,52	9,764
21	10,79	9,89	10,85	9,81	10,67	9,67	10,49	9,63	10,70	9,84	10,49	9,72
22	10,76	9,84	10,82	9,77	10,64	9,64	10,46	9,58	10,67	9,80	10,46	9,67
23	10,73	9,79	10,79	9,73	10,61	9,59	10,43	9,53	10,64	9,74	10,43	9,61
24	10,70	9,73	10,76	9,68	10,58	9,54	10,40	9,47	10,61	9,68	10,40	9,55
25	10,67	9,67	10,73	9,62	10,55	9,48	10,37	9,41	10,58	9,62	10,37	9,48
26	10,64	9,60	10,70	9,56	10,52	9,42	10,34	9,35	10,55	9,55	10,34	9,41
27	10,61	9,53	10,67	9,49	10,49	9,35	10,31	9,28	10,52	9,47	10,31	9,34
28	10,58	9,45	10,64	9,41	10,46	9,28	10,28	9,20	10,49	9,39	10,28	9,26
29	10,55	9,36	10,61	9,34	10,43	9,20	10,25	9,12	10,46	9,31	10,25	9,17
30	10,52	9,27	10,58	9,25	10,40	9,12	10,22	9,04	10,43	9,22	10,22	9,08

Restlaufzeit in Jahren	01-Jul		01-Aug		02-Sept		01-Okt		01-Nov		02-Dez	
0	12,04		11,49		11,54		11,55		11,57		11,74	
1	11,70	11,703	11,28	11,281	11,29	11,294	11,27	11,272	11,29	11,292	11,51	11,511
2	11,37	11,348	11,07	11,059	11,04	11,031	10,99	10,976	11,01	10,997	11,28	11,271
3	11,03	10,981	10,86	10,830·	10,80	10,758	10,71	10,669	10,73	10,691	11,06	11,022
4	11,06	11,031	10,81	10,779	10,77	10,744	10,62	10,577	10,71	10,673	11,01	10,973
5	11,10	11,077	10,76	10,724	10,75	10,724	10,54	10,479	10,68	10,651	10,96	10,920
6	11,06	11,032	10,77	10,746	10,77	10,744	10,55	10,511	10,72	10,702	10,97	10,945
7	11,02	10,985	10,79	10,766	10,78	10,762	10,57	10,541	10,75	10,753	10,99	10,968
8	11,02	10,991	10,81	10,802	10,78	10,764	10,58	10,560	10,78	10,784	10,98	10,958
9	11,02	10,997	10,83	10,839	10,78	10,765	10,59	10,580	10,80	10,817	10,97	10,948
10	11,03	11,002	10,85	10,876	10,78	10,766	10,60	10,599	10,82	10,850	10,96	10,936
11	10,95	10,868	10,79	10,761	10,73	10,684	10,56	10,521	10,77	10,754	10,89	10,819
12	10,87	10,731	10,73	10,644	10,68	10,600	10,51	10,442	10,71	10,657	10,83	10,699
13	10,79	10,592	10,66	10,526	10,63	10,514	10,47	10,360	10,66	10,558	10,76	10,577
14	10,72	10,449	10,60	10,404	10,59	10,425	10,42	10,277	10,61	10,456	10,69	10,452
15	10,64	10,303	10,53	10,280	10,54	10,334	10,38	10,190	10,55	10,352	10,62	10,323
16	10,58	10,183	10,48	10,175	10,50	10,252	10,33	10,104	10,50	10,251	10,57	10,236
17	10,51	10,059	10,42	10,066	10,45	10,167	10,29	10,016	10,45	10,146	10,53	10,145
18	10,45	9,930	10,37	9,954	10,41	10,079	10,25	9,923	10,40	10,038	10,48	10,050
19	10,38	9,797	10,32	9,838	10,37	9,987	10,20	9,828	10,35	9,926	10,43	9,951
20	10,32	9,660	10,26	9,718	10,33	9,891	10,16	9,729	10,30	9,811	10,39	9,847
21	10,29	9,61	10,23	9,66	10,30	9,83	10,13	9,67	10,27	9,75	10,36	9,79
22	10,26	9,55	10,20	9,60	10,27	9,76	10,10	9,60	10,24	9,68	10,33	9,73
23	10,23	9,50	10,17	9,53	10,24	9,69	10,07	9,53	10,21	9,62	10,30	9,66
24	10,20	9,43	10,14	9,46	10,21	9,61	10,04	9,45	10,18	9,54	10,27	9,59
25	10,17	9,36	10,11	9,39	10,18	9,53	10,01	9,38	10,15	9,47	10,24	9,51
26	10,14	9,29	10,08	9,31	10,15	9,45	9,98	9,29	10,12	9,39	10,21	9,43
27	10,11	9,21	10,05	9,23	10,12	9,36	9,95	9,21	10,09	9,30	10,18	9,35
28	10,08	9,13	10,02	9,15	10,09	9,27	9,92	9,12	10,06	9,21	10,15	9,26
29	10,05	9,05	9,99	9,06	10,06	9,18	9,89	9,03	10,03	9,12	10,12	9,17
30	10,02	8,96	9,96	8,97	10,03	9,08	9,86	8,93	10,00	9,03	10,09	9,08

1986

Restlaufzeit in Jahren	01-Jan-86		03-Feb		03-Mrz		01-Apr		01-Mai		02-Jun	
0	12,80		12,65		11,75		10,50		10,21		9,82	
1	12,41	12,405	12,19	12,188	11,26	11,258	9,92	9,919	9,62	9,617	9,42	9,421
2	12,01	11,987	11,73	11,701	10,76	10,737	9,34	9,311	9,03	9,002	9,02	9,005
3	11,62	11,554	11,27	11,198	10,27	10,200	8,76	8,688	8,44	8,373	8,63	8,579
4	11,62	11,569	11,22	11,155	10,03	9,937	8,57	8,498	8,34	8,280	8,49	8,434
5	11,62	11,577	11,17	11,104	9,78	9,662	8,39	8,298	8,24	8,178	8,35	8,282
6	11,60	11,564	11,15	11,090	9,73	9,616	8,39	8,316	8,34	8,311	8,51	8,486
7	11,59	11,549	11,13	11,071	9,68	9,563	8,39	8,331	8,44	8,444	8,66	8,694
8	11,56	11,497	11,09	11,028	9,68	9,577	8,46	8,429	8,56	8,598	8,81	8,886
9	11,51	11,443	11,06	10,981	9,68	9,589	8,53	8,528	8,67	8,756	8,95	9,086
10	11,47	11,387	11,03	10,932	9,68	9,598	8,60	8,629	8,78	8,920	9,09	9,295
11	11,39	11,237	10,95	10,805	9,65	9,558	8,63	8,677	8,82	8,971	9,12	9,333
12	11,30	11,083	10,87	10,675	9,62	9,515	8,66	8,726	8,86	9,025	9,16	9,375
13	11,21	10,925	10,79	10,541	9,59	9,471	8,69	8,777	8,90	9,083	9,19	9,422
14	11,12	10,763	10,71	10,402	9,56	9,424	8,73	8,831	8,94	9,144	9,23	9,472
15	11,03	10,597	10,64	10,260	9,53	9,375	8,76	8,887	8,98	9,210	9,26	9,527
16	10,98	10,495	10,59	10,178	9,50	9,316	8,75	8,858	8,97	9,176	9,24	9,475
17	10,92	10,389	10,54	10,090	9,47	9,254	8,74	8,830	8,96	9,143	9,23	9,424
18	10,86	10,277	10,49	9,998	9,43	9,190	8,73	8,802	8,95	9,112	9,21	9,374
19	10,80	10,160	10,44	9,902	9,40	9,124	8,72	8,774	8,94	9,081	9,20	9,325
20	10,747	10,037	10,40	9,801	9,37	9,055	8,71	8,747	8,93	9,050	9,18	9,275
21	10,72	9,986	10,37	9,745	9,34	8,991	8,68	8,666	8,90	8,963	9,15	9,187
22	10,69	9,929	10,34	9,686	9,31	8,925	8,65	8,585	8,87	8,875	9,12	9,098
23	10,66	9,867	10,31	9,622	9,28	8,856	8,62	8,504	8,84	8,786	9,09	9,008
24	10,63	9,801	10,28	9,553	9,25	8,785	8,59	8,421	8,81	8,697	9,06	8,917
25	10,60	9,729	10,25	9,480	9,22	8,711	8,56	8,337	8,78	8,607	9,03	8,825
26	10,57	9,653	10,22	9,404	9,19	8,634	8,53	8,252	8,75	8,515	9,00	8,732
27	10,54	9,572	10,19	9,323	9,16	8,554	8,50	8,165	8,72	8,423	8,97	8,637
28	10,51	9,487	10,16	9,238	9,13	8,472	8,47	8,078	8,69	8,329	8,94	8,541
29	10,48	9,397	10,13	9,150	9,10	8,388	8,44	7,988	8,66	8,234	8,91	8,443
30	10,447	9,304	10,10	9,057	9,07	8,301	8,41	7,898	8,63	8,137	8,88	8,344

Restlaufzeit in Jahren	01-Jul		01-Aug		01-Sept		01-Okt		03-Nov		01-Dez	
0	9,97		9,72		9,89		10,73		10,87		10,94	
1	9,81	9,806	9,67	9,668	10,01	10,006	10,88	10,877	10,99	10,985	11,01	11,009
2	9,64	9,629	9,62	9,617	10,12	10,125	11,03	11,037	11,10	11,106	11,08	11,084
3	9,47	9,447	9,57	9,564	10,23	10,248	11,18	11,203	11,22	11,233	11,15	11,162
4	9,22	9,172	9,37	9,340	10,11	10,107	11,14	11,154	11,22	11,240	11,14	11,150
5	8,98	8,892	9,18	9,111	10,00	9,964	11,11	11,107	11,23	11,248	11,14	11,140
6	9,04	8,983	9,21	9,169	10,02	10,005	11,11	11,116	11,28	11,301	11,17	11,187
7	9,10	9,072	9,25	9,224	10,05	10,045	11,12	11,125	11,32	11,356	11,21	11,237
8	9,20	9,210	9,33	9,338	10,10	10,116	11,14	11,150	11,34	11,383	11,24	11,273
9	9,30	9,351	9,41	9,454	10,15	10,189	11,16	11,176	11,36	11,411	11,26	11,312
10	9,39	9,496	9,49	9,573	10,20	10,264	11,17	11,201	11,38	11,441	11,29	11,352
11	9,39	9,490	9,48	9,558	10,17	10,204	11,10	11,065	11,30	11,291	11,21	11,203
12	9,40	9,485	9,48	9,544	10,13	10,144	11,02	10,928	11,22	11,140	11,13	11,053
13	9,40	9,482	9,48	9,531	10,10	10,083	10,95	10,789	11,14	10,987	11,05	10,900
14	9,40	9,480	9,47	9,519	10,07	10,021	10,87	10,647	11,06	10,832	10,97	10,746
15	9,40	9,479	9,47	9,507	10,04	9,958	10,80	10,502	10,98	10,673	10,89	10,588
16	9,38	9,428	9,44	9,457	10,01	9,897	10,75	10,398	10,93	10,575	10,84	10,496
17	9,36	9,377	9,42	9,406	9,98	9,835	10,69	10,290	10,88	10,472	10,79	10,400
18	9,34	9,326	9,40	9,355	9,95	9,770	10,64	10,177	10,83	10,365	10,75	10,299
19	9,32	9,273	9,38	9,303	9,92	9,703	10,58	10,061	10,78	10,254	10,70	10,195
20	9,30	9,219	9,36	9,249	9,89	9,634	10,53	9,940	10,73	10,138	10,65	10,086
21	9,27	9,141	9,33	9,172	9,86	9,561	10,50	9,883	10,70	10,079	10,62	10,026
22	9,24	9,061	9,30	9,094	9,83	9,486	10,47	9,821	10,67	10,015	10,59	9,961
23	9,21	8,980	9,27	9,014	9,80	9,409	10,44	9,755	10,64	9,946	10,56	9,892
24	9,18	8,897	9,24	8,932	9,77	9,329	10,41	9,685	10,61	9,873	10,53	9,819
25	9,15	8,812	9,21	8,848	9,74	9,245	10,38	9,610	10,58	9,796	10,50	9,741
26	9,12	8,725	9,18	8,761	9,71	9,160	10,35	9,531	10,55	9,714	10,47	9,660
27	9,09	8,637	9,15	8,673	9,68	9,071	10,32	9,448	10,52	9,628	10,44	9,574
28	9,06	8,546	9,12	8,583	9,65	8,979	10,29	9,361	10,49	9,538	10,41	9,484
29	9,03	8,453	9,09	8,491	9,62	8,885	10,26	9,270	10,46	9,444	10,38	9,390
30	9,00	8,359	9,06	8,397	9,59	8,788	10,23	9,176	10,43	9,346	10,35	9,292

1987

Restlaufzeit in Jahren	01-Jan-87		02-Feb		02-Mrz		01-Apr		01-Mai		01-Jun	
0	10,96		10,71		9,95		9,82		8,83		8,81	
1	10,84	10,838	10,49	10,492	9,64	9,641	9,55	9,552	8,68	8,675	8,78	8,784
2	10,71	10,706	10,28	10,266	9,33	9,314	9,29	9,274	8,52	8,512	8,76	8,758
3	10,59	10,570	10,06	10,034	9,02	8,978	9,02	8,989	8,36	8,344	8,73	8,731
4	10,50	10,469	9,98	9,939	8,91	8,865	8,88	8,833	8,21	8,172	8,54	8,509
5	10,41	10,365	9,89	9,840	8,80	8,747	8,73	8,672	8,05	7,995	8,34	8,284
6	10,40	10,359	9,93	9,899	8,88	8,850	8,81	8,782	8,22	8,217	8,48	8,458
7	10,39	10,351	9,97	9,957	8,95	8,952	8,89	8,890	8,40	8,444	8,61	8,634
8	10,39	10,361	9,99	9,996	9,02	9,045	8,97	8,995	8,52	8,608	8,71	8,771
9	10,40	10,370	10,02	10,036	9,09	9,139	9,05	9,103	8,65	8,780	8,81	8,913
10	10,40	10,378	10,05	10,077	9,15	9,238	9,12	9,215	8,77	8,959	8,92	9,061
11	10,35	10,299	10,02	10,035	9,16	9,246	9,13	9,214	8,78	8,960	8,91	9,043
12	10,30	10,217	10,00	9,992	9,17	9,256	9,13	9,215	8,80	8,965	8,91	9,027
13	10,26	10,133	9,98	9,949	9,18	9,267	9,14	9,217	8,81	8,972	8,91	9,012
14	10,21	10,047	9,95	9,904	9,19	9,280	9,14	9,220	8,82	8,982	8,90	8,999
15	10,16	9,959	9,93	9,859	9,20	9,294	9,15	9,224	8,83	8,993	8,90	8,986
16	10,13	9,901	9,90	9,805	9,19	9,264	9,13	9,192	8,82	8,963	8,89	8,952
17	10,10	9,840	9,88	9,749	9,18	9,235	9,12	9,160	8,81	8,934	8,87	8,918
18	10,06	9,776	9,85	9,692	9,17	9,205	9,11	9,128	8,80	8,905	8,86	8,884
19	10,03	9,709	9,82	9,632	9,16	9,175	9,09	9,096	8,79	8,877	8,85	8,850
20	10,00	9,639	9,80	9,570	9,15	9,145	9,08	9,063	8,78	8,848	8,83	8,815
21	9,97	9,572	9,77	9,497	9,12	9,063	9,05	8,983	8,75	8,766	8,80	8,737
22	9,94	9,502	9,74	9,421	9,09	8,980	9,02	8,902	8,72	8,682	8,77	8,659
23	9,91	9,429	9,71	9,343	9,06	8,896	8,99	8,819	8,69	8,598	8,74	8,579
24	9,88	9,353	9,68	9,262	9,03	8,811	8,96	8,736	8,66	8,513	8,71	8,498
25	9,85	9,274	9,65	9,179	9,00	8,724	8,93	8,650	8,63	8,427	8,68	8,415
26	9,82	9,191	9,62	9,093	8,97	8,635	8,90	8,564	8,60	8,340	8,65	8,331
27	9,79	9,105	9,59	9,004	8,94	8,545	8,87	8,475	8,57	8,251	8,62	8,245
28	9,76	9,017	9,56	8,912	8,91	8,454	8,84	8,385	8,54	8,162	8,59	8,158
29	9,73	8,925	9,53	8,818	8,88	8,360	8,81	8,293	8,51	8,070	8,56	8,070
30	9,70	8,830	9,50	8,722	8,85	8,265	8,78	8,199	8,48	7,978	8,53	7,979

Restlaufzeit in Jahren	01-Jul		03-Aug		01-Sept		01-Okt		02-Nov		01-Dez	
0	9,19		10,01		10,16		9,96		8,94		8,76	
1	9,17	9,169	10,10	10,097	10,25	10,250	10,04	10,042	8,94	8,939	8,90	8,905
2	9,15	9,145	10,19	10,189	10,34	10,346	10,12	10,128	8,94	8,943	9,05	9,060
3	9,12	9,121	10,27	10,285	10,43	10,445	10,21	10,216	8,95	8,946	9,20	9,220
4	8,94	8,916	10,18	10,173	10,33	10,318	10,08	10,073	8,78	8,754	9,07	9,069
5	8,76	8,708	10,09	10,059	10,22	10,190	9,96	9,928	8,61	8,560	8,95	8,916
6	8,89	8,874	10,07	10,048	10,22	10,201	10,03	10,020	8,76	8,750	9,13	9,147
7	9,02	9,042	10,06	10,035	10,23	10,210	10,10	10,113	8,90	8,944	9,31	9,384
8	9,11	9,172	10,14	10,146	10,28	10,285	10,16	10,194	9,01	9,086	9,42	9,536
9	9,21	9,307	10,21	10,258	10,33	10,362	10,21	10,277	9,12	9,234	9,53	9,696
10	9,30	9,448	10,29	10,375	10,38	10,441	10,27	10,363	9,22	9,388	9,65	9,864
11	9,29	9,414	10,22	10,262	10,32	10,331	10,21	10,261	9,22	9,370	9,64	9,825
12	9,28	9,381	10,16	10,149	10,26	10,221	10,16	10,160	9,22	9,354	9,63	9,790
13	9,27	9,350	10,10	10,035	10,20	10,110	10,11	10,057	9,22	9,340	9,62	9,757
14	9,25	9,319	10,04	9,920	10,14	9,997	10,05	9,954	9,21	9,328	9,60	9,725
15	9,24	9,288	9,98	9,803	10,08	9,882	10,00	9,848	9,21	9,317	9,59	9,693
16	9,22	9,248	9,94	9,734	10,04	9,818	9,96	9,775	9,20	9,275	9,57	9,637
17	9,20	9,208	9,91	9,663	10,01	9,751	9,92	9,699	9,18	9,233	9,55	9,581
18	9,19	9,166	9,87	9,589	9,97	9,682	9,88	9,621	9,16	9,191	9,53	9,524
19	9,17	9,124	9,83	9,512	9,94	9,609	9,85	9,540	9,15	9,148	9,50	9,466
20	9,15	9,082	9,80	9,433	9,90	9,533	9,81	9,456	9,13	9,105	9,48	9,407
21	9,12	9,004	9,77	9,368	9,87	9,468	9,78	9,390	9,10	9,025	9,45	9,327
22	9,09	8,926	9,74	9,301	9,84	9,400	9,75	9,322	9,07	8,944	9,42	9,245
23	9,06	8,846	9,71	9,230	9,81	9,329	9,72	9,251	9,04	8,861	9,39	9,161
24	9,03	8,764	9,68	9,157	9,78	9,254	9,69	9,177	9,01	8,778	9,36	9,076
25	9,00	8,680	9,65	9,080	9,75	9,177	9,66	9,099	8,98	8,692	9,33	8,989
26	8,97	8,595	9,62	9,000	9,72	9,096	9,63	9,019	8,95	8,605	9,30	8,900
27	8,94	8,508	9,59	8,918	9,69	9,012	9,60	8,935	8,92	8,516	9,27	8,808
28	8,91	8,419	9,56	8,832	9,66	8,925	9,57	8,849	8,89	8,425	9,24	8,715
29	8,88	8,328	9,53	8,743	9,63	8,835	9,54	8,760	8,86	8,333	9,21	8,620
30	8,85	8,235	9,50	8,652	9,60	8,742	9,51	8,668	8,83	8,239	9,18	8,522

1988

Restlaufzeit in Jahren	01-Jan 88		01-Feb		01-Mrz		01-Apr		02-Mai		01-Jun	
0	8,91		9,26		8,86		8,35		7,96		8,96	
1	9,08	9,082	9,32	9,323	8,90	8,902	8,39	8,392	8,28	8,279	9,07	9,07
2	9,26	9,265	9,39	9,394	8,94	8,947	8,44	8,439	8,59	8,608	9,18	9,18
3	9,43	9,454	9,46	9,466	8,99	8,992	8,48	8,487	8,91	8,949	9,29	9,30
4	9,33	9,327	9,31	9,300	8,90	8,894	8,56	8,577	8,91	8,942	9,25	9,25
5	9,22	9,201	9,17	9,132	8,82	8,795	8,64	8,670	8,92	8,940	9,21	9,20
6	9,38	9,406	9,28	9,269	8,93	8,934	8,80	8,858	9,06	9,120	9,31	9,33
7	9,54	9,616	9,38	9,408	9,03	9,076	8,95	9,054	9,21	9,307	9,41	9,46
8	9,63	9,731	9,45	9,504	9,10	9,163	9,02	9,143	9,28	9,392	9,45	9,52
9	9,72	9,853	9,52	9,603	9,17	9,253	9,10	9,237	9,35	9,483	9,49	9,57
10	9,80	9,981	9,59	9,707	9,23	9,347	9,17	9,337	9,42	9,578	9,53	9,62
11	9,77	9,910	9,56	9,649	9,22	9,315	9,16	9,309	9,39	9,527	9,50	9,56
12	9,74	9,842	9,53	9,592	9,21	9,284	9,15	9,284	9,37	9,479	9,47	9,50
13	9,71	9,774	9,51	9,535	9,19	9,255	9,15	9,261	9,35	9,431	9,44	9,44
14	9,68	9,707	9,48	9,478	9,18	9,226	9,14	9,239	9,33	9,384	9,41	9,38
15	9,64	9,640	9,45	9,420	9,17	9,197	9,13	9,218	9,31	9,337	9,38	9,32
16	9,62	9,581	9,43	9,371	9,15	9,150	9,11	9,169	9,28	9,283	9,35	9,27
17	9,59	9,522	9,40	9,322	9,12	9,103	9,09	9,120	9,26	9,228	9,32	9,21
18	9,56	9,461	9,38	9,271	9,10	9,055	9,07	9,071	9,23	9,173	9,29	9,15
19	9,54	9,398	9,35	9,218	9,08	9,006	9,05	9,021	9,21	9,116	9,24	8,56
20	9,51	9,334	9,33	9,164	9,06	8,956	9,03	8,970	9,19	9,058	9,24	9,04
21	9,48	9,260	9,30	9,091	9,03	8,882	9,00	8,893	9,16	8,984	9,21	8,97
22	9,45	9,185	9,27	9,016	9,00	8,806	8,97	8,815	9,13	8,909	9,18	8,90
23	9,42	9,107	9,24	8,940	8,97	8,729	8,94	8,735	9,10	8,832	9,15	8,82
24	9,39	9,026	9,21	8,861	8,94	8,650	8,91	8,654	9,07	8,752	9,12	8,75
25	9,36	8,944	9,18	8,780	8,91	8,569	8,88	8,572	9,04	8,671	9,09	8,67
26	9,33	8,859	9,15	8,697	8,88	8,487	8,85	8,487	9,01	8,588	9,06	8,59
27	9,30	8,772	9,12	8,612	8,85	8,402	8,82	8,401	8,98	8,503	9,03	8,50
28	9,27	8,682	9,09	8,525	8,82	8,316	8,79	8,313	8,95	8,416	9,00	8,42
29	9,24	8,590	9,06	8,435	8,79	8,227	8,76	8,224	8,92	8,327	8,97	8,33
30	9,21	8,496	9,03	8,343	8,76	8,137	8,73	8,132	8,89	8,236	8,94	8,24

Restlaufzeit in Jahren	01-Jul		01-Aug		01-Sept		03-Okt		01-Nov		01-Dez	
0	10,53		11,35		12,12		11,99		12,28		13,13	
1	10,35	10,35	11,00	11,00	11,62	11,62	11,41	11,41	11,70	11,70	12,45	12,45
2	10,17	10,16	10,66	10,64	11,13	11,10	10,83	10,80	11,13	11,09	11,76	11,72
3	9,99	9,96	10,32	10,27	10,64	10,57	10,25	10,17	10,55	10,47	11,08	10,98
4	9,95	9,92	10,26	10,21	10,56	10,49	10,12	10,04	10,38	10,29	10,89	10,78
5	9,90	9,88	10,20	10,15	10,48	10,40	9,99	9,90	10,21	10,10	10,70	10,57
6	9,89	9,87	10,10	10,03	10,38	10,30	9,93	9,84	10,14	10,04	10,61	10,48
7	9,88	9,85	10,00	9,91	10,29	10,19	9,87	9,77	10,08	9,97	10,52	10,38
8	9,90	9,88	10,00	9,92	10,27	10,17	9,84	9,74	10,02	9,90	10,44	10,28
9	9,92	9,92	10,01	9,94	10,25	10,15	9,81	9,71	9,96	9,82	10,36	10,17
10	9,94	9,95	10,01	9,95	10,24	10,13	9,78	9,68	9,90	9,75	10,28	10,06
11	9,87	9,83	9,93	9,82	10,15	10,00	9,71	9,56	9,82	9,63	10,16	9,89
12	9,81	9,72	9,85	9,69	10,06	9,86	9,63	9,44	9,74	9,50	10,05	9,72
13	9,74	9,60	9,77	9,56	9,97	9,71	9,55	9,31	9,65	9,37	9,94	9,55
14	9,67	9,49	9,69	9,42	9,88	9,57	9,47	9,18	9,57	9,24	9,82	9,37
15	9,60	9,37	9,61	9,28	9,80	9,42	9,39	9,05	9,49	9,10	9,71	9,18
16	9,56	9,29	9,55	9,18	9,73	9,31	9,34	8,97	9,42	9,00	9,63	9,06
17	9,52	9,22	9,49	9,08	9,67	9,21	9,28	8,88	9,36	8,90	9,55	8,93
18	9,48	9,14	9,43	8,98	9,61	9,10	9,23	8,78	9,30	8,79	9,47	8,80
19	9,39	8,49	9,32	8,29	9,49	8,38	9,12	8,12	9,18	8,10	9,32	8,06
20	9,39	8,98	9,32	8,77	9,49	8,87	9,12	8,60	9,18	8,58	9,32	8,54
21	9,36	8,92	9,29	8,72	9,46	8,83	9,09	8,55	9,15	8,53	9,29	8,51
22	9,33	8,86	9,26	8,67	9,43	8,78	9,06	8,50	9,12	8,49	9,26	8,47
23	9,30	8,80	9,23	8,62	9,40	8,73	9,03	8,44	9,09	8,44	9,23	8,43
24	9,27	8,73	9,20	8,56	9,37	8,67	9,00	8,39	9,06	8,38	9,20	8,38
25	9,24	8,66	9,17	8,50	9,34	8,61	8,97	8,32	9,03	8,32	9,17	8,33
26	9,21	8,59	9,14	8,43	9,31	8,54	8,94	8,26	9,00	8,26	9,14	8,28
27	9,18	8,52	9,11	8,36	9,28	8,47	8,91	8,19	8,97	8,20	9,11	8,22
28	9,15	8,44	9,08	8,29	9,25	8,40	8,88	8,12	8,94	8,13	9,08	8,15
29	9,12	8,36	9,05	8,21	9,22	8,33	8,85	8,05	8,91	8,06	9,05	8,09
30	9,09	8,27	9,02	8,14	9,19	8,25	8,82	7,97	8,88	7,98	9,02	8,02

1989

Restlaufzeit in Jahren	02-Jan-89		01-Feb		01-Mrz		03-Apr		01-Mai		01-Jun		03-Jul		01-Aug		01-Sept		02-Okt		01-Nov		01-Dez	
0	13,12		13,02		12,99		13,10		13,18		14,10		13,92		13,83		14,03		15,03		15,11		15,10	
1	12,32	12,32	12,18	12,18	12,23	12,23	12,44	12,44	12,50	12,50	13,25	13,25	12,99	12,99	12,83	12,83	13,10	13,10	13,89	13,89	13,96	13,96	14,01	14,01
2	11,52	11,48	11,34	11,29	11,47	11,43	11,77	11,73	11,83	11,79	12,39	12,34	12,06	12,00	11,82	11,76	12,17	12,11	12,75	12,68	12,80	12,73	12,92	12,85
3	10,73	10,61	10,50	10,38	10,72	10,61	11,11	11,01	11,16	11,06	11,54	11,41	11,13	10,99	10,82	10,67	11,23	11,09	11,62	11,44	11,65	11,47	11,83	11,66
4	10,57	10,46	10,33	10,22	10,55	10,44	10,94	10,84	10,96	10,85	11,34	11,20	10,90	10,76	10,57	10,43	10,99	10,84	11,36	11,18	11,41	11,24	11,57	11,39
5	10,42	10,30	10,17	10,04	10,38	10,26	10,78	10,66	10,75	10,62	11,13	10,97	10,68	10,51	10,33	10,16	10,74	10,56	11,10	10,90	11,18	10,98	11,30	11,10
6	10,34	10,22	10,08	9,95	10,30	10,17	10,68	10,55	10,66	10,52	11,05	10,90	10,60	10,44	10,25	10,09	10,64	10,47	10,98	10,78	11,07	10,87	11,17	10,97
7	10,27	10,14	9,99	9,86	10,21	10,08	10,57	10,43	10,57	10,41	10,98	10,82	10,52	10,36	10,18	10,01	10,54	10,36	10,86	10,65	10,96	10,75	11,04	10,82
8	10,20	10,06	9,92	9,76	10,13	9,97	10,47	10,30	10,47	10,30	10,89	10,71	10,45	10,28	10,11	9,94	10,46	10,27	10,77	10,54	10,87	10,65	10,94	10,70
9	10,13	9,98	9,84	9,67	10,04	9,86	10,38	10,17	10,38	10,18	10,81	10,60	10,37	10,18	10,05	9,87	10,38	10,17	10,67	10,42	10,77	10,53	10,84	10,57
10	10,07	9,89	9,76	9,56	9,95	9,74	10,28	10,04	10,29	10,06	10,72	10,49	10,30	10,08	9,99	9,79	10,30	10,06	10,58	10,30	10,68	10,41	10,73	10,43
11	9,97	9,75	9,67	9,44	9,86	9,61	10,18	9,90	10,18	9,90	10,61	10,32	10,19	9,93	9,90	9,67	10,20	9,93	10,47	10,15	10,59	10,28	10,63	10,29
12	9,88	9,60	9,59	9,32	9,76	9,46	10,07	9,74	10,07	9,73	10,49	10,14	10,09	9,77	9,81	9,54	10,10	9,78	10,37	9,99	10,49	10,13	10,53	10,14
13	9,78	9,45	9,50	9,19	9,66	9,32	9,97	9,59	9,96	9,56	10,38	9,96	9,98	9,61	9,72	9,40	10,01	9,64	10,26	9,83	10,39	9,98	10,43	9,98
14	9,68	9,30	9,41	9,05	9,57	9,17	9,87	9,43	9,85	9,39	10,26	9,77	9,88	9,44	9,64	9,26	9,91	9,48	10,16	9,67	10,30	9,83	10,32	9,82
15	9,59	9,14	9,33	8,91	9,47	9,01	9,77	9,26	9,74	9,21	10,15	9,58	9,77	9,27	9,55	9,12	9,82	9,33	10,05	9,50	10,20	9,67	10,22	9,65
16	9,52	9,03	9,27	8,82	9,40	8,91	9,69	9,15	9,66	9,10	10,07	9,46	9,70	9,16	9,48	9,02	9,75	9,22	9,98	9,39	10,14	9,57	10,16	9,56
17	9,45	8,92	9,21	8,73	9,33	8,80	9,62	9,03	9,59	8,98	9,99	9,33	9,63	9,05	9,42	8,92	9,68	9,11	9,91	9,27	10,07	9,47	10,09	9,46
18	9,38	8,79	9,15	8,63	9,27	8,69	9,54	8,90	9,52	8,86	9,91	9,20	9,56	8,93	9,36	8,81	9,61	9,00	9,84	9,15	10,01	9,36	10,03	9,35
19	9,23	8,07	9,03	7,97	9,13	7,99	9,40	8,16	9,37	8,73	9,84	9,06	9,49	8,81	9,29	8,70	9,55	8,88	9,76	9,02	9,94	9,24	9,96	9,24
20	9,23	8,55	9,03	8,44	9,13	8,46	9,40	8,65	9,37	8,62	9,76	8,92	9,42	8,68	9,23	8,59	9,48	8,76	9,69	8,89	9,88	9,12	9,90	9,12
21	9,20	8,51	9,00	8,39	9,10	8,42	9,37	8,61	9,34	8,58	9,73	8,89	9,39	8,65	9,20	8,54	9,45	8,72	9,66	8,85	9,85	9,08	9,87	9,08
22	9,17	8,47	8,97	8,35	9,07	8,38	9,34	8,57	9,31	8,54	9,70	8,85	9,36	8,61	9,17	8,50	9,42	8,67	9,63	8,81	9,82	9,04	9,84	9,04
23	9,14	8,42	8,94	8,30	9,04	8,33	9,31	8,53	9,28	8,50	9,67	8,80	9,33	8,56	9,14	8,45	9,39	8,63	9,60	8,77	9,79	8,99	9,81	8,99
24	9,11	8,37	8,91	8,24	9,01	8,28	9,28	8,48	9,25	8,45	9,64	8,76	9,30	8,51	9,11	8,40	9,36	8,58	9,57	8,72	9,76	8,94	9,78	8,94
25	9,08	8,32	8,88	8,19	8,98	8,23	9,25	8,42	9,22	8,39	9,61	8,70	9,27	8,46	9,08	8,34	9,33	8,52	9,54	8,66	9,73	8,88	9,75	8,88
26	9,05	8,26	8,85	8,13	8,95	8,17	9,22	8,37	9,19	8,34	9,58	8,64	9,24	8,40	9,05	8,28	9,30	8,46	9,51	8,61	9,70	8,82	9,72	8,82
27	9,02	8,20	8,82	8,06	8,92	8,11	9,19	8,30	9,16	8,28	9,55	8,58	9,21	8,34	9,02	8,22	9,27	8,40	9,48	8,54	9,67	8,75	9,69	8,75
28	8,99	8,13	8,79	8,00	8,89	8,04	9,16	8,24	9,13	8,21	9,52	8,52	9,18	8,27	8,99	8,15	9,24	8,33	9,45	8,48	9,64	8,68	9,66	8,68
29	8,96	8,06	8,76	7,93	8,86	7,98	9,13	8,17	9,10	8,15	9,49	8,45	9,15	8,20	8,96	8,08	9,21	8,26	9,42	8,41	9,61	8,60	9,63	8,61
30	8,93	7,99	8,73	7,86	8,83	7,90	9,10	8,10	9,07	8,07	9,46	8,37	9,12	8,13	8,93	8,01	9,18	8,19	9,39	8,33	9,58	8,52	9,60	8,53

1990

Restlauf-zeit in Jahren	01-Jan-90		01-Feb		01-Mrz		02-Apr		01-Mai		01-Jun		02-Jul		01-Aug		03-Sept		01-Okt		01-Nov		03-Dez	
0	15,16		15,11		15,29		15,21		15,14		14,96		14,94		14,97		14,91		14,00		13,70		13,79	
1	14,15	14,15	14,22	14,22	14,59	14,59	14,59	14,59	14,44	14,44	14,12	14,12	14,11	14,11	14,11	14,11	14,02	14,02	13,24	13,24	12,87	12,87	12,89	12,89
2	13,14	13,07	13,33	13,27	13,90	13,85	13,97	13,93	13,74	13,70	13,29	13,23	13,27	13,22	13,25	13,19	13,13	13,07	12,47	12,43	12,05	12,00	11,98	11,93
3	12,13	11,96	12,43	12,28	13,20	13,08	13,36	13,24	13,04	12,92	12,45	12,31	12,44	12,30	12,39	12,24	12,24	12,09	11,71	11,59	11,23	11,11	11,08	10,94
4	11,88	11,71	12,23	12,08	13,07	12,95	13,26	13,16	12,98	12,88	12,30	12,17	12,28	12,15	12,29	12,16	12,19	12,08	11,70	11,61	11,24	11,15	10,99	10,87
5	11,62	11,43	12,03	11,85	12,93	12,80	13,16	13,05	12,92	12,82	12,15	12,01	12,12	11,97	12,18	12,06	12,15	12,04	11,70	11,62	11,26	11,19	10,90	10,78
6	11,48	11,28	11,91	11,73	12,86	12,72	13,11	13,00	12,89	12,80	12,13	12,00	12,13	12,01	12,27	12,19	12,24	12,18	11,79	11,76	11,36	11,33	10,96	10,88
7	11,35	11,12	11,80	11,60	12,79	12,64	13,06	12,94	12,86	12,77	12,11	11,99	12,13	12,03	12,35	12,32	12,32	12,31	11,88	11,89	11,46	11,48	11,02	10,98
8	11,24	10,99	11,70	11,47	12,68	12,48	12,95	12,79	12,76	12,62	12,04	11,89	12,06	11,94	12,31	12,26	12,28	12,24	11,86	11,86	11,45	11,47	10,97	10,92
9	11,13	10,85	11,59	11,33	12,57	12,33	12,85	12,63	12,65	12,46	11,96	11,79	12,00	11,84	12,27	12,21	12,23	12,17	11,84	11,83	11,45	11,45	10,93	10,85
10	11,02	10,70	11,49	11,18	12,46	12,16	12,74	12,47	12,55	12,30	11,89	11,68	11,93	11,74	12,23	12,14	12,18	12,09	11,82	11,79	11,44	11,44	10,88	10,79
11	10,91	10,55	11,38	11,03	12,34	11,97	12,63	12,28	12,43	12,11	11,79	11,52	11,82	11,56	12,14	11,98	12,09	11,92	11,75	11,66	11,40	11,37	10,83	10,70
12	10,81	10,40	11,28	10,87	12,22	11,76	12,52	12,08	12,32	11,91	11,69	11,35	11,71	11,37	12,05	11,81	11,99	11,75	11,67	11,53	11,35	11,29	10,78	10,62
13	10,71	10,24	11,17	10,70	12,10	11,56	12,40	11,88	12,20	11,70	11,59	11,18	11,59	11,17	11,96	11,64	11,89	11,57	11,60	11,39	11,31	11,21	10,72	10,53
14	10,60	10,07	11,07	10,52	11,98	11,34	12,29	11,67	12,09	11,49	11,49	11,00	11,48	10,97	11,86	11,46	11,80	11,38	11,53	11,25	11,27	11,12	10,67	10,43
15	10,50	9,90	10,96	10,34	11,86	11,12	12,17	11,46	11,97	11,27	11,39	10,82	11,37	10,77	11,77	11,28	11,70	11,19	11,46	11,10	11,23	11,04	10,62	10,34
16	10,43	9,80	10,89	10,23	11,78	10,99	12,10	11,32	11,90	11,15	11,32	10,71	11,31	10,67	11,71	11,16	11,64	11,08	11,40	11,00	11,19	10,95	10,59	10,29
17	10,37	9,69	10,82	10,11	11,70	10,85	12,02	11,18	11,83	11,01	11,26	10,60	11,25	10,56	11,65	11,05	11,58	10,96	11,35	10,89	11,14	10,86	10,56	10,23
18	10,30	9,58	10,75	9,98	11,63	10,71	11,95	11,02	11,76	10,87	11,20	10,48	11,19	10,45	11,59	10,92	11,52	10,84	11,29	10,77	11,10	10,76	10,53	10,17
19	10,23	9,46	10,68	9,85	11,55	10,56	11,87	10,87	11,68	10,72	11,14	10,35	11,13	10,33	11,53	10,79	11,46	10,70	11,24	10,65	11,06	10,66	10,50	10,11
20	10,17	9,34	10,61	9,71	11,48	10,40	11,79	10,70	11,61	10,57	11,08	10,22	11,07	10,21	11,47	10,66	11,40	10,57	11,19	10,52	11,02	10,56	10,47	10,04
21	10,14	9,30	10,58	9,68	11,45	10,37	11,76	10,66	11,58	10,53	11,05	10,18	11,04	10,17	11,44	10,61	11,37	10,52	11,16	10,46	10,99	10,49	10,44	9,98
22	10,11	9,26	10,55	9,63	11,42	10,33	11,73	10,62	11,55	10,48	11,02	10,13	11,01	10,11	11,41	10,55	11,34	10,46	11,13	10,40	10,96	10,41	10,41	9,90
23	10,08	9,21	10,52	9,58	11,39	10,28	11,70	10,56	11,52	10,43	10,99	10,07	10,98	10,06	11,38	10,48	11,31	10,40	11,10	10,33	10,93	10,34	10,38	9,83
24	10,05	9,15	10,49	9,53	11,36	10,22	11,67	10,50	11,49	10,37	10,96	10,01	10,95	9,99	11,35	10,41	11,28	10,33	11,07	10,25	10,90	10,25	10,35	9,75
25	10,02	9,10	10,46	9,47	11,33	10,16	11,64	10,44	11,46	10,30	10,93	9,94	10,92	9,93	11,32	10,33	11,25	10,25	11,04	10,17	10,87	10,16	10,32	9,67
26	9,99	9,03	10,43	9,40	11,30	10,09	11,61	10,36	11,43	10,23	10,90	9,86	10,89	9,85	11,29	10,25	11,22	10,17	11,01	10,09	10,84	10,07	10,29	9,58
27	9,96	8,97	10,40	9,33	11,27	10,01	11,58	10,28	11,40	10,15	10,87	9,78	10,86	9,77	11,26	10,17	11,19	10,09	10,98	10,00	10,81	9,97	10,26	9,49
28	9,93	8,89	10,37	9,26	11,24	9,93	11,55	10,20	11,37	10,07	10,84	9,70	10,83	9,69	11,23	10,07	11,16	10,00	10,95	9,91	10,78	9,87	10,23	9,40
29	9,90	8,82	10,34	9,18	11,21	9,84	11,52	10,11	11,34	9,98	10,81	9,61	10,80	9,60	11,20	9,98	11,13	9,90	10,92	9,81	10,75	9,77	10,20	9,30
30	9,87	8,74	10,31	9,09	11,18	9,75	11,49	10,01	11,31	9,88	10,78	9,52	10,77	9,51	11,17	9,87	11,10	9,80	10,89	9,70	10,72	9,66	10,17	9,20

1991

Restlaufzeit in Jahren	01-Jan-91		01-Feb		01-Mrz		01-Apr		01-Mai		03-Jun		01-Jul		01-Aug		02-Sept		01-Okt		01-Nov		02-Dez	
0	13,94		13,19		12,42		11,91		11,52		11,22		11,07		10,89		10,29		10,39		10,47		10,75	
1	12,98	12,98	12,28	12,28	11,71	11,71	11,38	11,38	11,11	11,11	10,94	10,94	10,81	10,81	10,61	10,61	10,07	10,07	10,14	10,14	10,21	10,21	10,42	10,42
2	12,03	11,97	11,38	11,33	11,00	10,96	10,85	10,82	10,71	10,68	10,67	10,65	10,54	10,53	10,34	10,33	9,86	9,85	9,90	9,88	9,95	9,94	10,10	10,08
3	11,07	10,93	10,48	10,35	10,29	10,19	10,32	10,24	10,30	10,24	10,39	10,35	10,28	10,24	10,07	10,03	9,64	9,61	9,65	9,62	9,69	9,65	9,77	9,73
4	10,92	10,79	10,31	10,19	10,22	10,13	10,25	10,18	10,27	10,22	10,41	10,38	10,27	10,24	10,03	10,00	9,59	9,56	9,60	9,57	9,65	9,61	9,72	9,68
5	10,78	10,64	10,15	10,01	10,15	10,07	10,18	10,11	10,24	10,20	10,43	10,41	10,27	10,24	10,00	9,96	9,53	9,49	9,56	9,53	9,61	9,57	9,66	9,62
6	10,80	10,69	10,19	10,10	10,25	10,21	10,23	10,19	10,34	10,33	10,54	10,56	10,33	10,33	10,06	10,05	9,60	9,59	9,65	9,65	9,70	9,70	9,73	9,71
7	10,82	10,73	10,24	10,17	10,35	10,36	10,29	10,27	10,43	10,46	10,66	10,72	10,40	10,43	10,12	10,13	9,67	9,69	9,75	9,78	9,80	9,83	9,79	9,80
8	10,76	10,66	10,22	10,15	10,35	10,35	10,27	10,25	10,42	10,44	10,64	10,69	10,38	10,39	10,10	10,11	9,68	9,70	9,75	9,77	9,80	9,82	9,77	9,76
9	10,71	10,60	10,20	10,13	10,34	10,34	10,26	10,24	10,41	10,42	10,63	10,67	10,36	10,36	10,09	10,08	9,69	9,71	9,75	9,77	9,79	9,82	9,74	9,72
10	10,66	10,52	10,18	10,10	10,34	10,33	10,25	10,22	10,40	10,40	10,62	10,64	10,33	10,32	10,07	10,06	9,70	9,72	9,75	9,77	9,79	9,81	9,72	9,69
11	10,61	10,45	10,14	10,05	10,31	10,29	10,22	10,17	10,37	10,36	10,60	10,60	10,32	10,29	10,06	10,03	9,69	9,70	9,74	9,75	9,78	9,80	9,70	9,67
12	10,56	10,37	10,11	10,00	10,29	10,24	10,19	10,13	10,35	10,32	10,57	10,56	10,30	10,26	10,04	10,01	9,68	9,68	9,73	9,74	9,78	9,79	9,69	9,65
13	10,51	10,29	10,07	9,94	10,26	10,20	10,16	10,08	10,33	10,27	10,55	10,51	10,28	10,23	10,03	9,98	9,67	9,66	9,72	9,72	9,77	9,77	9,68	9,63
14	10,46	10,21	10,04	9,89	10,23	10,15	10,14	10,03	10,30	10,23	10,53	10,47	10,27	10,20	10,01	9,96	9,66	9,64	9,71	9,70	9,77	9,76	9,67	9,61
15	10,41	10,12	10,01	9,83	10,21	10,10	10,11	9,98	10,28	10,18	10,50	10,42	10,25	10,17	10,00	9,93	9,64	9,62	9,70	9,68	9,76	9,75	9,65	9,59
16	10,38	10,08	9,98	9,79	10,18	10,05	10,08	9,93	10,26	10,14	10,48	10,37	10,23	10,13	9,98	9,90	9,63	9,59	9,69	9,65	9,75	9,72	9,64	9,56
17	10,35	10,03	9,96	9,75	10,16	10,00	10,06	9,88	10,24	10,10	10,46	10,32	10,21	10,10	9,97	9,87	9,61	9,56	9,67	9,62	9,73	9,69	9,62	9,53
18	10,32	9,98	9,94	9,71	10,13	9,95	10,03	9,82	10,22	10,05	10,43	10,27	10,19	10,06	9,95	9,84	9,60	9,52	9,66	9,59	9,72	9,66	9,61	9,50
19	10,30	9,92	9,92	9,66	10,11	9,89	10,00	9,77	10,19	10,01	10,41	10,22	10,18	10,02	9,94	9,80	9,58	9,49	9,65	9,56	9,70	9,62	9,60	9,47
20	10,27	9,87	9,90	9,62	10,08	9,83	9,98	9,71	10,17	9,96	10,39	10,16	10,16	9,97	9,92	9,77	9,57	9,45	9,63	9,52	9,69	9,59	9,58	9,44
21	10,24	9,80	9,87	9,55	10,05	9,76	9,95	9,64	10,14	9,88	10,36	10,08	10,13	9,89	9,89	9,69	9,54	9,37	9,60	9,44	9,66	9,51	9,55	9,37
22	10,21	9,73	9,84	9,47	10,02	9,68	9,92	9,56	10,11	9,80	10,33	10,00	10,10	9,81	9,86	9,61	9,51	9,29	9,57	9,36	9,63	9,43	9,52	9,29
23	10,18	9,66	9,81	9,40	9,99	9,60	9,89	9,48	10,08	9,72	10,30	9,91	10,07	9,73	9,83	9,52	9,48	9,21	9,54	9,28	9,60	9,34	9,49	9,21
24	10,15	9,58	9,78	9,32	9,96	9,52	9,86	9,40	10,05	9,63	10,27	9,82	10,04	9,64	9,80	9,44	9,45	9,13	9,51	9,19	9,57	9,26	9,46	9,12
25	10,12	9,50	9,75	9,23	9,93	9,43	9,83	9,32	10,02	9,54	10,24	9,73	10,01	9,55	9,77	9,35	9,42	9,04	9,48	9,11	9,54	9,17	9,43	9,04
26	10,09	9,41	9,72	9,15	9,90	9,34	9,80	9,23	9,99	9,45	10,21	9,64	9,98	9,46	9,74	9,26	9,39	8,95	9,45	9,02	9,51	9,08	9,40	8,95
27	10,06	9,33	9,69	9,06	9,87	9,25	9,77	9,14	9,96	9,36	10,18	9,54	9,95	9,36	9,71	9,16	9,36	8,86	9,42	8,92	9,48	8,98	9,37	8,86
28	10,03	9,24	9,66	8,97	9,84	9,16	9,74	9,05	9,93	9,26	10,15	9,44	9,92	9,26	9,68	9,07	9,33	8,77	9,39	8,83	9,45	8,89	9,34	8,77
29	10,00	9,14	9,63	8,88	9,81	9,06	9,71	8,96	9,90	9,16	10,12	9,34	9,89	9,16	9,65	8,97	9,30	8,67	9,36	8,73	9,42	8,79	9,31	8,67
30	9,97	9,04	9,60	8,78	9,78	8,96	9,68	8,86	9,87	9,06	10,09	9,23	9,86	9,06	9,62	8,87	9,27	8,58	9,33	8,64	9,39	8,69	9,28	8,58

1992 und Jan. 1993

Restlaufzeit in Jahren	01-Jan-92		03-Feb		02-Mrz		01-Apr		01-Mai		01-Jun	
0	10,64		10,35		10,62		10,61		10,03		9,97	
1	10,28	10,28	9,99	9,99	10,33	10,33	10,32	10,32	9,73	9,73	9,64	9,64
2	9,93	9,91	9,63	9,62	10,04	10,03	10,04	10,02	9,42	9,41	9,30	9,29
3	9,58	9,53	9,27	9,23	9,76	9,72	9,75	9,71	9,12	9,08	8,97	8,93
4	9,53	9,49	9,26	9,23	9,72	9,69	9,67	9,64	9,07	9,03	8,93	8,90
5	9,49	9,45	9,25	9,22	9,69	9,65	9,60	9,56	9,02	8,98	8,90	8,86
6	9,54	9,51	9,30	9,29	9,71	9,69	9,60	9,56	9,04	9,01	8,96	8,95
7	9,58	9,58	9,35	9,36	9,73	9,72	9,60	9,56	9,06	9,04	9,03	9,04
8	9,56	9,55	9,36	9,36	9,71	9,69	9,56	9,52	9,05	9,04	9,04	9,05
9	9,54	9,52	9,36	9,36	9,69	9,67	9,53	9,48	9,05	9,03	9,05	9,07
10	9,52	9,48	9,36	9,37	9,68	9,64	9,50	9,43	9,04	9,02	9,06	9,08
11	9,49	9,45	9,34	9,34	9,66	9,63	9,49	9,42	9,04	9,03	9,08	9,11
12	9,47	9,42	9,33	9,32	9,65	9,61	9,47	9,40	9,05	9,04	9,09	9,13
13	9,45	9,39	9,31	9,29	9,64	9,59	9,46	9,39	9,05	9,04	9,11	9,15
14	9,43	9,35	9,30	9,26	9,63	9,57	9,45	9,37	9,05	9,05	9,12	9,18
15	9,41	9,31	9,28	9,24	9,62	9,55	9,44	9,35	9,06	9,06	9,14	9,20
16	9,40	9,29	9,27	9,21	9,60	9,51	9,42	9,32	9,05	9,05	9,12	9,17
17	9,38	9,27	9,25	9,17	9,57	9,47	9,41	9,30	9,05	9,04	9,11	9,13
18	9,37	9,25	9,24	9,14	9,55	9,42	9,39	9,27	9,04	9,03	9,09	9,09
19	9,36	9,22	9,22	9,11	9,53	9,38	9,38	9,24	9,04	9,01	9,07	9,05
20	9,35	9,19	9,20	9,07	9,51	9,33	9,36	9,21	9,03	9,00	9,06	9,01
21	9,32	9,12	9,17	9,00	9,48	9,26	9,33	9,14	9,00	8,92	9,03	8,93
22	9,29	9,04	9,14	8,92	9,45	9,18	9,30	9,06	8,97	8,84	9,00	8,86
23	9,26	8,97	9,11	8,84	9,42	9,10	9,27	8,98	8,94	8,76	8,97	8,77
24	9,23	8,89	9,08	8,77	9,39	9,02	9,24	8,90	8,91	8,68	8,94	8,69
25	9,20	8,81	9,05	8,68	9,36	8,94	9,21	8,82	8,88	8,60	8,91	8,61
26	9,17	8,72	9,02	8,60	9,33	8,86	9,18	8,74	8,85	8,51	8,88	8,52
27	9,14	8,64	8,99	8,52	9,30	8,77	9,15	8,65	8,82	8,42	8,85	8,44
28	9,11	8,55	8,96	8,43	9,27	8,68	9,12	8,56	8,79	8,33	8,82	8,35
29	9,08	8,46	8,93	8,34	9,24	8,59	9,09	8,47	8,76	8,24	8,79	8,26
30	9,05	8,36	8,90	8,25	9,21	8,49	9,06	8,38	8,73	8,15	8,76	8,16

Restlaufzeit in Jahren	01-Jul		03-Aug		01-Sept		01-Okt		02-Nov		01-Dez		01-Jan-93	
0	10,14		10,34		10,00		8,33		7,19		7,15		6,95	
1	9,75	9,75	10,05	10,05	9,71	9,71	8,04	8,04	6,98	6,98	7,04	7,04	6,81	6,81
2	9,36	9,35	9,77	9,76	9,42	9,40	7,75	7,74	6,76	6,75	6,93	6,92	6,67	6,67
3	8,98	8,93	9,49	9,45	9,13	9,09	7,46	7,43	6,54	6,52	6,81	6,80	6,53	6,52
4	8,92	8,88	9,43	9,39	9,13	9,10	7,58	7,57	6,76	6,77	7,07	7,09	6,80	6,82
5	8,87	8,83	9,37	9,33	9,13	9,11	7,69	7,71	6,98	7,03	7,33	7,38	7,08	7,14
6	8,92	8,90	9,38	9,35	9,16	9,15	7,91	7,96	7,25	7,34	7,56	7,66	7,36	7,47
7	8,97	8,97	9,39	9,37	9,18	9,18	8,12	8,23	7,52	7,67	7,79	7,94	7,65	7,82
8	8,98	8,98	9,36	9,33	9,19	9,19	8,31	8,48	7,74	7,94	7,97	8,17	7,86	8,09
9	8,99	8,99	9,33	9,29	9,19	9,20	8,50	8,74	7,95	8,23	8,15	8,40	8,07	8,38
10	8,99	9,00	9,30	9,24	9,20	9,20	8,70	9,02	8,16	8,52	8,33	8,65	8,29	8,68
11	9,00	9,01	9,29	9,24	9,21	9,22	8,81	9,17	8,27	8,67	8,42	8,77	8,39	8,81
12	9,01	9,03	9,29	9,23	9,22	9,24	8,92	9,34	8,38	8,83	8,50	8,89	8,50	8,96
13	9,02	9,04	9,28	9,23	9,23	9,25	9,02	9,51	8,50	9,01	8,59	9,02	8,60	9,12
14	9,03	9,05	9,27	9,22	9,24	9,27	9,13	9,70	8,61	9,19	8,68	9,16	8,70	9,29
15	9,04	9,07	9,27	9,21	9,25	9,29	9,24	9,90	8,72	9,39	8,77	9,32	8,80	9,47
16	9,01	9,02	9,24	9,16	9,23	9,25	9,26	9,90	8,74	9,40	8,78	9,32	8,83	9,48
17	8,99	8,96	9,21	9,10	9,22	9,22	9,27	9,89	8,76	9,41	8,80	9,33	8,85	9,49
18	8,96	8,91	9,19	9,04	9,20	9,18	9,28	9,90	8,78	9,43	8,82	9,34	8,87	9,52
19	8,94	8,85	9,16	8,99	9,19	9,15	9,30	9,91	8,80	9,45	8,83	9,36	8,89	9,54
20	8,91	8,79	9,13	8,93	9,17	9,11	9,31	9,92	8,82	9,48	8,85	9,38	8,91	9,57
21	8,88	8,72	9,10	8,86	9,14	9,04	9,28	9,79	8,79	9,36	8,82	9,26	8,88	9,45
22	8,85	8,65	9,07	8,79	9,11	8,96	9,25	9,67	8,76	9,24	8,79	9,15	8,85	9,33
23	8,82	8,57	9,04	8,71	9,08	8,87	9,22	9,55	8,73	9,12	8,76	9,04	8,82	9,21
24	8,79	8,50	9,01	8,64	9,05	8,79	9,19	9,43	8,70	9,00	8,73	8,93	8,79	9,09
25	8,76	8,42	8,98	8,56	9,02	8,71	9,16	9,31	8,67	8,89	8,70	8,82	8,76	8,97
26	8,73	8,34	8,95	8,48	8,99	8,62	9,13	9,19	8,64	8,77	8,67	8,71	8,73	8,86
27	8,70	8,25	8,92	8,40	8,96	8,53	9,10	9,07	8,61	8,66	8,64	8,60	8,70	8,74
28	8,67	8,17	8,89	8,32	8,93	8,44	9,07	8,95	8,58	8,54	8,61	8,49	8,67	8,63
29	8,64	8,08	8,86	8,23	8,90	8,35	9,04	8,83	8,55	8,43	8,58	8,38	8,64	8,51
30	8,61	8,00	8,83	8,15	8,87	8,26	9,01	8,71	8,52	8,31	8,55	8,27	8,61	8,39

Tab. III: Preisabschlag und resultierende Konsolrendite bei verschiedenen Inversionsgraden zwischen 20-jährigen Gilts und synthetisch 30-jährigen Gilts

	Konsol-rendite	Preisab-schlag	Konsol-rendite	Preisab-schlag	Konsol-rendite	Preisab-schlag	Konsol-rendite	Preisab-schlag	Konsol-rendite	Preisab-schlag	Konsol-rendite	Preisab-schlag	Konsol-rendite	Preisab-schlag	Konsol-rendite	Preisab-schlag	Konsol-rendite	Preisab-schlag	Konsol-rendite	Preisab-schlag	Konsol-rendite	Preisab-schlag	Konsol-rendite	Preisab-schlag
.05 BP INVERS	11,69	4,35	11,69	4,34	11,23	5,13	10,84	5,87	10,94	5,69	10,68	6,30	11,21	5,36	11,38	5,19	11,02	5,67	10,93	5,61	10,63	6,12	10,65	6,16
.10 BP INVERS		4,60		4,58		5,39		6,14		5,97		6,58		5,62		5,45		5,94		5,89		6,40		6,45
.15 BP INVERS		4,84		4,83		5,65		6,42		6,24		6,86		5,88		5,70		6,21		6,16		6,69		6,73
.20 BP INVERS		5,09		5,08		5,92		6,70		6,51		7,15		6,15		5,96		6,48		6,43		6,98		7,02
.25 BP INVERS		5,34		5,33		6,18		6,98		6,79		7,43		6,41		6,22		6,75		6,71		7,26		7,30
.30 BP INVERS	11,85	5,59	11,85	5,58	11,39	6,45	11,01	7,26	11,10	7,07	10,85	7,72	11,37	6,68	11,54	6,48	11,18	7,03	11,09	6,99	10,80	7,55	10,82	7,59
Konsolrendite tatsaechlich	10,77		10,82		10,24		9,86		10,04		9,70		10,09		10,31		10,07		9,94		9,78		9,82	
	03-Jan-83		01-Feb		01-Mrz		01-Apr		02-Mai		01-Jun		01-Jul		01-Aug		01-Sept		03-Okt		01-Nov		01-Dez	

	Konsol-rendite	Preisab-schlag	Konsol-rendite	Preisab-schlag	Konsol-rendite	Preisab-schlag	Konsol-rendite	Preisab-schlag	Konsol-rendite	Preisab-schlag	Konsol-rendite	Preisab-schlag	Konsol-rendite	Preisab-schlag	Konsol-rendite	Preisab-schlag	Konsol-rendite	Preisab-schlag	Konsol-rendite	Preisab-schlag	Konsol-rendite	Preisab-schlag	Konsol-rendite	Preisab-schlag
.05 BP INVERS	10,58	6,42	10,71	6,13	10,57	6,27	10,70	6,07	11,17	5,53	11,41	5,35	11,83	4,80	11,26	5,61	11,08	5,86	10,99	5,89	10,62	6,35	10,72	6,20
.10 BP INVERS		6,71		6,41		6,56		6,35		5,79		5,61		5,05		5,88		6,12		6,16		6,63		6,48
.15 BP INVERS		7,00		6,69		6,85		6,63		6,06		5,87		5,29		6,14		6,39		6,43		6,92		6,76
.20 BP INVERS		7,29		6,98		7,14		6,92		6,32		6,13		5,53		6,40		6,66		6,71		7,21		7,05
.25 BP INVERS		7,58		7,26		7,43		7,20		6,59		6,39		5,78		6,67		6,93		6,98		7,49		7,33
.30 BP INVERS	10,75	7,87	10,88	7,55	10,74	7,72	10,86	7,49	11,33	6,86	11,55	6,65	11,99	6,03	11,42	6,93	11,24	7,20	11,16	7,26	10,80	7,78	10,89	7,62
Konsolrendite tatsaechlich	9,75		9,82		9,69		9,81		10,23		10,47		10,79		10,32		10,20		10,04		9,66		9,79	
	02-Jan-84		01-Feb		01-Mrz		02-Apr		01-Mai		01-Jun		02-Jul		01-Aug		03-Sept		01-Okt		01-Nov		03-Dez	

	Konsol-rendite	Preisab-schlag	Konsol-rendite	Preisab-schlag	Konsol-rendite	Preisab-schlag	Konsol-rendite	Preisab-schlag	Konsol-rendite	Preisab-schlag	Konsol-rendite	Preisab-schlag	Konsol-rendite	Preisab-schlag	Konsol-rendite	Preisab-schlag	Konsol-rendite	Preisab-schlag	Konsol-rendite	Preisab-schlag	Konsol-rendite	Preisab-schlag	Konsol-rendite	Preisab-schlag
.05 BP INVERS	11,16	5,65	11,23	5,71	11,07	5,94	10,90	6,08	11,08	5,74	10,89	5,98	10,70	6,20	10,63	6,17	10,68	5,95	10,53	6,22	10,66	6,05	10,66	5,97
.10 BP INVERS		5,92		5,97		6,21		6,36		6,01		6,25		6,48		6,46		6,24		6,51		6,34		6,25
.15 BP INVERS		6,18		6,24		6,47		6,63		6,28		6,53		6,77		6,74		6,52		6,80		6,62		6,53
.20 BP INVERS		6,45		6,50		6,75		6,91		6,55		6,81		7,05		7,03		6,80		7,09		6,91		6,81
.25 BP INVERS		6,72		6,77		7,02		7,19		6,82		7,08		7,34		7,32		7,09		7,38		7,19		7,09
.30 BP INVERS	11,31	6,99	11,39	7,03	11,23	7,29	11,06	7,46	11,24	7,09	11,05	7,36	10,87	7,62	10,80	7,61	10,85	7,38	10,70	7,67	10,83	7,48	10,83	7,38
Konsolrendite tatsaechlich	10,23		10,34		10,28		10,11		10,30		10,18		10,00		9,91		9,94		9,80		9,92		9,95	
	01-Jan-85		01-Feb		01-Mrz		01-Apr		01-Mai		03-Jun		01-Jul		01-Aug		02-Sept		01-Okt		01-Nov		02-Dez	

	Konsol-rendite	Preisab-schlag	Konsol-rendite	Preisab-schlag	Konsol-rendite	Preisab-schlag	Konsol-rendite	Preisab-schlag	Konsol-rendite	Preisab-schlag	Konsol-rendite	Preisab-schlag	Konsol-rendite	Preisab-schlag	Konsol-rendite	Preisab-schlag	Konsol-rendite	Preisab-schlag	Konsol-rendite	Preisab-schlag	Konsol-rendite	Preisab-schlag	Konsol-rendite	Preisab-schlag
.05 BP INVERS	11,08	5,59	10,76	6,01	9,84	7,53	9,24	8,46	9,41	7,85	9,63	7,38	9,75	7,37	9,81	7,29	10,28	6,48	10,88	5,80	11,05	5,50	10,98	5,59
.10 BP INVERS		5,85		6,29		7,85		8,81		8,19		7,70		7,69		7,61		6,78		6,07		5,77		5,86
.15 BP INVERS		6,12		6,57		8,17		9,16		8,53		8,03		8,01		7,93		7,08		6,35		6,04		6,13
.20 BP INVERS		6,39		6,85		8,49		9,51		8,88		8,37		8,34		8,25		7,38		6,62		6,31		6,41
.25 BP INVERS		6,66		7,13		8,82		9,87		9,22		8,70		8,67		8,58		7,69		6,90		6,58		6,68
.30 BP INVERS	11,24	6,93	10,93	7,42	10,02	9,14	9,43	10,22	9,60	9,57	9,81	9,03	9,93	9,00	9,99	8,90	10,45	7,99	11,04	7,18	11,21	6,85	11,14	6,96
Konsolrendite tatsaechlich	10,21		9,98		9,08		8,52		8,62		8,80		9,08		9,19		9,56		10,07		10,25		10,19	
	01-Jan-86		03-Feb		03-Mrz		01-Apr		01-Mai		02-Jun		01-Jul		01-Aug		01-Sept		01-Okt		03-Nov		01-Dez	

	Konsol-rendite	Preisab-schlag	Konsol-rendite	Preisab-schlag	Konsol-rendite	Preisab-schlag	Konsol-rendite	Preisab-schlag	Konsol-rendite	Preisab-schlag	Konsol-rendite	Preisab-schlag	Konsol-rendite	Preisab-schlag	Konsol-rendite	Preisab-schlag	Konsol-rendite	Preisab-schlag	Konsol-rendite	Preisab-schlag	Konsol-rendite	Preisab-schlag	Konsol-rendite	Preisab-schlag
.05 BP INVERS	10,39	6,41	10,20	6,61	9,61	7,57	9,56	7,73	9,29	8,25	9,35	8,26	9,62	7,65	10,22	6,77	10,30	6,59	10,22	6,74	9,60	7,63	9,90	7,01
.10 BP INVERS		6,71		6,92		7,90		8,06		8,60		8,60		7,98		7,08		6,89		7,04		7,96		7,32
.15 BP INVERS		7,00		7,22		8,23		8,39		8,95		8,95		8,31		7,38		7,19		7,34		8,30		7,64
.20 BP INVERS		7,30		7,52		8,56		8,73		9,30		9,30		8,64		7,68		7,49		7,65		8,63		7,96
.25 BP INVERS		7,60		7,83		8,90		9,06		9,65		9,64		8,98		7,99		7,79		7,95		8,96		8,28
.30 BP INVERS	10,56	7,90	10,37	8,14	9,80	9,23	9,74	9,40	9,48	10,00	9,53	9,99	9,81	9,31	10,39	8,30	10,47	8,09	10,40	8,26	9,78	9,30	10,08	8,60
Konsolrendite tatsaechlich	9,78		9,55		8,93		8,96		8,74		8,79		9,03		9,59		9,68		9,53		8,75		9,17	
	01-Jan-87		02-Feb		02-Mrz		01-Apr		01-Mai		01-Jun		01-Jul		03-Aug		01-Sept		01-Okt		02-Nov		01-Dez	

	Konsol-rendite	Preisab-schlag	Konsol-rendite	Preisab-schlag	Konsol-rendite	Preisab-schlag	Konsol-rendite	Preisab-schlag	Konsol-rendite	Preisab-schlag	Konsol-rendite	Preisab-schlag	Konsol-rendite	Preisab-schlag	Konsol-rendite	Preisab-schlag	Konsol-rendite	Preisab-schlag	Konsol-rendite	Preisab-schlag	Konsol-rendite	Preisab-schlag	Konsol-rendite	Preisab-schlag
.05 BP INVERS	9,94	7,08	9,79	7,42	9,55	7,89	9,52	7,89	9,67	7,66	9,72	7,65	9,87	7,61	9,84	7,95	9,99	7,69	9,67	8,35	9,73	8,34	9,87	8,28
.10 BP INVERS		7,39		7,74		8,22		8,23		7,98		7,97		7,93		8,27		8,00		8,68		8,67		8,60
.15 BP INVERS		7,71		8,06		8,55		8,56		8,31		8,30		8,25		8,59		8,32		9,01		8,99		8,92
.20 BP INVERS		8,02		8,38		8,89		8,90		8,64		8,63		8,57		8,92		8,63		9,34		9,32		9,24
.25 BP INVERS		8,34		8,71		9,23		9,24		8,98		8,96		8,89		9,24		8,95		9,68		9,65		9,56
.30 BP INVERS	10,12	8,66	9,86	9,04	9,74	9,57	9,71	9,58	9,85	9,31	9,90	9,29	10,05	9,21	10,02	9,57	10,17	9,27	9,85	10,01	9,91	9,98	10,06	9,89
Konsolrendite tatsaechlich	9,28		9,14		8,90		8,84		8,96		9,02		9,20		9,07		9,21		8,84		8,78		8,87	
	01-Jan-88		01-Feb		01-Mrz		01-Apr		02-Mai		01-Jun		01-Jul		01-Aug		01-Sept		03-Okt		01-Nov		01-Dez	

	Konsol-rendite	Preisab-schlag	Konsol-rendite	Preisab-schlag	Konsol-rendite	Preisab-schlag	Konsol-rendite	Preisab-schlag	Konsol-rendite	Preisab-schlag	Konsol-rendite	Preisab-schlag	Konsol-rendite	Preisab-schlag	Konsol-rendite	Preisab-schlag	Konsol-rendite	Preisab-schlag	Konsol-rendite	Preisab-schlag	Konsol-rendite	Preisab-schlag	Konsol-rendite	Preisab-schlag
.05 BP INVERS	9,87	8,33	9,61	8,67	9,70	8,55	9,94	8,07	9,91	8,14	10,25	7,44	9,95	8,00	9,78	8,29	10,00	7,86	10,19	7,53	10,34	7,09	10,36	7,09
.10 BP INVERS		8,65		9,00		8,88		8,39		8,45		7,74		8,31		8,61		8,17		7,83		7,39		7,38
.15 BP INVERS		8,98		9,33		9,21		8,70		8,77		8,04		8,63		8,93		8,48		8,14		7,69		7,68
.20 BP INVERS		9,30		9,67		9,54		9,02		9,09		8,35		8,95		9,26		8,80		8,44		7,99		7,98
.25 BP INVERS		9,63		10,00		9,87		9,34		9,41		8,65		9,27		9,59		9,12		8,75		8,29		8,28
.30 BP INVERS	9,97	9,96	9,79	10,34	9,88	10,20	10,12	9,67	10,09	9,74	10,43	8,96	10,02	9,59	9,96	9,92	10,18	9,44	10,36	9,06	10,51	8,59	10,53	8,58
Konsolrendite tatsaechlich	8,88		8,74		8,80		9,06		9,05		9,39		9,17		9,04		9,25		9,51		9,66		9,70	
	02-Jan-89		01-Feb		01-Mrz		03-Apr		01-Mai		01-Jun		03-Jul		01-Aug		01-Sept		02-Okt		01-Nov		01-Dez	

	Konsol-rendite	Preisab-schlag	Konsol-rendite	Preisab-schlag	Konsol-rendite	Preisab-schlag	Konsol-rendite	Preisab-schlag	Konsol-rendite	Preisab-schlag	Konsol-rendite	Preisab-schlag	Konsol-rendite	Preisab-schlag	Konsol-rendite	Preisab-schlag	Konsol-rendite	Preisab-schlag	Konsol-rendite	Preisab-schlag	Konsol-rendite	Preisab-schlag	Konsol-rendite	Preisab-schlag
.05 BP INVERS	10,60	6,65	10,98	5,98	11,76	4,90	12,04	4,53	11,87	4,71	11,39	5,25	11,38	5,26	11,73	4,70	11,67	4,80	11,46	4,94	11,29	4,98	10,80	5,73
.10 BP INVERS		6,94		6,25		5,15		4,76		4,95		5,50		5,52		4,94		5,05		5,19		5,24		6,00
.15 BP INVERS		7,23		6,53		5,39		5,00		5,19		5,76		5,78		5,19		5,30		5,44		5,50		6,28
.20 BP INVERS		7,52		6,80		5,64		5,24		5,43		6,02		6,04		5,44		5,55		5,70		5,76		6,56
.25 BP INVERS		7,81		7,07		5,89		5,48		5,68		6,28		6,30		5,68		5,80		5,96		6,02		6,84
.30 BP INVERS	10,77	8,10	11,15	7,35	11,92	6,14	12,19	5,72	12,03	5,92	11,54	6,54	11,54	6,56	11,88	5,93	11,82	6,05	11,62	6,21	11,45	6,28	10,97	7,13
Konsolrendite tatsaechlich	9,90		10,30		11,03		11,29		11,15		10,67		10,74		11,10		11,09		10,96		10,79		10,29	
	01-Jan-90		01-Feb		01-Mrz		02-Apr		01-Mai		01-Jun		02-Jul		01-Aug		03-Sept		01-Okt		01-Nov		03-Dez	

	Konsol-rendite	Preisab-schlag	Konsol-rendite	Preisab-schlag	Konsol-rendite	Preisab-schlag	Konsol-rendite	Preisab-schlag	Konsol-rendite	Preisab-schlag	Konsol-rendite	Preisab-schlag	Konsol-rendite	Preisab-schlag	Konsol-rendite	Preisab-schlag	Konsol-rendite	Preisab-schlag	Konsol-rendite	Preisab-schlag	Konsol-rendite	Preisab-schlag	Konsol-rendite	Preisab-schlag
.05 BP INVERS	10,44	6,01	10,29	6,50	10,44	6,16	10,36	6,35	10,52	5,97	10,71	5,65	10,51	5,96	10,29	6,32	9,99	6,90	10,04	6,77	10,09	6,66	10,00	6,90
.10 BP INVERS		6,30		6,80		6,45		6,65		6,26		5,93		6,25		6,61		7,21		7,08		6,96		7,21
.15 BP INVERS		6,58		7,10		6,74		6,94		6,55		6,22		6,54		6,91		7,52		7,39		7,27		7,52
.20 BP INVERS		6,87		7,40		7,03		7,24		6,84		6,50		6,83		7,21		7,84		7,70		7,58		7,84
.25 BP INVERS		7,16		7,70		7,33		7,54		7,13		6,78		7,13		7,51		8,15		8,02		7,89		8,15
.30 BP INVERS	10,66	7,45	10,46	8,00	10,61	7,63	10,53	7,84	10,68	7,42	10,88	7,07	10,67	7,42	10,46	7,82	10,05	8,47	10,21	8,33	10,26	8,20	10,17	8,47
Konsolrendite tatsaechlich	10,09		9,81		9,97		9,93		10,05		10,22		10,03		9,83		9,55		9,54		9,59		9,60	
	01-Jan-91		01-Feb		01-Mrz		01-Apr		01-Mai		03-Jun		01-Jul		01-Aug		02-Sept		01-Okt		01-Nov		02-Dez	

	Konsol-rendite	Preisab-schlag	Konsol-rendite	Preisab-schlag	Konsol-rendite	Preisab-schlag	Konsol-rendite	Preisab-schlag	Konsol-rendite	Preisab-schlag	Konsol-rendite	Preisab-schlag	Konsol-rendite	Preisab-schlag	Konsol-rendite	Preisab-schlag	Konsol-rendite	Preisab-schlag	Konsol-rendite	Preisab-schlag	Konsol-rendite	Preisab-schlag	Konsol-rendite	Preisab-schlag	Konsol-rendite	Preisab-schlag
.05 BP INVERS	9,81	7,37	9,67	7,63	9,94	7,08	9,81	7,33	9,52	7,84	9,54	7,81	9,43	8,23	9,63	7,88	9,64	7,59	9,67	6,52	9,20	7,36	9,28	7,47	9,32	7,18
.10 BP INVERS		7,69		7,95		7,40		7,65		8,18		8,14		8,57		8,21		7,92		6,84		7,71		7,82		7,52
.15 BP INVERS		8,01		8,28		7,71		7,97		8,51		8,48		8,91		8,54		8,25		7,17		8,06		8,17		7,87
.20 BP INVERS		8,33		8,61		8,03		8,29		8,85		8,82		9,26		8,87		8,58		7,49		8,41		8,51		8,21
.25 BP INVERS		8,66		8,94		8,35		8,62		9,19		9,15		9,60		9,21		8,91		7,82		8,76		8,86		8,56
.30 BP INVERS	9,98	8,98	9,85	9,27	10,12	8,67	9,99	8,94	9,70	9,53	9,73	9,49	9,62	9,95	9,81	9,54	9,82	9,25	9,85	8,15	9,43	9,11	9,47	9,22	9,50	8,91
Konsolrendite tatsaechlich	9,40		9,34		9,38		9,68		9,18		9,12		8,97		9,13		9,17		9,24		8,87		8,92		8,92	
	01-Jan-92		03-Feb		02-Mrz		01-Apr		01-Mai		01-Jun		01-Jul		03-Aug		01-Sept		01-Okt		02-Nov		01-Dez		01-Jan-93	

Abb. 1: Renditeentwicklung Britischer 3 % Konsols 18. Jahrhundert

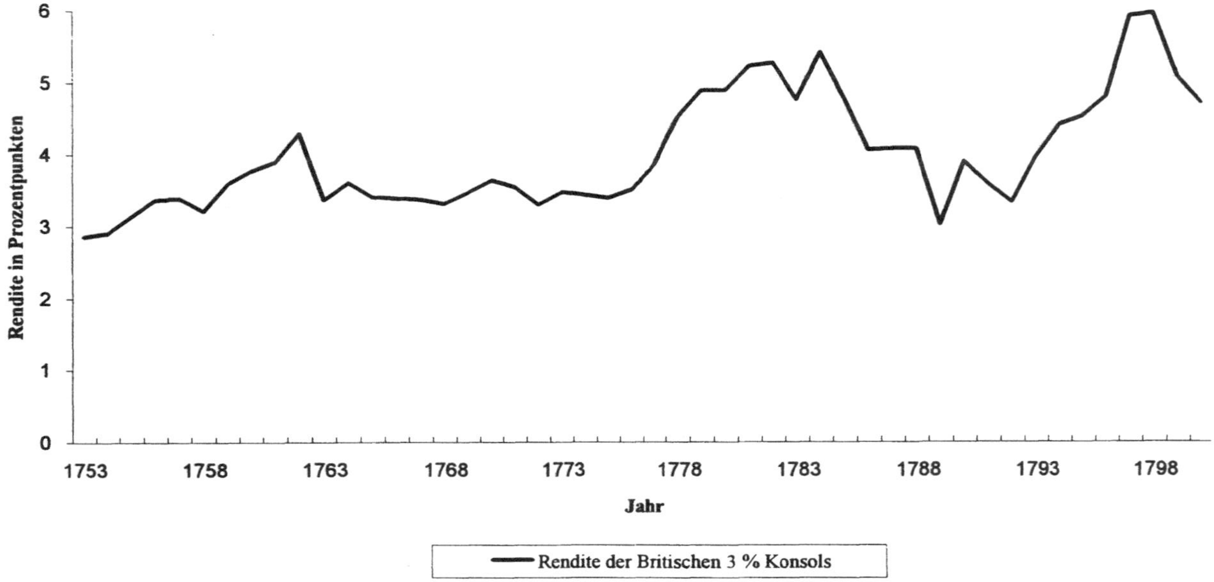

Abb. 2: Renditeentwicklung der 3% Rentes in Frankreich 19. Jahrhundert

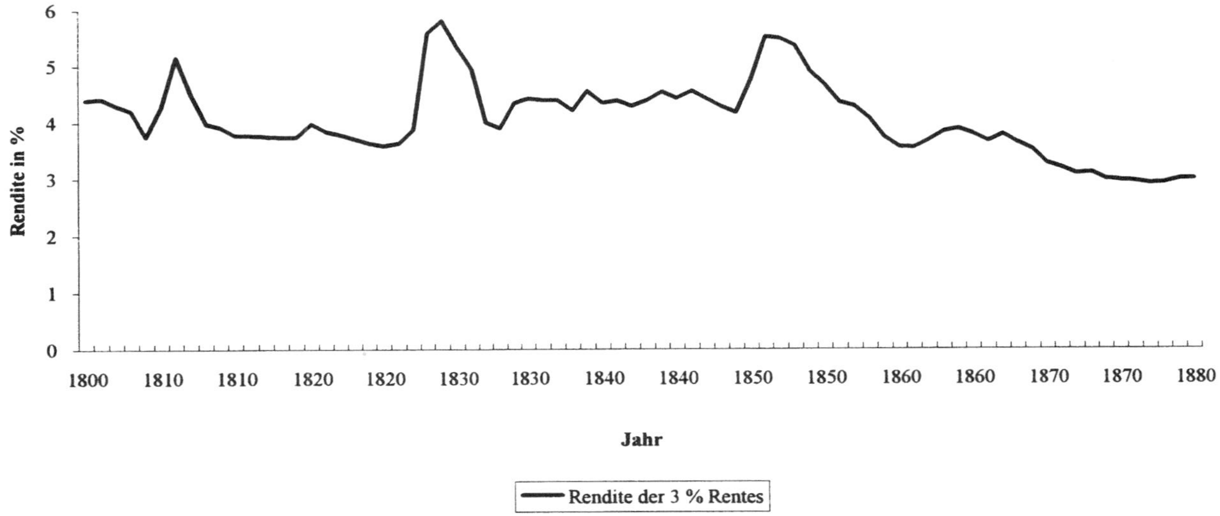

Abb. 3: Renditeentwicklung der 5 % Rentes in Frankreich (19. Jahrhundert)

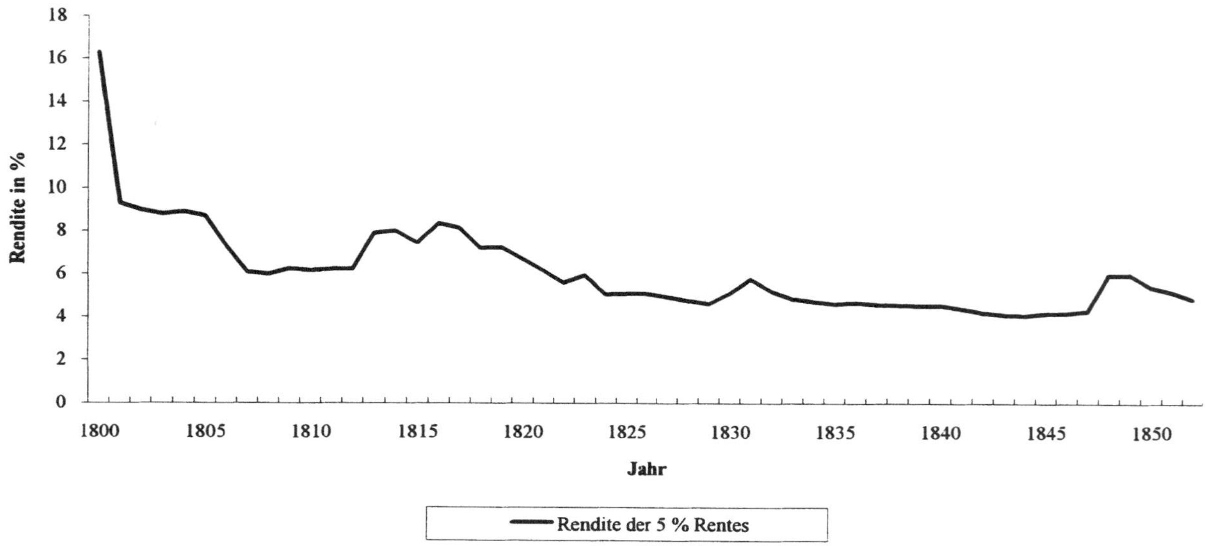

Abb. 4: Renditeentwicklung der belgischen 2,5 % und 3 % Rentes (1900 - 1913)

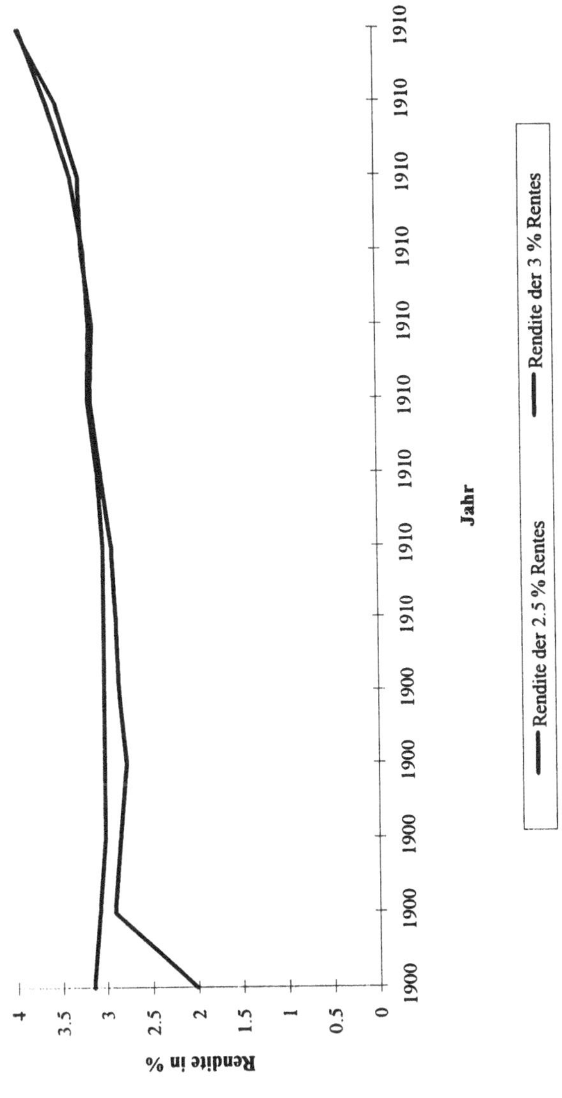

Abb. 5: Renditeentwicklung der belgischen 3 % Rentes (2. Serie): 1919 - 1939

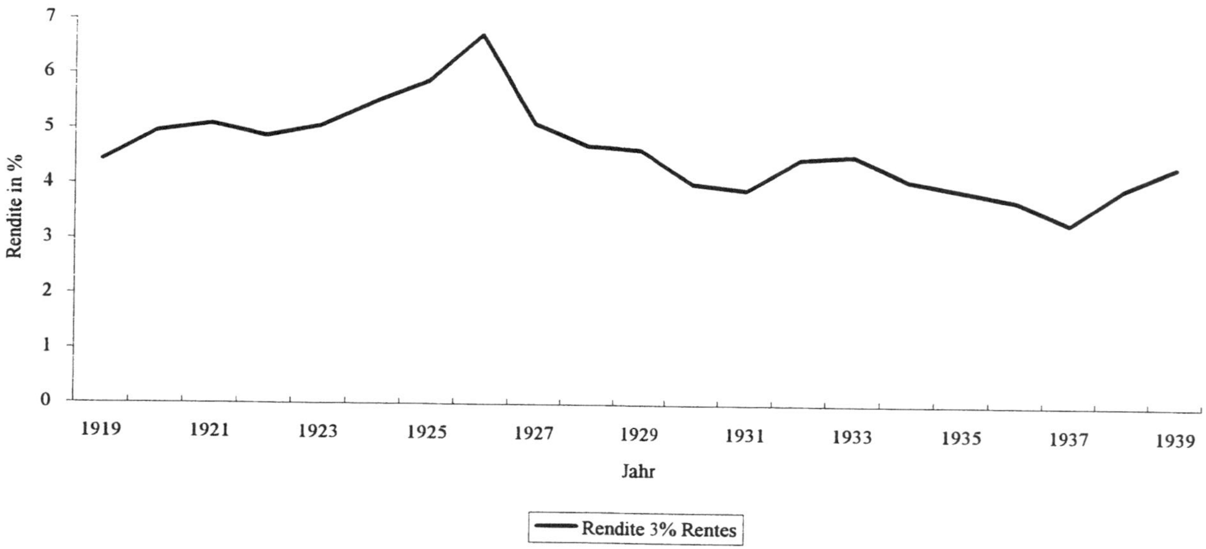

Abb. 6: Renditeentwicklung der belgischen 3 % Rentes: 1969 - 1975

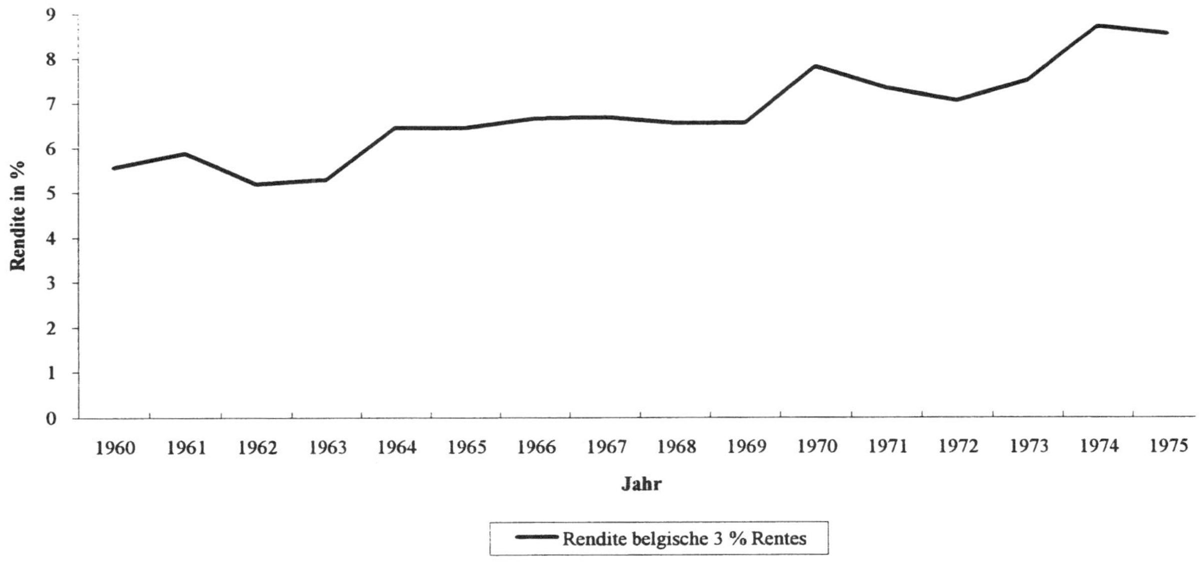

Abb. 7: Typologisierung der Anleihen nach Tilgungsmodalitäten

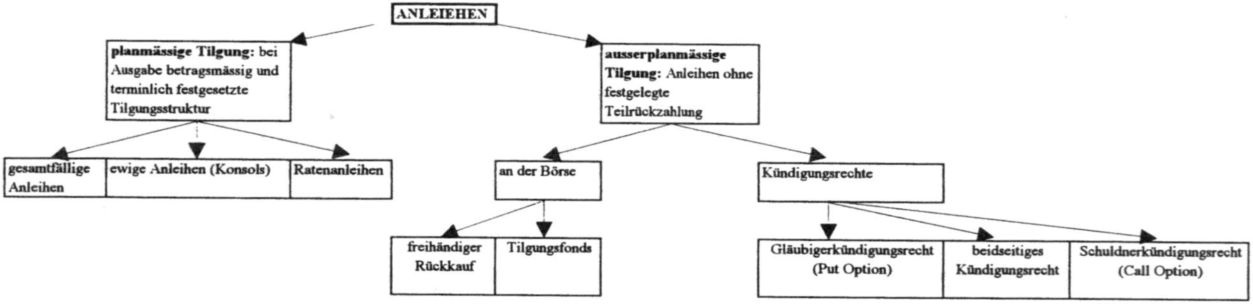

Quelle: Löffler 1987, S. 125 ff.

Abb. 8: Zeitpfade unterschiedlicher Anleihen

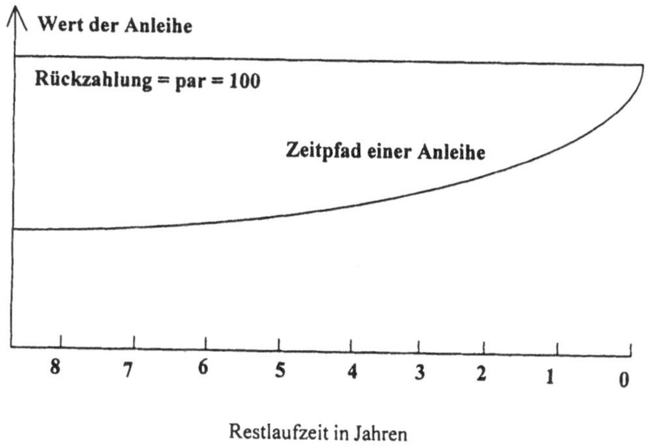

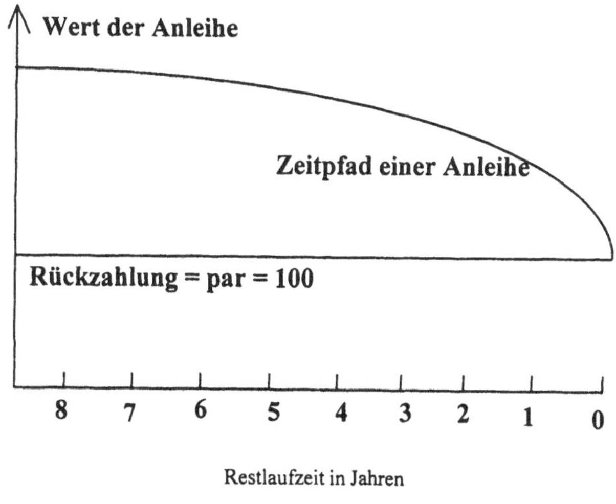

Quelle: Fabozzi/Pollack (Hrsg.) 1987, S. 78 ff.

Abb. 16: Laufzeit-Duration-Beziehung unterschiedlicher Anleihen

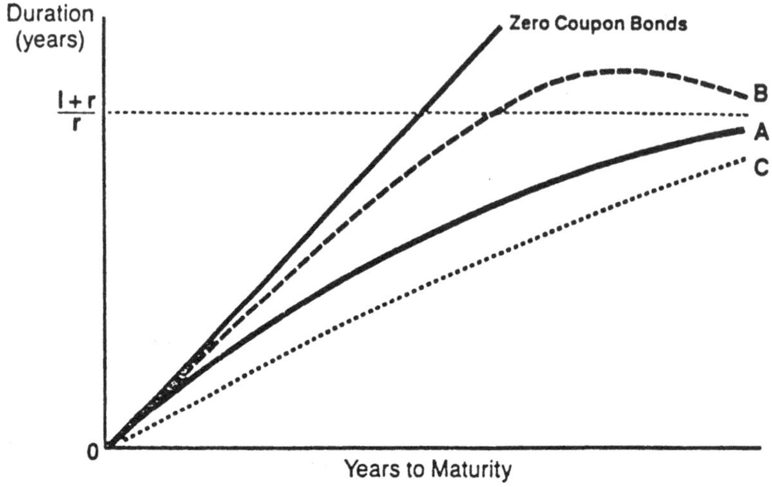

- Duration is related to years to maturity linearly for zero coupon bonds
- OA gives the duration versus maturity relationship for <u>current coupon</u> bonds (bonds priced at par)
- OB gives the duration versus maturity relationship for <u>discounted coupon</u> bonds
- OC gives the duration versus maturity relationship for <u>premium coupon</u> bonds

All coupon bonds have an upper limit to their duration as the maturity date became very distant. This upper limit is the number resulting from computing (I + r)/r.

Quelle: Toevs 1984, S. 4

Abb. 20: Duration der War 3,5 %

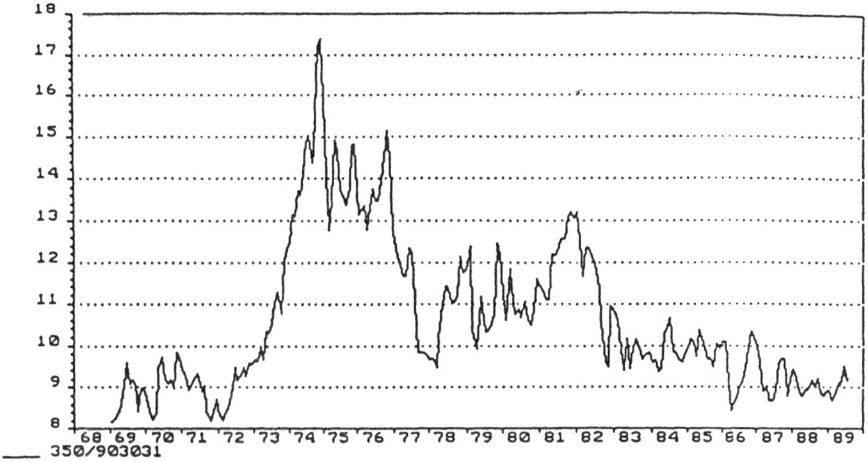

Quelle: Datastream

Abb. 21: Duration der Treasury 2.5 %

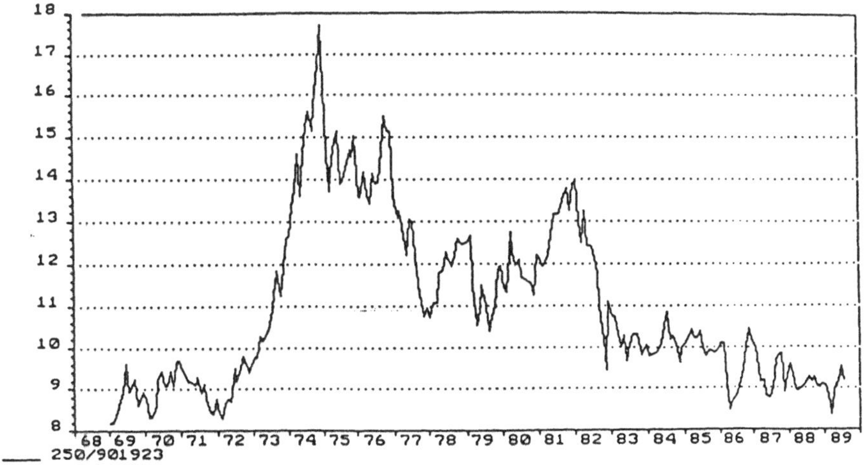

Quelle: Datastream

Abb. 24: Abflachung der Zinsertragskurve United Kingdom (1/1983 - 1/1993)

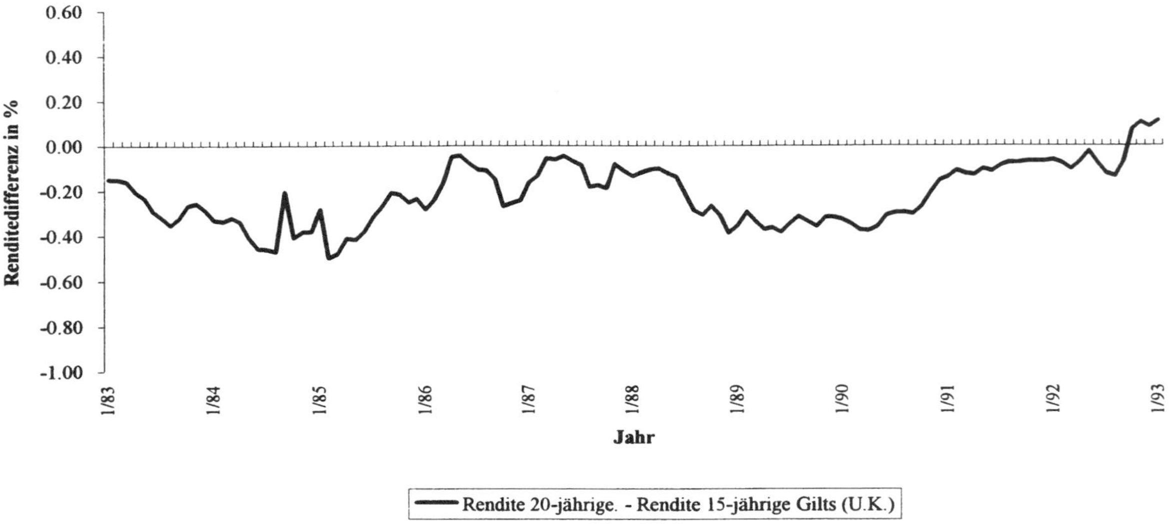

Abb. 25: Zusammenhang zwischen absoluter Höhe des Zinsniveaus und Renditeabschlag zwischen 20-jährigen Gilts und Konsols

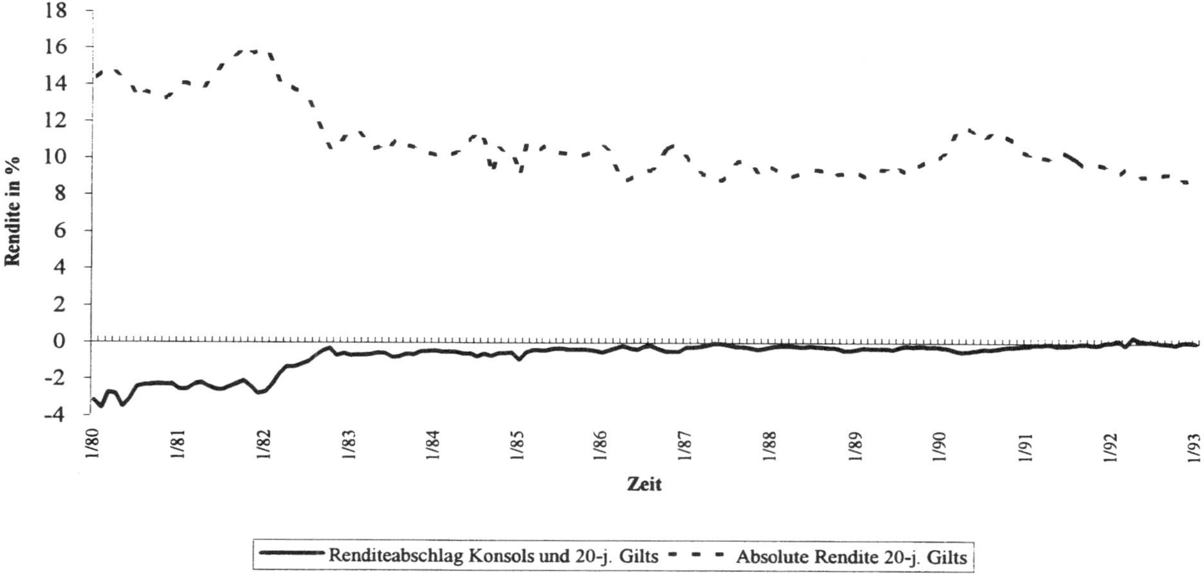

Abb. 26: Ausgewählte Theoretical Spot Rate Curves

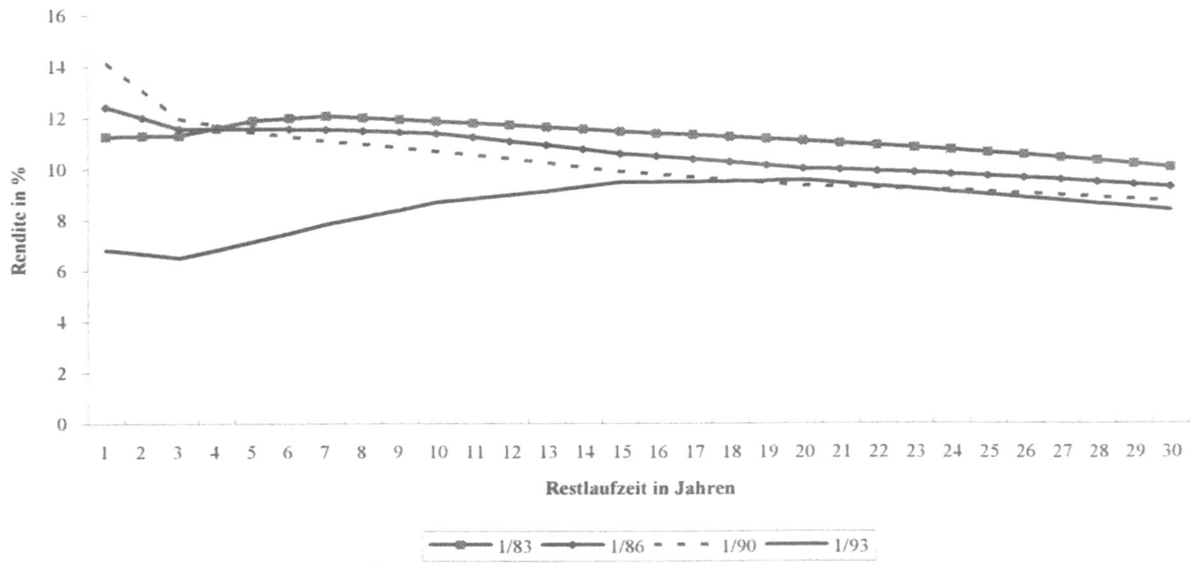

Abb. 27: Vergleich Theoretical Spot Rate Curve mit Zinsertragskurve: normaler (steiler) Verlauf

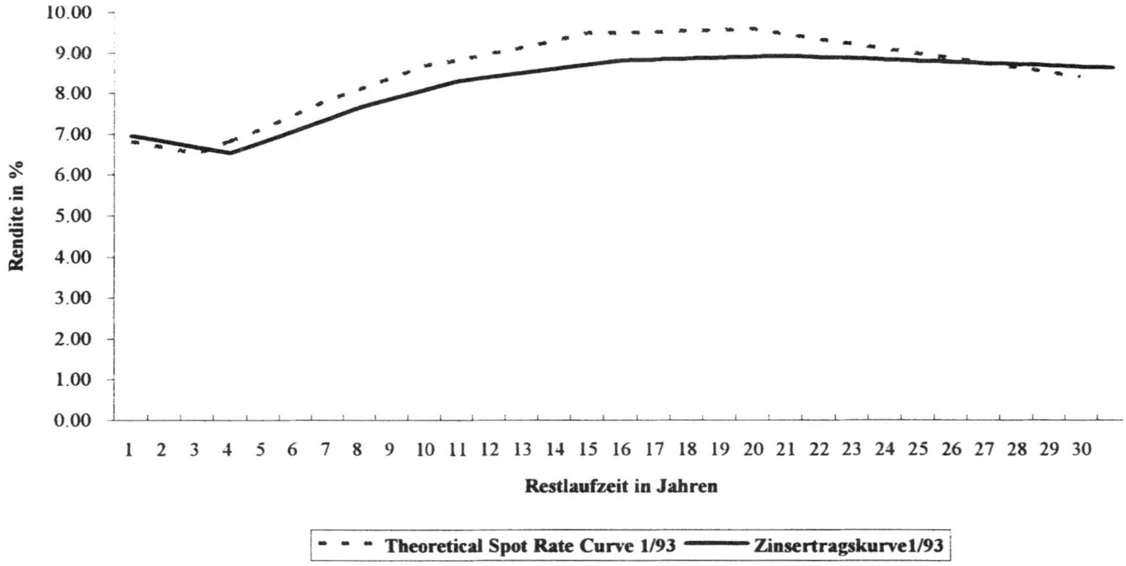

Abb. 28: Vergleich Theoretical Spot Rate Curve mit Zinsertragskurve: inverser Verlauf

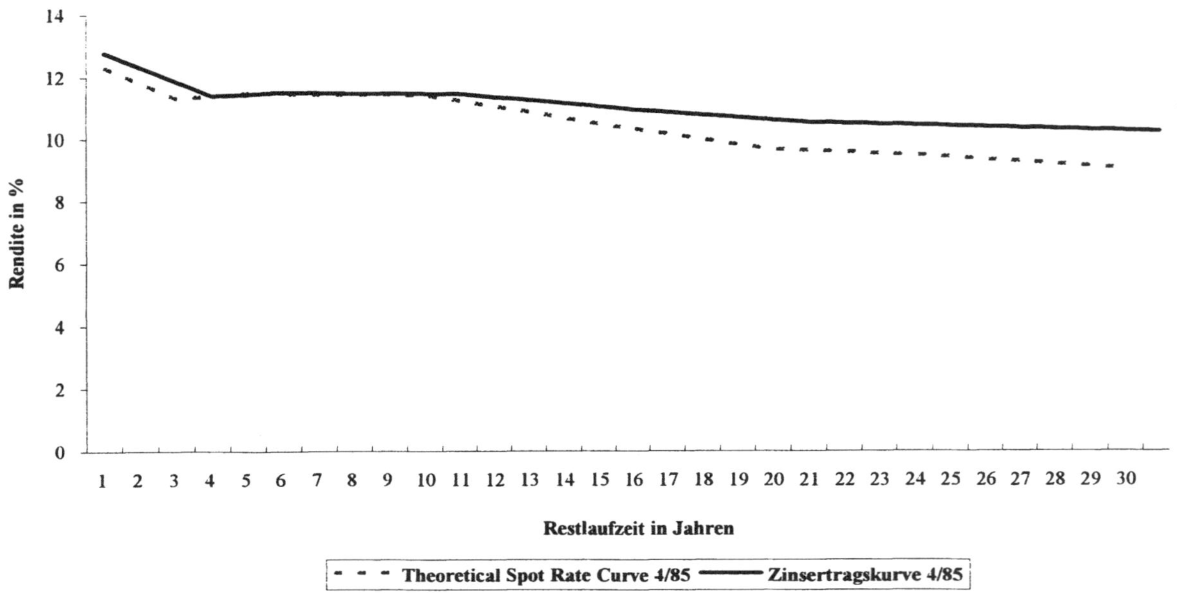

Abb. 29: Vergleich Theoretical Spot Rate Curve mit Zinsertragskurve: flacher Verlauf

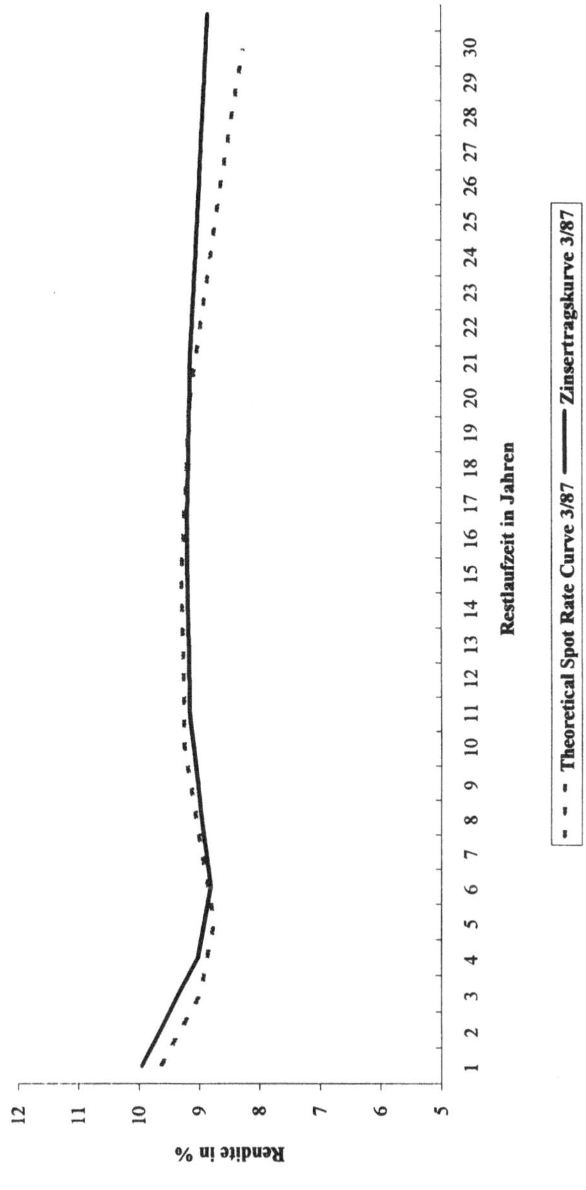

Abb. 30: U.S. Treasury Yield Curves

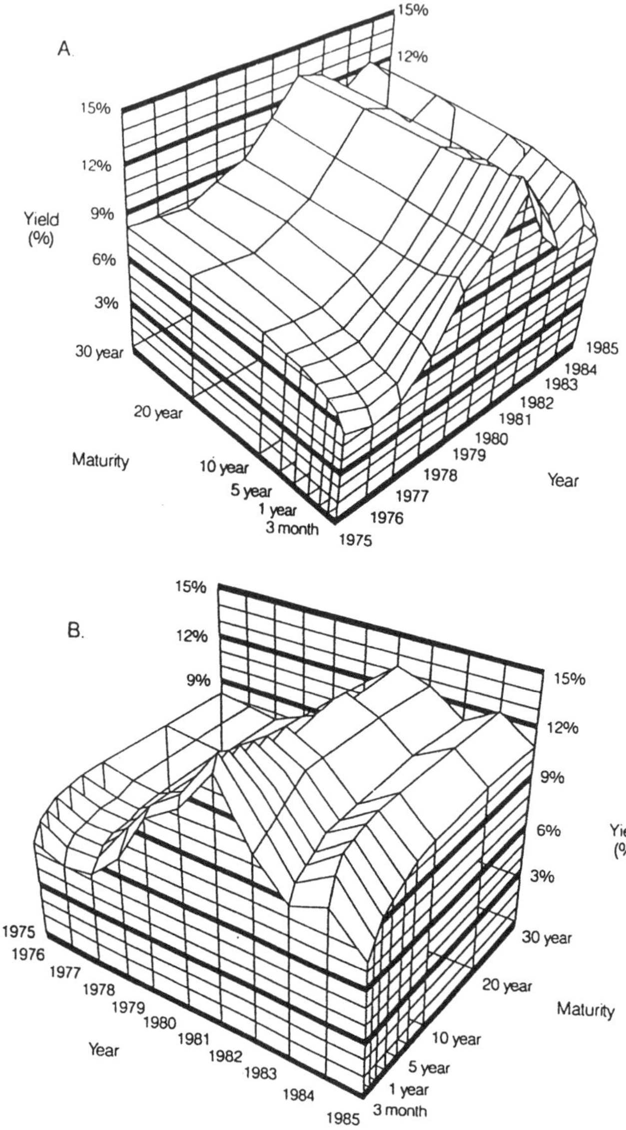

Quelle: Toevs/Dyer 1986, S. 9

Abb. 31: Renditekurve der 20- und 30-jährigen US-Treasuries

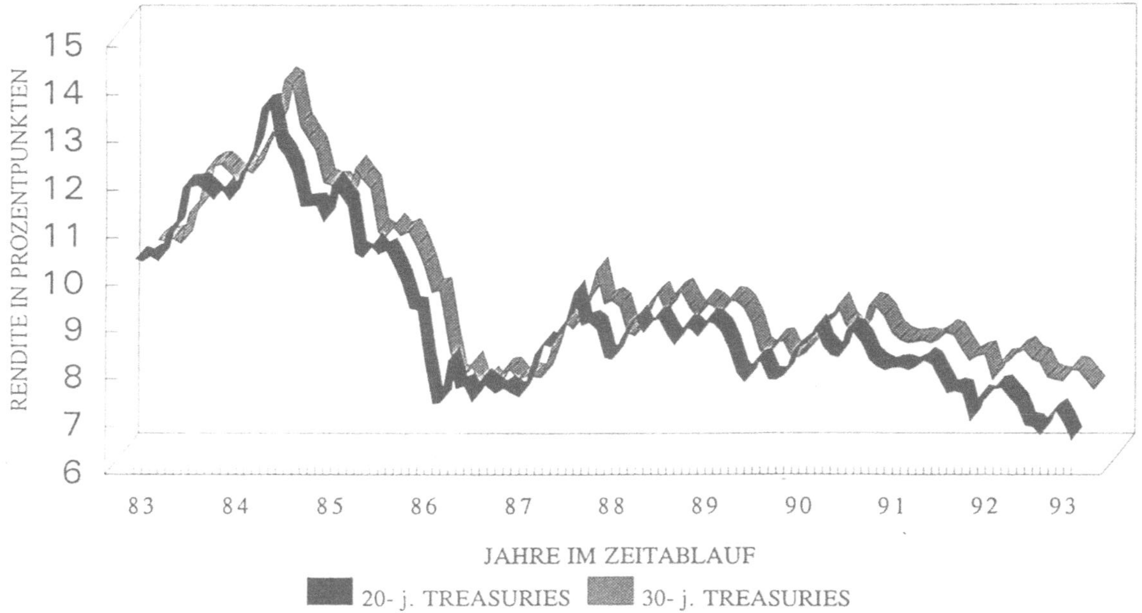

Quelle: Bloomberg

Abb. 32: Historical Yield Spread (1983 - 1993)

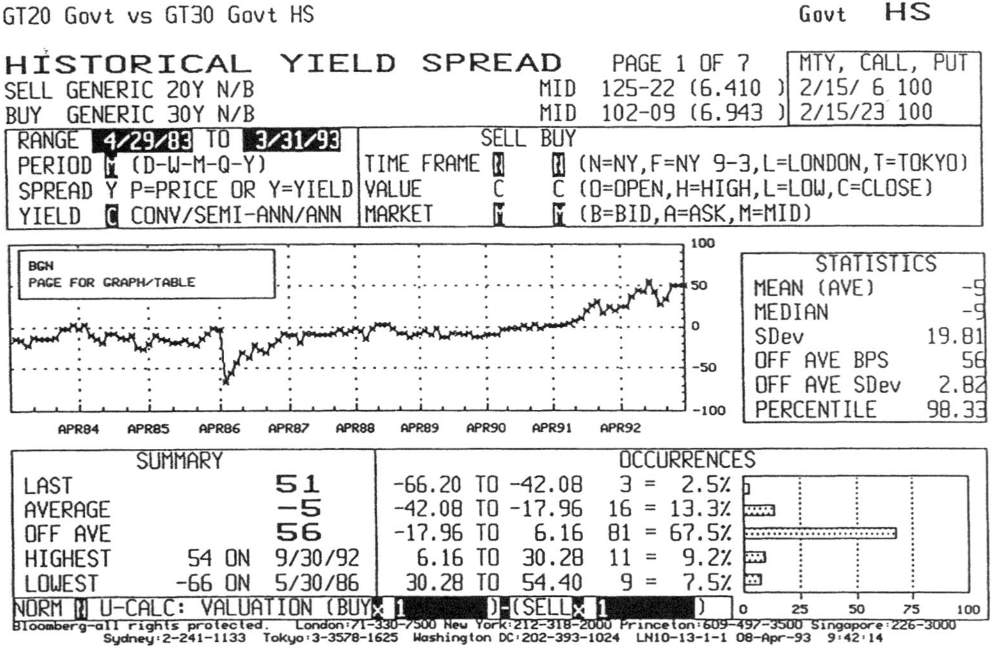

Quelle: Bloomberg

Abb. 33: Historical Yield Spread (1991 - 1993)

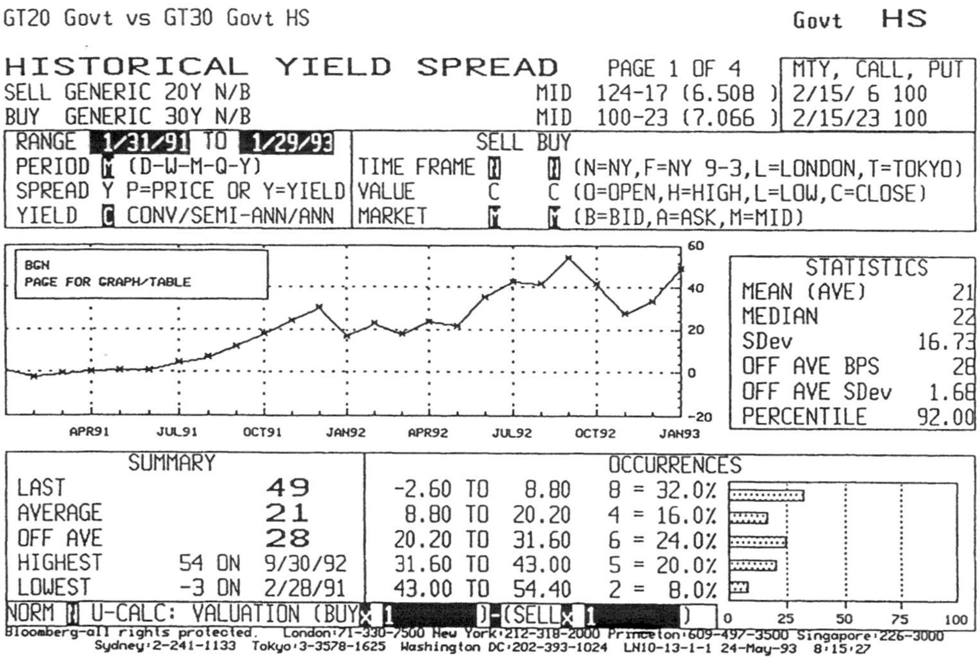

Quelle: Bloomberg

Abb. 34: Renditedifferenz zwischen 20- und 15-jährigen Gilts - United Kingdom 1/83 - 1/93

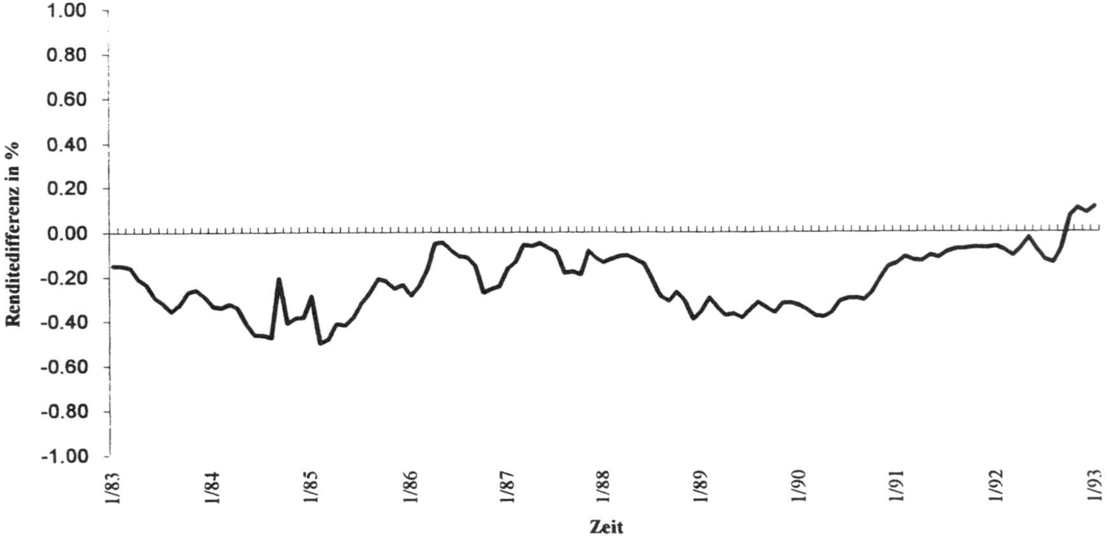

Abb. 35: Yield Spread: Moody's A-Rated Corporates over 10 Year-U.S. Treasury

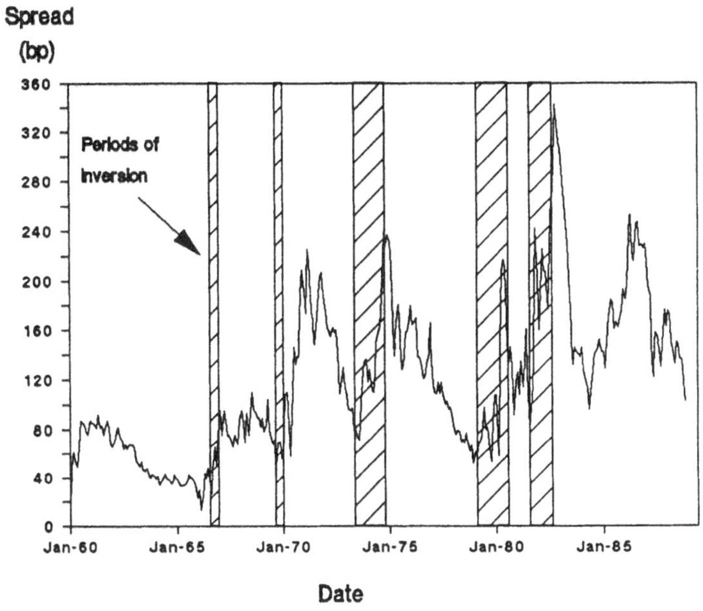

Quelle: Datastream

Abb. 36: Perpetual Floating Rate Notes (emittiert in den Jahren 1984 . 1986)

Emittent	Emissionsvolumen	emittiert am	Call	Zinssatz
Allied Irish Banks	$ 100 MM $ 100 MM	10/84 07/85	11/90 07/97	6O+.25 %
Australia & New Zealand	$ 300 MM	10/86	10/91	6O+.15 %
Bank of Irland	$ 150 MM	11/85	12/90	3O+.25 %
Bank of Nova Scotia	$ 300 MM	08/86	08/91	6O+.125 %
Bank of Scotland	$ 250 MM	11/85	11/90	6M+.25 %
BNP	$ 500 MM	09/86	09/91	6O+.075 %
Banque Paribas	$ 200 MM $ 400 MM	08/84 07/86	09/87 09/91	3M+.375 % 3O+.125 %
Barclays Bank	$ 600 MM $ 750 MM $ 600 MM	06/85 02/86 10/84	07/90 02/91 11/90	6M+.25 % 6B+.25 % 6O+.25 %
Bergen Banks	$ 200 MM	08/86	08/91	6O+.125 %
Canadian Imperial Bank of Commerce	$ 300 MM $ 250 MM	07/85 08/86	07/90 08/91	6O+.25 % 6O+.125 %
Cristiania Bank	$ 200 MM	11/86	11/91	6O+.375 %
Citicorp	$ 500 MM	12/86	12/91	3B+.375 %
Den Danske Bank	$ 100 MM	11/84	11/90	6O+.25 %
Den norske Creditbankd	$ 1500 MM	10/84	11/89	3O+.25 %
Hongkong & Shanghai Bank	$ 400 MM $ 400 MM $ 400 MM	08/85 12/85 7/86	08/90 12/90 07/91	6O+.25 % 3M+.25 % 3M+.1875 %
Lloyds Bank	$ 750 MM $ 500 MM $ 600 MM	05/85 11/85 08/86	06/90 11/90 08/91	6O+.25 % 3O+.1875 % 6O+.10 %
Midland Bank	$ 750 MM $ 500 MM $ 300 MM	06/85 09/85 12/86	06/90 09/90 06/92	6O+.25 % 6O+.25 % 6O+.10 %
National Australia Bank	$ 250 MM	10/86	10/91	6O+.15 %
National Bank of Canada	$ 200 MM	08/86	08/91	6O+.125 %
National Westminster Bank	$ 500 MM $ 500 MM $ 500 MM $ 500 MM	07/85 07/85 11/85 05/84	07/90 07/90 11/90 05/89	6M+. 25 % 6M+. 25 % 3B+. 25 % 6O+. 375 %
Royal Bank of Canada	$ 300 MM	06/86	06/91	3M+. 25 %
Royal Bank of Scotland	$ 350 MM	12/85	12/90	6M+. 25 %
Royal Trustco	$ 150 MM	09/86	09/91	6O+. 15 %
Societe Generale	$ 500 MM	11/86	11/91	6O+. 075 %
Standard Chartered Bank	$ 400 MM $ 300 MM $400 MM $ 300 MM	07/85 11/85 12/85 01/87	07/90 11/90 12/90 01/93	1O+. 125 % 6O+. 25 % 6B+. 275 % 6O+. 15 %
Westpac	$ 500 MM	09/86	09/91	6O+. 15 %

O = LIBOR
B = LIBID
M = LIMEAN

Abb. 37: Abflachung der Zinsertragskurve USA und U.K. (1983 - 1993)

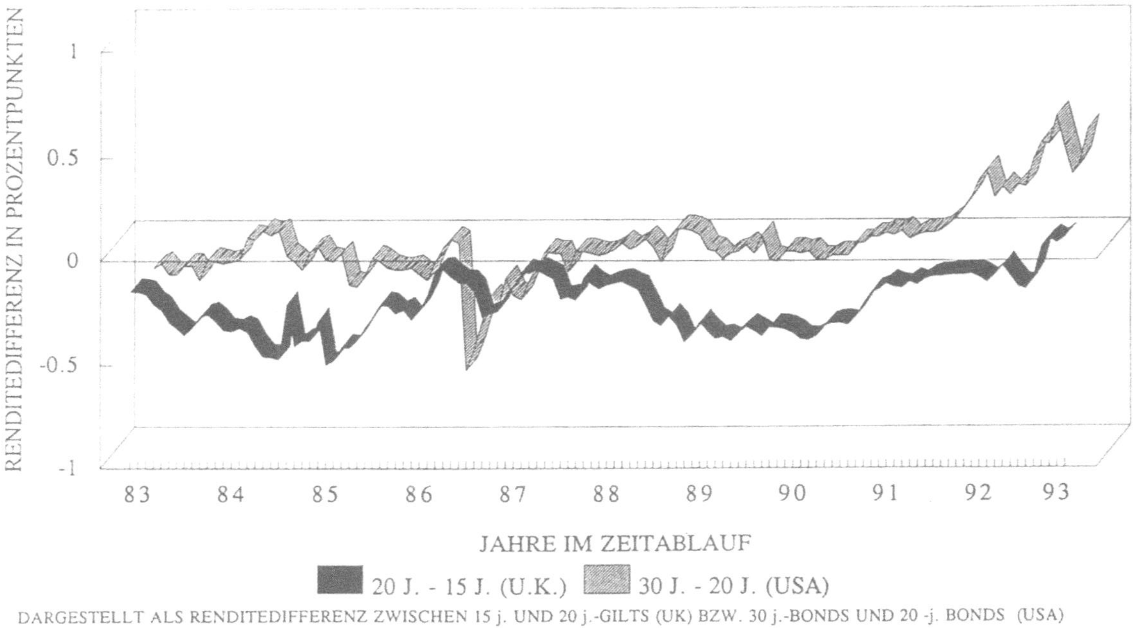

Quelle: Bloomberg

Abb. 38: Rendite der 2.5 % Konsols gegenüber der Retail Price Inflation in Grossbritannien im Zeitraum 1968 - 1994

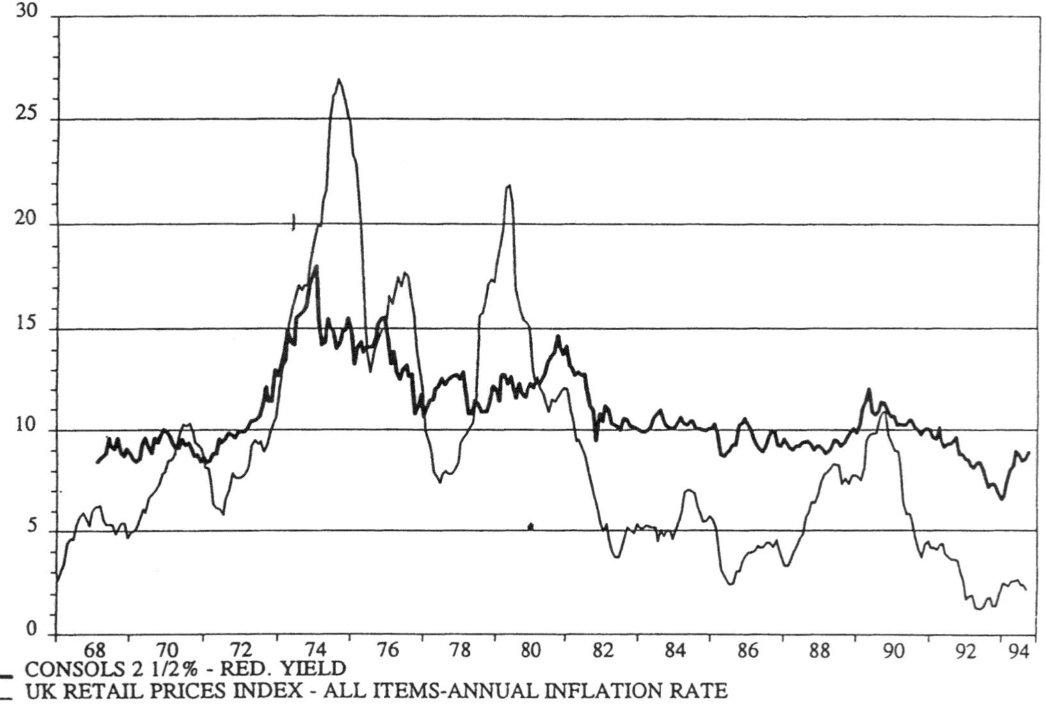

Quelle: Datastream

LITERATURVERZEICHNIS

ALTMANN, EDWARD J.: (1986) Handbook of Corporate Finance (Wiley Professional Banking and Finance Series); New York, Brisbane, Toronto, Singapore

ALTROGGE, GÜNTER: (1982) Zur Abschätzung von Risiken und Chancen bei Anlagen in festverzinslichen Wertpapieren, in: Zeitschrift für Betriebswirtschaft, herausgegeben von E.Gutenberg u.a., 52. Jahrgang 1982 (S. 442 - 469)

AMMANN, DOMINIQUE: (1992) Asset and Liability Management für Pensionskassen, in: Finanzmarkt und Portfolio Management - 6. Jahrgang 1992 - Nr. 2 (S. 193 - 203)

von ARNIM, BERND: (1976) Eigenkapital; in: Handwörterbuch der Finanzwirtschaft, Hrsg.: Hans E. Büschgen; Stuttgart (S. 284 - 289)

ARNOTT, ROBERT D. and FABOZZI, FRANK J.: (1988) Asset Allocation, A Handbook of Portfolio Policies, Strategies & Tactics, edited by Robert D. Arnott and Frank J. Fabozzi, Chicago

BANK FOR INTERNATIONAL SETTLEMENTS: (1986) Recent Innovations in International Banking, Basle

BEAR STEARNS: (1993)Corporate Bond Special Report; Bear Stearns & Co., Inc., Financial Analytics & Structured Transactions Group, Michael Mutti, Gene Cohler, New York

BEENHACKER, HENRY L.: (1976) Handbook for the Analysis of Capital Investments, Westport, London

BERGER, MANFRED: (1990) Hedging, Effiziente Kursabsicherung festverzinslicher Wertpapiere mit Finanzterminkontrakten, Wiesbaden

BERGIUS, CARL JULIUS: (1865) Grundsätze der Finanzwirtschaft mit besonderer Beziehung auf den preussischen Staat, Berlin

BERNOUILLI, CHRISTOPH: (1833) Beiträge zur richtigen Würdigung der Staats-Anleihen überhaupt und der verschiedenen Anleihensformen, Karlsruhe

BIERWAG, G.O.: (1977) Immunization, Duration and the Term Structure of Interest Rates, in: Journal of Financial and Quantitative Analysis, December 1977

BIERWAG, G.O.: (1978) Measures of Duration, in: Economic Inquiry, October 1978 (S. 497 - 507)

BIERWAG, G.O. and KAUFMAN, GEORGE G.: (1977) Coping with the Risk of Interest-Rate Fluctuations: A Note, in: Journal of Business, July 1977 (S. 364 - 370)

BIERWAG G.O. / KAUFMAN, GEORGE G. / TOEVS, ALDEN: (1983) Duration: Its Development and Use in Bond Portfolio Management, G.O. Bierwag, George G.

Kaufman and Alden Toevs; in: Financial Analysts Journal, July-August 1983 (S. 15 - 35)

BIERWAG, G.O. / KAUFMAN, GEORGE G. / LATTA, CYNTHIA M. and ROBERTS, GORDON S.: (1987) Duration: Response to Critics, It is more useful than maturity for bond portfolio management, in: The Journal of Portfolio Management, Winter 1987 (S. 48 - 52)

BIRTH, ADALBERT: (1958) Über die Zurückzahlung von Staatsanleihen in Preußen, dem Deutschen Reich, England und der Schweiz unter besonderer Berücksichtigung der Laufzeiten der Anleihen, Inaugural-Dissertation zur Erlangung der Staatswissenschaftlichen Doktorwürde der hohen Rechts- und Staatswissenschaftlichen Fakultät der Albert-Ludwigs-Universität zu Freiburg im Breisgau

BOEMLE, MAX: (1986) Wertpapiere des Zahlungs- und Kreditverkehrs sowie der Kapitalanlage, Max Boemle HWV Bern, Leitfäden für das Bankwesen, herausgegeben von der Schweizerischen Kommission für Bankfachprüfungen und der Schweizerischen Bankiervereinigung Bd.4, Zürich

BOSSARD, ANDREAS: (1986) Price Risk on the Bond Market, in: Swiss Bank Corporation, Prospects 6, Basel

BRENNAN, MICHAEL J. and SCHWARTZ, EDUARDO S.: (1983) Duration, Bond Pricing, and Portfolio Management, in: George G. Kaufman, G.O.Bierwag, Alden Toevs (Editors), Innovations in Bond Portfolio Management: Duration Analysis and Immunization, Greenwich, London

BROWN, STEPHEN J. and DYBVIG, PHILIP H.: (1986) The Empirical Implications of the Cox, Ingersoll, Ross Theory of the Term Structure of Interest Rates in: The Journal of Finance, Vol. XLI, No: 3, July 1986 (S. 617 - 632)

BUCHAN, JAMES: (1989 (a)) Prices data confound bond traders; in: The Financial Times 14/08/1989, Rubrik: US Money and Credit (S. 16)

BUCHAN, JAMES: (1989(b)) Unravelling some of the mysteries of the business; in: The Financial Times 25/08/1989 (S. 18)

BUNDESSTEUERBLATT: (1985) Ermittlung des einkommenssteuerpflichtigen Kapitalertrages aus Zero Coupon Bonds, die zum Privatvermögen gehören, Bundessteuerblatt 1985, Teil I S. 77 - 81, Der Bundesminister der Finanzen IV B 4 (S 2252) - 4/85

BUSSE, FRANZ-JOSEPH: (1989)Grundlagen der betrieblichen Finanzwirtschaft, München; Wien

CAMPBELL, JOHN Y.: (1986) A Defense of Traditional Hypotheses about the Trem Structure of Interest Rates, in: The Journal of Finance, Vol XLI, No.1, March 1986

CAMPBELL, TIM S.: (1988) Money and capital markets/ Tim S. Campbell, Library of Congress Cataloging-in-Publication Data

CAPIE, FORREST and WEBBER, ALAN: (1985) A monetary history of the United Kingdom, 1870-1982, Vol 1: Data, sources, methods; London

CLAASSEN, EMIL: (1963) Ein Beitrag zur Theorie der Zinsstruktur, Inaugural-Dissertation zu Erlangung des Doktorgrades der Wirtschafts- und Sozialwissenschaftlichen Fakultät der Universität Köln

COHEN, NORMA: (1989) Hostile takeovers pose a threat to bondholders; in: The Financial Times 25/08/1989 (S. 18)

COHN, GUSTAV: (1894) Eisenbahnen, Wasserstraßen und der preußische Staatshaushalt, in: Jahrbuch für Gesetzgebung, Verwaltung und Volkswirtschaft im Deutschen Reich, Hrsg.: Gustav Schmoller, 18. Jg.; Leipzig (S. 1071 - 1115)

COLLINS, MICHEAL: (1988) Money and Banking in the UK: a History, Michael Collins, Croom Helm, London, New York, Sydney

CORPORATE FINANCE: (1988) Compelling structure of US issues, No. 47, October 1988 (S. 18 - 22)

CORPORATE FINANCE: (1989) Call's buy'em low, sell'em high!, No. 50, February 1989 (S. 15 - 16)

CULBERTSON, J.M.: (1957) The Term Structure of Interest Rates, in: The Quarterly Journal of Economics, Vol. LXXI November 1957 No. 4 (S. 485 - 517)

DEUTSCHE BUNDESBANK: (1987) Strukturveränderungen in der Verschuldung der öffentlichen Haushalte seit 1980, in: Monatsberichte der Deutschen Bundesbank, April 1987

DEUTSCHE BUNDESBANK: (1994 (a)) Monatsberichte der Deutschen Bundesbank, März 1994

DEUTSCHE BUNDESBANK: (1994 (b)) Statistische Beihefte zum Monatsbericht der Deutschen Bundsbank, Reihe 2, März 1994

DIEBEN, WILHELM und EBERT, KURT: (1958) Die Technik des öffentlichen Kredits, von Wilhelm Dieben und Kurt Ebert, in: Handbuch der Finanzwissenschaft, 3. Bd. Hrsg: Gerloff W. / Neumark F., Tübingen (S. 37 - 66)

DIETZEL, CARL: (1855) Das System der Staatsanleihen im Zusammenhang der Volkswirtschaft betrachtet, Heidelberg

DOUGLAS, LIVINGSTON G.: (1990) Bond risk analysis: a guide to duration and convexity, New York

DOWNES, JOHN und GOODMAN, JORDAN ELLIOT: (1987) Dictionary of Finance and Investment Terms, 2nd Edition, New York, London, Toronto, Sydney

DREIßIG, WILHELMINE: (1981) Die Technik der Staatsverschuldung, in: Handwörterbunch der Finanzwissenschaft unter Mitwirkung von Norbert Andel und Heinz Haller, hrsg. von Fritz Neumark, Bd. 3, Die Lehre von der öffentlichen

Verschuldung: Finanzpolitik als Mittel zur Verwirklichung wirtschafts- und sozialpolitischer Ziele, bearbeitet von Wilhelmine Dreißig - 3. gänzl. neubearb. Aufl., Tübingen

DRESDNER BANK: (1986 (a)) Instrumente des Eurowertpapiermarktes, 7. Aufl., Frankfurt

DRESDNER BANK: (1986 (b)) Zinsmanagement - Instrumente und Anwendungen, Frankfurt

DRESDNER BANK: (1989) DM Bonds - Struktur und Ursachen in Deutschland (Investment Research der Dresdner Bank), Frankfurt

DRUKARCZYK, JOCHEN: (1991) Finanzierung: eine Einführung, 5. überarb. Aufl.- Stuttgart

ELLER,ROLAND und KEMPFLE, WINFRIED: (1989):Die Finanzkennzahl "Duration" in der Anlageberatung, in: Die Bank 12/1989, S. 675 ff.)

FABOZZI, FRANK J. and ZARB, FRANK G.: (1986) Handbook of Financial Markets, Securities, Options and Futures, edited by Frank J. Fabozzi and Frank G. Zarb, 2nd Edition, Homewood

FABOZZI, FRANK J. / GARLICKI, T. DESSA and DANIELS, LESLIE D. (1986): Stripped Treasury Securities, in: Fabozzi, Frank J. and Zarb, Frank G. (Editors), Handbook of Financial Markets, Securites, Options and Futures, Homewood

FABOZZI, FRANK J.: (1987) Bond Yield Measures and Price Volatility Properties, in: The Handbook of Fixed Income Securities, Frank J. Fabozzi and Irving M. Pollack (Editors), 2nd Edition, Homewood (S. 50-85)

FABOZZI, FRANK J.: (1988) Fixed Income Mathematics, Chicago

FABOZZI, FRANK J.: (1989) Fixed-Income Portfolios Strategies, Frank J. Fabozzi, Chicago

FABOZZI, FRANK J. und POLLAK, IRVING M. (Editors): (1987) The Handbook of Fixed Income Securities, Second Edition, Homewood

FAßBENDER, HEINO: (1977)Die Theorie der Fristigkeitsstruktur der Zinssätze: Ein Überblick, in: WiSt Wirtschaftswissenschaftliches Studium, Zeitschrift für Ausbildung und Hochschulkontakt, 6. Jahrgang Heft 3, März 1977 (S. 97 - 103)

FAßBENDER, HEINO: (1973) Zur Theorie und Empirie der Fristigkeitsstruktur der Zinssätze, von Dr. Heino Faßbender, Hrsg.: Prof. Dr. Fritz Voigt, Untersuchungen über das Spar-, Giro- und Kreditwesen an der Universität Bonn, Abt. A: Wiwi Bd. 72, Berlin

FINSTERWALDER/MUSULIN: (1988) Internationale Kapitalmärkte, in: Geld-, Bank- und Börsenwesen: ein Handbuch/ Obst, Hintner - 38. völlig neubearb. Aufl./ hrsg. von Norbert Kloten und Johann Heinrich von Stein, Stuttgart

FISHER, IRVING : (1930) The Theory of Interest, New York

FISHER, LAWRENCE: (1959) Determinants of Risk Premiums on Corporate Bonds, in: The Journal of Political Economy Vol. LXVII June 1959 No. 3

FISHER, LAWRENCE AND WEIL, ROMAN L.: (1971) Coping with the Risk of Interest-Rate Fluctuations: Returns To Bondholders From Naive and Optimal Strategies; in: The Journal of Business of The University Of Chicago, Vol 44, No. 4, October 1971

FRANCKE, HANS-HERMANN: (1983) Zinswirkungen der Staatsverschuldung auf die Beziehung zwischen Nichtbanken und Finanzierungsinstituten, in: Staatsfinanzierung im Wandel (Schriften des Vereins für Socialpolitik, Bd. 134), Berlin (S. 377-400)

FRANCKE, HANS-HERMANN / FRIEDRICH, Dieter: (1984) Zinswirkungen der Staatsver-schuldung - Eine empirische Untersuchung für die Bundesrepublik Deutschland / von Hans-Hermann Francke; Dieter Friedrich- Berlin (Untersuchungen über das Spar- Giro- und Kreditwesen: Abt. A, Wirtschaftswissenschaft, Bd. 120)

FREUND, W.C.: (1970) Investment Fundamentals, Washington

FRICKE, ALBERT: (1912) Die Anfänge des Eisenbahnwesens in Preußen, Inaugural-Dissertation zur Erlangung der Doktorwürde der hohen philosophischen Fakultät der Friedrich-Alexanders-Universität Erlangen

GAINES, TILFORD C.: Techniques of Treasury Debt Management

GARBADE; K: (1982) Securities Markets, 1982

GERHARDT, WOLFGANG: (1985) Neue Anleihenformen; in: Das Wirtschftswissen-schaftliche Studium (WiST) 10, Oktober 1985 (S. 520 - 522)

GOLDMAN SACHS: (1989 (a)) Guide to Perpetual Floating Rate Notes & International Bank Issuers, Stan August and Carolyn Katz, Corporate Bond Credit Research, New York, Februar

GOLDMAN SACHS: (1989 (b)) Eurobond-Floating Rate Perpetual Note Presentation, New York

GOLDMAN SACHS: (1989 (c)) The Investment Implications of Inverted Yield Curve, Goldman Sachs Fixed Income Research, New York

GOODMAN, LAURIE S.: (1989) Hedging with Futures and Options, in: Fank J. Fabozzi (Editor), Fixed-Income Portfolio Stragies, Chicago

GOSSEN, HERMANN HEINRICH: (1854) Entwicklung der Gesetze des menschlichen Verkehrs, und der daraus fliessenden Regeln für menschliches Handeln, 2. Auflage, Berlin

GOTTHELF, MICHAEL A.: (1989) Von Giftpillen und weißen Rittern; in: Frankfurter Allgemeine Zeitung vom 26.08.1989 (S. 11)

GRUNOW, ARMIN G.: (1987) Portefeuille-Strategien für festverzinsliche Wertpapiere; in: Kapitalmarktanalyse - Institutionen, Instrumente und Anlagestrategien - Hrsg.: Bernd Rudolph, Frankfurt am Main

HAHN, OSWALD: (1983) Finanzwirtschaft - 2. überarbeitete und erw. Auflage - Landsberg/Lech

HAKANOGLU, EROL / KOPPRASCH, ROBERT and ROMAN, EMMANUEL: (1989) Portfolio Insurance in the Fixed Income Market, in: Fank J. Fabozzi, Editor, Fixed-Income Portfolio Strategies, Chicago

HANSMEYER, KARL-HEINZ: (1972) Die optimale Schuldenstruktur bei gegebenem Schuldenstand; in: Probleme der Staatsverschuldung; Hrsg.: Heinz Haller und Willi Albers, Berlin (Schriften des Vereins für Socialpolitik, Gesellschaft für Wirtschafts- und Sozialwissenschaft, Neue Folge Bd. 61)

HARTER, WINFRIED und FRANKE, JÖRG u.a.: (1988) Wertpapiere in Theorie und Praxis, von Winfried Harter, Jörg Franke, Jürgen Hogrefe, Rolf Seger, Stuttgart

HAWAWINI, GABRIEL A.: (1982) Bond Duration and Immunization, Early Develpments and Contributions, edited by Gabriel A. Hawawini, New York & London

HAWAWINI, GABRIEL A.: (1984) On The Relationship Between Macaulay's Bond Duration And The Term To Maturity, in: Economics Letters 16 (1984), North-Holland (S. 331-337)

HAWAWINI, GABRIEL A.: (1986/87) Controlling the Interest Rate Risk of Bonds: An Introduction to Duration Analysis and Immunization Strategies, In: Finanzmarkt und Portfolio Management, 1. Jg. 1986/87 -Nr. 4 (S. 8 - 18)

HAWAWINI, GABRIEL A.: (1987) On The Mathematics of Macaulay's Duration, in: Bond Duration and Immunization: Early Developments and Recent Contributions, edited by Gabriel A. Hawawini, New York & London (S. 1 - 9)

HERRMANN/HEUER/RAUPACH: (1983) Kommentar zum EStG und KStG, Stand: 140. Erg. Lfg.

HICKS, J.R.: (1946) Value and Capital, An Inquiry Into Some Fundamental Principles of Economic Theory by J.R. Hicks, Second edition, Oxford

HIELSCHER, UDO: (1990) Investmentanalyse, von Udo Hielscher - München, Wien

HOCHGÜRTEL, HEINRICH: (1976) Der Financial Futures Markt - Eine Einführung, in: Außenwirtschaft, 37. Jg. (1982), Heft II/III, Diessenhofen (S. 329-344)

HOCK, CARL RITTER VON: (1857) Die Finanzverwaltung Frankreichs von Dr. Carl Ritter Von Hock, Stuttgart und Augsburg

HOCK, CARL FREIHERR VON: (1863) Die öffentlichen Abgaben und Schulden, von Dr. Carl Freiherr von Hock, Stuttgart

HOCK, CARL FREIHERR VON: (1867) Die Finanzen und die Finanzgeschichte der Vereinigten Staaten von Amerika, von Dr. Carl Freiherr von Hock, Stuttgart

HOMER, SIDNEY: (1977) A History of Interest Rates, Sidney Homer, Second Edition, completely revised, New Jersey

HOMER,S. and LEIBOWITZ, M.L.: (1972) Inside the Yield Book, Englewood Cliffs

HOPEWELL, MICHEAL H. and KAUFMAN, GEORGE G: (1973) Bond Price Volatility and the Term to Maturity: A Generalized Respecification, in: American Economic Review, September 1973

IMLER, HEINRICH: (1976) Die Zentralbank als "fiscal agent" des Bundes und der Länder, in: Öffentliche Verschuldung und Kapitalmarkt, Hrsg.: Georg Bruns, Karl Häuser, Frankfurt am Main, Kolloquien-Beiträge 13 (Schriftenreihe des Instituts für Kapitalmarktforschung an der J.W. Goethe-Universität, Frankfurt am Main)

INGERSOLL, JONATHAN E. / SKELTON, JEFFREY and WEIL, ROMAN: (1978) Duration Forty Years Later, in: Journal of Financial and Quantitative Analysis, November 1978

IRNIGER, RENE: (1976) Optimale Mischung festverzinslicher Wertpapiere (Inauguraldissertation) Basler Versicherungsgesellschaft, Basel

ISSING, OTTMAR: (1987) Einführung in die Geldtheorie, 5.Auflage München

JACKEL, HERBERT: (1990) Finanzinnovationen und Arbitrage am Beispiel von Nikkei Index linked-Anleihen, in: Die Bank 11/1990, S. 615 - 617

JACOBS/LORD/TILLEY: (1976) Price, Duration and Convexity of a Stream of Interest-sensitive Cash Flows, by David P. Jacobs, Graham Lord, James A. Tilley - Morgan Stanley, Fixed Income Analytical Research, New York

JOEHNK, MICHAEL D.: (1987) An Introduction to Fixed Income Securities, in: The Handbook of Fixed Income Securities, Frank J. Fabozzi and Irving M. Pollack (Editors), 2nd Edition, Homewood (S. 3 - 13)

JÜTTNER, JOHANNES: (1974) Zur Struktur der Zinssaätze in der Bundesrepublik Deutschland, in: Franz Böhm und Heinz Sauermann (Hrsg.), Zeitschrift für die gesamte Staatswissenschaft, 130. Band 1974, Tübingen

JÜTTNER, JOHANNES: (1986) Public Debt and Asset Preferences; in: Kredit und Kapital, Hrsg.: Werner Ehrlicher, Hans-Jacob Krümmel, 19. Jhrg., Berlin (S. 386-400)

KALDOR, NICHOLAS: (1939) Speculation and Economic Stability, in : The Review of Economic Studies 7, 1939

KALECKI, MICHAEL: (1939) Essays in the Theory of Economic Fluctuations, London

KALWEIT, FRITZ ULRICH: (1976) Beiträge zur Theorie der Zinsstruktur, Dissertation zur Erlangung des Grades eines Doktors der Wirtschaftswissenschaft der Rechts- und Wirtschaftswissenschaftlichen Fakultät der Universität des Saarlandes

KANE, EDWARD J.: (1970) The Term Structure of Interest Rates, An Attempt To Reconcile Teaching with Practice, in: The Journal of Finance, 1970 Vol.25 (S. 361-374)

KANE, EDWARD J. and MALKIEL, BURTON G.: (1967) The Term Structure of Interest Rates: An Analysis of a Survey of Interest-Rate Expectations, in: Review of Economics And Statistics, August 1967 (S. 343 - 355)

KATH, DIETMAR: (1972) Die verschiedenen Ansätze der Zinsstrukturtheorie, Versuch einer Systematisierung, von Dietmar Kath, Hamburg, in: Kredit und Kapital, Hrsg.: Werner Ehrlicher, Helmut Lipfert, 15. Jahrgang 1972 (S. 28 - 71)

KESSEL, REUBEN A.: (1965) The Cyclical Behavior of the Term Structure Of Interest Rates, Occasional Paper 91, National Bureau Of Economic Research, New York

KEYNES, JOHN MAYNARD: (1930) A Treatise on Money, London

KLOTZ, RICHARD G.: 1985 Convexity of Fixed-Income Securities, Salomon Brothers Inc., New York

KOPPRASCH, ROBERT W.: (1987) Understanding Duration and Volatility, in: The Handbook Of Fixed Income Securities, Frank J. Fabozzi and Irving M. Pollack (Editors), 2nd Edition, Homewood (S. 86-120)

KOPPRASCH, ROBERT / JOHNSON, CARL / TATEVOSSIAN, ARMAND H.: (1985) Strategies for the Asset Manager: Hedging and the Creation of Synthetic Assets, Editor: Salomon Brothers Inc., Bond Portfolio Analysis Group

KRUSCHWITZ, LUTZ / SCHÖBEL, RAINER: (1984) Eine Einführung in die Optionspreistheorie (I.) von Lutz Kruschwitz/ Rainer Schöbel, Berlin in: WISU 2/1984 (S. 68 - 72)

KRUSCHWITZ, LUTZ / SCHÖBEL, RAINER: (1986) Duration - Grundlagen und Anwendungen eines einfachen Risikomaßes zur Beurteilung festverzinslicher Wertpapiere von Lutz Kruschwitz und Rainer Schöbel, in: WISU 11/1986 (I), WISU 12/1986 (II), Lüneburg

KUßMAUL, HEINZ: (1989) Zero-Bonds, Begriff, Merkmale, Gestaltungs-möglichkeiten, in: Das Wirtschaftswissenschaftliche Studium (WiSt), Heft 1 Januar 1989 (S. 15 - 19)

LANDMANN, JULIUS: (1958) Die Geschichte des öffentlichen Kredits, in: Handwörterbuch der Finanzwissenschaft, Hrsg.: Gerloff, W./ Neumarkt, F., 3.Bd., Tübingen

LATTA, CYNTHIA M.: (1986/87) Duration-based Strategies: Time for Implementation, in: Finanzmarkt und Portfoliomanagment - 1. Jahrgang 1986/87- Nr. 4 (S. 19 - 25)

LEIBOWITZ, MARTIN L.: (1983) How Financial Theory Evolves into the Real World - or not: The Case of Duration And Immunization, in: The Financial Review, November 1983, Vol 13 No.4 (S. 271 - 280)

LEIBOWITZ, MARTIN L.: (1987) Total Aftertax Bond Performance and Yield Measures for Taxable Bonds Held in Taxable Portfolios, in: The Handbook of Fixed Income Securities, Fank J. Fabozzi and Irving M. Pollack (Editors), 2nd Edition, Homewood (S. 592 - 632)

LEIBOWITZ, MARTIN L.: (1987) Horizon Analysis: An Analytical Framework for Managed Bond Portfolios, in: The Handbook of Fixed Income Securities, Frank J. Fabozzi and Irving M. Pollack (Editors), 2nd Edition, Homewood (S. 633 - 645)

LIVINGSTON, MILES and CAKS, JOHN: (1977) A 'Duration' Fallacy, in: Journal of Finance, Vol. XXXII. NO. 1, March 1977 (S. 185 - 187)

LÖFFLER, ANTJE-ULRIKE: (1987) Anleihen, Nationale und internationale Anleihen als Finanzierungsinstrument und Kapitalanlagemittel, Dissertation der Rechts- und staatswissenschaftlichen Fakultät der Universität Zürich zur Erlangung der Würde eines Doktors der Wirtschaftswissenschaft, Bern

LUTZ, FRIEDRICH A.: (1967) The Theory of Interest, Dordrecht, Holland

LUTZ, FRIEDRICH A.: (1950) The Structure of Interest Rates, in: William Fellner and Bernard F. Haley, Readings in the Theory of Income Distribution, London

MACAULAY, FREDERICK R.: (1938) The Movement of Interest Rates, Bond Yields and Stock Prices in the United States Since 1856, National Bureau of Economic Research, New York

MALKIEL, BURTON GORDON: (1966) The Term Structure Of Interest Rates - Expectations and Behavior Patterns Princeton

MALONEY, KEVIN J. and LOGUE, DENNIS E.: (1989) Neglected complexities in structured bond portfolios, No free lunch here!, in: The Journal of Portfolio Management, Winter 1989 (S. 59 - 68)

MATTERN, ERHARD: (1984) Rating im internationalen Kreditgeschäft, in: Die Bank 8/1984 (S. 375 ff.)

MEISELMAN, DAVID: (1962) The Term Structure of Interest Rates, Englewood Cliffs, N.J.

MELCHIOR, REINHOLD (1913) Die preußischen Staatseisenbahnen, in ihren Ergebnissen und ihrer Finanzgebarung verglichen mit der Pennsylvania Railroad und der London and North-Western Railway; in: Schmollers Jahrbuch für Gesetzgebung, Verwaltung und Volkswirtschaft im Deutschen Reich, Hrsg.: Gustav Schmoller, Leipzig

MITHOFF: (1890) Anleihen, in: Handwörterbuch der Staatswissenschaften, Bd. 1, Hrsg.: Conrad, Elster, Lexis, Loening, Jena

MODIGLIANI FRANCO and RICHARD SUTCH: (1966) Innovations In Interest Rate Policy, Massachusetts Institute of Technology, in: American Economic Review Vol. LVI May 1966 (S. 178 - 197)

MORGAN STANLEY: (1989) Non-Dollar Fixed Income Derivatives: Futures and Options, New York

MUSGRAVE, RICHARD A.: (1958) Theorie der öffentlichen Schuld, in: Handwörterbuch der Finanzwissenschaft, 3. Bd., Hrsg.: W. Gerloff / F. Neumark, Tübingen

NEBENIUS, FRIEDRICH: (1820) Der öffentliche Kredit (dargestellt in der Geschichte und in den Folgen der Finanzoperationen der großen europäischen Staaten seit der Herstellung des allgemeinen Land- und Seefriedens, ihrer Maßregeln zur Begründung oder Befestigung öffentlicher Creditanstalten, und der Begebenheiten in der Handelswelt, deren Wirkung damit zusammen getroffen), von Friedrich Nebenius, Großherzoglich Badischem geheimen Referendär, Karlsruhe und Baden

NIEHANS, JÜRG: (1990) A History of Economic Theory, Classic Contributions, 1720-1980, Baltimore and London

ohne Verfasser: (1988) Versicherungen legten 1988 kräftig zu, o.V.: in: Frankfurter Allgemeine Zeitung (FAZ) vom 26.08.1989 (S. 9)

ohne Verfasser: (1989) Wer rettet den PS?, o.V. in: Finanz und Wirtschaft, 12.08.1989, Nr. 62 (S. 13 und S. 15)

OTTMANN, KARL: (1965) Eisenbahnfinanzen und Staatshaushalt: Ein Kapitel preussischer Eisenbahngeschichte, in: Archiv für Eisenbahnwesen, Hauptverwaltung der Deutschen Bundesbahn, Berlin 65 (S. 1 - 26)

PERRIDON, LOUIS / STEINER, MANFRED: (1993) Finanzwirtschaft der Unternehmung / von Louis Perridon und Manfred Steiner, 7. überarb. Aufl., München

PRIGNITZ, CHRISTOPH: (1981) Vaterlandsliebe und Freiheit: dt. Patriotismus von 1750-1850, Wiesbaden

RAWLS, S.WAITE / SMITHSON, CHARLES W.: (1989) The Evolution of Risk Management Products, S. Waite Rawls, Charles W. Smithson, in: Journal of Applied Corporate Finance, The Continental Bank, Winter 1989, Vol. 1 No. 4, New York

REDINGTON, F.M.: (1952) Review of the Principles of Life-Office Valuations, in: Journal of the Institute of Actuaries, Volume 78, 1952 (S. 286 - 340)

ROLL, RICHARD: (1970) The Behavior of Interest Rates, An Application of the Efficient Market Model to U.S. Treasury Bills, Richard Roll, Foreword by Paul Samuelson, New York, London

ROSEN, LAWRENCE R.: (1986) Investing in Zero Coupon Bonds, All about CATS, STRIPS, TIGRs, LIONS, TRs, and TBRs, New York, Chichester, Brisbane, Toronto, Singapore

RUDOLPH, BERND: (1986) Teilimmunisierung von Festzinsanlagen gegen Zinsänderungsrisiken, in: Kapitalmarkt und Finanzierung, Hrsg.: Dieter Schneider, Berlin (Schriften des Vereins für Socialpolitik, Gesellschaft für Wirtschafts- und Sozialwissenschaften, Neue Folge Bd. 165)

RUPPE,HANS-GEORG / SWOBODA, PETER / NITSCHE, GUNTER: (1985) Die Abgrenzung von Eigenkapital und Fremdkapital, Hans-Georg Ruppe, Peter Swoboda, Gunter Nitsche, Sparkassen Forschungsinstitut, Schriftenreihe des österreichischen Forschungsinstitut für Sparkassenwesen

SALOMON BROTHERS: (1986) Introducing the Salomon Brothers World Government Bond Index, New York

SAMUELSON, P.A.: (1945) The effect of interest rate increases on the banking system, in: American Economic Review 1945, Vol. 35 (S. 16 - 27)

SATTLER, C.: (1892) Die Schulden des preussischen Staates von 1870-91, in: Finanzarchiv, Zeitschrift für das gesamte Finanzwesen, Hrsg.: Georg Schanz, 9.Jhrg., 1.Bd., Stuttgart

SCHANZ, GEORG: (1885) Die Konvertierung preussischer Staatsschulden, in: Finanzarchiv, Zeitschrift für das gesamte Finanzwesen, Hrsg.: Georg Schanz, 2.Jhrg., Stuttgart

SCHIEDER, THEODOR: (1964) Der Nationalstaat in Europa als historisches Phänomen (Arbeitsgemeinschaft für Forschung des Landes Nordrhein-Westfalen, Geisteswissenschaft, H.119), Köln und Opladen

SCHIERENBECK, HENNER: (1980) Grundzüge der Betriebswirtschaftslehre / von Henner Schierenbeck, 5. völlig neubearb. und erw. Aufl., München, Wien

SCHEUNER, ULRICH: (1974) Nationalstaatsprinzip und Staatenordnung seit dem Beginn des 19.Jahrhunderts, in: Staatsgründungen und Nationalitätsprinzip, unter Mitwirkung von Peter Alter, herausgegeben von Theodor Schieder, Studien zur Geschichte des neunzehnten Jahrhunderts, Abhandlungen der Forschungsabteilung des Historischen Seminars der Universität Köln, Band 7, Oldenbourg, München, Wien

SCHLICK, MANFRED: (1989) Die Schuldenpolitik des Bundes seit 1960 (Institut "Finanzen und Steuern", Brief Nr. 283) Bonn

SCHULTZ, BRUNO: (1922) Die volkswirtschaftliche Bedeutung der Eisenbahnen - Eine Studie zur Schuldenfrage von Bruno Schultz

SCHWANDER, DUNJA: (1989) Chancen und Risiken der Finanzierung von Investitionen durch die Emission von Konsols, Dikussionsbeiträge, Insitut für Finanzwissenschaft der Albert-Ludwigs-Universität, Hrsg.: Werner Ehrlicher, Alois Oberhauser, Hans-Hermann Francke; Freiburg

SCHWARTZ, EDUARDO S.: (1986/87) Options and Portfolio Insurance, in: Finanzmarkt und Portfolio Management - 1. Jahrgang 1986/87 - Nr. 1 (S. 9 - 17)

SCHWEBLER, ROBERT: (1986) Kapitalanlagen der Lebensversicherer 1985; in: Die Bank, Zeitschrift für Bankpolitik und Bankpraxis, 7/1986 (S. 362 - 366)

SCHWEBLER, ROBERT: (1987) Neue Investitionsschwerpunkte der Versicherer; in: Die Bank, Zeitschrift für Bankpolitik und Bankpraxis, 8/1987 (S. 440 - 446)

SCHWEIZERISCHER BANKVEREIN: (1989) Financial Futures und Optionen - Der Einsatz moderner Finanzinstrumente durch Portfoliomanager und Treasurer, Basel

SCHWILLING, WERNER: (1974) Lexikon der Geldanlage, Werner Schwilling u.a., Zürich

SELLIEN, REINHOLD / SELLIEN, HELMUT: (1989) Gabler Wirtschaft-Lexikon, 10. Aufl. , Wiesbaden, Bd. 1 (A-K), Hrsg.: Sellien Reinhold/ Sellien Helmut, 12. vollst. neubearb. und erw. Aufl.

SHEARSON LEHMAN HUTTON GILTS LIMITED: (1989) British Government Stocks, 17th July 1989

SHILLER, ROBERT J.: (1990) The Term Structure of Interest Rates, in: Friedman, Benjamin M. (Harvard University) and Hahn, Frank H. (Cambridge University), Editors, Handbook of Monetary Economics, Volume I , North- Holland, Amsterdam, New-York, Oxford, Tokyo

SIEGEL, BERND: (1976) Kapitalanlage in festverzinslichen Wertpapieren unter besonderer Berücksichtigung der Inflation, Dissertation zur Erlangung der Würde eines Doktors der Wirtschafts- und Sozialwissenschaftlichen Fakultät der rechts-, wirtschafts- und sozialwissenschaftlichen Fakultät der Universität Freiburg (Schweiz)

SMITH, DONALD J.: (1988) The Pricing of Bull and Bear Floating Rate Notes: An Application of Financial Engineering; in: Journal of Financial Management Association, Vol. 17/No. 4, Winter 1988 (S. 72 - 81)

SMITH/SMITHSON/WILFORD: (1989) Managing Financial Risk, in: Journal of Applied Corporate Finance, Winter Vol. 1, No.4 Winter 1989, Issued by: Continental Bank, New York

SOMBART, WERNER: (1913) Die deutsche Volkswirtschaft im 19. Jahrhundert, Werner Sombart, 3. durchgesehene und bis auf Gegenwart weitergeführte Auflage, Berlin

STEIN, LORENZ: (1860) Lehrbuch der Finanzwissenschaft. Als Grundlage für Vorlesungen und zum Selbststudium, von Lorenz Stein, Leipzig

VON STEIN, J.H. / GROß, H.: (1984) Financial Futures: Ein neues Instrument für Unternehmen und Anleger, von J.H. von Stein und H. Groß,in: Deutsche Vereinigung für Finanzanalyse und Anlageberatung (DVFA), Beiträge zur Wertpapier-Analyse, Heft 22, 1984 (S. 5 - 28)

STEUER, JÜRGEN H.: (1985) Neue Formen von Kapitalanlagen (Zero- und Stripped Bonds) und ihre steuerliche Beurteilung in der Bundesrepublik Deutschland, (International Finance Management; Bd. 10), Frankfurt am Main

STIGLITZ, JOSEPH E.: (1970) A Consumption-Oriented Theory of the Demand for Financial Assets and the Term Structure of Interest Rates in: Review of Economic Studies, July 1970 (S. 321 - 350)

STIGUM, MARCIA and FABOZZI, FRANK J.: (1987) U.S. Treasury Notes and Bonds, in: The Handbook of Fixed Income Securities, Frank J. Fabozzi and Irving M. Pollack (Editors), 2nd Edition, Homewood Illinois (S. 207 - 218)

SÜCHTING, JOACHIM: (1984): Finanzmanagement, Theorie und Politik der Unternehmensfinanzierung, 4. Aufl., Wiesbaden (Schriftenreihe des Instituts für Kredit- und Finanzwirtschaft: Bd. 1)

SWOBODA, PETER: (1991) Betriebliche Finanzierung, 2. erw. und völlig überarb. Aufl., Heidelberg

TERRELL, WILLIAM T. and FRAZER JR., WILLIAM J.: (1972) Interest Rates, Portfolio Behavior, And Marketable Government Securities in: The Journal Of Finance, Vol XXVII March 1972 No. 1 (S. 1 - 35)

THE FINANCIAL TIMES vom Dienstag, den 29.01.1991, S. 27: Maggis Urtyp, Generating extra financial power without blowing a debt fuse, Amps are a whole new source of funding for companies, yet cheaper than equity. Maggie Urry investigates a steadily growing trend

THEOBALD, DAVID: (1993) STRIPS: An Extra Dimension To Government Bonds, Section 2 Overview of Existing Markets, J.P. Morgan Securities Limited

TILLEY, JAMES A.: (1985) Risk Control Techniques for Life Insurance Companies, Morgan Stanley Fixed Income Analytical Research, New York

TOEVS, ALDEN T.: (1984) Uses of Duration Analysis for the Control of Interest Rate Risk, Morgan Stanley Fixed Income Analytical Research, New York

TOVS, ALDEN T. / DYER, LAWRENCE: (1986) The Term Structure of Interest Rates And Its Use in Asset and Liability Management, Alden T. Toevs, Lawrence Dyer; Morgan Stanley Fixed Income Analytical Research, New York

UHLIR, HELMUT / STEINER, PETER: (1991) Wertpapieranalyse / H. Uhlir; P. Steiner - Heidelberg

VANDERHOOF, IRWIN T.: (1983) The Use of Duration in Dynamic Programming of Investments; in: Innovations in Bond Portfolio Management - Duration Analysis and Immunization, Hrsg. Georg G. Kaufman, G.O. Bierwag, Alden Toevs (contemporary Studies in Economic and Financial Analysis, Vol 4., London

VAN HORNE, C. JAMES: (1980) A Test of the Segmented Markets Hypothesis, in: Southern Economic Journal Vol. 47, April 1980 (S. 1129 - 1140)

VAN HORNE, JAMES C.: (1990) Financial Markets Rates And Flows, James C. van Horne, 3rd ed., Englewood Cliffs

VIJAYARAGHAVAN, N.R. and SHAPIRO, MONTE H.: (1989) Duration-Equivalent Butterfly Swaps, in: Frank J. Fabozzi (Editor), Fixed-Income Portfolio Stragies, Chicago

WALLAS, G.E.: (1960) Immunization, in: Journal of the Institute of Actuaries Students' Societies, Volume 15, 1960 (S. 345-357)

WALMSLEY, JULIAN: (1988) The new financial instruments: an investors guide/ Julian Walmsley, I. Securities, II. Financial Futures

WALZ, HARTMUT: (1987) Stripped Bonds, in: Das Wirtschaftswissenschaftliche Studium (WiSt) Heft 8, August 1987 (S. 405 - 405)

WIELENS, H.: (1977) Anlage und Spekulation mit Renten, in: Zeitschrift für das gesamte Kreditwesen, Nr. 20/1977

WILLIAMS, JOHN BURR: (1956) Theory of Investment Value, Amsterdam

WINKLER, HEINRICH AUGUST: (1978) Nationalismus / Hrsg. von Heinrich August Winkler- Königstein/Ts. (Neue Wissenschaftliche Bibliothek, Bd. 100: Geschichte)

WISSENSCHAFTLICHER BEIRAT BEIM BUNDESMINISTERIUM DER FINANZEN: (1979) Gutachten zur Schuldenstruktur des Staates, Hrsg.: Bundesministerium der Finanzen (Schriftenreihe des Bundesministeriums der Finanzen, Heft 27), Bonn

WÖHE, GÜNTER: (1986) Einführung in die Allgemeine Betriebswirtschaftslehre, von Günter Wöhe, 16. überarb. Aufl., München

WÖHE, GÜNTER / BILSTEIN, JÜRGEN: (1991) Grundzüge der Unternehmensfinanzierung, 6. überarb. und erw. Aufl., München

WONDRAK, BERNHARD: (1986) Management von Zinsänderungschancen und -risiken, Heidelberg, Wien

ZEMON, RAY B.: (1983) The Role of Immunization in Bond Management, in: Kaufman, George G., Bierwag, G.O., and Toevs, Alden (Editors); Innovations in Bond Portfolio Management, Duration Analysis and Immunization, Greenwich, London S. 293-299)

ABBILDUNGSVERZEICHNIS

Seite

TABELLENVERZEICHNIS

ANHANG:

ABKÜRZUNGSVERZEICHNIS

A_0	= Wert des Investments zu Beginn des Anlagezeitraumes
α	= Fehlerterm
B	= Barwert
ΔB	= Differenz einer Marktwertänderung
B_K	= Barwert eines Konsols
B'	= Barwert eines Konsols, dessen Rentenzahlung erst in n Jahren beginnen
$B(i)$	= Preis einer Anleihe bei gegebenem Zinsniveau
BP_0	= Börsenpreis
B_{Put}	= Preis der Verkaufsoption
β	= Verschiebung der Zinsstruktur
CF	= Cash-flow Charakteristika der Anleihe
c.p.	= ceteris paribus
D	= Duration
D_A	= Duration der Aktiva
D_{it}	= Duration der Anleihe zum Zeitpunkt t
D_G	= Duration einer gesamtfälligen Anleihe
D_{Konsol}	= Duration eines Konsols
D_P	= Duration der Passiva
e_{ges}	= Totalrendite oder Gesamtrendite
e_t	= Einzahlungen innerhalb der Teilperiode t (beim Konsol nur Zinsen)
E_n	= Wert des Investments am Ende des gesamten Anlagezeitraumes (nach n Jahren)
ESt	= Einkommenssteuer
ε	= Elastizitätskoeffizient
gap	= Durationlücke
GewSt	= Gewerbesteuer
GuV	= Gewinn und Verlust
HR	= Hedge - Ratio
i	= Zinssatz = Marktrendite = P/100 = Marktzinssatz p.a.
Δi	= Marktzinssatzänderung
i.d.R.	= in der Regel

i_e	= Effektivverzinsung
$i_{eKonsol}$	= Effektivverzinsung des Konsols
K_0	= Kapital im Zeitpunkt 0 (Present Value oder PV)
K_n	= Endwert (Future Value oder FV)
KöSt	= Körperschaftssteuer
$_{t+n}L_{1,t}$	= Hicks'sche Risikoprämie
Libor	= London Interbank Offered Rate
m	= unterjährige Teilperioden
MD	= modifizierte Duration
MD_h	= modifizierte Duration des Hedginginstrumentes
MD_K	= modifizierte Duration des Konsols
MD_{Put}	= modifizierte Duration der Verkaufsoption
MD_t	= modifizierte Duration des abzusichernden Wertpapiers
n	= Laufzeit, Anzahl der Teilperioden
NPV	= Net Present Value der Nullkupon - Anleihe bzw. theoretischer Preis der Nullkuponanleihe
p	= Zinsfuß
PH	= Planungshorizont
P_h	= Preis des Hedginginstrumentes
ΔP_h	= Preisveränderung des Hedginginstrumentes
$_{t+n}p_{1,t}$	= erwarteter Terminzins für die Periode t+n
P_{it}	= urpsrünglicher Anleihenpreis
ΔP_{it}	= Preisveränderung der Anleihe
P_t	= Preis des abzusichernden Wertpapiers
ΔP_t	= Preisveränderung des abzusichernden Wertpapiers
P.F.R.N.	= Perpetual Floating Rate Notes
PV	= Present Value
$PVCF_t$	= Present Value des Cash Flows im Zeitpunkt t
PVF	= Preisvolatilitätsfaktor
q	= Aufzinsungsfaktor = 1+i
$\frac{1}{q^n}$	= q^{-n} = Abzinsungs-, Diskontierungs- oder Barwertfaktor
r	= Kupon
r(t)	= ursprüngliche Zinsstruktur

R_1	= Rendite des kurzfristigen Schuldtitels (eine Periode Laufzeit) zum Zeitpunkt t (am Markt beobachtbar)
${}_tR_n$	= Rendite des langfristigen Schuldtitels (n Jahre Laufzeit) zum Zeitpunkt t (am Markt beobachtbar), auch aktuelle spot rate
${}_{t+1}r_1$	= erwartete kurzfristige Zinssätze (eine Periode Laufzeit) zum Zeitpunkt t+1 (nicht am Markt beobachtbar), auch forward rate
rZ	= der aus der Par-Zinsstrukturkurve errechnete theoretische Abdiskontierungsfaktor für eine Nullkuponanleihe mit einer Laufzeit von n Jahren
s	= Steuersatz
SP	= aktueller stochastischer Prozeß der Zinsänderung
sr	= theoretical spot rate
T	= Tilgungszahlung am Ende der Laufzeit und Laufzeit der Anleihe
t	= Periodenzähler und Zeitpunkt der Zahlung jedes einzelnen Zahlungsstromes (in Jahren)
TPV	= Total Present Value
u.a.	= unter anderem
u.u.	= und umgekehrt
	= Wert der Option
ΔV	= Wertveränderung der Option bei einer parallelen Verschiebung der Zinsstrukturkurve um einen Basispunkt
Wt	= Gewicht des Gegenwartswertes des Zahlungsstromes, der zum Zeitpunkt t geleistet wird
x	= NPV einer 30-jährigen Nullkuponanleihe
y	= yield to maturity
dy_{it}	= Veränderung der yield to maturity
z	= natürliche Zahl
ZÄR	= Zinsänderungsrisiko
z. B.	= zum Beispiel

FSC
www.fsc.org
MIX
Papier | Fördert
gute Waldnutzung
FSC® C083411

Kolibri 360 GmbH
Ferdinand-Jühlke-Straße 7
99095 Erfurt, Deutschland
produktsicherheit@kolibri360.de